Lissabon

Jürgen Strohmaier
in Zusammenarbeit mit Lydia Hohenberger

Gratis-Download: Updates & aktuelle Extratipps des Autors

Unsere Autoren recherchieren auch nach Redaktionsschluss für Sie weiter. Auf unserer Homepage finden Sie Updates und persönliche Zusatztipps zu diesem Reiseführer.

Zum Ausdrucken und Mitnehmen oder als kostenloser Download für Smartphone, Tablet und E-Reader.
Besuchen Sie uns jetzt!
www.dumontreise.de/lissabon

Reise-Taschenbuch

Inhalt

Lissabon persönlich	6
Lieblingsorte	12
Schnellüberblick	14

Reiseinfos, Adressen, Websites

Informationsquellen	18
Wann verreisen?	20
Anreise und Verkehrsmittel	22
Übernachten	25
Essen und Trinken	30
Einkaufen	40
Ausgehen, Abends und Nachts	44
Feste und Festivals	50
Aktiv sein, Sport, Wellness	52
Museen und kulturelle Einrichtungen	54
Reiseinfos von A bis Z	59

Panorama –
Daten, Essays, Hintergründe

Steckbrief Lissabon	66
Geschichte im Überblick	68
Lissabonner Stadtlandschaften	74
Einen Kaffee in der Krise	78
Lissabon feiert den Stadtheiligen	81
Seefahrt in die Neuzeit	83
Das Erdbeben von Lissabon	86
Die Nelken des April	89
Global Player Lissabon	90
Überalterte Bevölkerung und innerstädtische Erneuerung	94
Lissabons überschwängliche Architektur	97
Azulejos – portugiesische Kachelkunst	100

Inhalt

Ankunft des Nachtzugs – Bitte aussteigen!	103
Fado – Musik zwischen Melancholie und Leidenschaft	105

Unterwegs in Lissabon

Mouraria, Castelo, Graça und Alfama	110
Das Lissabon der kleinen Leute	112
Largo do Intendente	112
Largo Martim Moniz	118
Das ehemalige Maurenviertel Mouraria	118
Rund um die Burg	123
Abstecher nach Graça	126
Alfama	134
Sehenswürdigkeiten im Osten der Alfama	137
Durch das jüdische Viertel zur Kathedrale	138
Baixa und Chiado	144
Das Lissabon der harmonischen Gegensätze	146
Der Rossio	146
Largo de São Domingos	151
Praça da Figueira	151
Durch die Baixa	151
Spaziergang durch den Chiado	162
Bairro Alto und Cais do Sodré	170
Lissabons Szeneviertel Nummer eins	172
Der obere Bairro Alto	172
Bummel durch das Zentrum des Bairro Alto	177
Rund um den Jardim do Príncipe Real	180
Die Rua do Século entlang	184
Das Bica-Viertel	185
Am Cais do Sodré	187
Avenidas Novas	192
Glanz, Kultur und Fußball	194
Rund um die Avenida da Liberdade	194
Sehenswertes an den nördlichen Avenidas	203
Entlang der westlichen Avenidas	209
Parque Florestal de Monsanto	212

Inhalt

Spaziergang im Osten des Parque Florestal de Monsanto	213
Palácio Fronteira	213

Parque das Nações und Expo-Gelände
Parque das Nações und Expo-Gelände	218
Lissabon im 21. Jahrhundert	220
Rund um den Bahnhof Oriente	220
Über das Weltausstellungsgelände	224

Westlich des Zentrums	232
Aristokratisch, gutbürgerlich, alltäglich	234
São Bento	234
Estrela	235
Campo de Ourique	239
Madragoa	243
Lapa	244

Alcântara und Belém	250
Der herrschaftliche Westen	252
Im Hafengelände	252
Abstecher nach Ajuda	255
Belém	258

Ausflüge in die Umgebung	266
Kultur und Natur – romantisch, ruhig und mondän	268
Palácio Nacional de Queluz	269
Sintra	270
Wanderung durch den Parque da Pena	273
Paläste und Parks in der Umgebung von Sintra	276
Strände am Atlantik	277
Cascais	281
Radtour: Von Cascais zum Strand von Guincho	283
Estoril	284
Auf der anderen Seite des Flusses	285

Sprachführer	288
Kulinarisches Lexikon	290
Register	292
Autor/Abbildungsnachweis/Impressum	296

Inhalt

Auf Entdeckungstour

Mit der Gelben hinauf und hinab	116
Vilas operárias – das Lissabon der Arbeiter	128
Go underground – eine archäologische Lehrstunde	154
Nostalgisch einkaufen!	160
Das botanische Erbe der Kolonialzeit im Jardim Botânico	182
In die Kathedrale des Fußballs	210
Wasser für Lissabon – das Aquädukt Joãos V.	216
Gare Oriente – eine unterirdische Kunstgalerie	222
Die Entdeckungsreisen der Portugiesen im Spiegel der Kunst	246
Der Königspalast von Ajuda	256

Karten und Pläne

s. hintere Umschlagklappe

Diese Symbole im Buch verweisen auf die Extra-Reisekarte Lissabon

Das Klima im Blick *atmosfair*

Reisen verbindet Menschen und Kulturen. Wer reist, erzeugt auch CO_2. Der Flugverkehr trägt mit bis zu 10 % zur globalen Erwärmung bei. Wer das Klima schützen will, sollte sich – wenn möglich – für eine schonendere Reiseform entscheiden. Oder Projekte von *atmosfair* unterstützen: Flugpassagiere spenden einen kilometerabhängigen Beitrag für die von ihnen verursachten Emissionen und finanzieren damit Projekte zur Verringerung des CO_2-Ausstoßes in Entwicklungsländern *(www.atmosfair.de)*. Auch der DuMont Reiseverlag fliegt mit *atmosfair*!

Liebe Leserin, lieber Leser,

seit über 20 Jahren lebe ich nun in Portugal. Und doch kommt es mir noch immer wie in einem Traum vor, wenn ich auf einem der luftigen Aussichtspunkte hoch über Lissabon stehe. Unter mir erstrahlt die Stadt, erbaut auf sieben Hügeln, überragt von der Burganlage São Jorge, durchflutet vom warmen Licht des südlichen Himmels.

Mir zu Füßen liegen weiße Marmorpaläste, bunt gekachelte Häuser und der silbrig leuchtende Tejo, der den nahen Atlantik erahnen lässt. Beim anschließenden Bummel durch die engen Altstadtgassen verzaubern mich das südliche Flair und die Herzlichkeit ihrer Bewohner. Doch diese romantische Facette alleine würde Lissabon nicht so attraktiv machen. Und deshalb bemüht sich die alte Dame um ein behutsames Facelifting. Zeitgenössische Stararchitekten kontrastieren das historische Stadtbild mit kühnen Bauten und entwarfen am Flussufer mit dem Parque das Nações einen futuristischen Stadtteil des 21. Jahrhunderts.

Mit diesem Buch möchte ich Sie an meiner Begeisterung für die bunte Vielfalt aus Nostalgie und Moderne teilhaben lassen. Es würde mich freuen, wenn ich Ihren Blick für die kleinen Sinnesfreuden am Wegesrand schärfen könnte: eine kunstvoll geschmiedete Straßenlaterne, das entzückende Terrassencafé inmitten des sanft dahintreibenden Lebens, die trendigen Bars am Flussufer. Natürlich will ich Ihnen auch die einzigartigen Museen und prachtvollen Kirchen in ihrem majestätischen Glanz vorstellen, finanziert aus den unermesslichen Gewinnen der ruhmreichen Seefahrten in die neuen Welten. Diese mündeten gar in einen eigenen, den manuelinischen Baustil, der in der märchenhaft verzierten Klosteranlage von Belém zu bewundern ist. Vielleicht kann ich Ihnen die kleinen und großen Geheimnisse der Stadt sogar einmal persönlich auf einem der von mir organisierten Stadtrundgänge zeigen, Näheres dazu finden Sie auf Seite 9.

Ob nun in meiner Begleitung oder mit meinem Reiseführer unter dem Arm, wünsche ich Ihnen, dass auch Sie Ihren Aufenthalt in Lissabon wie einen wunderschönen Traum erleben dürfen und freue mich auf Ihre Rückmeldung!

Ihr

Jürgen Strohmaier

Vom Miradouro de São Pedro de Alcântara aus wirkt das Castelo besonders schön

Leser fragen, Autoren antworten
Lissabon persönlich – meine Tipps

Nur wenig Zeit? Lissabon zum schnellen Kennenlernen
Eigentlich schließen sich Lissabon und ›auf die Schnelle‹ aus. Doch wenn Sie wirklich nur zwei oder drei Tage zur Verfügung haben, so gehören in Ihr Reiseprogramm wenigstens eine kurze Fahrt mit der **historischen Straßenbahn** der Linien 12 oder 28, die Besichtigung des bedeutsamsten Sakralbaus, das manuelinische **Hieronymuskloster** in Belém, und Spaziergänge durch die **Altstadtviertel** Alfama, Baixa, Chiado und Bairro Alto mit Lissabons prunkvollster Kirche **São Roque.**

Architektur des 21. Jahrhunderts zeigt der **Parque das Nações** im Nordosten der Stadt. Der Besuch des dortigen **Oceanário,** eines der weltweit größten Aquarien, wird zu einem Rausch der Sinne unterhalb des Meeresspiegels. Und setzen Sie sich zumindest zwei Stündchen zum Plauschen und Beobachten in eines der herrlich nostalgischen **Cafés.**

Welche Sehenswürdigkeiten sind ein Muss?
Bei großem Interesse für Gotteshäuser sollten Sie als Gegenstück zu São Roque die schlicht-romanische **Kathedrale Sé** in der Alfama und vielleicht die morbide Klosterkirche **São Domingos** neben dem lebendigen Hauptplatz Rossio nicht versäumen.

Die wichtigsten Sehenswürdigkeiten

Kontrastprogramm zum historischen Zentrum: der Stadtteil Parque das Nações

Für Kunstinteressierte empfehlen sich das **Nationalmuseum für alte Kunst,** die auf das 20. Jh. spezialisierte **Sammlung Berardo** im Centro Cultural de Belém sowie die **Stiftung Calouste Gulbenkian.** Diese zeigt eine erlesene Sammlung von Gemälden und Kunstgewerbe aus orientalischen, asiatischen und europäischen Kulturkreisen.

Was ist der beste Ausgangspunkt für eine Stadterkundung?

Von den beiden größten innerstädtischen Plätzen lässt sich das historische Zentrum bequem zu Fuß erkunden, auch wenn's immer hügelauf und hügelab geht. Die **Praça do Comércio,** auch Terreiro do Paço genannt, liegt direkt am Tejo und eröffnet einen atemberaubenden Blick bis zum Meer. Die blaue U-Bahnlinie hält hier. Die grüne Linie fährt zum **Rossio,** der lebendige Mittelpunkt Lissabons und gleichfalls bestens für den Auftakt geeignet. An der Endhaltestelle **Martim Moniz,** fünf Fußminuten entfernt, nimmt Sie die Straßenbahn 28 mit zu einer, im wahrsten Sinne des Wortes, aufrüttelnden Stadtrundfahrt auf Lissabonner Art (s. S. 116).

Lissabon von oben: Von wo hat man die schönste Aussicht?

Im engeren Sinne zählen sie wahrscheinlich gar nicht zu den Sehenswürdigkeiten. Und doch, zumindest zwei oder drei Aussichtspunkte, die Miradouros, gehören unbedingt ins Besuchsprogramm. Eine Auswahl: Der **Miradouro Nossa Senhora do Monte,** höher hinauf geht's nicht in Lissabon. Der **Miradouro da Graça** mit Terrassencafé und dem Panorama von Lissabon. Der **Miradouro Santa Luzia,** von dem aus der Blick über den Tejo Rich-

Die schönsten Aussichtspunkte

8

Lissabon persönlich – meine Tipps

tung Süden schweift. Der **Miradouro Santa Catarina,** an dem sich die Szene vor ihrem Gang ins Nachtleben sammelt. Schließlich der **Miradouro São Pedro de Alcântara** mit freier Sicht auf die Burg. Und das war jetzt tatsächlich nur eine Auswahl!

In alle vier Himmelsrichtungen sehen Sie vom Bergfried des **Castelo São Jorge,** ein wahrlich erhabenes Gefühl. Ein klein wenig Schwindelfreiheit gehört dazu, ebenso wie auf der Spitze des kuriosen **Elevador de Santa Justa.**

In welcher Gegend wohnt man angenehm?

Für Kurzurlauber empfiehlt sich eine zentrale Unterkunft in der Baixa oder an der Avenida da Liberdade bis hin zur Praça Marquês de Pombal. Doch jeder Stadtteil besitzt einen ganz eigenen Charme, sodass sich zumindest bei einem längeren Aufenthalt eine Unterkunft in einem Stadtteil etwas entfernt vom touristischen Trubel anbietet. Achten Sie dann aber auf eine nahe gelegene U-Bahn-Station. Der Vorteil: Rundherum gibt's Tante-Emma-Läden, einheimische Restaurants und einfache Cafés – das normale Leben eben. Dieses findet man auch in der Alfama. Dort sind Hotels zwar rar, dafür werden viele, meist sehr hübsch eingerichtete Ferienwohnungen angeboten.

Wo hört man die beste Fado-Musik?

Fado wird in Kneipen und Restaurants vorgetragen. Von Profis oder von Amateuren, was auch im Ambiente der Lokale und im Preis des Essens seinen Ausdruck findet. Beides hat seinen Reiz, die einen besitzen meist die bessere Stimme. Letztere wirken auf Urlauber oft authentischer. Aufgrund des vollendeten Gesangs bevorzugen Lissabonner aber eher die gehobenen Restaurants. Für ein komplettes Menü

Sightseeing einmal anders: Stadtführungen mit dem Autor dieses Reiseführers

Genießen Sie Lissabon hautnah! Als Autor dieses Reiseführers zeige ich Ihnen auf einem Stadtspaziergang sowohl die Highlights meiner Wahlheimat als auch deren geheime Winkel und folge immer Ihren persönlichen Interessen. An einem halben, ganzen oder an mehreren Tagen. Allein, zu zweit, in der Familie, im Bekanntenkreis oder auf Betriebsausflug. Sie erfahren viel vom Lebensstil in den Altstadtvierteln und entdecken kleine Sinnesfreuden am Wegesrand – kurzum, Sie erleben die Schönheiten Lissabons ungeschminkt. Und ich freue mich, wenn Sie schließlich feststellen können: »Alleine hätten wir das nie gefunden!« Infos und Anmeldung bei Jürgen Strohmaier, www.portugal-unter wegs.de, Tel./Fax 00351 218 40 30 41.

müssen Sie in einer einfachen Pinte mit rund 25 €, in einem edlen Restaurant mit 40 bis 60 €, jeweils ohne Getränke, rechnen.

Wo trifft sich die Szene?

Das ursprüngliche Nightlife-Viertel **Bairro Alto** mit seinen Bars, von gestylt bis alternativ, ist weiterhin top. Doch die junge Szene verlagert sich mehr und mehr in das alte **Hafenviertel** rund um den **Cais do Sodré.** Sein Herz bildet die Rua Nova do Carvalho. Manche Namen der angesagten Treffs erinnern an die Zeiten, als hier das Rotlicht für die Matrosen brannte: Pensão Amor, einst ein Puff, oder Bar da Velha Senhora – der alternden Dame. Music Box klingt da schon versöhnlicher. Afrikanische Rhythmen erklingen im B.Leza nur wenige Schritte zum Fluss hinab. Total *in* sind Bars, Cafés und Restaurants am **Largo do Intendente,** die seit 2013 den ehemaligen Frauenstrich erobert haben.

Lissabon persönlich – meine Tipps

Ebenfalls nahe am Tejo, aber bei der Brücke 25 de Abril, hat die **LX-Factory** aus einem ehemaligen Fabrikgelände einen Ort für alternatives Kulturleben entwickelt. Flohmärkte, eine Buchhandlung auch mit fremdsprachiger Literatur, multikulturelle Restaurants, Musikbars, Klamotten- und Kunsthandwerksläden befruchten sich gegenseitig.

Was sind gute Shoppingziele?

Die Lissabonner Jugend findet ihr Paradies in europaweit bekannten Kettenläden in den **Einkaufszentren Colombo** und **Vasco da Gama**, die per Metro bequem zu erreichen sind. Den Gegenpunkt bilden die Traditionsgeschäfte rund um den Hauptplatz Rossio und im benachbarten Chiado.

Die einheimische Modeszene zieht es seit Kurzem in die **Rua Dom Pedro V** am Rande des Bairro Alto. Internationale Designerkleidung von Armani bis Ermenegildo Zenga finden Sie in der **Avenida da Liberdade** und im **Kaufhaus El Corte Inglés,** das Urlaubern einen Rabatt von 10 % einräumt. Dieses besitzt auch das größte Lebensmittelangebot. Die Fischauswahl und das Sortiment an portugiesischem Käse und geräucherten Würsten bildet einen wahren Augenschmaus.

Einzelne Weine können ebenso wie im **Weininstitut** (Praça do Comércio) probiert werden. Infos zum Portwein liefert das **Portweininstitut** gegenüber dem Aussichtspunkt São Pedro de Alcântara.

Was tut sich in der Stadt?

Überall wird saniert. Es ist aber auch Bedarf da. Je nach Blickwinkel ist das Glas halb voll oder halb leer. Ein restauriertes Haus steht oft direkt neben einem baufälligen. Kunst macht das Alltagsleben in den Altstadtvierteln farbig, manchmal werden komplette Hausfassaden von Künstlerinitiativen verschönert. Sogar viele Glascontainer sind bunt bemalt.

Der lebendigste Stadtteil ist aktuell die **Mouraria**, dank seiner vielen Einwohner aus den früheren Kolonien eine Art *melting pot* auf portugiesische Art. Und noch fast unentdeckt von Urlaubern und sogar Lissabonnern. Der multikulturelle Markt **Mercado de Fusão** mit kleinen Kiosken auf dem Largo Martim Moniz machte den Anfang.

Was sind die schönsten Ausflugsziele?

Bei einem etwas längeren Aufenthalt lohnt die Fahrt ins romantische **Sintra**, dessen Paläste und Parks erholsame Stunden versprechen. Die steil ins Meer abfallenden Felsen rund um **Cabo da Roca**, westlichster Punkt des europäischen Kontinents, bilden einen Hochgenuss für das Auge. Den Wohlgeschmack für den Magen liefert allerlei Frisches aus dem Meer, kredenzt in den Spezialitätenrestaurants am **Praia do Guincho** und **Adraga**.

An die Sandstrände des Atlantiks bei **Cascais** und **Estoril** gelangen Sie mit der S-Bahn in gerade mal einer halben Stunde. Und nach **Cacilhas** auf die andere Flussseite per Fähre. Dort erwartet Sie, vielleicht nach einem gemütlichen Abendessen, das Panorama von Lissabon unter dem Sternenhimmel.

Ausflugsziele in der Umgebung

Cafés und lauschige Lokale laden vielerorts zum Entspannen ein

Wie gut funktioniert der öffentliche Nahverkehr?

Die Metro mit vier Linien und Anbindung an den Flughafen verkehrt zuverlässig und in engem Takt. Auf Straßenbahnen ist weniger Verlass, dafür macht die Fahrt richtig viel Spaß. Kompliziert ist's per Bus, den Sie außer zu wenigen Sehenswürdigkeiten und Hotels aber kaum benötigen.

Spüren Urlauber die Wirtschaftskrise?

Vielen Portugiesen wurde durch die Sparpolitik infolge der aktuellen Krise im Euro-Raum die Lebensgrundlage entzogen. Leer stehende Geschäfte, geschlossene Restaurants und eine zunehmende Zahl an Armutsbettlern liefern ein erschreckendes Zeugnis. Portugiesen sind aber im Grunde eher zurückhaltend und sehr höflich, auch und gerade gegenüber Menschen aus anderen Ländern. So richtet sich viel Unmut zwar gegen deutsches Regierungshandeln, doch Besucher aus Deutschland, ebenso wie aus Österreich und der Schweiz, werden unverändert zuvorkommend und auffallend freundlich empfangen.

Und noch ein ganz persönlicher Tipp zum Schluss

Rennen Sie auch bei knapper Zeit nicht nur von einer Sehenswürdigkeit zur nächsten, denn in das wirkliche Lissabonner Leben taucht man auf ganz erholsame Art in den vielen Kaffeehäusern ein. Nehmen Sie sich Zeit für die weniger spektakulären Ecken und Winkel abseits der großen Touristenströme, die doch Lissabons Schönheit nicht unwesentlich ausmachen. Entdecken Sie für sich selbst so manches verborgene Kleinod und manchmal auch das weniger Angenehme – die Armut, die Traurigkeit, mit einem portugiesischen Begriff: den Fado.

NOCH FRAGEN?
Die können Sie gern per E-Mail stellen, wenn Sie die von Ihnen gesuchten Infos im Buch nicht finden:
strohmaier@dumontreise.de
info@dumontreise.de
Auch über eine Lesermail von Ihnen nach der Reise mit Hinweisen, was Ihnen gefallen hat oder welche Korrekturen Sie anbringen möchten, würden wir uns freuen.

Künstlerhaus Chapitô: Kultur und Genuss unterhalb der Burg, S. 120

Ein Ort auch für Verliebte: Miradouro Nossa Senhora do Monte, S. 132

Lieblingsorte!

Viel Kultur und ein hübsches Gartencafé bietet das Goethe-Institut, S. 199

Linha d'Água: Ein Terrassencafé über dem Parque Eduardo VII., S. 204

Klein aber fein – Biologisches offeriert der Ökomarkt im Bairro Alto, S. 181

Beschauliche Entspannung ermöglichen die Café-Bars am Tejo, S. 191

Lissabon ist meine zweite Heimat. Hier genieße ich mit großem Vergnügen einen portugiesischen Kaffee am Ufer des Tejo oder einen Ausflug an den nahen Atlantik. Richtig erhaben fühle ich mich auf den luftigen Aussichtspunkten hoch über der Stadt, über die Ruhe freue ich mich in den erholsamen Parks mit ihren versteckten Terrassencafés. Immer einen kleinen Schwatz gibt es beim Einkauf auf dem Ökomarkt unter freiem Himmel. Aber auch bei der Kombination von leiblichen und kulturellen Genüssen im Chapitô und Goethe-Institut fühle ich mich fast wie im eigenen Urlaub.

Harmonie und Ruhe strahlt der romantische Jardim da Estrela aus, S. 237

Buntes Treiben in den Atlantikfelsen: Bar do Guincho bei Cascais, S. 279

Schnellüberblick

Ausflüge in die Umgebung
Sintras grüne Hügel und glanzvolle Schlösser eröffnen eine der Zeit entrückte Welt, am oft sturmumtosten Cabo da Roca endet der europäische Kontinent, die mondänen Badeorte Estoril und Cascais locken Erholungssuchende an die Küsten des Atlantiks. S. 266

Avenidas Novas
Als das Zentrum im 19. Jh. zu eng wurde, führten Prachtalleen aus der Stadt hinaus, gesäumt von vornehmen Häusern der Gründerzeit. Viele mussten modernen Bürobauten weichen, der alte Prunk lebt in Luxusläden fort. Herausragend: die Kulturstiftung Gulbenkian. S. 192

Alcântara und Belém
Der Fluss Tejo verbindet die beiden Wahrzeichen der portugiesischen Entdeckerzeit, Hieronymuskloster und Torre de Belém, mit der modernen Kunstsammlung Berardo und einem neuen Zentrum des Nachtlebens im alten Hafengelände von Alcântara. S. 250

Westlich des Zentrums
Stille Schönheiten jenseits touristischer Wege, Portugals bedeutendstes Museum für Alte Kunst, ein fröhlicher Friedhof, eine lebhafte Markthalle und Lissabons anmutigste Parkanlage bilden die Attraktionen im wohlhabenden Westen der Stadt. S. 232

Mouraria, Castelo, Graça und Alfama
Ursprüngliches Lissabon in den Vierteln der kleinen Leute. Häuser schmiegen sich eng aneinander, Frauen halten ihren Schwatz in winzigen Gemüseläden, in schummrigen Kneipen wird lebhaft debattiert. Darüber thronen Burg und gleich mehrere Aussichtspunkte. S. 110

Parque das Nações und Expo-Gelände
Fantasievolle Architektur, ein faszinierendes Aquarium, das neue Casino, eine unterirdische Kunstgalerie, Hochhäuser im Grundriss von Schiffen, Spazierwege am Fluss Tejo und ein geschäftiges Einkaufszentrum zeigen Lissabons avantgardistische Facette. S. 218

Bairro Alto und Cais do Sodré
Lissabons unangefochtene Szene- und Restaurantviertel besitzen auch tagsüber ihre Reize. Dann wuselt das Leben in den Tascas und Tante-Emma-Läden. Abends hat man die Wahl zwischen Restaurants, Fadolokalen, urigen Kneipen, Bars und Discos. S. 170

Baixa und Chiado
Gegensätze auf engstem Raum! Schmale Gassen stoßen auf weitläufige Plätze, uralte Kaffeehäuser auf Studentenkneipen, Traditionsgeschäfte auf Designermode. Die Baixa entstand aus den Ruinen des Erdbebens von 1755, der Chiado wurde zum Dandy-Treff des 19. Jh. S. 144

15

Reiseinfos, Adressen, Websites

Verkehrsknotenpunkt und architektonisches Kunststück: der Bahnhof Oriente

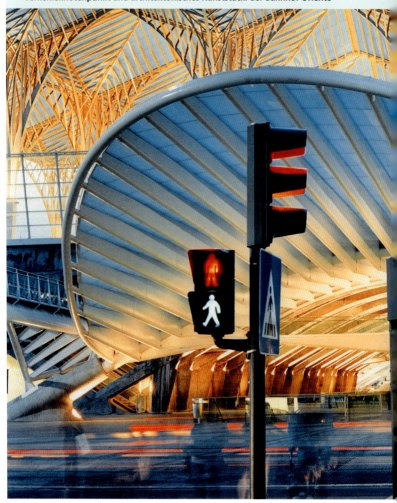

Informationsquellen

Infos im Internet

www.visitlisboa.com

Die übersichtlich gestaltete, umfangreiche Lissabonner Tourismus-Website weckt Reiselust. Sie enthält viele grundlegende Auskünfte über Stadt und Region, unterbreitet Routenvorschläge, nennt viele Sehenswürdigkeiten, gibt praktische Tipps, veröffentlicht Veranstaltungshinweise und listet Unterkünfte und Restaurants auf. Und dies alles auch in deutscher Sprache.

www.visitportugal.com

Die sehr informative Seite des portugiesischen Tourismusamtes bietet auf Deutsch zusätzlich zu Informationen über Portugal einen persönlichen Internet-Reiseplaner, und als Urlaubseinstimmung lassen sich kurze Videos anschauen oder Podcasts herunterladen.

www.visiteestoril.com

Auch in deutscher Sprache finden sich auf dieser Seite alle wichtigen Informationen zu den umliegenden Gemeinden Estoril, Cascais, Sintra und den Stränden am Atlantik, wenn auch nicht ganz so übersichtlich gelistet.

www.patrimoniocultural.pt/en

Das Besondere an der Seite des staatlichen Museumsinstituts sind virtuelle Rundgänge durch die wichtigsten Museen und Paläste in und um Lissabon, darunter das Kachelmuseum, das Museum für Alte Kunst und die Königspaläste in Ajuda, Queluz und Sintra (auf Englisch).

www.botschaftportugal.de

Die portugiesische Botschaft in Berlin liefert Informationen über Sprache,
Geschichte, Kultur und Politik des Landes. Schwerpunkt bilden die Wirtschaftsbeziehungen zu Deutschland.

www.lissabon.diplo.de

Die deutsche Botschaft liefert Basisinformationen zur politischen Lage, zur wirtschaftlichen und kulturellen Entwicklung und zur Geschichte Portugals. Aufschlussreich sind die Einschätzungen zum Verhältnis zwischen Portugal und Deutschland sowie reisepraktische Hinweise, etwa zu deutschsprachigen Ärzten in Lissabon.

YouGo Lisboa

Kostenlose App mit zahlreichen Infos in Englisch zu Sehenswürdigkeiten, Restaurants, Nachtleben, Einkaufen, Wetter (für Android und iPhone).

MEO Drive

Die ebenfalls kostenlose App des portugiesischen Mobilfunkunternehmens tmn liefert deutschsprachige GPS-Karten mit Tausenden von Sehenswürdigkeiten und Läden für Lissabon und ganz Portugal (für Android/iPhone).

BestTables

Dank dieser kostenlosen App kann in zahlreichen Lissabonner Restaurants schnell und einfach ein Tisch reserviert werden (für iPhone).

Fremdenverkehrsamt

Für Deutschland, Österreich und die Schweiz

Turismo de Portugal
Zimmerstr. 56, 10117 Berlin
Tel. 0049 (0)30 254 10 60
info@visitportugal.com
Eigenständige Ämter in Österreich und der Schweiz gibt es nicht mehr.

Informationsquellen

Tourismusämter

In Lissabon

Ask me Lisboa: Praça do Comércio, Tel. 210 31 28 10, www.askmelisboa. com, tgl. 9–20 Uhr.
Flughafen: in der Ankunftshalle, Tel. 218 45 06 60, tgl. 7–24 Uhr.
Palácio Foz: Praça dos Restauradores, Tel. 213 46 33 14, tgl. 9–20 Uhr.
Bahnhof Santa Apolónia: Tel. 218 82 16 06, Di–Sa 7.30–10 Uhr.
Kiosk Rossio: Tel. 910 51 79 14 (mobil), tgl. 10–13, 14–18 Uhr.
Kiosk Belém: Tel. 213 65 84 35, Di–Sa 10–13, 14–18 Uhr.
Y/Lisboa: Rua Jardim do Regedor, 50 (nahe Restauradores), Tel. 213 47 21 34, tgl. 11–18 Uhr. Für die Zielgruppe jugendlicher Touristen.

Außerhalb von Lissabon

Cascais: Rua Visconde da Luz, 14, Tel. 214 82 23 27, www.visiteestoril.com, tgl. 10–13, 14–18 Uhr.
Cabo da Roca: Tel. 219 28 00 81, Okt.–April tgl. 9–18.30, Mai–Sept. bis 19.30 Uhr.
Sintra: Praça da República, 23, 9.30–18, im Aug. bis 19 Uhr, Tel. 219 23 11 57, www. visiteestoril.com, und Außenstelle im Bahnhof, Tel. 211 93 25 45, tgl. 10–12.30, 14.30–18 Uhr.

Lesetipps

António Lobo Antunes: Die Leidenschaften der Seele, München 2006. Vielschichtiger Roman über politische, juristische und seelische Verwerfungen nach der Nelkenrevolution.
Luís Vaz de Camões: Die Lusiaden, Berlin 1999. Die Entdeckungsfahrten eingebettet in die Gesamtschau der portugiesischen Geschichte (1572 erschienen). Mit dem Versepos wurde Camões zum Nationaldichter.

José Maria Eça de Queiroz: Die Maias, Berlin. Realistischer Gesellschaftsroman über die Dekadenz einer spätfeudalen Familie (1888 erschienen). Derzeit nur in Antiquariaten erhältlich.
Elfriede Engelmeyer (Hg.): Schriften weiß wie die Nacht, Berlin 2010. Gedichte aktueller portugiesischer Schriftstellerinnen im Original mit deutscher Übersetzung.
Inês Pedroso: In Deinen Händen, München 2004. Die teilweise mit Pathos vorgetragenen, tagebuchartigen Lebensbeschreibungen von drei familiär miteinander verwobenen Frauen aus verschiedenen Generationen werfen ein erhellendes Licht auf den grundlegenden gesellschaftlichen Wandel Portugals seit 1940.
Fernando Pessoa: Oh Lissabon, du meine Heimstatt, Zürich 2009. Der erste moderne Schriftsteller Portugals auf der Suche nach seiner Stadt der 1920er-Jahre.
José Cardoso Pires: Lissabonner Logbuch – Stimmen, Blicke, Erinnerungen, München 1997. Die ungewöhnliche assoziative Annäherung vermittelt überraschende Einblicke in die Stadt.
José Saramago: Geschichte der Belagerung von Lissabon, Reinbek 1997. In überschwänglichen Bildern und in seiner kraftvollen Sprache lässt der portugiesische Nobelpreisträger das Ereignis von 1147 in den Fantasien eines eigenbrötlerischen Buchkorrektors wieder aufleben.
Antonio Tabucchi: Lissabonner Requiem, München 1998. Episodenhafte Schilderung seltsamer Begegnungen auf einer Tagesreise durch Lissabon.
Gaby Wurster (Hg.): Lissabon – Eine literarische Einladung, Berlin 2010. Mehr als 20 zumeist portugiesische Autoren stellen Lissabon in kurzen Texten vor.
Deutschsprachige Literatur aus und über Lissabon: s. S. 103.

Wann verreisen?

Lissabon im Frühling

Schon früh im Jahr scheint die Sonne mitunter so kräftig, dass man mit etwas Glück im T-Shirt im Straßencafé sitzen kann. Besonders an den zahlreichen Feiertagen von Ostern bis Pfingsten sollten Sie sich rechtzeitig um eine Unterkunft bemühen, denn Sie sind dann nicht alleine auf Stadtentdeckung. Allerdings lautet ein Sprichwort »Em Abril, águas mil«. Also auch hier ist typisches Aprilwetter nicht unbekannt und Tageshöchsttemperaturen unter 15 °C sind zwar nicht üblich, aber durchaus möglich.

Im Mai regnet es seltener, im Juni kaum noch, beides sind ideale Reisemonate. Dann kann es allerdings nachmittags auch schon mal an die 30 °C heiß werden. Trotzdem gehören in den Koffer neben T-Shirt und Sonnenöl zusätzlich ein wärmender Pullover für den Abend und der Regenschirm für den Notfall. Da Hochsaison ist, gibt es nur wenige Sonderangebote für Hotels und Pauschalreisen.

Was ist los?
April: Peixe em Lisboa, Kochfestival rund um den Fisch; Klassikfestival im Centro Cultural de Belém.
Mai/Juni: Rock-in-Rio Lisboa. Das weltweit größte Musikfestival lockt alle zwei Jahre rund 350 000 Zuschauer in die »Weltstadt des Rock«.
Juni: Stadtfest während des gesamten Monats, Höhepunkt bildet die Nacht vom 12. zum 13. Juni anlässlich des Gedenktages des heiligen Antonius; Love-Parade der schwulen und lesbischen Verbände.

... im Sommer

Der Atlantik sorgt für ein mildes und ausgeglichenes Klima. Allerdings steigen die Temperaturen im Hochsommer häufig über 30 °C, sodass eine Stadtbesichtigung anstrengend werden kann. Dafür regnet es so gut wie gar nicht. Empfehlenswert sind in dieser Jahreszeit Besuche in den klimatisierten Museen, Modeboutiquen oder Einkaufszentren und Ausflüge an die nahen Strände.

Im August ist die Ferienzeit deutlich zu spüren – zu Ihrem Vorteil! Lissabon wird dann ruhig, der lärmende Autoverkehr geht drastisch zurück, die öffentlichen Verkehrsmittel sind angenehm leer, manche Hotels, die stärker auf Geschäftskunden orientiert sind, bieten sogar Nachlass. Und dabei haben fast alle Restaurants geöffnet und das Nachtleben in den Szenevierteln brummt. Viele Lissabonner lieben ihre Stadt gerade dann. Also: Falls Ihnen

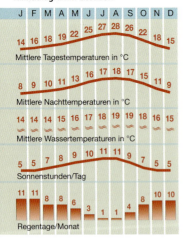

Klimadiagramm Lissabon

Wann verreisen?

Hitze wenig ausmachen sollte, versuchen Sie es doch mal im Sommer.

Was ist los?
Juni/Juli: Festival für Ballet und klassische Musik in Sintra.
Juli: Superbock Superrock, eine Bierfirma präsentiert an einem Wochenende etablierte und junge Bands; Cool Jazz Fest, der Begriff Jazz wird in Cascais und umliegenden Orten sehr weit gefasst.
Juli/August: FIARTIL, eindrucksvolle Handwerksausstellung mit Volksfest und Musik.
August: Jazz at the Gulbenkian, Konzerte mit hochkarätigen portugiesischen und internationalen Künstlern, auch Open-Air.

… im Herbst

Zwar endet die regenfreie Zeit im September, doch die angenehm warmen Tagestemperaturen und die milden Nachtwerte machen besonders den Frühherbst zur empfehlenswerten Reisezeit. Allerdings ist die Stadt dann auch wieder voller Urlauber, was ein rechtzeitiges Buchen einer Unterkunft empfiehlt; Sonderangebote in Hotels sind selten.

Ab Oktober, besonders in der zweiten Hälfte, müssen Sie wieder mit kühleren Temperaturen rechnen. T-Shirt wie Pullover und Sonnen- wie Regenschutz gehören gleichermaßen ins Reisegepäck.

Was ist los?
September: Caixa Alfama. Festival des Fado.
September/Oktober: Queer – Gay and Lesbian Film Festival.
Oktober: Moda Lisboa. Dutzende portugiesische Modedesigner stellen ihre Kollektionen vor; Internationales Dokumentarfilmfestival DocLisboa.

Gut zu wissen
Wettervorhersage: www.wetteronline.de, www.ipma.pt und in den Tageszeitungen.
Die aktuellen Events: unter www.visitlisboa.com und www.agendalx.pt, in den kostenlosen, in Museen und Tourismusämtern ausliegenden Monatsheften Agenda Cultural und Follow Me sowie im kommerziellen Wochenmagazin Time Out (http://timeout.sapo.pt).
Wasser: Wegen des latenten Wassermangels gehen Sie bitte sparsam mit dem kostbaren Nass um. Lissabonner Leitungswasser ist gesundheitlich unbedenklich, wird in den Hotels aber oft gechlort. In Supermärkten gibt es günstig Quellwasser in Flaschen.

… im Winter

Im Winter sinken die Temperaturen nur selten unter 10 °C, doch besitzen einfache Pensionen häufig keine Heizung. In den Wintern 2006 und 2007 fielen allerdings zum ersten Mal nach einem halben Jahrhundert einige Schneeflocken vom Lissabonner Himmel. Die eigentliche Regenzeit – denn noch ist Schneefall wirklich die Ausnahme – reicht von November bis März. Doch auch dann gibt es häufig milde Tage voller Sonnenschein, und der rein gewaschene Himmel zeigt ein unvorstellbar intensives Blau. Warme Kleidung sollten Sie jedoch mitnehmen. Mit etwas Glück finden Sie in dieser Jahreszeit günstige Hoteltarife.

Was ist los?
Dezember: Silvesterpartys mit Livemusik und Feuerwerk auf der Praça do Comércio, dem Expo-Gelände und in Cacilhas auf der gegenüberliegenden Flussseite.

Anreise und Verkehrsmittel

Einreisebestimmungen

EU-Bürger jeden Alters benötigen ebenso wie Schweizer einen gültigen Personalausweis oder Reisepass; Die Aufenthaltsdauer für EU-Bürger ist unbegrenzt, für Schweizer ist bei einem Aufenthalt von mehr als drei Monaten eine Aufenthaltserlaubnis vorgeschrieben.

Mitglieder der EU dürfen Waren für den Eigenbedarf ohne Begrenzung ausführen (Richtwerte sind 800 Zigaretten, außerdem 10 l alkoholische Getränke von über 22 % Vol., 10 l von weniger als 22 %, 90 l Wein oder 110 l Bier). Für Nicht-EU-Bürger ist die zollfreie Ausfuhr begrenzt (200 Zigaretten, 1 l Spirituosen, 2 l Wein).

Anreise

Mit dem Flugzeug

Das Netz an Flugverbindungen nach Lissabon ist eng, u. a. bedienen Lufthansa, die portugiesische TAP, Swiss und alle wichtigen Charter- und Billigfluggesellschaften die portugiesische Hauptstadt. Dabei bieten auch die Linienflieger bei früher Buchung oftmals überraschend preiswerte Tarife an, die den Flug zur günstigsten Anreisemöglichkeit machen. Schnäppchen findet man ebenfalls bei Verbindungen über Madrid, Amsterdam oder Paris.

Aeroporto de Lisboa: Der Flughafen liegt am nördlichen Stadtrand. Es gibt zwei Terminals in benachbarten Gebäuden, durch einen Shuttle verbunden. Alle Maschinen landen an Terminal 1, Terminal 2 dient den Abflügen von Billigfliegern. Infos: Tel. 218 41 35 00, www.ana.pt.

Mit der Metro in die Stadt: Die rote U-Bahnlinie fährt zwischen 6.30 Uhr und 1 Uhr nach São Sebastião. Dort gibt es die Umsteigemöglichkeit in die blaue Linie Richtung historisches Zentrum. An der Zwischenstation Alameda besteht die Umsteigemöglichkeit zur grünen Linie ebenfalls ins Zentrum. Fahrtkosten ca. 1,40 € zzgl. 0,50 € für das Ticket (s. Fahrscheine S. 24).

Mit dem Flughafenbus in die Stadt: Der Aero-Bus fährt am Ausgang des Ankunftsterminals tgl. zwischen 7 und 23 Uhr im 20-Minuten-Takt über die Praça Marquês de Pombal und Rossio zum Cais do Sodré. An den Haltestellen werden die wichtigsten Hotels ausgerufen. Der Fahrschein wird an der Haltestelle im Bus und im Vorverkauf unter www.yellowbustours.com gekauft (ca. 3,50 €, Nachlass im Internet). Ein zusätzlicher AeroShuttle steuert die Hotels Richtung Bahnhof Sete Rios an (7–22 Uhr, ca. 3,50 €).

Mit dem Taxi in die Stadt: Die Fahrt ins Zentrum kostet etwa 10–16 € inkl. Gepäckzuschlag. Die am Flughafen lizensierten Taxifahrer sind berüchtigt

Tipps für die Fahrt vom Flughafen in die Stadt

ÖPNV-Tickets: Im Flughafenpostamt (Abflughalle) und der Metrostation können die kostengünstigen 24-Stunden-Tickets erworben werden.

Alternativer Taxistand: Gibt es lange Warteschlangen vor den Taxis, können Sie zum Ausgang der Abflughalle ausweichen. Dies ist zwar etwas aufwendiger, aber auch dort stehen Taxis, die zudem oft preiswerter fahren.

für ihre ›kreative‹ Art der Berechnung, weshalb man sich ggf. die Berufskarte *cartão profissional* zeigen lassen und auf einer Quittung bestehen sollte, auf der das Autokennzeichen vermerkt ist. Spätestens wenn Sie Hilfe an der Hotelrezeption holen, senken die Fahrer den Preis auf die korrekte Höhe.

Wer sich diesen Ärger ersparen möchte, kann am Informationsschalter im Flughafengebäude ein Taxivoucher ab 16 € für die Fahrt zum Hotel erwerben.

Mit Bahn, Bus oder Auto

Die Anreise per Zug, Bus oder Auto ist zeitaufwendig. Von vielen Städten in Deutschland und der Schweiz benötigen die komfortabel ausgestatteten Busse der Euro-Lines 30 bis 40 Stunden. Kaum schneller ist der Zug über Paris oder Genf. Für die Autofahrt über Paris, Lyon oder Zürich sollte man mindestens drei Tage einrechnen.

Öffentliche Verkehrsmittel

Metro

In Lissabon gibt es vier U-Bahnlinien. Die farbliche Kennzeichnung der Linien macht es leicht, sich zurechtzufinden. Die Zugfolge ist dicht, die Züge fahren von ca. 6.30 Uhr früh bis 1 Uhr nachts. In der Rushhour kann es allerdings eng werden (Tel. 213 50 01 15, www.transporteslisboa.pt).

Straßenbahn

Die Fahrt per Straßenbahn ist ein touristisches Highlight. Die alten *elétricos* schaukeln mit ihren neuen Motoren die Hänge hinauf, manchmal beängstigend nah an den Hauswänden entlang. Die interessantesten Linien sind die 28 und die 12, daneben gibt es noch die Linien 25, 18 und 15, Letztere überwiegend mit modernen Zügen.

Bus

Das Busnetz ist eng, doch nicht ganz einfach zu durchschauen. Allerdings sind die Busse für Nachtschwärmer interessant, denn vom Cais do Sodré versorgen sechs Linien die gesamte Stadt zwischen 0.30 Uhr und 5.30 Uhr im Halbstundentakt. Übersichtspläne sind allerdings kaum zu erhalten.

Standseilbahn

Eine Lissabonner Spezialität sind die drei Standseilbahnen Glória, Bica und Lavra, die sich die steilen Hügel hinaufschieben. Der Aufzug Elevador Santa Justa verbindet die Unterstadt Baixa mit der Oberstadt Chiado. Spartipp: Die in den Bahnen erhältlichen Fahrscheine sind deutlich teurer als die Vorverkaufstickets (s. Fahrscheine S. 24).

Fähren

Ab Cais do Sodré, Belém, Praça do Comércio und vom Expo-Gelände aus fahren Fähren zu den Vororten auf der anderen Tejoseite. Tickets gibt es an den Anlegestellen (je nach Zielhafen ab 1,40 € zzgl. 0,50 € für die Karte viva viagem (s. u.), Tel. 808 20 30 50, www.transporteslisboa.pt).

Taxis

Taxis sind mit knapp 0,50 € pro km (ggf. zzgl. Zuschläge für Gepäck, Fahrten am Wochenende, nachts oder bei telefonischer Bestellung) ein preiswertes Fortbewegungsmittel. An den zentralen Stellen gibt es Taxistände, einfach ist es auch, ein Taxi per Handzeichen heranzuwinken. Achten Sie darauf, dass der Zähler eingeschaltet wird.

Vorortzüge

Nach Cascais bzw. Sintra fahren S-Bahnen durchschnittlich im 15-Minuten-Takt von den Bahnhöfen Cais do Sodré bzw. Rossio ab. Der Fahrpreis

Reiseinfos

beträgt ca. 2,15 € zzgl. 0,50 € für die Karte viva viagem (www.cp.pt).

Fahrscheine

Das Ticketsystem ist etwas kompliziert: Für die Benutzung der öffentlichen Verkehrsmittel benötigen Sie ein Ticket *viva viagem* oder *sete colinas*. Dabei handelt es sich um eine wieder aufladbare Chipkarte, die für 0,50 € an den Schaltern und Automaten in den U-Bahnhöfen, im Postamt am Flughafen und in verschiedenen Lottoannahmestellen erworben werden kann. Diese Karte wird dort für einzelne Fahrten, für 24 Stunden bzw. gleich mehrmals 24 Stunden (je ca. 6 €) aufgeladen und gilt in allen innerstädtischen Verkehrsmitteln. Sie ist wiederholt aufladbar. Zusätzlich können Sie *Zapping* betreiben. Dabei wird auf die Chipkarte ein Geldbetrag zwischen 5 € und 15 € geladen, der innerhalb eines Jahres abgefahren werden kann. Je höher der geladene Betrag, desto mehr Nachlass gibt es pro Fahrt.

Alle Karten müssen vor jedem Fahrtantritt über die elektronischen Zugangssysteme in der Metro bzw. über die gelben Automaten in Bussen, Straßen- und Seilbahnen geführt werden. Deutlich teurere Einzelfahrscheine auf Papier können in Bussen, Straßenbahnen und Aufzügen beim Fahrer erworben werden.

Mit Bus und Bahn unterwegs
An der Haltestelle: Durch kurzes Winken machen Sie die Schaffner von Straßenbahnen und Bussen auf Ihren Einsteigewunsch aufmerksam.
Verkehrsauskünfte: Unter www.transporlis.sapo.pt finden Sie die aktuellen Tarife, Fahrpläne und Verbindungen für Lissabon und Umland.

S-Bahnen und Fähren haben zwar ein eigenes Tarifsystem, doch gelten die Zapping-Karten ebenfalls, nicht jedoch die 24-Stunden-Tickets.

Mit dem Auto in der Stadt

Autofahren ist in Lissabon nicht zu empfehlen. Zusätzlich zum normalen großstädtischen Verkehrschaos und der Parkplatznot erschweren viele Einbahnstraßen und die aggressive Fahrweise der Lissabonner das Fahren. Parken ist in weiten Teilen der Innenstadt gebührenpflichtig, Parkhäuser sind vorzuziehen. Alle internationalen Mietwagenfirmen sind am Flughafen und mit Stadtbüros vertreten.

Stadtrundfahrten

Die städtische Carristur bietet zwei Stadtrundfahrten im offenen Doppeldeckerbus an, die von der Praça da Figueira nach Belém und zum Expo-Gelände (je 16 €) führen. Die beim Fahrer erhältlichen Tagestickets ermöglichen unbegrenztes Zusteigen an den verschiedenen Haltestellen. Die Rundfahrt mit einer historischen, roten Straßenbahn beginnt an der Praça do Comércio, die Fahrkarten kosten 19 € und gelten am gleichen Tag für das gesamte Carris-Netz. Eine historische, grüne Linie fährt rund um die Burg von der Praça da Figueira (ca. 10 €).

Im Sommer bietet das Fährunternehmen Transtejo zwei unterschiedliche Flussfahrten von den Anlegestellen Cais do Sodré und Terreiro do Paço. Tickets (15 bzw. 20 €) gibt es am Kiosk auf der Praça do Comércio.

Prospekte zu privaten Bustouren gibt es an den Hotelrezeptionen.

Sightseeing einmal anders: Stadtführungen mit dem Autor dieses Reiseführers: siehe Hinweise S. 9.

Übernachten

Hotels, Pensionen und Ferienwohnungen

Lissabon besitzt ein breites Hotelangebot und jedes Jahr kommen neue Hotels vor allem der gehobenen Klasse hinzu. Die Hotels werden mit ein bis fünf Sternen klassifiziert, wobei die Anzahl auch meist der Qualität entspricht. Eine übersichtliche Liste aller offiziellen Unterkünfte mit Beschreibung, Lageplan und Kontakthinweis finden Sie auf der Seite des Tourismusamtes www.visitlisboa.com, dessen Büros auch Reservierungen vornehmen.

Die meisten Unterkünfte liegen verkehrsgünstig nördlich und rund um die Praça Marquês de Pombal sowie entlang der Avenida da Liberdade. Empfehlenswert im oberen Preissegment sind die familiär geführten Heritage-Hotels (www.heritage.pt), in der mittleren Preislage die Turim-Hotels (www.turim-hotels.com).

In den Altstadtvierteln werden zahlreiche, meist sehr komfortable Ferienwohnungen angeboten (s. S. 28). In jüngster Zeit sind zahlreiche Backpacker-Unterkünfte in zentraler Lage entstanden. Sie können über www.hostelworld.com gebucht werden.

Die Unterkünfte nennen in ihren Prospekten oder sites häufig den höchstmöglichen Tarif, der aber nur in Spitzenzeiten zur Geltung kommt (Feiertage wie Silvester und Ostern, internationale Kongresse und Sportveranstaltungen wie Motorradrennen in Estoril). Ansonsten liegen die Preise oft deutlich niedriger. Frühstück ist meist im Übernachtungspreis enthalten, ebenso alle Steuern. Einzelzimmer sind in der Regel etwa 15 % günstiger als Doppelzimmer.

Edel und teuer

Für die Hochzeitsreise – **Palácio Belmonte:** ■ Karte 2, G 4, Páteo Dom Fradique, 14, 1100-624 Lisboa, Tel. 218 81 66 00, www.palaciobelmonte.com, Bus: 737, DZ ab 400 €. Ein Kleinod auf dem Burghügel aus dem Jahre 1449, dessen behutsame Sanierung preisgekrönt ist. Zehn geräumige Zimmer und Suiten (bis 162 m²) bieten einen herrlichen Blick, das Mobiliar stammt aus dem 17. bis 19. Jh. Um die erlauchte Atmosphäre zu wahren, fehlen Fernseher, dafür stehen Bibliothek, Dachterrasse und Pool zur Verfügung.

Zu Hause beim Grafen – **Lapa Palace:** ■ K 11, Rua do Pau de Bandeira, 4, 1249-021 Lisboa, Tel. 213 94 94 94, www.olissippohotels.com, S-Bahn: Alcântara Mar, DZ ab 340 €, Suiten ab 1300 €. Inmitten eines weitläufigen Gartens mit tropischen Pflanzen liegt der klassizistische Palast des Grafen von Valença. Die 109 Zimmer und Suiten sind luxuriös eingerichtet, viele Stars geben sich die Klinke in die Hand. Ruhige Lage, Freiluft- und Hallenpool mit türkischem Bad, Sauna, Massage.

Voller Glanz – **Pestana Palace:** ■ G 12, Rua Jau, 54, 1300-314 Lisboa, Tel. 213 61 56 00, www.pestana.com, S-Bahn: Alcântara Mar, DZ stark saisonabhängig ab 220 €, Suiten bis 3000 €. Glanzvolles Traumhotel in einem sanierten Adelspalast aus dem 19. Jh., der mit Werken portugiesischer Maler dekoriert ist. Die 176 Zimmer befinden sich in den modernen Anbauten rund um

Reiseinfos

die alte Gartenanlage. Ruhige Lage, Freiluftpool, Hallenbad, Sauna, Fitnessraum und das stilvolle Restaurant Valle Flôr.

Klassischer Luxus – **Tivoli:** ■ Karte 2, C 2, Avenida da Liberdade, 185, 1269-050 Lisboa, Tel. 213 19 89 00, www.tivolihotels.com, Metro: Avenida, DZ stark saisonabhängig ab 160 €. Das zentralste unter den Nobelhotels. Die 308 Zimmer sind raffiniert eingerichtet, Dreifachverglasung schützt vor dem Verkehrslärm. Panoramarestaurant im obersten Stockwerk, Pianobar, Gartenanlage mit Swimmingpool.

Komfortabel und stilvoll

1001 Nacht – **Palacete Chafariz d'El Rei:** ■ Karte 2, G 5, Travessa Chafariz d'El Rei, 6, Tel. 218 88 61 50, www.chafarizdelrei.com, Metro: Terreiro do Paço, DZ ab 170 €. 6 großzügige Zimmer in einem liebevoll sanierten neoarabischen Palast aus dem späten 19. Jh. versteckt in der Alfama. Dazu noble Aufenthaltssäle und eine begrünte Terrasse mit Blick über den Tejo. Mit einem Wort: traumhaft.

Wohnen auf der Burg – **Solar do Castelo:** ■ Karte 2, F 4, Rua das Cozinhas, 2, 1100-181 Lisboa, Tel. 218 80 60 50, www.heritage.pt, Bus: 737, DZ 150–380 €. Innerhalb der Burgmauern versteckt sich der kleine pombalinische Palast aus dem 18. Jh. mit seinem bezaubernden Patio. Die nur 14 Zimmer sind elegant und modern zugleich gestaltet. Gepäcktransport erfolgt per Golfwägelchen, da das Gebiet autofrei ist.

Art déco – **Britânia:** ■ Karte 2, C 1, Rua Rodrigues Sampaio, 17, 1150-278 Lisboa, Tel. 213 15 50 16, www.heritage.pt, Metro: Avenida, DZ 125–250 €,

Luxus pur – für besondere Gelegenheiten bietet sich das Pestana Palace an

Übernachten

häufig besondere Angebote. 1944 vom bekannten Art-déco-Architekten Cassiano Branco errichtet. 30 geräumige, in warmen Farben gehaltene und klassisch möblierte Zimmer, sehr schöne Marmorbäder.

Gediegene Tradition – **Lisboa Plaza:** ■ Karte 2, C 2, Travessa do Salitre, 7, 1269-066 Lisboa, Tel. 213 21 82 18, www.heritage.pt, Metro: Avenida, DZ 100–200 €, häufig Angebote. Eine angenehme Atmosphäre vermittelt das komfortable Hotel. Klassische Inneneinrichtung in hellen Brauntönen.

Designhotel – **Double Tree:** ■ N 7, Rua Eng. Vieira da Silva, 2, 1050-105 Lisboa, Tel. 210 41 06 00, http://doubletree3.hilton.com, Metro: Picoas, 90–280 € je nach Saison. Sie müssen das minimalistische Design in schwarz und weiß schon mögen, um sich in einem der 139 Zimmer von Lissabons modernstem Hotel wohlzufühlen.

Mittelklassehotels

Avantgardistisch – **Internacional Design Hotel:** ■ Karte 2, E 4, Rua da Betesga 3, Tel. 213 24 09 90, www.idesignhotel.com/de, Metro: Rossio, DZ ab 119 € ohne Frühstück. Sie sollten schon einen Faible für extremes Styling haben. Dann fühlen Sie sich in den farbenfroh gestylten Zimmern der Kategorien Urban, Tribe, Zen und Pop wohl. Zimmergröße von 12 bis 22 m²! Die Lage am Rossio ist topp, auch das Hotelrestaurant Bastardo ist empfehlenswert.

Kunst an der Wand – **Marquês de Pombal:** ■ M 8, Avendida da Liberdade, 243, 1250-143 Lisboa, Tel. 213 19 79 00, www.hotel-marquesdepombal.pt, Metro: Marquês de Pombal, DZ ab 100 €. Portugiesische Künstler haben

Originale für jedes der 123 Zimmer gemalt. Anrufbeantworter und CD-Player auf den Zimmern gehören zum Konzept des Hauses.

Innovatives Konzept – **Inspira Santa Marta:** ■ Karte 2, C 1, Rua de Santa Marta, 48, 1150-297 Lisboa, Tel. 210 44 09 00, www.inspirahotels.com, Metro: Avenida, DZ ab 100 €. Die Einrichtung basiert auch farblich auf den Prinzipien von Feng Shui, mit Kaffeemaschine, WLAN und plug&play im Zimmer.

Groß, doch zentral – **Mundial:** ■ Karte 2, E 3, Praça Martim Moniz, 2, 1100-198 Lisboa, Tel. 218 84 20 00, www.hotel-mundial.pt, Metro: Martim Moniz, Rossio, DZ ab 80 €. Das Großhotel mit 347 geräumigen Zimmern und vielen Reisegruppen ist nichts für Romantiker, aber dank seiner zentralen Lage für einen Kurzaufenthalt geeignet.

Mit Ausblick – **Albergaria Senhora do Monte:** ■ Karte 2, F 2, Calçada do Monte, 39, 1170-250 Lisboa, Tel. 218 86 60 02, www.albergariasenhorado monte.com, Straßenbahn 28, DZ ab 80 €, mit Terrasse ab 100 €. Das Plus ist der Blick über Stadt, Burg und Tejo von Dachterrasse, Bar und einigen der 28 angenehm ausgestatteten Zimmer. In Graça abseits vom Trubel, aber nahe Burg und Alfama.

Im historischen Zentrum – **Vincci Baixa:** ■ Karte 2, F 5, Rua do Comércio 32– 38, 1100-150 Lisboa, Tel. 218 80 31 90, www.vinccihoteles.com, Metro: Terreiro do Paço, DZ 119–229 € ohne Frühstück. Modern gestaltetes Hotel in einem sanierten Traditionshaus, mit etwas kleinen, in schwarz-weiß gehaltenen Zimmern.

Geräumig und wohnlich – **Turim Lisboa:** ■ M 7, Rua Filipe Folque,

Reiseinfos

20, 1050-113 Lisboa, Tel. 213 13 94 10, www.turim-hotels.com, Metro: Parque, DZ 70–200 €, häufig Sonderangebote. Neu erbautes Haus in einer Wohngegend nahe dem Saldanha-Platz. In dunklen Tönen gehaltene, geräumige Zimmer mit Minibar und Klimaanlage.

Guter Preis – **Fénix Garden:** ■ M 8, Rua Joaquim António de Aguiar, 3, 1050-010 Lisboa, Tel. 213 84 56 50, www. hfhotels.com, Metro: Marquês de Pombal, DZ ab 68 €. Verkehrsgünstig direkt an der U-Bahn gelegenes, neu erbautes Haus mit hell eingerichteten Zimmern, in den oberen Stockwerken mit Blick, in der 8. Etage mit Terrasse. Die Zimmer nach vorne gehen allerdings auf eine Hauptverkehrsstraße.

Einfach und günstig

Am Rande des Zentrums – **Hotel do Chile:** ■ O 7, Rua António Pedro, 40, 1000-039 Lisboa, Tel. 213 54 91 71, www.hoteldochile.com, Metro: Arroios, DZ um 70 €. Kleine Pension in einem Neubau am Rande des Zentrums. 35 adrette, teilweise etwas schmale Zimmer mit Bad oder Dusche/WC, Sat-TV, Klimaanlage und Minibar.

Gutes Preis-Leistungs-Verhältnis – **Horizonte:** ■ M 7, Avenida António Augusto de Aguiar, 42, 1050-017 Lisboa, Tel. 213 53 95 26, www.hotelhorizonte.com, Metro: Parque, DZ ca. 60 €. Renovierte, für die Preisklasse recht komfortable Zimmer, nach vorne mit Balkon, im 8. Stock sogar mit großer Terrasse. Lärmempfindliche sollten trotzdem die Zimmer nach hinten oder zum winzigen Innenhof bevorzugen.

Abseits des Trubels – **Itália:** ■ M 6, Av. Visconde de Valmor, 67, 1050-239 Lisboa, Tel. 217 61 14 90, www.hotelita

lia.pt, Metro: Saldanha, Campo Pequeno, DZ 45–65 €. Renovierte Unterkunft in einem bürgerlichen Stadtviertel gelegen. Die 44 unterschiedlich großen Zimmer sind modern und einfach eingerichtet, empfehlenswert sind die auf den hübsch begrünten Innenhof weisenden Zimmer.

Nicht nur für Schwule – **Anjo Azul:** ■ Karte 2, C 4, Rua Luz Soriano, 75, 1200-246 Lisboa, Tel. 213 47 80 69, www.anjoazul.com, Metro: Baixa-Chiado, DZ 40–65 €. Das kleine Schwulenhotel in einem früheren Wohnhaus mitten im Szene-Viertel Bairro Alto steht auch Heteros offen. Verkehrsberuhigte Lage, sachlich eingerichtete, freundliche kleine Zimmer.

Ruhepunkt für Nachtschwärmer – **Globo:** ■ Karte 2, C 3, Rua do Teixeira, 37, 1200-459 Lisboa, Tel. 213 46 22 79, www.anjoazul.com, Metro: Baixa-Chiado, DZ 30–60 €. In einer ruhigen Nebenstraße mitten im Szeneviertel Bairro Alto liegt die einfache Pension mit 15 kleinen, aber sauberen Zimmern mit Dusche/WC. Sogar einen Kleiderreinigungsservice gibt es.

Verzicht auf Komfort – **Alojamento Local Rossio:** ■ Karte 2, E 5, Rua dos Sapateiros, 173, 2. Stock, 1100-577 Lisboa, Tel./Fax 213 42 72 04, www.pensaorossio.com, Metro: Baixa-Chiado, EZ/DZ 20–35 € ohne Frühstück. Das Plus ist die recht ruhige Lage inmitten der Baixa. Die einfachen, kleinen Zimmer wurden renoviert und sind bestens geeignet für alle, die auf Komfort verzichten können.

Ferienwohnungen

Mit Klavier – **Rosa Residence:** ■ Karte 2, G 4, Escolas Gerais, 37, www.rosaresidence.pt, Straßenbahn 28, ab 80 €

zzgl. Endreinigung. Die in Lissabon ansässige Nina Tiesler hat ihre Ferienwohnung in der Alfama fröhlich und bequem gestaltet. Die vier Zimmer und zwei Bäder auf 110 m² bieten Platz für bis zu 8 Urlauber, geeignet auch für Kinder und Pianisten. Kleiner Innenhof mit Sitzgelegenheiten und Kinderspielburg, voll eingerichtete Küche, Fernseher, DVD-Player mit Filmsammlung.

Auf dem Weltausstellungsgelände – **Tryp Oriente:** ■ östlich R 9, Avenida Dom João II, Lote 1.16.02B, 1990-083 Lisboa, Tel. 800 83 40 38, www.melia. com/de, Metro: Oriente, DZ 85-125 € ohne Frühstück. Die 116 hellen, geräumigen Zimmer mit Kochnische bieten einen Blick über das Expo-Gelände oder Richtung Stadtzentrum. Exponierte Lage am Bahnhof Oriente.

Alfama, und nicht nur – **Mosteiro:** ■ Karte 2, G/H 3/4, Telheiro de São Vicente 8, http://lissabon-altstadt.de, Straßenbahn 28, ab 60 € zzgl. Endreinigung. Ein deutsch-portugiesisches Paar vermietet zahlreiche Ferienwohnungen im gesamten Stadtgebiet. Versteckt in einer Sackgasse liegt dieses Haus mit sechssehr modernen Apartments von 38 bis 70 m² für 2 bis 6 Personen neben dem Kloster São Vicente da Fora. Sehr freundlicher Service.

Hostels

Relaxte Atmosphäre – **Lisbon Lounge Hostel:** ■ Karte 2, E 5, Rua de São Nicolau, 41, 1100-547 Lisboa, Tel. 213 46 20 61, www.lisbonloungehostel.com, Metro: Baixa-Chiado, DZ ca. 55 €, im Mehrbettzimmer 20–22 €/Person. Nur neun jugendlich frisch gestaltete Zimmer für 2–8 Personen in einem historischen Gebäude inmitten der Baixa.

Preiswert(er) übernachten

Häufig finden Sie auf den Webseiten v. a. der großen Hotels variierende Tagestarife oder Sonderangebote. Trotzdem können Buchungen von zu Hause aus preiswerter sein, etwa über den Reiseveranstalter Olimar (im Reisebüro oder unter www.olimar.de) oder bei kommerziellen Anbietern im Internet, u. a. www.hrs.de und www.booking. com. Allerdings ist bei Schnäppchen zu beachten, dass man oft bezüglich der Lage, Größe oder Ausstattung weniger attraktive Zimmer erhält.

Einfach zentral – **Travellers House:** ■ Karte 2, E 5, Rua Augusta 89-1°, 1100-048 Lisboa, Tel. 210 11 59 22, www.travellershouse.com, Metro: Baixa-Chiado, DZ ab 50 €, im Mehrbettzimmer ab 14 €. Vom Vermittler Hostelworld mehrere Jahre nacheinander als weltweit bestes Hostal ausgezeichnet, im historischen Zentrum.

Jugendherbergen

Zentrumsnah – **Pousada de Juventude de Lisboa:** ■ N 7, Rua Andrade Corvo, 46, 1050-009 Lisboa, Tel. 213 53 26 96, http://microsites.juventude.gov. pt, Metro: Picoas, im Mehrbettzimmer (max. sechs Betten) 14–18 €, DZ 38–46 €. 174 Betten, behindertengerecht, liegt im Stadtzentrum.

Nahe am Fernbahnhof – **Pousada de Juventude do Parque das Nações:** ■ östl. R 9, Rua de Moscavide, 47, 1011-998 Lisboa, Tel. 218 92 08 90, http://microsites.juventude.gov. pt, Metro: Moscavide, im Mehrbettzimmer (max. vier Betten) 14–17 €, DZ 30–42 €. Moderne Herberge von 1998 am Expo-Gelände, 92 Betten, behindertengerecht.

Essen und Trinken

Wie Sie das richtige Restaurant finden …

Mit diesem Buch

Auf den folgenden Seiten finden Sie eine Auswahl derjenigen Restaurants, die die Gourmets zu den besten der Stadt zählen, die sich als bewährte Klassiker der portugiesischen Kochkunst einen Namen gemacht haben oder die gerade angesagt und in aller Munde sind. Dazu kommen alteingesessene Lokale mit ursprünglicher, meist deftiger Traditionsküche, Gaststätten mit Speisen aus den früheren Kolonien sowie einladende Restaurants für Vegetarier. Es handelt sich dabei ausnahmslos um Lokale, für die sich der mitunter etwas längere Weg kreuz und quer durch die Stadt lohnt.

Weitere Adressen, darunter auch gute und günstige Stadtteilrestaurants, finden Sie bei der Beschreibung der einzelnen Stadtviertel (Übersicht s. u.).

Hier können Sie sich selbst umsehen …

In den folgenden Stadtvierteln können Sie sich dank der großen Anzahl an ansprechenden Lokalen immer spontan entscheiden:

Bairro Alto: Im Szene- und Kneipenviertel reiht sich ein Restaurant an das andere, von der einfachen Pinte bis zum gestylten Edellokal. Besonders beliebt sind die Rua da Atalaia, die Rua da Barroca und die abzweigenden Gassen.

Tejoufer: An der Uferpromenade zwischen Cais do Sodré und Belém gibt es zahlreiche Restaurants auch mit Terrassenbetrieb und Blick auf den Fluss, allerdings meist im höheren Preissegment.

Gastronomie in den Lissabonner Vierteln

Mouraria, Castelo, Graça und Alfama:
– Stadtviertelkarte S. 115
– Restauraurantbeschreibung S. 140

Baixa und Chiado:
– Stadtviertelkarte S. 149
– Restauraurantbeschreibung S. 168

Bairro Alto und Cais do Sodré:
– Stadtviertelkarte S. 175
– Restauraurantbeschreibung S. 187

Avenidas Novas:
– Stadtviertelkarte S. 197
– Restauraurantbeschreibung S. 214

Parque das Nações und Expo-Gelände:
– Stadtviertelkarte S. 221
– Restauraurantbeschreibung S. 231

Westlich des Zentrums:
– Stadtviertelkarte S. 239
– Restauraurantbeschreibung S. 245

Alcântara und Belém:
– Stadtviertelkarte S. 255
– Restauraurantbeschreibung S. 264

Ausflüge in die Umgebung:
– Citypläne: Rückseite Reisekarte
– Restaurants ab S. 266

Essen und Trinken

Im Internet
Eine erste, begrenzte Präsentation von Restaurants in der Stadt bietet die Website des Tourismusamtes www.visitlisboa.com.

Die Gastronomie in der Stadt

Kleiner Restaurantführer
Überall in Lissabon gibt es einfache Gaststätten, die bevorzugt zur Mittagszeit von Geschäftsleuten und Angestellten aufgesucht werden. Sind sie dann voll, empfiehlt sich auch ein Besuch am Abend, wenn meist weniger Betrieb herrscht.

Eine Besonderheit bilden die größeren **Cafés**, die sich mittags in einfache Kantinen verwandeln, in denen man eine Gemüsesuppe am Tresen löffelt oder für gerade mal 5 € ein einfaches Tagesgericht am Tisch bekommt. Für den Preis wird gute Hausmannskost gereicht, denn die Wirte leben fast ausschließlich von ihren Stammkunden. **Marisqueiras** und **Cervejarias** haben sich auf Meeresfrüchte und Schnitzel spezialisiert, zu denen reichlich Bier getrunken wird. **Churrasqueiras** sind Grillrestaurants.

Immer stärkeren Zuspruch finden modern gestylte Restaurants mit ambitionierter portugiesischer Küche. Junge Köche zaubern erstaunliche Gerichte aus traditionellen Zutaten. Wenn Sie Gourmet sind, müssen Sie typisches portugiesisches Essen also nicht ausschließlich mit einfacher, deftiger Kost gleichsetzen. Und wenn Sie einmal über den portugiesischen Tellerrand hinausschauen möchten, finden Sie zahlreiche schmackhafte vegetarische sowie afrikanische, indische und brasilianische Restaurants, die Gerichte der ehemaligen Kolonien auf den Tisch bringen.

Viele Gaststätten führen ein Touristenmenü auf der Speisekarte, das zumeist aber kaum Einsparung bedeutet und nur selten kulinarische Spezialitäten verspricht. Beilagen, Service und Steuern sind im Preis inbegriffen, Trinkgeld von 5–10 % geht extra. Die Essenszeiten entsprechen den mitteleuropäischen, sonntags bleiben viele Restaurants geschlossen.

Traditionell sitzen die Portugiesen selten beim Essen im Freien. Ausnahmen bilden viele Restaurants am Tejo und im Bairro Alto, zwei Zentren des guten Essens. Warnen muss ich allerdings vor den Straßenrestaurants in der Fressgasse Rua das Portas de Santo Antão nördlich des Rossio. So schön Sie hier sitzen mögen, die Qualität des Essens fällt eher unter die Kategorie Touristennepp.

Bacalhau – ein Lissabonner Leckerbissen
Keine Angst vor dem Stockfisch bacalhau! Denn all die Lissabonner können sich nicht täuschen: Fast 6 kg dieses gepökelten Kabeljaus genießen sie durchschnittlich im Jahr. 365 Rezepte sollen bekannt sein, gut zubereitet sind alle schmackhaft.

Da gibt es *pasteis de bacalhau*, einfache Kroketten aus Kartoffeln, Fisch und Ei. *Bacalhau à brás* ist die portugiesische Variante des Bauernfrühstücks, bei der statt Schinkenspeck fein geschnittener Stockfisch mit gebratenen Kartoffelstücken, Zwiebeln, Oliven und Eiern gebraten wird. Eine im Ofen gedünstete Variante ist *bacalhau à Gomes de Sá*. *Bacalhau com natas* schwimmt in einer eingedickten Sahnesauce. *Bacalhau com todos* heißt der gekochte Fisch, zu dem Salzkartoffeln, verschiedene Gemüse und ein hartes Ei gereicht werden, wohingegen *bacalhau na brasa* den gegrillten Fisch bezeichnet.

Reiseinfos

Frisch aus dem Meer

Verführerisch sind aber auch die fangfrischen Fische vom Holzkohlengrill. In Spezialitätenlokalen können Sie sich den Fisch zeigen lassen und sich große Fische auch teilen. Abgerechnet wird dann nach Gewicht, gehen Sie von etwa 350 g pro Esser aus, der Preis liegt bei 35–65 €/kg.

Beliebt sind Tintenfische. Das zarte Fleisch der Kalmare *(lulas)* wird gegrillt oder geschmort. Sepias werden mit oder ohne Tinte angeboten *(chocos com/sem tinta)*. Das Filet der Kraken *(polvo)* kommt meist in Olivenöl auf den Tisch.

Vielfalt herrscht beim Angebot an Krustentieren und Muscheln. Wer sie mag, wird von den frischen Muscheln, Garnelen *(camarões* oder *gambas)*, Langusten *(lagosta)* und Hummern *(lavagante)* begeistert sein – vom Grill oder im Eintopf, dann zusammengewürfelt mit weißen Bohnen *(feijoada de marisco)*, Reis *(arroz de marisco)*, sogar Nudeln *(massada de marisco,* auch als *massada de peixe,* dann mit Fisch)* und in der dickflüssigen *açorda* aus Weißbrotresten mit viel Knoblauch! Besonderes Vergnügen bereitet es Portugiesen jeden Alters, mit Hämmerchen und Zangen bewaffnet den Riesentaschenkrebsen zu Leibe zu rücken und das Restaurant mit lautem Getöse zu erfüllen.

Portugiesische Fleischspezialitäten

Lissabonner lieben Steaks *(bife)*. Fantasievollere Gerichte kommen meist aus dem von Landwirtschaft geprägten Landesinneren Portugals. Bei der *carne de porco à alentejana* verbinden sich in einer scharfen Weinsauce marinierte, magere Schweinefleischstücke, Muscheln und geröstete Kartoffeln zu einer ungewöhnlichen, aber schmackhaften Hauptspeise. Eine ganz beson-

Auf Holzkohlen gegrillte Fische sind eine beliebte Hausmannskost

dere Art von Schwein erobert derzeit die Lissabonner Küchen: *Porco preto* ist ein frei laufendes Hausschwein mit dunklem Fell. Ganzjährig werden Lamm *(borrego)*, besonders in der Osterzeit auch Zicklein *(cabrito)* kredenzt. Und bevorzugt sonntags steht für robuste Mägen die Schlachterplatte *cozido à portuguesa* auf dem Tisch.

Das Beste zum Schluss

Oft lassen flinke Kellner dem Gast nur wenig Zeit für eine Pause zwischen den einzelnen Gängen. Das ist keinesfalls als lieblose Abfertigung zu verstehen, sondern gilt als Ausdruck von Professionalität und Aufmerksamkeit. Doch es gibt noch einen tieferen Grund für die Eile. Für viele portugiesische Naschkatzen ist der Nachtisch der wichtigste Teil eines frugalen Mahls, zu dem man möglichst schnell gelangen will, um ihm dann gebührend Zeit widmen zu können.

Zum Standard gehören der Karamellpudding *pudim flan,* Milchreis *arroz doce,* der karamellisierte Eier-Milch-Pudding *leite creme,* der kalte Bratapfel *maçã assada* und die mousse de chocolate, die süßer und flüssiger ist als ihr französisches Pendant. Trotz des martialischen Namens harmlos ist der *pudim molotov,* ein steif geschlagener und gezuckerter Eiweißschnee. Ausnehmend süß ist die köstliche Kalorienbombe *toucinho do céu* (Himmelsspeck) aus Zucker, Mandeln, Eigelb und Zimt. Die mit Sahnepudding gefüllten Blätterteigtaschen *pastéis de nata* schmecken mit Zimt bestreut noch besser. Für Kalorienbewusste empfiehlt sich der aus frischen Früchten zubereitete Obstsalat *salada de frutas.*

Alkoholisches

Zum Essen trinken die Portugiesen in gleichem Maße Bier *(cerveja)* und

Im Restaurant

Appetithappen: Die *petiscos,* etwa Oliven, Käse oder Fischpastete, leiten ein portugiesisches Essen ein und werden extra berechnet. Sie können auch unberührt zurückgegeben werden, was oft aber eine Sünde darstellt.

Speisekarten: Machen Sie sich die Mühe, die portugiesische Tageskarte zu übersetzen. Denn englisch- oder deutschsprachige Speisekarten nennen meist nur die Standardgerichte aus der Tiefkühltruhe.

Sardinen: Sardinen isst der Portugiese nur in der warmen Jahreszeit. Dann sind sie fett genug für den Grill. Im Winter kommt diese Heringsart aus der Tiefkühltruhe. Alternative dann: *carapaus* (Bastardmakrelen).

Wein und ziehen dann meist den roten dem weißen vor *(vinho tinto/ branco).* Hervorragend als Begleitung zu Fisch, Meeresfrüchten und hellem Fleisch eignet sich der kohlensäurefrische vinho verde, dessen Alkoholgehalt meist bei 8–10 % liegt. Weißer Portwein wird gekühlt als Aperitif, der rote als Digestif genossen. Der Port enthält wie Lissabons Kirschlikör Ginjinha etwa 20 % Alkohol. Härter ist der Tresterschnaps *bagaço* aus den Weinregionen rund um die Stadt.

Spitzengastronomie

Höchster Genuss – **Eleven:** ■ L 7, Rua Marquês da Fronteira, Jardim Amália Rodrigues, Tel. 213 86 22 11, www.restauranteleven.com, Metro: São Sebastião, Mo–Sa 12.30–15, 19.30–23 Uhr, Hauptspeisen ab 35 €, Menüs 32 € (mittags), 76, 96, 140 und 170 €. Am 11.11. 2004 von elf Teilhabern eröffnet, gilt das Eleven heute als bestes Restaurant Lissabons. Der deutsche

Reiseinfos

Spitzenkoch Joachim Koerper vereint die verführerisch frischen Zutaten aus Portugal mit den raffinierten Aromen des Mittelmeerraums und dem handwerklichen Können des deutschen Perfektionisten, etwa wenn die Tintenfischterrine mit Tomatenmarmelade, Räucherwurst und marktfrischem Fenchelsalat oder die Noisette vom Bergzicklein mit karamellisierten Birnen, Waldpilzen, Pfeffersauce und Schokolade kombiniert wird. In der Saison auch Trüffelmenüs. Die lukullischen Höhen finden ihre Entsprechung in einem fantastischen Panoramablick auf City, Burg und Tejo.

Edel und modern – **estórias na casa da comida:** ◼ L 9, Travessa das Amoreiras, 1, Tel. 213 88 53 76, www.casadacomida.pt, Metro: Rato, Mo–Sa 19–24 Uhr, Hauptspeisen ab 18 €, Menüs 40 und 60 €. Rund um den baumbestandenen Innenhof wird in entspannter Atmosphäre moderne Küche zelebriert, etwa Wachteln mit Kastanien in Steinpilzsauce oder Ochsenschwanz-Hamburger mit frittierter Polenta und verschiedene Rebhuhngerichte.

Von Familie Clinton empfohlen – **Porto de Santa Maria:** ◼ Estrada do Guincho, o. Nr., Tel. 214 87 94 50, www.portosantamaria.com, tgl. 12.30–15.30, 19.30–22.30 Uhr. Den Genuss von Barsch im Salzmantel bezeichnete Bill Clinton als »the most interesting thing I ever did«. Und wirklich, dieses Spezialitätenrestaurant an der Praia da Guincho (s. S. 280) ist schwer zu toppen, so frisch und gut zubereitete Meeresfrüchte finden Sie in Portugal kaum ein zweites Mal. Allerdings muss man für die exquisiten Gaumenfreuden auch mit mindestens 50 € pro Person rechnen, für Langusten oder Hummer deutlich mehr.

Portugiesische Kochkunst

Außergewöhnlich – **100 Maneiras:** ◼ Karte 2, C 4, Rua do Teixeira, 35, Tel. 210 99 04 75, www.restaurante100maneiras.com, Metro: Baixa-Chiado, tgl. 20–24 Uhr, Menü ca. 55 €. Etwas wirklich Besonderes! Ein paar Beispiele: Tintenfischscheiben mit Maniokakaviar, 72 Stunden gegartes Schwarzes Schwein auf Selleriemus mit Mandeln garniert, Kürbismousse mit Ziegenkäseschaum. Gereicht als Menü aus etwa zehn kleinen Speisen. Portugal kreativ verfeinert!

Tradition in zeitgenössischem Gewand – **Largo:** ◼ Karte 2, D 5, Rua Serpa Pinto, 10 A, Tel. 213 47 72 25, www.largo.pt, Metro: Baixa-Chiado, tgl. 12.30–15, 19.30–24 Uhr, Hauptspeisen ab 19 €, Mittagsmenü 18 €. Das superaktuelle Ambiente in historischem Kreuzgang ist Programm: Miguel Castro e Silva modernisiert die portugiesische Küche. Beispiel: Seezungenfilet mit Jakobsmuscheln und Lauchcrème. Auch vegetarische Gerichte.

(Nicht nur) für Fußballer – **Solar dos Presuntos:** ◼ Karte 2, D 3, Rua das Portas de Santo Antão, 150, Tel. 213 42 42 53, www.solardospresuntos.com, Metro: Restauradores, Mo–Sa 12–15.30, 19–23 Uhr, 3 Wochen im Aug. geschl., Hauptspeisen ab 13 €. Das Stammlokal der Fußballer vom Verein Benfica wird auch von Geschäftsleuten und Urlaubern geschätzt. Tolle Vorspeisenauswahl. Sehr gut ist auch der Fisch in Salz gebacken. Und bei einem Lissabonner Restaurantwettbewerb wurde der Lammbraten zum Siegergericht gewählt.

Einen Umweg wert – **Tasca da Esquina:** ◼ K 10, Rua Domingos Sequeira, 41 C, Tel. 210 99 39 39, www.

Essen und Trinken

tascadaesquina.com, Straßenbahn 25 und 28, Di–Sa 12.30–15.30, 19.30–23.30 Uhr, Mo nur abends, *petiscos* ab 7 €, Hauptspeisen ab 9,50 €, Menüs ab 21 €. Starkoch Vítor Sobral verzichtet nunmehr auf Sterne und präsentiert in entspannter Umgebung kreative portugiesische Küche zu günstigen Preisen.

Szene – **The Decadente:** ■ Karte 2, C/D 3/4, Rua de São Pedro de Alântara, 81, Tel. 213461381, www.thedecadente.pt, Metro: Baixa-Chiado, Mo–Sa 12–15, tgl. 20–13, Fr/Sa bis 24 Uhr, Hauptspeisen um 12 €, Mittagsmenü 10 €. Oft sind Szenerestaurants mit Vorsicht zu genießen, wenn sie mehr Szene als gutes Essen bieten. Das Decadente bietet beides. Retro die Einrichtung, modern das Essen, jung oder junggeblieben die Gäste, modernisiert die portugiesische Küche, etwa der Stockfisch *(bacalhau)* mit Granatapfel und Honig, dazu Fenchelpüree. Reservierung notwendig.

Speisen in gestyltem Ambiente

En vogue – **Bica do Sapato:** ■ Karte 2, J 4, Avenida Infante D. Henrique, Armazém B, Cais da Pedra, Santa Apolónia, Tel. 218 81 03 20, www.bicadosapato.com, Metro: Santa Apolónia, Mo 17–1, Di–Sa 12–1 Uhr, So mittags Brunch, 15.30–19.30 nur Snacks und Kaffee auf der Esplanada (Terrasse), Sushibar Mo–Sa 19.30–1 Uhr, Hauptspeisen: Restaurant 13–29 €, Menü ca. 22 €, Sonntagsbrunch ca. 25 €, Sushibar ab 6 €. Ein schwedischer Designer hat die Speicherhallen mit Blick auf den Tejo farbenfroh gestaltet, der Schauspieler John Malkovich ist Mitbesitzer, die Küche ist fantasievoll portugiesisch von höchster Qualität bei höchster Preisgestaltung. Die Esplanada (Terrasse) ist ein schöner Ort für den Nachmittagskaffee.

Old-fashioned – **Espaço Lisboa:** ■ H 12, Rua da Cozinha Económica, 16, Tel. 213 61 02 12, www.espacolisboa.pt, S-Bahn: Alcântara Mar, Straßenbahn 15, tgl. 19.30–24 Uhr, Hauptspeisen ab 13 €. In einer früheren Metallfabrik liegt der weitläufige Speisesaal, ausgestaltet mit Kachelbildern, einem kleinen Kolonialwarenladen und einem Kaffeegeschäft. In riesigen, mit Holz befeuerten Öfen werden Spanferkel gegrillt und Brot gebacken.

Glamourös – **Kais:** ■ L 12, Cais da Viscondessa, Rua Cintura do Porto–Santos, Tel. 213 93 29 30, www.kais-k.com, Metro: Cais do Sodré, Straßenbahn 15, 18, Di–Sa 20–2 Uhr, Hauptspeisen ab 20 €. In einem umgebauten Elektrizitätswerk liegt dieses architektonisch beeindruckende Restaurant, in dem portugiesisch und international gekocht wird. Hinter einem Wasserspiel agiert allabendlich eine Jazzband.

In der Fabrikhalle – **LXCantina:** ■ H 12, Rua Faria Rodrigues 103, Edifício C, Tel. 213 62 82 39, Straßenbahn 15, Mo 12–15, Di–Sa 12–15, 19.30–24 Uhr, So Mittagsbrunch, Hauptspeisen um 13 €. Unter dem Holzdach der früheren Werkskantine gibt es immer ein Salatbuffet, Traditionsspeisen vom Holzkohlengrill und ein günstiges Mittagsmenü (ca. 8 €).

Immerwährend Kult – **Pap' Açorda:** ■ Karte 2, C 4, Rua da Atalaia, 57–59, Tel. 213 46 48 11, Metro: Baixa-Chiado, Di–Sa 20–24 Uhr, geschl. 2 Wochen im Juli und im Nov., Hauptgerichte 18–31 €. Der Klassiker in der Szene, seit 1981 ausgewiesenes In-Lokal. Fei-

Reiseinfos

nes portugiesisches Essen wie *açorda* (flüssiger Brotteig) mit Garnelen, Langusten oder *bacalhau*. Hier soll es die beste Schokoladenmousse Lissabons geben. Treff des Jetsets.

Ursprüngliche Traditionsküche

Zum Wohlfühlen – **Cantinho do Bem-Estar:** ◼ Karte 2, D 4/5, Rua Norte, 46, Tel. 213 46 42 65, Metro: Baixa-Chiado, Di–Sa 13–14.30, 19.15–23, So 19.15–23 Uhr, Hauptspeisen ab 14 € für 2 Pers. Abends muss man pünktlich kommen, um die Warteschlangen vor dem kleinen Restaurant zu vermeiden. Gegrillte Fische und Reisgerichte sind ebenso Spezialitäten wie die üppigen Vorspeistenteller, die allerdings extra berechnet werden. Die meisten Gerichte reichen für zwei Personen. Leckere Auswahl an Nachspeisen und Kuchen.

Essen mit Hämmerchen – **Cervejaria Farol:** ◼ Karte 3, C 3, Largo Alfredo Dinis Alex 1–3, Cacilhas, Tel. 212 76 52 48, www.restaurantefarol.com, tgl. 12–24 Uhr, 2 Wochen im Okt. geschl. Hauptspeisen ab 8 €. Spezialitäten dieser traditionsreichen Gaststätte am gegenüberliegenden Tejoufer sind neben Fisch vom Grill die frischen Meeresfrüchte, z. B. Reiseintopf *arroz de marisco* mit Muscheln, Garnelen, Krebsfleisch. Dafür lohnt die Überfahrt.

Trubel im alten Kloster – **Cervejaria da Trindade:** ◼ Karte 2, D 4, Rua Nova da Trindade, 20-C, Tel. 213 42 35 06, www.cervejariatrindade.pt, Metro: Baixa-Chiado, tgl. 10–24 Uhr (durchgängig), Hauptspeisen ab 12 €, werktags Mittagsmenüs ab 12 €. In dem mit Azulejos geschmückten Refektori-

um eines alten Klosters ist dieses Bierlokal untergebracht, groß, laut, voller Atmosphäre. Empfehlenswert sind die frischen Meeresfrüchte und verschiedenen Steaks, aber auch Broteintopf mit Garnelen *(açorda de gambas).*

Portugiesisch wie es sein soll – **Coutada:** ◼ Karte 2, E 1, Rua Bempostinha, 18, Tel. 218 85 20 54, Metro: Intendente, Mo–Sa 12.30–14.30, 19.15–23 Uhr, Hauptspeisen ab 7 €. Ein verstecktes Schmuckstück mit liebenswert zubereiteter Traditionsküche bei bestem Preis-Leistungs-Verhältnis. Schön garnierte Fleisch- und Fischspieße sind eine Spezialität, sehr empfehlenswert auch mit Garnelen gefüllte Paprikaschoten in Currysauce *(balchão de gambas)* und am Wochenende lockt der *bacalhau à presidente* mit Sahnesauce und Garnelen.

Plätze heiß begehrt – **Flores:** ◼ Karte 2, D 5, Rua das Flores, 76, Tel. 213 42 88 28, Metro: Baixa-Chiado. Mo–Sa 12–16 Uhr, Hauptspeisen ca. 7 €. Kaum 20 Gäste fasst die unscheinbare und gleichzeitig sehr beliebte Tasca mit langer Tradition. Wer nicht reserviert hat, wartet zum Mittagessen mit Geschäftsleuten und Nachbarn in der Schlange. Wechselnde, frisch zubereitete Tagesgerichte, Bacalhau ist immer dabei. Und wunderbar süße Nachspeisen.

Für Wagemutige – **Marisqueira Ramiro:** ◼ F 3, Avenida Almirante Reis, 1-H, Tel. 218 85 10 24, www.cervejariaramiro.pt, Metro: Martim Moniz, Intendente, Di–So 12–24 Uhr (durchgängig), Meeresfrüchte zu Kilopreisen, z. B. Riesengarnelen 65 €/kg. Gemütlich ist es etwas anderes. Wenn sich trotzdem Schlangen im Eingang bilden, liegt das an den vielleicht besten Meeresfrüchten in Lissabon.

Essen und Trinken

In den Gassen der Altstadt laden unzählige Tascas zum Essen ein

Gut günstig – **O Móises:** ■ N 6, Avenida Duque de Ávila, 121–123, Tel. 213 14 09 62, Metro: Saldanha, tgl. 12–15, 19.30–22 Uhr, Hauptspeisen ab 5,50 €, am Tresen ab 5 €. Empfehlenswert ist der gegrillte Fisch. Günstige Preise und eine reichhaltige portugiesische Küche locken Büroangestellte aus der Umgebung ebenso an wie Bauarbeiter, abends schauen dann die gut situierten Nachbarn vorbei.

Wie bei Muttern – **Primavera do Jerónimo:** ■ Karte 2, D 4/5, Travessa de Espera, 34, Tel. 213 42 04 77, Metro: Baixa-Chiado, Di–Sa 12.30–14.30, 19.30– 23, Mo 19.30–23 Uhr, Hauptspeisen ab 10 €. Für max. 28 Gäste kommen hier vor allem nordportugiesische Gerichte auf den Tisch, unbeeindruckt von allem Rummel schon seit vielen Jahrzehnten. Der gefüllte Tintenfisch und die geschmorten Rebhühner (nur während der Jagdsaison) sind die Spezialität der Köchin.

Bodenständig – **Solar dos Nunes:** ■ G 12, Rua dos Lusiadas, 68–72, Tel. 213 64 73 59, www.solardosnunes.com, S-Bahn: Alcântara Mar, Straßenbahn 18, Mo–Sa 11–16, 19–2 Uhr, Mitte Aug. geschl., Hauptspeisen ab 13 €. Ein Familienrestaurant in bestem Sinne. Die Wände sind mit Jagderinnerungen dekoriert, Schinken hängen über dem Tresen, entsprechend konzentriert sich die Küche auf unverfälschte Hausmannskost.

Heiter wie der Name – **Toma-lá-dá-cá:** ■ C 5, Travessa do Sequeiro 38, Tel. 213 47 92 43, Metro: Baixa-Chiado, Mo–Sa 12–15, 19.30–23 Uhr, Hauptspeisen ab 7,50 €. Ein eher jugendliches Publikum

Reiseinfos

genießt die einfachen, aber gut zubereiteten Fisch- und Fleischgerichte in fröhlichem Ambiente.

Schöne Auswahl – **Valbom:** ■ M 5/6, Av. Conde de Valbom, 104–106, Tel. 217 97 04 10, Metro: Praça de Espanha, So–Fr 12–15, 19–23.30 Uhr, Hauptspeisen ab 8,50 €. Zahlreiche Traditionsgerichte, vom Hähnchen oder Fisch vom Grill bis zum Schnitzel vom einheimischen Barrosã-Rind oder Seeteufelreis mit Garnelen. Zudem viele Meeresfrüchte.

Weltweit

Raffiniert japanisch – **Aron Sushi:** ■ M 6, Rua Marquês Sá de Bandeira, 14, Tel. 213 57 41 18, Metro: São Sebastião, Mo–Sa 13.30–15, 19–23 Uhr, Hauptspeisen ab 7 €, Mittagsmenüs um 13 €. Viel mehr als Sushi, etwa japanische Ravioli oder Thunfisch mit Stockfischrogen, ebenfalls auf japanische Art zubereitet.

Musikalisches von den Kapverden – **Casa da Morna:** ■ H 12, Rua Rodrigues de Faria 21, Tel. 213 62 11 69, Mo–Sa 19.30–2 Uhr, S-Bahn: Alcântara Mar, Straßenbahn 15, Hauptspeisen ab 13 €. Das Restaurant des Musikers Tito Paris ist eine Institution mit kapverdianischem Essen und tgl. Livemusik, oft durch den Meister selbst.

Echt brasilianisch – **Comida de Santo:** ■ M 9, Calçada Eng. Miguel Pais, 39, Tel. 213 96 33 39, www.comidadesanto.pt, Metro: Rato, Di–So 12.30–15.30, 19.30–1 Uhr, Hauptgerichte 16,50–20 €. Seit 1981 das beste brasilianische Restaurant. Delikat zubereitete Gerichte, wie *feijoada*, Bohneneintopf, *vatapá* oder *moqueca* mit Garnelen. Auch vegetarische Speisen. Große Portionen in familiärem Ambiente, nur die Nachtische sind arg süß.

Curry und Erdnüsse – **O Cantinho do Aziz:** ■ Karte 2, F 4, Rua de São Lourenço, 3–5, Tel. 218 87 64 72, Metro: Martim Moniz, Mo–Sa 12–14.30, 20–23 Uhr, Hauptspeisen um 8 €. Sineto kocht eine Mischung aus indisch und mosambikanisch. Aus Mosambik stammen auch viele seiner Gäste. Es gibt Hühnercurry mit Erdnusscreme, Fischcurry oder *muamba* mit Huhn. Aber natürlich fehlen auch portugiesisch gegrillte Fische nicht.

Versuchung aus Goa – **Tentações de Goa:** ■ Karte 2, F 4, Rua São Pedro Mártir, 23, Tel. 218 87 58 24, Metro: Martim Moniz, Mo–Sa 12–15, 19–22 Uhr, Hauptspeisen ab 10 €. Das kleine originelle Restaurant bringt die kräftig gewürzte Küche aus der indischen Provinz Goa, der einstigen portugiesischen Kolonie, auf den Tisch, darunter auch viele Gemüsegerichte.

Vegetarisches Essen

Im Garten der Sinne – **Jardim dos Sentidos:** ■ Karte 2, C 3, Rua da Mãe de Água, 3, Tel. 213 42 36 70, www.jardimdosentidos.com, Metro: Avenida, Restauradores, Mo–Fr 12–15, 19–22.30 Uhr, Sa nur abends, Hauptspeisen ab 9 €, Mittagsbuffet 9 €. Geschmackvoll eingerichtet, schöner Garten, fantasievolle Gerichte wie Kombination von Maniokwurzeln und Gemüse-Sabjib. Auch veganes Essen, schöne Salate. Zusätzlich gibt es Zen-Massagen.

Buddhistisch – **Os Tibetanos:** ■ M 9, Rua do Salitre, 117, Tel. 213 14 20 38, www.tibetanos.com, Metro: Avenida, Mo–Fr 12.15–14.15, 19.30–22.30, Sa 13–15, 20–23 Uhr, Hauptgerichte ab 10 €, Tagesgericht ca. 9 €. Das vegetarische Restaurant wird von Anhängern des tibetanischen Buddhismus geführt. Besonders hübsch sitzt man

Essen und Trinken

im Innenhof. Mittags sind die Plätze schnell besetzt, rechtzeitig kommen!

Lauschig – **Terra:** ◼ M 10, Rua da Palmeira, 15, Tel. 213 42 14 07, www.restauranteterra.pt, Di–So 12.30–15.30, 19.30– 24 Uhr, Metro: Rato, Buffet ca. 12,50 € (Di–Fr mittags) bzw. 15,90 €. Schönes Buffet u. a. mit Speisen nach portugiesischen Traditionsrezepten, gute Auswahl auch für Veganer, teilweise biologisch und besonders schön im Sommer am Brunnen im Garten.

Traditionscafés

Verspielter Jugendstil – **Café Brasileira:** ◼ Karte 2, D 5, Rua Garrett, 120, Metro: Baixa-Chiado, tgl. 8–2 Uhr. Eines der schönsten Lissabonner Cafés. Der enge lange Raum ist in Braun und Gold gehalten und wird von Messingleuchten und großen Wandspiegeln geziert. Auf der Terrasse hat die Bronzefigur des Dichters Fernando Pessoa ihren Stammplatz.

Art déco – **Café Nicola:** ◼ Karte 2, E 4, Praça Dom Pedro IV (Rossio), 25, Metro: Rossio, Mo–Fr 8–22, Sa 9–22, So 10–19 Uhr. Ein Café aus dem Jahre 1787, das 1929 im Art-déco-Stil wiedereröffnet wurde. Die Preise sind trotz der exponierten Lage am Rossio günstig geblieben.

Ein wenig Rokoko – **Café Versailles:** ◼ N 6, Avenida da República, 15 A, Metro: Saldanha, tgl. 7.30–22, 12– 15.30 Uhr nur Restaurantbetrieb. Das stilvollste Café Lissabons aus dem Jahre 1922, vom französischen Art déco beeinflusst. Nachmittags treffen sich hier die vornehmen Damen zum gediegenen Kaffeeklatsch.

Für Keksfreunde – **Confeitaria Nacional:** ◼ Karte 2, E 4, Praça da Figueira,

18, Metro: Rossio, tgl. 8–20 Uhr. Neben dem Neujahrskuchen *bolo de rei* kann man hier über 70 verschiedene Kekssorten genießen und erwerben.

Mekka des Gebäcks – **Confeitaria dos Pastéis de Belém:** ◼ D 13, Rua de Belém, 84–88, Straßenbahn 15, tgl. 8–23 Uhr. Nach Lissabon zu fahren, ohne einen *pastel de belém*, ein Blätterteiggebäck mit Sahnefüllung, zu essen, ist wie nach Rom zu fahren, ohne den Papst zu sehen. Ein absolutes Muss.

Mit Schuhputzer – **Mexicana:** ◼ O 5, Avenida Guerra Junqueiro 30 C, Metro: Alameda, tgl. 8–23 Uhr. Entgegen dem Namen ein portugiesisches Traditionscafé. Seit 1963 sind Einrichtung und Qualität des Gebäcks unverändert geblieben. Auch ein Schuhputzer gehört zum Inventar. Mit Terrassenbetrieb.

Kaffee gutbürgerlich – **Pastelaria Suíça:** ◼ Karte 2, E 4, Praça Dom Pedro IV (Rossio), 96–104, Metro: Rossio, tgl. 7–21.30 Uhr. Ein wenig wie ein Wiener Kaffeehaus. Schön sitzt man auch auf den Terrassen am Rossio oder Praça da Figueira, muss dafür aber Zuschlag zahlen. Allerdings dürfte der Umbau des Gebäudes den Genuss in der nächsten Zeit stören.

Süßes und Würziges im Café

Die Bezeichnung *fabrico próprio* bedeutet, dass das Gebäck im Café ›aus eigener Fertigung‹ stammt und keine Fabrikware darstellt. Neben den süßen Schleckereien bieten Cafés auch Salzgebäck an, meist gefüllt mit Stockfisch *(pastel de bacalhau)*, Hack- oder Hühnerfleisch *(empada)* und Meeresfrüchten *(rissol de camarão)*.

Einkaufen

Lissabonner Spezialitäten

Kacheln sind überall im Stadtbild präsent. Zahlreiche Läden bieten sie auch in handgefertigten Einzelstücken an. Ein weiteres schönes Mitbringsel ist Portwein. Allerdings sollten Sie beachten, dass einfacher Massenwein aufgrund der EU-Exportförderung zu Hause oft billiger zu erstehen ist. Lohnenswert ist hingegen der Kauf von hochwertigen Tropfen. Dies gilt auch für portugiesische Weine, die eine überraschende Qualität aufweisen.

In den letzten Jahren hat sich eine lebendige Modeszene etabliert, deren Kreationen weniger durch Exzentrik als durch ihre Tragbarkeit angenehm auffallen. Aufgrund der kolonialen Vergangenheit finden Sie zahlreiche noble Adressen, die Antiquitäten aus Afrika, Indien und Südamerika, aber auch England führen.

Wo gibt es was?

Herrlich nostalgische Traditionsläden finden Sie rund um den Rossio und im Chiado (s. S. 160), klassische Modeboutiquen in der Baixa, im Chiado und in der Avenida da Roma. Portugiesische Designer siedeln sich bevorzugt im Bairro Alto und im Chiado an. Die Avenida da Liberdade bildet das Zentrum für internationale Designermode von Hugo Boss bis Armani.

In den großen Einkaufszentren Vasco da Gama, Colombo und Amoreiras dominieren spanische Modeketten wie Zara, Cortefiel, Bershka, Mango oder Massimo Dutti über einige portugiesische Filialen von Lanidor, Quebramar oder Fly London für bequeme Schuhe. Und alles zusammen bietet El Corte Inglés, das größte Kaufhaus der iberischen Halbinsel.

Zahlreiche Antiquitätenläden befinden sich in der Rua de São Bento nahe dem Parlament, der Rua Dom Pedro V. und Rua da Escola Politécnica, außerdem in der Umgebung der Kathedrale, etwa in der Rua de Augusto Rosa.

Antiquitäten

Erlesen – **J. Andrade:** ■ M 9, Rua Politécnica, 39, Metro: Rato. Traditionsreiches Geschäft in Lissabons Antiquitätenmeile. Schwerpunkte der Ausstellung sind portugiesisches Mobiliar, Kunsthandwerk und Malerei aus dem 17. bis 19. Jh.

Aus den Kolonien – **Marcos & Marcos:** ■ Karte 2, C 3, Rua D. Pedro V, 59, Metro: Rato oder Baixa-Chiado. Ein Schwerpunkt des ehrwürdigen Ladens liegt auf Kunst aus Asien, Afrika und Südamerika.

Bücher und CDs

Traditionsreich – **Companhia Nacional de Música:** ■ Karte 2, E 5, Rua Nova do Almada, 60, Metro: Baixa-Chiado. Große Auswahl für portugiesische und klassische Musik, einschließlich Volksmusik, Fado und Oper.

CDs für das Fernweh – **Fado-Museum:** ■ Karte 2, G 5, Largo do Chafariz do Dentro, 1, Metro: Santa Apolónia, Di–So 10–18 Uhr. Der Museumsshop führt die größte Auswahl an Fado-CDs, die gerne auch vorgespielt werden. Fachkundige, freundliche Beratung.

Einkaufen

Modernes Medienkaufhaus – **FNAC:** ▨ Karte 2, E 5, Armazéns do Chiado (Laden 4.07), Rua do Carmo, 2, Metro: Baixa-Chiado. Buch- und Medienkaufhaus mit riesiger Auswahl auch an aktuellen portugiesischen (Fado-)CDs und vielen Sitzecken zum Schmökern. Regelmäßiges anspruchsvolles Kulturprogramm im angeschlossenen Café und Kartenvorverkauf.

Traditionsbuchhandlung – **Livraria Bertrand:** ▨ Karte 2, D 5, Rua Garrett, 73–75, Metro: Baixa-Chiado. Die älteste Buchhandlung der Welt (!) stammt aus dem Jahre 1732 und bezog schon kurz nach dem Erdbeben von 1755 die heutigen Räumlichkeiten. Sehenswert wegen ihrer labyrinthischen Verkaufsräume unter alten Gewölbedecken.

Lissabon antiquarisch – **Livraria Olisipo:** ▨ Karte 2, D 4, Largo Trindade Coelho, 7–8, Metro: Baixa-Chiado. Eines der zahlreichen Buchantiquariate im nördlichen Chiado, dieses ist auf alte Bücher und Stiche von Lissabon spezialisiert.

Delikatessen/Lebensmittel

Kaffee pur – **A Carioca:** ▨ Karte 2, D 5, Rua da Misericórdia, 9, Metro: Baixa-Chiado. Feine Kaffeerösterei im Familienbesitz mit Qualitätskaffees aus aller Welt, die täglich frisch geröstet werden. Alleine der Duft, der das nostalgische Lädchen ausfüllt, ist ein Genuss. Darüber hinaus gibt es auch eine kleine Teeauswahl.

Feinste Weine – **Coisas do Vinho do Arco:** ▨ D 13, Centro Cultural de Belém, Rua Bartolemeu Dias, Straßenbahn: 15. Exquisite Weinhandlung mit hochwertigen Tropfen (nicht nur) aus Portugal. Kompetente Beratung, häufig werden Weinproben organisiert.

Edelschokolade – **Corallo Cacao & Caffé:** ▨ M 9, Rua da Escola Politécnica, 4, Metro: Rato. Eine luso-italienische Familie vermarktet erlesene Kreationen, die Rohstoffe stammen von ihrer eigenen Schokoladenfarm auf São Tomé e Principe.

Modernisierte Markthalle – **Mercado da Ribeira Nova:** ▨ Karte 2, C 6, Avenida 24 de Julho, Metro: Cais do Sodré, Markt tgl. 6–14, Restaurants So–Do 10–24, Fr/Sa 10–2 Uhr. Seit dem Ende des 19. Jh. nächtlicher Großmarkt für Obst und Gemüse und tagsüber zentrale Markthalle der Stadt. Mittlerweile ist das Marktgeschehen etwas an den Rand gedrängt. Den Hauptbereich nehmen Stände von Spitzenköchen ein, die einfachere Speisen zubereiten als sonst bei ihnen üblich.

Portwein-Eldorado – **Napoleão:** ▨ Karte 2, F 5, Rua dos Fanqueiros, 70, Metro: Baixa-Chiado. Eingesessenes Weingeschäft mit vielen Portweinen.

Geschenke und Souvenirs

Hochwertiges Kunsthandwerk – **Arte da Terra:** ▨ Karte 2, F/G 4, Rua Augusto Rosa, 40, Metro: Terreiro do Paço. Im ehemaligen bischöflichen Pferdestall gegenüber der Kathedrale werden kunsthandwerkliche Erzeugnisse angeboten: Naiv-religiöse Tonfiguren, besticktes Leinen, Wolldecken, Keramik, aber auch Marmeladen.

Aus einem früheren Leben – **A Vida Portuguesa:** ▨ Karte 2, D 5, Rua Anchieta, 11, Metro: Baixa-Chiado. Die Auswahl an portugiesischen Markenprodukten aus vergangenen Zeiten, von Olivenöl, Seifen, Rasierpinsel bis zu Spielzeug, treibt manchem Portugiesen Tränen der Erinnerung in die Augen.

Reiseinfos

Eine der besten Shopping-Adressen: die elegante Rua Augusta in der Baixa

Riesiger Trödelmarkt – **Feira da Ladra:** ■ Karte 2, H 3, Campo de Santa Clara, Straßenbahn 28, Di, Sa 7–17 Uhr. Größter Lissabonner Trödelmarkt. Neben Kitsch, Ramsch und Diebesgut auch Antiquitäten, alte Bücher, einfache Kleidung und Haushaltswaren.

Museumsstücke – **Loja dos Museus:** ■ Karte 2, D 3, Praça dos Restauradores, Palácio Foz, Metro: Restauradores. Neben dem Tourismusamt werden Repliken von Exponaten aus den portugiesischen Museen verkauft: Porzellan, Schmuck, Kacheln.

Landestypisches – **Portugal Rural:** ■ K 10, Rua Saraiva de Carvalho, 115, Straßenbahn 25 und 28, Di–Sa 9–18 Uhr. Originelle Mitbringsel aus verschiedenen Regionen: Flecht- und Tonwaren, Webprodukte, traditionelle Musikinstrumente und Spielzeug. Außerdem Weine, Käse, Würste, Brote, Gebäck auch zum Probieren.

Kacheln und Keramik

Handbemalte Reproduktionen – **Cerâmica:** ■ Karte 2, G 4, Calçadinha da Figueira, Straßenbahn: 12 und 28. Zwei Keramikmalerinnen reproduzieren klassische Kachelmuster des 17. und 18. Jh.; auch moderne Ornamente.

Kachelantiquitäten – **D'Orey & Cardoso:** ■ Karte 2, D 5, Rua do Alecrim, 68, Metro: Baixa-Chiado. Wertvolle Kacheln ab dem 16. Jh., auch aus den früheren Kolonien.

Repliken – **Museu Nacional do Azulejo:** ■ R 8, Rua da Madre de Deus, 4, Metro: Santa Apolónia. Im Museumsladen gibt es hochwertig gefertigte, handbemalte Kacheln, für die die schönsten Motive der Ausstellungsstücke ausgewählt wurden.

Älteste Kachelmanufaktur – **Sant' Ana:** ■ Karte 2, D 5, Rua do Alecrim,

Einkaufen

95, Metro: Baixa-Chiado oder Cais do Sodré. Bereits seit 1741 mit riesiger Auswahl an handbemalten Azulejos mit klassischen Mustern und Bildmotiven.

Kaufhäuser und Ladengalerien

Übergroß – **Centro Colombo:** ■ nördlich L 1, Avenida Lusíada, Tel. 217 11 36 00, www.colombo.pt, Metro: Colégio Militar, tgl. 10–24, Supermarkt tgl. 9–24 Uhr. Portugals größtes Einkaufszentrum bietet nicht nur Läden aller Art, sondern auch Kinos, Restaurants, Schnellimbisse …

Postmodern und bunt – **Centro Comercial Amoreiras:** ■ K 8, Avenida Eng. Duarte Pacheco, www.amoreiras. com, Metro: Marquês de Pombal oder Rato, tgl. 10–23 Uhr, Supermarkt tgl. 9–23 Uhr. Das im postmodernen Stil erbaute Einkaufszentrum rief 1983 bei seiner Eröffnung viel Polemik hervor. Im Gegensatz zu den später entstandenen Shoppingmalls sind hier noch eingesessene Lissabonner Läden mit ihren Filialen vertreten.

Im Zeichen der Ozeane – **Centro Comercial Vasco da Gama:** ■ östlich R 9, Avenida D. João II., www.centrovas codagama.pt, Metro: Oriente, tgl. von 10–24, Supermarkt tgl. 9–24 Uhr. Angenehme Größe, von Tageslicht durchflutetes, wassergekühltes Glasdach. Neben Filialen internationaler Modeketten sind renommierte Lissabonner Läden vertreten. Viele Restaurants und moderne Kinosäle.

Konsumtempel – **El Corte Inglés:** ■ M 6, Avenida António Augusto Aguiar, 31, Tel. 707 21 17 11, www. elcorteingles.pt, Metro: São Sebas-

tião, Mo–Do 10–22, Fr/Sa 10–23.30, So 10–20 Uhr. Größtes Kaufhaus der iberischen Halbinsel mit beeindruckender Delikatess- und Lebensmittelabteilung, diversen Restaurants und Kinosälen.

Mode und Schmuck

Das Original – **Ana Salazar:** ■ Karte 2, E 4, Rua do Carmo, 87, Metro: Baixa-Chiado. Laden der Modemacherin, die mit ihren Kreationen Portugals junge Designerszene in den 1980er-Jahren begründete. Fortbestand aufgrund der Krise allerdings gefährdet.

Leinen – **Burel:** ■ Karte 2, D 5, Rua Serpa Pinto, 15 B, Metro: Baixa-Chiado. Junge Leute haben die mittelportugiesische Tradition der Leinenherstellung wiederbelebt. Der Laden verkauft ihre Produkte in Lissabon. Modische Taschen, Kleidung, Stoffe.

Alte Hüte – **Chapelarias Azevedo Rua:** ■ Karte 2, E 4, Rossio, 73, Metro: Rossio. Bereits in der vierten Generation betriebener stilvoller Hutladen mit eigener Werkstatt, früher im Hinterzimmer. Das Angebot reicht vom portugiesischen Sonnenhut bis zur Maßanfertigung.

Exklusiver Schmuck – **Leitão & Irmão:** ■ Karte 2, D 4, Travessa da Espera, 14, Metro: Baixa-Chiado. Einst Hoflieferant verfügt der exklusive Juwelier über eine eigene Werkstatt, in der die ganz besonderen Schmuckstücke einzeln gefertigt werden.

Elegante Handschuhe – **Luvaria Ulisses:** ■ Karte 2, E 4, Rua do Carmo, 87 A, Metro: Rossio. Kleinster Laden Lissabons, nur handgefertigte Handschuhe in allen Farben und Modellen zumeist aus Ziegenleder.

Ausgehen, Abends und Nachts

Bars und Szenetreffs

Top – **Bicaense:** ■ Karte 2, C 5, Rua da Bica de Duarte Belo, 42, Metro Baixa-Chiado, Di–Do 20–2, Fr/Sa 20–3 Uhr. Früher einfache Taska, heute kreative Bar mit tollem Marmortresen, uralten Laternen als Design-Gag, empfehlenswerten Cocktails und manchmal Live Performances.

Ewig junges Publikum – **Café Suave:** ■ Karte 2, D 5, Rua Diário de Notícias, 6, Metro: Baixa-Chiado, Mo–Do 22–2, Fr/Sa bis 3 Uhr. Kleine avantgardistische Bar mit eher jüngerem Publikum, gute House- und lateinamerikanische Musik.

Neobarock – **Capela:** ■ Karte 2, C 4, Rua da Atalaia, 45, Metro: Baixa-Chiado, tgl. 18–2 Uhr. Gewagter neobarocker Stilmix, hinsichtlich Alter und Nationalität gemischtes Publikum, Electro bis Jazz. Stadtbekannte DJs.

Weinkeller – **Chafariz do Vinho Enoteca:** ■ Karte 2, C 3, Rua da Mãe de Água, Metro: Avenida, Di–So 18–2 Uhr. In einem ehemaligen Wasserspeicher eingerichtete moderne Weinbar mit hervorragender Auswahl an portugiesischen Weinen. Leckere kleine

Busse für Nachtschwärmer
Ab 0.30 Uhr verkehren Nachtbusse im 30-Minuten-Takt ab und bis Cais do Sodré. Für Disco-Besucher interessant sind die Nummern 201 (Belém), 202 (Bairro Alto, Rato, Sete Rios), 206 (Santa Apolónia), 207 (Baixa, Marquês de Pombal), 208 und 210 (Expo-Gelände).

Gerichte sowie portugiesischer Käse, Wurst oder Schinken als Tapas.

Beim Eisenbahner – **Clube Ferroviário:** ■ Karte 2, K 2, Rua de Santo Apolónia 59, Tel. 218 15 31 96, www.clubeferroviario blog.com, Metro: Santo Apólonia, Mi 17–2, Do/Fr 16–4, Sa 12–4, So 12–24 Uhr. Angesagter Kulturtreff mit Café und Bar im Eisenbahnersportverein. Tolle Terrasse mit Blick auf den Tejo, man sitzt auf alten Eisenbahnbänken.

Immerwährend alternativ – **Majong:** ■ Karte 2, C 5, Rua da Atalaia, 3, Metro: Baixa-Chiado, tgl. 17–2 Uhr. Ein chinesisches Restaurant wurde zur Szenebar, Künstler und Schauspieler treffen sich unter den von der Decke hängenden Kohlköpfen, Alternativ- und World-Musik.

Auch für Theaterfreunde – **MM Café:** ■ nördl. O 5, Av. Frei Miguel Contreiras, 52, www.teatromariamatos. pt/pt/mm-cafe, Metro: Roma, Di–Fr 18–2, Sa/So 15–2 Uhr. Abseits des sonstigen Nachtlebens, aber nahe der Hotels im Nordosten. Bei wechselnder Bodenbeleuchtung ist besonders der Caipirinha der Bar im 1. Stock des Theaters Maria Matos empfehlenswert.

Chillen auf dem Parkdeck – **Park:** ■ Karte 2, C 5, Calçada do Combra, 58, https://pt-pt.facebook.com/00park, Metro: Baixa-Chiado, Di–Sa 12.30–2, So 12.30–24 Uhr. Ein Garten mit Bar auf dem Parkhausdach unter dem Sternenhimmel, am Wochenende mit DJs. Einfach rein ins Gebäude, den Aufzug suchen und in den 7. Stock fahren.

Skurrile Cocktails – **Pavilhão Chinês:** ■ Karte 2, C 3, Rua D. Pedro V, 89,

Ausgehen, Abends und Nachts

Metro: Rato oder Baixa-Chiado, Mo–Sa 18–2, So 21–2 Uhr. Eine der interessantesten Bars Lissabons in einem von einem leidenschaftlichen Sammler vollgestellten, ehemaligen Lebensmittelgeschäft. Sehr gute Auswahl an Cocktails. Gemischtes Publikum.

Im Liebesnest – **Pensão Amor:** ■ Karte 2, D 6, Rua do Alecrim, 19, www.pensaoamor.com, Metro: Baixa-Chiado, Mo–Mi 12–2, Do–Sa 12–4 Uhr. Ein in Lissabon einmaliges Konzept: In eine ehemalige Pension im früheren Rotlichtviertel ist ein alternatives Ladenzentrum eingezogen. In der plüschigen Bar gibt's häufig Live-Auftritte, in den drei Stockwerken darüber Bücher, Kleider, Kunsthandwerk.

Discos

Südamerikanisch heiß – **Havana Soul:** ■ H 12, Doca de Santo Amaro, Armazém 5, Tel. 213 37 98 93, S-Bahn: Alcântara Mar, tgl. 12–4 Uhr. Ein Club an den Docks, in dem Salsa-Rhytmen und Latin-Music geboten werden. Dazu südamerikanische Cocktails und Tanz-Workshops.

Indie-Pop – **Incógnito:** ■ M 10/11, Rua Poiais de São Bento, 37, www.incognitobar.com, Straßenbahn 28, Mi–Sa 23–3 Uhr. Oben eine Bar, unten eine Disco abseits des touristischen Trubels. Zum Tanzen am Wochenende wird es trotzdem eng wie in einer Sardinenbüchse.

Progressive Housemusic – **Kremlin:** ■ L 11, Escadinhas da Praia, 5, www.grupo-k.pt, Straßenbahn 15, Fr/Sa und vor Fei 0.30–7 Uhr. Schon lange und unverändert angesagt, auch dank des gestylten Ambientes unter steinernen Bögen. Hauseigene DJs legen House-Music auf.

Von Weltruf – **Lux Frágil:** ■ Karte 2, J 4, Avenida Infante D. Henrique, Armazém B, Cais da Pedra, www.luxfragil.com, Metro: Santa Apolónia, Do–Sa 23–6 Uhr. Die beliebteste trendy Disco der Stadt mit Weltruf. International bekannte DJs, häufig gibt es Konzerte, manchmal auch Ausstellungen. Musik von Jazz bis House und Techno. Teuer, wählerische Portiers.

Strandfeeling – **Urban Beach:** ■ L 12, Cais da Viscondessa, Rua da Cintura, www.grupo-k.pt. S-Bahn: Santos, Straßenbahn 15, Disko Do–Sa 0–6 Uhr, im Sommer tgl., Restaurantbetrieb Di–Sa ab 20 Uhr. R & B und Hitparade am Fluss mit Sandstrand und Liegestühlen.

Hitparade – **Plateau:** ■ L 11, Escadinhas da Praia, 7, Straßenbahn 15, Mi, Fr/Sa 24–6 Uhr. Eine der Gründungsdiskotheken im Lissabonner Hafengebiet, kommerzielle Musik, Pop und Rock auch der 1980er-Jahre.

Musikklubs und Livemusik

Avantgardistische Kulisse – **Bar Lounge:** ■ Karte 2, C 6, Rua da Moeda, 1, www.loungelisboa.com.pt/blog/, Metro: Cais do Sodré, Di–So 22–3 Uhr. Regelmäßig legen DJs auf, häufig avantgardistische Livemusik, auf der Website werden die auftretenden Künstler per eigenen Trackslink vorgestellt. Studentisches Publikum.

Live Blues – **Fontória:** ■ Karte 2, C 2, Praça da Alegria, 66, www.fontoriabluescaffe.com, Metro: Avenida, tgl. 22–6 Uhr, Konzerte Di–So. In den Räumen begann einst der Hot Clube, dann waren sie jahrzehntelang von Prostituierten belegt und nun gibt es wieder Blues und Jazz. Schöne Cocktails zu akzeptablen Preisen, auch Essen.

Reiseinfos

Jazz vom Feinsten – **Hot Clube:** ■ Karte 2, C 2, Praça da Alegria, 48, www.hcp.pt, Metro: Avenida, Konzerte Do–So meist ab 22.30 Uhr. Aufgrund eines Gebäudebrands musste der legendäre Jazzschuppen in ein benachbartes Gebäude umziehen. In den neuen Räumlichkeiten kommt die Musik noch besser zum Tragen. Viele Künstler kommen aus der eigenen Schule.

Modern – **Musicbox:** ■ Karte 2, D 6, Rua Nova do Carvalho, 24, www.musicboxlisboa.com, Metro: Cais do Sodré, Mi–Sa ab 22 Uhr, Programm meist ab 1 Uhr. Konzerte, angesagte DJs, Filme, Ausstellungen, günstige Preise. Alternativ.

Original Jazz – **Páginas Tantas:** ■ Karte 2, D 4, Rua Diário de Notícias, 85, Metro: Baixa-Chiado, Mo–Do, So 20.30–2, Fr/Sa bis 3 Uhr, Mi–Fr, oft auch Di, Sa live. Zu Cocktails und kleinen Speisen wird oft old-fashioned Jazz gespielt, aber auch Experimente in Richtung fusion werden gewagt. Intime Clubatmosphäre.

Jazz in schickem Ambiente – **Speakeasy:** ■ L 12, Rocha Conde d'Óbidos, Cais das Oficinas, Armazém 115, www.speakeasy-bar.com, S-Bahn: Santos, Mi–Sa 20–4 Uhr. Beliebter Jazzclub in schickem Ambiente in einem kleinen Lagerhaus am Tejo, frühestens ab 23 Uhr Livemusik.

Lissabon bietet Nachtschwärmern jede Menge cooler Locations

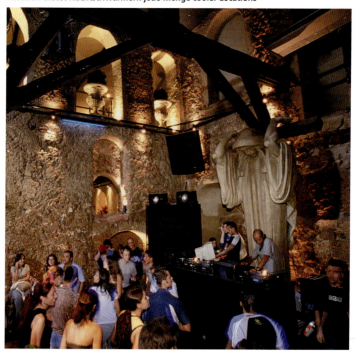

Schwul und Lesbisch

Schwul-lesbisches Zentrum – **Centro Comunitário Gay e Lésbico/ILGA:** ■ Karte 2, F 5, Rua dos Fanqueiros, 40, http://ilga-portugal.pt, Metro: Terreiro do Paço, Do–Sa 18–23 Uhr. Zentraler Lesben- und Schwulentreffpunkt der Stadt, mit vielen Infos über die hiesige Szene.

Modernes Design – **Bar 106:** ■ M 10, Rua de São Marçal, 106, www.bar106.com, Metro: Rato, tgl. 21–2, Fr/Sa bis 3 Uhr. Alteingesessene Schwulenbar in modernem Design, häufige Partys.

Nachgefragt – **Purex Club:** ■ Karte 2, D 5, Rua dos Salgadeiros, 28, Metro: Baixa-Chiado, Di–Do 22–2, Fr/Sa bis 3 Uhr. Traditionsbar für Schwule, Lesben und Heteros, DJs, thematische Abende und Filmvorführungen.

Travestie – **Finalmente:** ■ M 10, Rua da Palmeira, 38, Tel. 213 47 26 52, Metro: Rato, tgl. 22.30–6 Uhr. Der eher bescheidene Club mit kleiner Tanzfläche wurde bereits 1976 gegründet und hat sich in der Szene einen besonderen Ruf für seine regelmäßigen Dragshows erworben. Deswegen wird es meist auch sehr voll.

Attraktiv für Lesben – **Ponto G:** ■ Karte 2, F 5, Rua da Madalena, 106, Metro: Baixa-Chiado, Fr 24–Sa 18 Uhr. Disco Bar für überwiegend lesbische Frauen, die ansonsten in der Stadt kaum in Erscheinung treten.

Hetero-friendly – **Portas Largas:** ■ Karte 2, C 4, Rua da Atalaia, 105, Metro: Baixa-Chiado, So–Do 19–2, Fr/Sa bis 3 Uhr Uhr. An eine alte Tasca erinnernde Kneipe, in der sich auch Heteros wohl fühlen. Allerdings stört inzwischen manchmal ein moderner

Portugal Gay

Unter den Internetadressen http://portugalgay.pt (auch auf Englisch) und www.gaylisbon4u.com finden homosexuelle Urlauber ausführliche Infos auch über Unterkünfte, Restaurants, Bars, Discos, Saunas und Strände.

Großbildschirm die Atmosphäre. Liegt schräg gegenüber der Disco Fragil und dient oft als Zwischenstopp, bis sich deren Türen öffnen.

Die Schwulen- und Lesbendisco – **Trumps:** ■ M 9, Rua da Imprensa Nacional, 104-B, www.trumps.pt, Metro: Rato, Fr/Sa und vor Fei 23.45–6 Uhr. Die Lissabonner Schwulendisco schlechthin mit zwei Tanzflächen.

Fado

Urig – **A Baiuca:** ■ Karte 2, G 5, Rua São Miguel, 20, Tel. 218 86 72 84, Metro: Santa Apolónia, Do–Mo 20–1 Uhr, Hauptgerichte ab 17 €. Da die wenigen Tische dieser Fadotaverne mitten in der Alfama fast immer besetzt sind, ist Reservierung unbedingt ratsam.

Klassischer Gesang – **Clube de Fado:** ■ Karte 2, G 5, Rua São João da Praça, 94, Tel. 218 85 27 04, www.clube-de-fado.com, Metro: Terreiro do Paço, tgl. 20–1 Uhr, Hauptgerichte ab 23 €, Fadozuschlag 7,50 € pro Person. Hinter der Kathedrale gelegenes, anspruchsvolles Fadolokal.

Es singt die Nachbarschaft – **Esquina de Alfama:** ■ Karte 2, G 5, Rua de São Pedro, 1, Tel. 218 87 05 90, Metro: Santa Apolónia, Mi–So 20–24 Uhr. Dona Rosário und Sänger Lino Ramos haben ihr eigenes Fadohaus eröffnet. Ge-

Reiseinfos

Ein Abend im Fadolokal

Profis und Amateure: In den Lokalen treten Profis oder Amateure auf, was auch im Ambiente und Preis seinen Ausdruck findet. Beides hat seinen Reiz, die einen besitzen zumeist die bessere Stimme, Letztere wirken oft authentischer.

»Senhoras e Senhores: Silêncio!« Während des Gesangs wird gegessen, doch sollten Sie unbedingt Schweigen bewahren – schon aus Respekt vor den Künstlern. Zum Gespräch gibt es genügend Pausen.

sanglich begleitet werden die Bedienungen von Nachbarn und Freunden. Hauptgerichte ab 13 €.

Bei Argentina Santos – **Parreirinha de Alfama:** ■ Karte 2, H 4, Beco do Espírito Santo, 1, Tel. 218 86 82 09, www.parreirinhadealfama.com, Metro: Santa Apolónia, Di–So 20–2 Uhr. Unweit des Fadomuseums gelegenes, von der Sängerin Argentina Santos geführtes Lokal mit gutem, professionellem Fado. Hauptgerichte ab 19 €.

Höchste Qualität – **Sr. Vinho:** ■ L 11, Rua do Meio à Lapa, 18, Tel. 213 97 26 81, www.srvinho.com, S-Bahn: Santos, tgl. 20–2 Uhr, Hauptgerichte ab 23 €, Mindestverzehr 25 € pro Person. An der Grenze von Madragoa zu Lapa gelegenes, traditionsreiches Fadolokal, in dem auch landesweit bekannte Fadointerpreten auftreten, sehr gutes Essen.

Hier singen Amateure – **Tasca do Chico:** ■ Karte 2, D 4, Rua Diário de Notícias, 39, keine Reservierung möglich, Metro: Baixa-Chiado, So–Do 22–2 Uhr. Amateurfado in einer urigen Tasca im Bairro Alto.

Konzerte, Ballett und Oper

Nicht nur für Glücksritter – **Casino:** ■ östlich R 9, Alameda dos Oceanos, Tel. 218 92 90 00, www.casinolisboa.pt, Metro: Oriente, So–Do 15–3, Fr/Sa 16–4 Uhr. Dank eines abwechslungsreichen und oft hochwertigen Angebots, insbesondere Konzerte und Varieté, hat sich das Casino einen eigenen Platz im Lissabonner Kulturleben erobert.

Konzertsaal – **Coliseu dos Recreios:** ■ Karte 2, D/E 3, Rua das Portas de Santo Antão, 94–98, Tel. 213 24 05 85, www.coliseulisboa.com, Metro: Restauradores, Rossio. Ehemaliger Zirkusbau aus dem 19. Jh. Varieté, Theater, Oper, Jazz bis Rockkonzert.

Großveranstaltungen – **Meo Arena (Pavilhão Atlântico):** ■ östlich R 9, Parque das Nações, Tel. 218 91 84 09, www.arena.meo.pt, Metro: Oriente. Moderne Halle, in der Sportveranstaltungen, Kongresse, Großkonzerte, Musical- und Operngastspiele stattfinden. Dank der außergewöhnlichen Atmosphäre und Akustik haben hier schon mehrere Pop-Größen CDs oder DVDs aufgenommen, so auch Madonna und Rihanna.

Tanztheater – **Teatro Camões:** ■ östlich R 9, Passeio do Neptuno, Tel. 218 92 34 77, www.cnb.pt, Metro: Oriente. Hoch angesehenes klassisches Ballett, das auch zeitgenössische Inszenierungen auf die Bühne bringt.

Opernbühne – **Teatro Nacional de São Carlos:** ■ Karte 2, D 5, Largo de São Carlos, 17–21, Tel. 213 25 30 00, http://tnsc.pt, Metro: Baixa-Chiado. 1793 eingeweihtes, im italienischen Stil erbautes Opernhaus, eines der schönsten Theater der Stadt. Operngastspiele und klassische Musikkonzerte.

Ausgehen, Abends und Nachts

Theater und Musical

Off-Theater – **Teatro Aberto:** ◼ L 6, Praça de Espanha, Tel. 213 88 00 89, www.teatroaberto.com, Metro: Praça de Espanha. Eines der besten Off-Theater der Stadt. Experimentelle und zeitgenössische Stücke, die hier erstmals dem portugiesischen Publikum präsentiert werden.

Für jeden Geschmack – **Teatro da Trindade:** ◼ Karte 2, D 4, Largo da Trindade, 7A, Tel. 213 42 32 00, www.inatel.pt, Metro: Baixa-Chiado. Gemischtes Programm, auch Musiktheater und Konzerte.

Nationaltheater – **Teatro Nacional Dona Maria II:** ◼ Karte 2, E 3, Praça Dom Pedro IV (Rossio), Tel. 800 21 32 50 (kostenlos), www.teatro-dmaria.pt, Metro: Rossio. Nach langer Renovierung erstrahlt der imposante Zuschauerraum des Nationaltheaters aus dem 19. Jh. in neuem Glanz. Überwiegend traditionelles Repertoire.

Musical – **Teatro Politeama:** ◼ Karte 2, D 3, Rua das Portas de Santo Antão, 109, Tel. 213 24 57 00, www.teatro-politeama.com, Metro: Restauradores oder Rossio. Musical-Theater, dessen Direktor Filipe la Féria sich in den 1970er-Jahren von den Londoner Musicals begeistern ließ und diese auf hohem technischem Niveau nach Lissabon brachte.

Klassisch-modern – **Teatro São Luiz:** ◼ Karte 2, D 5, Rua António Maria Cardoso, 38, Tel. 213 25 76 50, www.teatrosaoluiz.pt, Metro: Baixa-Chiado. Städtisches Theater mit zwei Bühnen, auf denen neben Schauspielen auch klassische Konzerte, Jazz und Fado, Tanztheater und Galas veranstaltet werden.

Alternativ – **Teatro Taborda:** ◼ Karte 2, F 3, Costa do Castelo, 75, Tel. 218 85 41 90, www.teatrodagaragem.com, Metro: Martim Moniz. Ein engagiertes Off-Theater-Ensemble spielt unterhalb der Burg ein vielfältiges Repertoire.

Kino

Für Kinofreunde interessant: Die Filme werden in Originalfassung mit Untertiteln gezeigt. Die Lissabonner Kinos mit vielen Sälen konzentrieren sich auf die großen Einkaufszentren, nur wenige unabhängige Kinos sind in Zentrumsnähe verblieben. Anspruchsvollere Kinos in der Lissabonner Innenstadt sind:

Programmkino – **Cinema Ideal:** ◼ Karte 2, D 5, Rua do Loreto, 15–17, Metro: Baixa-Chiado. Lissabons erstes Kino wurde 2014 wieder eröffnet und zeigt ein anspruchsvolles Programm.

Filmclub – **Cinemateca Portuguesa:** ◼ M 9, Rua Barata Salgueiro, 39, Tel. 213 59 62 00, www.cinemateca.pt, Metro: Marquês de Pombal. Portugiesischer Filmclub mit wechselnden Retrospektiven. Mit Buchladen, Cafeteria und Museum.

Autorenfilme – **Classic Alvalade:** ◼ nördl. O 5, Avenida Roma, 100, Tel. 218 41 30 40, Metro: Alvalade. Kleines, modernes Kino mit guter Mischung aus Kommerz und Autorenfilmen.

Tickets

Tickets gibt es weltweit im Internet unter www.ticketline.pt, außerdem in den Lissabonner Filialen des Medienkaufhauses Fnac, etwa im Chiado und in den Einkaufszentren Colombo und Vasco da Gama.

Feste und Festivals

Antonius-Fest

Die Portugiesen sind zurückhaltende Zeitgenossen, ausgelassenes Feiern ist ihre Sache eigentlich nicht. Doch keine Regel ohne Ausnahme: Am 12. Juni, dem Vorabend des Festes zu Ehren des hl. Antonius, ist die ganze Stadt auf den Beinen (s. S. 81). Über die Avenida da Liberdade ziehen farbenfrohe Umzüge, die *marchas populares*, während sich in der Alfama, rund um den Burghügel und in Graça Zehntausende ausgelassen durch die bunt geschmückten Gassen schieben, gegrillte Sardinen genießen und dem süffigen Landwein zusprechen. Eine ganz besondere Nacht, in der Lissabon im Festrausch schwelgt. Dann ist der Höhepunkt des **Stadtfestes** erreicht, das den ganzen Juni über andauert. Den Schwerpunkt bilden Konzerte aller Stilrichtungen häufig an ungewöhnlichen Orten, etwa in der Straßenbahn oder auf der Burg.

Musikfestivals

Lissabon und Umgebung haben sich zu einem Treff für Fans von Klassik, Jazz und Rock entwickelt und bieten vor allem in den Sommermonaten ein abwechslungsreiches Programm: Zugkräftigste Attraktion ist **Rock in Rio,** das alle zwei Jahre (gerade Jahreszahlen) an mehreren Wochenenden im Mai stattfindet. Beim weltweit größten Rockfestival mit bis zu 1,5 Mio. Besuchern in Rio, Las Vegas und Lissabon treten Künstler wie die Rolling Stones, Linkin' Park, Shakira, Bon Jovi und Bruce Springsteen auf.

Das im Juli abgehaltene Musikfestival **NOS Alive!** im Lissaboner Vorort Oeiras hat sich progressiveren Gitar-

renklängen in der Richtung Pearl Jam verschrieben (www.nosalive.com/pt), während **Superbock Superrock** etablierte Bands und Newcomer im Parque das Nações vereint (www.super bocksuperrock.pt).

Freunde von gepflegtem Jazz finden ihre Stars auf den Sommerfestivals von Estoril, dem ebenfalls im Juli veranstalteten **Cool Jazz Fest** von Cascais und beim hoch angesehenen **Jazz at the Gulbenkian**. Die Kulturstiftung holt seit 1984 jeweils im August hochkarätige portugiesische und ausländische Musiker zu außergewöhnlichen Konzerten nach Lissabon (www. gulbenkian.pt). Ebenso großer Beliebtheit erfreut sich das spätsommerliche Fadofestival **Caixa Alfama** mit Dutzenden von Konzerten (www.caixaalfama.pt).

Filmstadt Lissabon

Lissabon mausert sich mehr und mehr zu einer Stadt der Filmfestspiele jenseits des Mainstream. KINO eröffnet die Saison im Januar mit anspruchsvollen deutschsprachigen Filmen und Gesprächen mit Filmschaffenden (www. goethe.de/portugal). **IndieLisboa** widmet sich dem unabhängigen Autorenfilm (April/Mai). **DocLisboa** zieht mit einer hochwertigen Auswahl an internationalen Dokumentationsfilmen im Oktober fast 40 000 Besucher in die Kinosäle (www.doclisboa. org). Das **Lisbon & Estoril Film Festival** lockt im November sogar Hollywoodstars an (www.leffest.com). Ebenfalls einen künstlerischen Ruf weit über die Stadtgrenzen hinaus genießt das im September/Oktober stattfindende **Queer Lisboa,** das Filme aus der schwul-lesbischen Szene präsentiert (http://queerlisboa.pt).

Feste im Jahresablauf

Januar/Februar
Bolsa de Turismo Lisboa: Tourismusmesse, www.fil.pt.
KINO: Deutschsprachiges Filmfestival (s. links).

März
Moda Lisboa: Messe der portugiesischen Modeschöpfer, www.modalisboa.pt.

März/April
Lissabonner Halbmarathon: www.maratonaclubedeportugal.com.
Monstra: Internationales Zeichentrickfilmfestival, www.monstrafestival.com.

April
Peixe em Lisboa: Festival rund um den Fisch, www.peixemlisboa.com.
Dias da Música: Klassikfestival im Centro Cultural de Belém, www.ccb.pt.

April/Mai
IndieLisboa: Festival der Independentfilme, www.indielisboa.com.

Mai
Rock in Rio: Alle zwei Jahre stattfindendes Rockfestival, http://rockinrio lisboa.sapo.pt (s. links).

Mai/Juni
Alkantarafestival: Drei Wochen **alle zwei Jahre** alternative Performances, Theater, Tanz, www.alkantara.pt.
Estoril Jazz Festival: Etabliertes Festival, www.projazz.pt.

Juni/Juli
Stadtfest: Ein Monat mit kulturellen Veranstaltungen (s. links).

Sintra-Festival: Klassisches Musik- und Ballettfestival vor und in den Palästen von Sintra.
Superbock Superrock: Rockfestival (s. links).

Juli
NOS Alive!: Musikfestival (s. links)
Cool Jazz Fest: Jazz in Cascais, Oeiras und Mafra, http://edp.cooljazzfest.com.

Juli/August
FIARTIL: Einen ganzen Monat lang Kunsthandwerksmesse in Estoril, www.estoril-portugal.com.

August
Jazz at the Gulbenkian: Wichtigstes Jazzfestival in Portugal (s. links).
Festival dos Oceanos: Kultur und Animation zum Thema Weltmeere.
Lisboa na Rua: Konzerte umsonst und draußen, www.egeac.pt.

September
Caixa Alfama: Stelldichein der Fadosänger in der Alfama (s. links).
Queer Lisboa: Internationales Schwulen- und Lesbenfilmfestival (s. links).

Oktober
DocLisboa: Internationales Festival des Dokumentarfilms (s. links).

November
Lisbon & Estoril Film Festival: Mit Hollywoodpräsenz (s. links).

Dezember
Silvester: Konzerte und Feuerwerk am Praça do Comércio und im Parque das Nações.

Aktiv sein, Sport, Wellness

Baden und Schwimmen

Herrliche Bademöglichkeiten finden sich am Atlantik in Lissabons Umgebung: der Sandstrand der Costa da Caparica südlich der Tejomündung, der versteckte Felsenstrand Adraga und die beliebte Praia Grande nahe bei Sintra. Schnell per S-Bahn zu erreichen sind die – allerdings weniger romantischen – Strände von Cascais und Estoril. Im Stadtgebiet sind folgende Hallenbäder zu empfehlen:
Ateneu: Rua das Portas do Santo Antão, 110, Tel. 213 24 60 60/9, Metro: Restauradores.
Piscina Municipal da Penha de França: Calçada do Poço dos Mouros, 2, Tel. 218 16 17 50, Metro: Arroios.

Biken und Laufen

Im März/April und September findet jeweils ein Lissabonner Halbmarathon statt. Besondere Attraktion: Sie führen über eine der beiden langen Tejobrücken (www.maratonaclubedeportugal.com). Der Marathon im Dezember verläuft durch die Stadt und entlang dem Tejoufer. Biken und Joggen bereitet besonderen Spaß auf der Uferpromenade am Tejo sowie in den Wäldern des Parque Monsanto.
Bikeiberia am Largo Corpo Santo, 5 (Tel. 213 47 03 47, www.bikeiberia.com, Metro: Cais do Sodré) und **rent a fun** in der Alfama (Tel. 21 888 81 29, www.rent-a-fun.com, Metro: Teirreiro do Paço) verleihen Räder.

Der Strand von Guincho westlich von Lissabon ist ein Surferparadies

Aktiv sein, Sport, Wellness

Fußball

Tickets für die Spiele der Vereine Benfica und Sporting gibt es unter www.slbenfica.pt und www.sporting.pt. Durch die beiden eindrucksvollen Stadien werden auch etwa stündlich Führungen (s. Entdeckungstour S. 210) angeboten (Benfica: Tel. 707 20 01 00, Sporting: Tel. 707 20 44 44).

Golf

Portugal ist ungeachtet seiner Wasserknappheit ein wichtiges Reiseziel für Golfer. In der Umgebung von Lissabon liegen zahlreiche angesehene Plätze, z. B.:
Quinta da Marinha: 2750-715 Cascais, Tel. 214 86 01 41, www.quintadamarinha.com.
Penha Longa: Estrada da Lagoa Azul, 2714-511 Linhó-Sintra, Tel. 219 24 90 31, www.penhalonga.com.
Allgemeine Infos finden Interessierte unter www.estorilgolfcoast.com/.

Surfen und Segeln

Die rauen Wellen machen die Atlantikküste zu einem Paradies für Surfer und Segler. Durch internationale Wettbewerbe haben die Strände von Guincho bei Cascais und Ericeira nördlich von Lissabon weltweite Anerkennung bei Surfern erlangt. Für Anfänger besser geeignet sind die sanften Fluten im Mündungsgebiet des Tejo, das bis Lissabon reicht. Alle Surfschulen verleihen auch die Sportgeräte. Beschreibungen der Spots einschließlich Fotos und Auflistung von Surfschulen, Restaurants und Unterkünften stehen unter **www.portugalsurfguide.pt** und **Federação Portuguesa de Surf:** Av. Marginal, Edifício Narciso, 2775-604 Praia de Carcavelos, Tel. 219 22 89 14, www.surfingportugal.com.

Die staatlich lizensierten Segelschulen, meist in den Jachthäfen, sind im portugiesischen Segelverband zusammengeschlossen:
Federação de Vela Portuguesa: Doca de Belém, 1300-038 Lisboa, Tel. 213 65 85 00, www.fpvela.pt.

Wandern

Die **Serra de Sintra** ist ein ausgedehntes Waldgebiet mit gut markierten Wanderwegen von unterschiedlicher Länge. Beschreibungen gibt es im Tourismusamt von Sintra. Am westlichen Lissabonner Stadtrand ist das Naherholungsgebiet **Parque Florestal de Monsanto** u. a. mit den Buslinien 702, 723 (mit Fahrradtransport), 729 und 770 zu erreichen.

Wellness

Mehrere Spa-Center laden Urlauber zu entspannenden Augenblicken ein. Auch in Luxusherbergen finden Sie Wellnessangebote im oberen Preisbereich, die nicht nur Hotelgästen offen stehen. Einige Tipps:
Four Seasons Ritz Spa: Rua Rodrigo da Fonseca, 88, Tel. 213 84 30 05, www.fourseasons.com/lisbon/spa.html, Metro: Marquês de Pombal, tgl. 6.30– 22.30 Uhr. Lissabons erholsamste Entspannungsoase, doch nicht eben billig.
Acqua City Spa: Avenida António Augusto de Aguiar, 15, Tel. 218 94 92 20, www.acqualisboa.pt, Metro: Parque, Mo–Fr 8–21, Sa/So 10–19 Uhr.
Health Club Solinca Colombo: Einkaufszentrum Colombo, Tel. 210 12 96 70, www.solinca.pt, Metro: Colégio Militar, Mo–Fr 7–22, Sa/So 9–20 Uhr.
Health Club Solinca Vasco da Gama: Einkaufszentrum Vasco da Gama, Tel. 218 92 28 70, www.solinca.pt, Metro: Oriente, Mo–Fr 7–22, Sa/So 9–20 Uhr.

Museen und kulturelle Einrichtungen

Museen

Für Paula Rego – **Casa das Histórias Paula Rego:** ▶ Karte 6, B 4, Av. da República, 300, Cascais, Tel. 214 82 69 70, www.casadashistoriaspaularego.com, S-Bahn: Cascais, Di–So 10–19, im Winter 10–18 Uhr, Eintritt 3 €, s. S. 282.

Bei der Ikone des Fado – **Casa-Museu Amália Rodrigues:** ▶ L/M 10, Rua São Bento, 193, Tel. 213 97 18 96, www.amaliarodrigues.pt, Metro: Rato, Straßenbahn 28, Busse 706 und 727, Di–So 10–13, 14–18 Uhr, Eintritt 5 €, s. S. 235.

Chinesisches und Portugiesisches – **Casa-Museu Dr. Anastácio Gonçalves:** ▶ N 6/7, Avenida 5 de Outubro, 6–8, Tel. 213 54 08 23, http://blogdacmag.blogspot.pt/,Metro: Picoas, Di–So 10–18 Uhr, Fei geschl., Eintritt 3 €, s. S. 207.

Im Hause des Dichters – **Casa-Museu Fernando Pessoa:** ▶ K 9, Rua Coelho da Rocha, 16–18, Tel. 213 91 32 70, http://casafernandopessoa.cm-lisboa.pt, Metro: Rato, Straßenbahn 28, Mo–Sa 10–18 Uhr, Fei geschl., Eintritt 3 €, s. S. 239.

Zeitgenössische Kunst – **Centro de Arte Moderna José de Azeredo Perdigão:** ▶ M 6, Rua Dr. Nicolau Bettencourt, o. Nr., Tel. 217 82 34 74, www.cam.gulbenkian.pt, Metro: São Sebastião, Di–So 10–18 Uhr, Eintritt 5 €, s. S. 207.

Helena Vieira da Silva gewidmet – **Fundação Arpad Szenes – Vieira da Silva:** ▶ L 8, Praça das Amoreiras, 56–58, Tel. 213 88 00 44, http://fasvs.pt, Metro: Rato, Di–So 10–18 Uhr, Fei geschl., Eintritt 5 €, s. S. 212.

Virtuell – **Lisboa Story Center:** ▶ Karte 2, F 6, Praça do Comércio, 78-81, Tel. 211 94 10 99, Metro: Terreiro do Paço, tgl. 10-20 Uhr, Eintritt 7 €, s. S. 157.

Design – **MUDE:** ▶ Karte 2, E 5, Rua Augusta, 24, Tel. 218 88 61 17, www.mude.pt, Di–So 10–18 Uhr, in der Saison auch länger, Eintritt frei, s. S. 156.

Wassermuseum – **Museu da Água:** ▶ K 2, Rua do Alviela, 12, Tel. 218 10 02 15, www.epal.pt, Metro: Santa Apolónia, Bus 712, 759, 794, Mo–Sa 10–17.30 Uhr, Fei geschl., Eintritt 5 €, s. S. 137.

Städtisches Archäologiemusem – **Museu Arqueológico do Carmo:** ▶ N/O 10/11, Igreja do Carmo, Largo do Carmo, Tel. 213 47 86 29, www.museuarqueologicodocarmo.pt, Metro: Baixa-Chiado, Mo–Sa 10–18, im Sommer bis 19 Uhr, Eintritt 3,50 €, s. S. 168.

Im Adelspalast – **Museu-Biblioteca Conde de Castro Guimarães:** ▶ Karte 6, B 4/5, Av. Rei Humberto II de Itália, Palácio dos Condes de Castro Guimarães, Tel. 214 82 53 04, S-Bahn: Cascais, Di–Fr 10–17, Sa/So 10–13, 14–17 Uhr, Eintritt frei, s. S. 282.

Straßenbahnmuseum – **Museu da Carris:** ▶ H 12, Rua 1° de Maio, 103, Tel. 213 61 30 87, http://museu.carris.pt, S-Bahn: Alcântara Mar, Straßenbahn 15, Mo–Fr 10–18 Uhr, Sa 10–13, 14–18 Uhr, Fei geschl., Eintritt 4 €, s. S. 254.

Museen und kulturelle Einrichtungen

5000 Jahre chinesische Kunst – **Museu do Centro Científico e Cultural de Macau:** ▶ G 12, Rua da Junqueira, 30, Tel. 213 61 75 70, www.cccm.pt, Straßenbahn 15, Busse 714 und 727, Di–So 10–18 Uhr, Eintritt 3 €, s. S. 254.

Portugiesische Kunst seit 1850 – **Museu do Chiado:** ▶ N/O 11, Rua Serpa Pinto, 6, Tel. 213 43 21 48, www.museuartecontemporanea.pt, Metro: Baixa- Chiado, Di–So 10–18 Uhr, Fei geschl., Eintritt 4,50 €, s. S. 165.

Zeitgenössische Spitzenkunst – **Museu Colecção Berardo:** ▶ D 13, Centro Cultural de Belém, Praça do Império, Tel. 213 61 28 78, http://pt.museuberardo.pt, Straßenbahn 15, Di–So 10–19 Uhr, Eintritt frei, s. S. 263.

Stromerzeugung – **Museu da Electricidade:** ▶ F 13, Av. de Brasília, Central Tejo, Tel. 210 02 81 90, S-Bahn: Belém, Straßenbahn 15, Di–So 10–18 Uhr, Eintritt frei. Im früheren Elektrizitätswerk zeigt das Museum die technischen Vorrichtungen für die Stromherstellung.

Kunstgewerbe – **Museu-Escola de Artes Decorativas Portuguesas:** ▶ P 10, Largo das Portas do Sol, 2, Tel. 218 88 19 91, www.fress.pt, Straßenbahn 12 und 28, Mi–Mo 10–17 Uhr, Eintritt 4 €, s. S. 125.

Zum Dahinschmelzen – **Museu do Fado:** ▶ P 11, Largo do Chafariz do Dentro, 1, Tel. 218 82 34 70, www.museudofado.pt, Metro: Santa Apolónia, Di–So 10–18 Uhr, Eintritt 5 €, s. S. 135.

Apothekenmuseum – **Museu da Farmácia:** ▶ M/N 11, Rua Marechal Saldanha, 1, Tel. 213 40 06 80, Metro: Baixa-Chiado, Mo–Fr 10–18 Uhr, Fei geschl., Eintritt 5 €, s. S. 185.

Für Leuchtturmwärter – **Museu Farol da Santa Marta:** ▶ Karte 6, B 5, Rua do Farol, Tel. 214 81 53 28, S-Bahn: Cascais, Di–Fr 10–17, Sa/So 10–13, 14–17 Uhr, im Sommer bis 18 Uhr, Eintritt frei, s. S. 282.

Weltkultur – **Museu Fundação Calouste Gulbenkian:** ▶ M 5/6, Rua Berna, 45, Tel. 217 82 30 00, http://museu.gulbenkian.pt, Metro: São Sebastião, Di–So 10–18 Uhr, Eintritt 5 €, s. S. 203.

Stadtgeschichte – **Museu de Lisboa:** ▶ nördlich N 5, Campo Grande, 245, Tel. 217 51 32 00, Metro: Campo Grande, Di–So 10–13, 14–18 Uhr, Fei geschl., Eintritt 2 €, s. S. 208.

Meeresmuseum – **Museu do Mar:** ▶ Karte 6, B 4, Rua Júlio Pereira de Melo, Cascais, Tel. 214 81 59 06, www.cm- cascais.pt/museumar, S-Bahn: Cascais, Di–Fr 10–17, Sa/So 10–13, 14–17 Uhr, Eintritt frei, s. S. 282.

Für Seefahrer – **Museu da Marinha:** ▶ D 13, Praça do Imperio, Tel. 213 62 00 19, http://museu.marinha.pt, S-Bahn: Belém, Straßenbahn 15, Bus 728, Di–So 10–17 Uhr, Mai–Sept. bis 18 Uhr, Eintritt 6 €, s. S. 262.

Museen – ein netter Platz für ein preiswertes Mittagessen

Fast alle großen Museen bieten einen schmackhaften und preiswerten Mittagstisch, meist mit Self-Service-Betrieb. Ausgezeichneten Ruf genießen das **Centro de Arte Moderna der Fundação Gulbenkian** und das **Museu Nacional de Arte Antiga** mit schattiger Gartenanlage. Besonders schön sitzen Sie im Innenhof des **Museu Nacional do Azulejo**, der mit exotischen Pflanzen bewachsen ist.

Reiseinfos

Marionettenmuseum – **Museu da Marioneta:** ▶ L/M 11, Convento das Bernardas, Rua da Esperança, 146, Tel. 213 94 28 10, www.museudamarioneta.pt, Metro: Cais do Sodré, Di–So 10–13, 14–18 Uhr, Eintritt 5 €, s. S. 242.

Militärmuseum – **Museu Militar:** ▶ Q 10, Largo do Museu da Artilharia (Santa Apolónia), Tel. 218 84 23 00, www.exercito.pt, Metro: Santa Apolónia, Di–Fr 10–17 Uhr, Sa/So 10–12.30, 13.30–17 Uhr, Eintritt 3 €, s. S. 136.

Für Archäologen – **Museu Nacional de Arqueologia:** ▶ D 13, Praça do Império, Tel. 213 62 00 00, www.mnarqueologia-ipmuseus.pt, S-Bahn: Belém, Straßenbahn 15, Bus 728, Di–So 10–18 Uhr, Eintritt 5 €, s. S. 262.

Alte Kunst – **Museu Nacional de Arte Antiga:** ▶ K/L 12, Rua das Janelas Verdes, 9 , Tel. 217 82 34 74, www.museudearteantiga.pt, Metro: Cais do Sodré, Straßenbahn 28, Di 14–18 Uhr, Mi–So 10–18 Uhr, Eintritt 6 €, s. S. 244, 246.

Kachelmuseum – **Museu Nacional do Azulejo:** ▶ R 8, Rua da Madre de Deus, 4, Tel. 218 10 03 40, www.museudoazulejo.pt, Metro: Santa Apolónia, Bus 718, 742, 759, 794, Di–So 10–18 Uhr, Fei geschl., Eintritt 5 €, s. S. 137.

Kutschenmuseum – **Museu Nacional dos Coches:** ▶ E 13, Praça Afonso de Albuquerque, Tel. 213 61 08 50, www.museudoscoches.pt, S-Bahn: Belém, Straßenbahn 15, Di–So 10–18 Uhr, Eintritt 6 €, s. S. 258.

Völkerkunde – **Museu Nacional de Etnologia:** ▶ D 11/12, Av. Ilha da Madeira, o. Nr., Tel. 213 04 11 60, http://mnetnologia.wordpress.com, S-Bahn: Belém, Straßenbahn 15, Di 14–18, Mi–So 10–18 Uhr, Fei geschl., Eintritt 3 €, s. S. 259.

Für Schauspieler – **Museu Nacional do Teatro:** ▶ nördlich L 5, Estrada do Lumiar, 10–12, Tel. 217 56 74 10, www.museudoteatro.pt/, Metro: Lumiar, Di–So 10–18 Uhr, Fei geschl., Eintritt 4 €. Requisiten, Bühnenbilder, Kostüme, Programmhefte, Fotos aus drei Jahrhunderten Theatergeschichte. Hinzu kommen thematische Sonderausstellungen, etwa Fado und Theater.

Museen und kulturelle Einrichtungen

Ein anspruchsvolles Kulturprogramm bietet das Centro Cultural de Belém

Trachtensammlung – **Museu Nacional do Traje e da Moda:** ▶ nördlich L 5, Largo Júlio Castilho, Tel. 217 56 76 20, www.museudotraje.pt, Metro: Lumiar, Di 10–14, Mi–So 10–18 Uhr, Fei geschl., Eintritt 4 €. Sammlung zahlreicher Stoffe, Gewebe, Trachten und Spielzeuge ab dem 14. Jh.

Aus dem fernen Osten – **Museu do Oriente:** ▶ J 12, Avenida de Brasília, Doca de Alcântara Norte, Tel. 213 58 52 00, www.museudooriente.pt, Straßenbahn 15, Bus 728, 720, Di–So 10–18, Fr bis 22 Uhr, *Eintritt 6 €*, s. S. 245.

Beim Staatspräsidenten – **Museu da Presidência da República:** ▶ E 13, Praça Afonso de Albuquerque, Tel. 213 61 46 60, www.museu.presidencia.pt, Straßenbahn 15, Di–So 10–18 Uhr, *Eintritt 2,50 €*, s. S. 259.

Satirische Keramik und Kunst – **Museu Rafael Bordalo Pinheiro:** ▶ nördlich M 5, Campo Grande, 383, Tel. 218 17

57

06 67, http://museubordalopinheiro. cm-lisboa.pt, Metro: Campo Grande, Di–Sa 10–18 Uhr, Eintritt 1,50 €, s. S. 208.

Zu Ehren des hl. Antonius – **Museu de Santo António:** ▶ O/P 11, Largo de Santo António da Sé, 24, Tel. 218 86 04 47, Metro: Terreiro do Paço, Di–So 10–13, 14–18 Uhr, Eintritt 1,30 €, s. S. 140.

Sakrale Kunst – **Museu de São Roque – Santa Casa da Misericórdia:** ▶ N 10, Largo Trindade Coelho, Tel. 213 23 53 80, www.museu-saoroque.com, Metro: Baixa-Chiado, Di/Mi, Fr–So 10–18, Do 14–21 Uhr, Eintritt 2,50 €, s. S. 177.

Römisches Theater – **Museu Teatro Romano:** ▶ P 11, Pátio do Aljube, 5 (Rua Augusto Rosa), Tel. 218 82 03 20, www.museuteatroromano.pt, Metro: Terreiro do Paço, Straßenbahn 28, Di–So 10–13, 14–18 Uhr, Eintritt 1,50 €, s. S. 139.

Archäologie im Keller – **Núcleo Arqueológico:** ▶ O 11, Rua Augusta, 96, Tel. 211 13 10 04, Metro: Baixa-Chiado, Terreiro do Paço, Führungen Mo–Sa 10–12, 14–17 Uhr, jeweils zur vollen Stunde, Eintritt frei, s. S. 154.

Kulturelle Einrichtungen

Kulturzentrum – **Centro Cultural de Belém:** ▶ D 13, Praça do Império, Tel. 213 61 24 00, www.ccb.pt, Straßenbahn 15. Modernes Kultur- und Kongresszentrum mit anspruchsvollem Programm, s. S. 262.

Kunst und Kultur – **Culturgest:** ▶ N/O 5, Caixa Geral de Depósitos, Rua Arco do Cego, Tel. 217 90 51 55, www. culturgest.pt, Metro: Campo Pequeno, Di–Fr 11–18, Sa/So 11–19 Uhr (Ausstellungen), s. S. 208.

Kulturstiftung – **Fundação Calouste Gulbenkian:** ▶ M 5/6, Avenida de Berna, 45, Tel. 217 82 30 00, www. gulbenkian.pt, Metro: São Sebastião. Orchester und Chor der Stiftung gehören zu den besten des Landes. Regelmäßig werden klassische Konzerte auch mit international renommierten Künstlern im großen Auditorium dargeboten, s. S. 203.

Kultureller Austausch – **Goethe-Institut:** ▶ N/O 9, Campo dos Mártires da Pátria, 36, Tel. 218 82 45 10, www.go ethe.de/lissabon, Metro: Intendente, s. S. 199, 201.

Alternativkultur

Essen & Kultur mit Aussicht – **Chapitô:** ▶ O 10, Costa do Castelo, 7, www.chapito.org, Metro: Martim Moniz, Di–Fr 19.30–2, Sa/So 12–2 Uhr. Kultur mit Genuss. Clowns treten auf, dazu Theater, Kabarett, Konzerte von Fado bis Klassik. Eine schöne Gartenbar und ein Restaurant mit weitem Blick über Lissabon runden das Angebot kulinarisch ab, s. S. 120.

Kulturkooperative – **MOB:** ▶ Karte 2, F 1, Rua dos Anjos, 12 F, www.facebook.com/MobLisboa, Metro: Intendente, flexible Öffnungszeiten, Konzerte meist ab 23 Uhr. Einer der neuen Kulturtreffs: Musik, Video, Filme, Workshops, politische Veranstaltungen, Versammlungsort für soziale Bewegungen.

Zentrum der Alternativkultur – **Zé dos Bois:** ▶ N 10, Rua da Barroca, 59, Tel. 213 43 02 05, www.zedosbois.org, Metro: Baixa-Chiado. Junge Künstler mit Performances, Ausstellungen, Konzerten, Videos, Fotografie, Theater, Filmvorführungen, DJs, dazu kleiner Buchladen und Bar.

Reiseinfos von A bis Z

Adressen

In Lissabon fehlen die Familiennamen an den Türklingeln. Die Klingeln sind nach Stockwerken und nach der Lage der Wohnung angeordnet, zum Beispiel 1° Esq. *(esquerdo* = links) für 1. Stockwerk links oder 2° Dto. *(direito* = rechts) für 2. Stockwerk rechts.

Apotheken

Die *farmácias,* am grünen Kreuz auf weißem Grund erkennbar, haben grunsätzlich von 9–13 Uhr und von 15–19 Uhr, meist aber durchgehend oder sogar rund um die Uhr geöffnet. Zusätzliche Notapotheken *(farmácias de serviço)* sind bis 22 Uhr bzw. während der ganzen Nacht dienstbereit. Bei ihnen ist das Kreuz dann beleuchtet. Sie sind per Aushang im Schaufenster jeder Apotheke aufgelistet und in den Tageszeitungen abgedruckt.

Ausgebildete Apotheker können bei kleineren Gesundheitsproblemen fachkundig beraten. Eine *farmácia homeopática* liegt in der Rua Santa Justa, 8, in der Baixa.

Ärztliche Versorgung

Bei einem Unfall oder einer plötzlichen Erkrankung haben EU-Bürger und Schweizer Anspruch auf öffentliche Gesundheitsversorgung. Hierfür wird die Europäische Krankenversicherungskarte benötigt, die von der heimischen Krankenkasse ausgestellt wird. Man muss diese mit dem Ausweis vorlegen, um bei Notfällen in den Notaufnahmen *(urgéncias)* der öffentlichen Krankenhäuser allgemeinmedizinisch oder pflegerisch versorgt zu werden.

Zentral liegt das **Hospital São José,** Rua José António Serrano, o. Nr., Tel. 218 84 10 00. In den öffentlichen Einrichtungen ist jedoch mit längeren Wartezeiten zu rechnen. Diese können Sie bei Privatärzten oder -kliniken zwar zumeist umgehen, doch sind dortige Behandlungen ebenso wie Zahnarztbesuche direkt vor Ort zu bezahlen. Der Abschluss einer Reisekrankenversicherung ist daher für diese Fälle ratsam. Deutschsprachige Ärzte gibt es nur wenige. Adressen erhalten Sie bei der deutschen Botschaft.

Diplomatische Vertretungen in Lissabon

Deutsche Botschaft

Campo dos Mártires da Pátria, 38, 1169-043 Lisboa, Tel. 218 81 02 10, www.lissabon.diplo.de, Mo–Fr 9–12 Uhr.

Österreichische Botschaft

Avenida Infante Santo, 43, 4. Stock, 1399-046 Lisboa, Tel. 213 94 39 00, www.bmeia.gv.at/botschaft/lissabon. html, Mo–Fr 9.30–13 Uhr.

Schweizer Botschaft

Travessa do Jardim, 17, 1350-185 Lisboa, Tel. 213 94 40 90, www.eda.admin.ch/lisbon, Mo–Fr 9–12 Uhr.

Elektrizität

Die Stromspannung beträgt 220 Volt. Üblich sind Eurosteckdosen, die sich für alle deutschen Geräte eignen.

Reiseinfos

Feiertage

1. Januar: Neujahr *(Ano Novo)*
Faschingsdienstag *(Carnaval)*
Karfreitag *(Sexta-Feira Santa)*
Ostern *(Páscoa)*
25. April: Dia da Liberdade, National-
feiertag anlässlich der Nelkenrevolution 1974
1. Mai: Tag der Arbeit *(Dia do Traba-
lhador)*
10. Juni: Dia de Portugal, National-
feiertag anlässlich des Todestages des
Nationaldichters Luís de Camões 1580
15. August: Maria Himmelfahrt *(Dia
da Assunção)*
8. Dezember: Maria Empfängnis *(Ima-
culada Conceição)*
25. Dezember: Weihnachten *(Dia de
Natal)*
Um Lohnkosten im Zuge der Wirtschaftskrise zu senken, sind bis mindestens 2017 zwei christliche und
zwei weltliche Feiertage gestrichen.
Dabei handelt es sich um **Fronleich-
nam** *(Corpo de Cristo)*, **Dia da República** (5. Okt., anlässlich der bürgerlichen
Revolution 1910), **Allerheiligen** *(Dia
de Todos os Santos,* 1. Nov.) und **Dia
da Restauração** (1. Dez., anlässlich der
Beendigung der spanischen Fremdherrschaft 1640).

Frauen unterwegs

Zwar ist auch vielen portugiesischen
Männern aufgrund der vorherrschen-
den katholisch-patriarchalen Erzie-
hung ein gewisses Machotum nicht
abzusprechen, doch wird dies stärker in der Familie als im öffentlichen
Raum ausgelebt. Eine alleinreisende
Frau wird ihren Urlaub in Lissabon
in der Regel ohne Aufdringlichkeiten
auf der Straße verleben und auch in
der Gaststätte mit der gleichen Aufmerksamkeit bedient wie andere Gäste.

Fotografieren

Die Höflichkeit gebietet es, Menschen
vor dem Fotografieren um Erlaubnis
zu bitten. Verboten ist Fotografieren
in Einkaufszentren und Supermärkten. Dieses Verbot erstreckt sich auch
auf Markthallen, wo aber eher ein
Auge zugedrückt wird. In den meisten
Sehenswürdigkeiten ist Fotografieren
erlaubt, häufig allerdings muss der
Blitz ausgeschaltet sein.
Fotogeschäfte, u. a. das Medienkaufhaus FNAC, bieten den Service,
den Inhalt eines Speicherchips auf
eine CD zu brennen oder Papierabzü-
ge anzufertigen.

Fundbüro

Secção de Achados de PSP: Praça Ci-
dade de Salazar, Lote 180, Tel. 218 53
54 03, Metro: Olivais, Mo–Fr 9–12.30,
14–16 Uhr.

Geld

Währung ist der Euro, die Untereinheit heißt im Portugiesischen cêntimos. Das Netz an Geldautomaten ist
dicht. Sie sind auch in Supermärkten,
Einkaufszentren, Bahnhöfen und an
Tankstellen aufgestellt und am blauen
Zeichen *Multibanca MB* zu erkennen.
Die Bedienung erfolgt auf Wunsch in
deutscher Sprache. Die Abhebegebüh-
ren sind an allen Automaten gleich.
Internationale Kreditkarten (v. a. Visa
und Mastercard) sind weit verbreitet.
Geldwechsel ist in allen Banken und
den seltenen Wechselstuben möglich.
Banken sind Mo–Fr 8.30–15 Uhr geöffnet.

Internet-Cafés

Überall gibt es WiFi-Hotspots, deswegen existieren nur noch wenige

Webcafés. Viele größere Hotels haben Computerterminals aufgestellt. Öffentliche, kostenlose Internetposten finden sich aber in allen städtischen Bibliotheken. Zentral liegt: **Biblioteca Municipal Camões:** Largo do Calhariz, 17, 2. Stock, Metro: Baixa-Chiado, Di–Fr 11–18 Uhr, tlw. auch Mo und Sa.
Ask me Lisboa: Pátio da Galé, Praça do Comércio, Metro: Terreiro do Paço, tgl. 9–20 Uhr.

Kinder

Baby- oder Zustellbetten sind in nahezu allen Hotels – teilweise gegen Aufpreis – verfügbar, Kleinkinder schlafen kostenlos im Bett der Eltern. Restaurants stellen eigene Kinderstühle oder kindgerechte Sitze bereit, die am Tisch befestigt werden. Kindermenüs sind die Ausnahme, doch man kann einen zusätzlichen Teller bestellen und die Gerichte der Eltern aufteilen.

Lisboa Card

Das Tourismusamt hat eine **Lisboa Card** für 24, 48 oder 72 Stunden (18,50 €, 31,50 €, 39 €) aufgelegt, die den Fahrschein für die öffentlichen Verkehrsmittel und freien oder ermäßigten Eintritt in vielen Museen und Baudenkmälern beinhaltet. Diese Karte lohnt sich für Urlauber, die viele eintrittspflichtige Sehenswürdigkeiten in kurzer Zeit besuchen wollen. Sie kann bereits zu Hause online erworben werden (www.askmelisboa.com). Zusätzlich gibt es die **Lisboa Shopping Card** und die **Lisboa Restaurant Card,** die Nachlass in bestimmten Geschäften und Gaststätten einräumen.

Notruf

Die kostenlose Notrufnummer für **Polizei, Krankenwagen und Feuer-** **wehr** lautet im Festnetz und Mobilfunk **112** und ist rund um die Uhr erreichbar.

Hilfe bei **Vergiftungen** wird unter **Tel. 808 25 01 43** zum Ortstarif geleistet. Englisch wird in der Regel verstanden.

Sperrung von Handys, EC- und Kreditkarten: Tel. +49 116 116

Öffnungszeiten

Geschäfte: Mo–Sa 10–19 Uhr, teilweise mit ein- bis zweistündiger Mittagspause.
Supermärkte: Meist tgl. 8/9–20/22 Uhr, manche So geschl.
Restaurants: Meist 12.30–14.30, 19.30–23 Uhr, So oft Ruhetag.
Museen: Die meisten Museen haben Mo und an den hohen Feiertagen geschlossen.

Polizei und Sicherheit

Lissabon ist keine kriminalitätsfreie Zone, wenn auch die Stadt im Verhältnis zu anderen Großstädten noch als relativ sicher anzusehen ist. Schützen muss man sich v. a. vor Trickdiebstahl in öffentlichen Verkehrsmitteln, besonders in den stark von Touristen frequentierten Straßenbahnen und in der Metro. Ablenkungsmanöver wie Drängeln und Stoßen, aber auch besonders freundliches Helfen beim Einsteigen nutzen meist gut gekleidete Männer und Frauen zu ihren Diebstählen. Deshalb sollte man Wertsachen besser im Hotelsafe lassen und Geld möglichst am Körper tragen, auf keinen Fall aber im Rucksack oder in der Handtasche. Enge Gassen sind in der Nacht zu meiden.

Für den Schadensfall hat die Lissabonner Polizei eine eigene Polizeidienststelle eingerichtet, in der auch Fremdsprachen gesprochen werden:

Reiseinfos

Polizeidienststelle für Touristen, Palácio Foz, Praça dos Restauradores (der Eingang liegt neben dem Tourismusamt), Metro: Restauradores, Tel. 213 42 16 23.

Post

Die Postämter *(correios)* sind Montag bis Freitag 9–18 Uhr geöffnet. Verlängerte Öffnungszeiten (Mo–Fr 8–22 Uhr, Sa 9–18 Uhr) hat das Hauptpostamt an der Praça dos Restauradores, 58. Das Postamt in der Abflughalle des Flughafens ist Mo–Fr 9–20, Sa 9–18, So 9–13 und 14–17 Uhr geöffnet.

Am Eingang der Postämter befindet sich ein roter Automat, der Wartenummern *(selos)* ausgibt, die Wartenden werden per Leuchtanzeige an die jeweiligen Schalter dirigiert. Es gibt zusätzlich Briefmarkenautomaten (Display auch in Englisch). Wenige Verkaufsstellen für Ansichtskarten ver-treiben auch Briefmarken. Alle Normalpost kommt in den roten Briefkasten, nur die teurere Eilpost in den blauen. Die Normalpost ins Ausland dauert etwa drei Tage. Postkarten und Briefe in das europäische Ausland werden derzeit mit 0,72 € frankiert, die Eilpost mit 2,35 €.

Rauchen

In geschlossenen öffentlichen Räumen, also auch in Restaurants und Hotels, herrscht Rauchverbot. Ausnahmen sind nur in ausgewiesenen, abgetrennten Bereichen mit direkter Frischluftzufuhr erlaubt.

Reisen mit Handicap

Das Vorhaben, Lissabon behindertengerecht zu machen, steckt noch in den Kinderschuhen. Im städtischen Leben werden Rollstuhlfahrer zusätzlich durch die kopfsteingepflasterten Gehwege und wild parkende Autos beeinträchtigt.

Auf Transfers, Rundreisen und Ausflüge für Behinderte hat sich das Reiseunternehmen **Accessible Portugal** spezialisiert: Tel. 917 62 67 26 (mobil), www.accessibleportugal.com.

Für grundsätzliche Fragen können Sie sich in englischer Sprache an den **portugiesischen Behindertenverband** wenden: Associação Portuguesa de

---

Reisekasse und Spartipps

Die Preise für die meisten Lebensmittel, öffentlichen Nahverkehr, Übernachtungen und auch **Restaurantbesuche** sind vergleichsweise günstig. Das Tagesgericht in einer einfachen Kneipe gibt es ab 6 €, die Flasche Hauswein ab 5 €. In einem Restaurant der Mittelklasse beginnt das Hauptgericht bei 10 €, die Flasche Wein bei 8 €. Aufgrund der Überfischung der Meere ist Fisch inzwischen teurer als Fleisch. Kuchen ist teuer, weswegen die Portugiesen die preiswerten kleinen Gebäckstücke vorziehen. Die **Übernachtungspreise** beginnen bei 30 € in einfachen Unterkünften.

Für Jugendliche von 12 bis 29 Jahren bringt die **cartão jovem** zahlreiche Vergünstigungen bei Eintrittspreisen und Konzerten. Sie kann u. a. in Jugendherbergen, Postämtern und im Internet (http://microsites.juventude. gov.pt) für einen Preis von 10 € erworben werden, ein Passbild ist erforderlich. **Kinder, Studenten** und **Senioren** (ab 65 Jahren) erhalten gegen Vorlage des Ausweises unterschiedlichen Nachlass auf viele Eintrittspreise. Sonntags bis 14 Uhr ist der **Eintritt** in verschiedenen Museen und Baudenkmälern frei. Einschränkungen als Sparmaßnahme sind allerdings geplant.

Reiseinfos von A bis Z

Deficientes, Rua Bento de José Morias, 3, 9700-772 Ponta Delgada, www.pcd.pt.

Reklamationen

Restaurants und Hotels führen ebenso wie alle öffentlichen Einrichtungen ein Beschwerdebuch (livro de reclamações), in das Beanstandungen auch in englischer Sprache eingetragen werden können. Das Buch wird regelmäßig von den staatlichen Stellen überprüft, sodass häufig schon die Frage danach ein Problem beseitigen kann.

Souvenirs

Als Souvenirs werden von einer Lissabonreise gerne gastronomische Spezialitäten wie Portwein, Schafskäse, Olivenöl oder kleines Gebäck mitgebracht. Die breite Auswahl an regionaltypischem Kunsthandwerk reicht von Azulejos und Keramik bis zu handbestickten Tischdecken. Auch Goldschmuck oder eine Fado-CD sind ein schönes Mitbringsel.

Telefonieren

Die Telefonnummern bestehen für Festnetz wie Mobilfunk aus neun Ziffern ohne gesonderte Ortsvorwahl. Die Mobilfunknummern beginnen mit einer 9, alle Festnetznummern mit 2. 21 steht für Lissabon.

Öffentliche Telefonzellen funktionieren mit Münzen oder verschiedenen Telefonkarten (ab 5 €), die in den Läden der Portugal Telecom erhältlich sind. Die Gebühren sind deutlich höher als in Deutschland.

Die **internationalen Vorwahlen** sind 00 49 (Deutschland), 00 43 (Österreich), 00 41 (Schweiz), danach folgt die Ortskennzahl ohne die 0. Die Vorwahl für Portugal ist 00 351.

Toiletten

Der hygienische Standard von Toiletten in Hotels, Gaststätten und öffentlichen Einrichtungen ist grundsätzlich gut. Die Türen sind mit M (mulheres) oder S (senhoras) für Frauen und H (homens) für Männer gekennzeichnet. Im Innenstadtbereich gibt es zahlreiche Toilettenhäuschen, die gegen Entgelt benutzt werden können.

Trinkgeld

Trinkgelder für Dienstleistungen in Höhe von 5–10 % der Rechnungssumme sind üblich. In den Restaurants wird der Betrag nach dem Bezahlen auf dem Tisch liegen gelassen.

Umgangsformen

Die Lissabonner sind sehr freundliche, aber zurückhaltende Menschen. Für gerne gegebene kleine Hilfeleistungen erwarten sie einen freundlichen Dank, nicht aber Geld. Pluspunkte macht man mit einer Begrüßung in portugiesischer Sprache und mit ein paar lobenden Wörtern über Lissabon. An Bus- und Straßenbahnhaltestellen stellen sich die Lissabonner in einer Reihe auf, Vordrängeln stößt auf großen Unmut.

Zeitungen

Tägliche Veranstaltungshinweise sind im Diário de Noticías und Público, aber auch in kostenlos an den Metrostationen ausgelegten Zeitungen zu finden. Kulturelle Wochenübersichten bieten Beilagen in Público (freitags) und in den Wochenzeitungen Expresso und Sol (samstags). Die wichtigsten deutschsprachigen Zeitungen vom gleichen Tag führen viele Kioske im Stadtzentrum.

Panorama – Daten, Essays, Hintergründe

Balkongespräche unter Hausfrauen – in der Alfama

Steckbrief Lissabon

Daten und Fakten
Name: Lisboa
Fläche: 84 km²
Lage: 38° 43' N, 9° 10' W, 13 km vor der Atlantikmündung des Tejo
Einwohnerzahl: Stadtgebiet: 534 000, Großraum: 2,8 Mio.
Währung: Euro. Die Untereinheit heißt *cêntimos*
Zeitzone: Greenwich Time, Sommerzeit. Lissabon liegt gegenüber den deutschsprachigen Ländern ganzjährig eine Stunde zurück.
Landesvorwahl: 00351
Stadtvorwahl: Lissabonner Festnetznummern beginnen mit 21

Ortsname: Lisboa leitet sich ab vom phönizischen *alis ubbo* (›Liebliche Bucht‹), dem römischen Namen *olisipo* und dem arabischen *ashbouna*.
Stadtwappen: Zentral steht, für eine mittelalterliche Seefahrerstadt typisch, ein Schiff. Begleitet wird es von zwei Raben. Die Legende erzählt, dass der Leichnam des frühchristlichen Märtyrers und heutigen Lissabonner Stadtheiligen Vinzenz vor den anrückenden Mauren von seiner Grabstätte in Valencia zunächst an die Algarve und nach der christlichen Rückeroberung nach Lissabon in Sicherheit gebracht wurde. Auf einem Schiff und von den Vögeln beschützt. Fünf Türme, die das Wappen krönen, symbolisieren die mittelalterliche Stadtmauer.

Lage und Größe
Die portugiesische Hauptstadt Lissabon liegt geschützt am Fluss Tejo, 13 km vom Atlantischen Ozean entfernt. Die Stadt mit einer Fläche von 84 km² zählt rund 534 000 Einwohner, doch jährlich ziehen Tausende hinaus

in die umliegenden modernen Schlafstädte. Im Großraum von Lissabon leben nahezu 3 Mio. Menschen.

Geschichte
Vor mehr als 3000 Jahren gründeten phönizische Händler die erste Niederlassung am Tejo. Während der römischen Regentschaft (3. Jh. v. Chr.–5. Jh. n. Chr.) entwickelte sich die Stadt zum regionalen Zentrum. Die maurische Herrschaft ab 714 erzeugte eine erneute kulturelle Blüte, die sich nach der christlichen Rückeroberung 1147 fortsetzte. Lissabon wird 1256 Königssitz. Im 15. und 16. Jh. entwickelte sich die Stadt zur prächtigen Metropole.

1755 richtete ein gewaltiges Erdbeben verheerende Schäden an. Trotz sofortigen Wiederaufbaus setzte eine wirtschaftliche Erholung erst Mitte des 19. Jh. ein. Großzügig angelegte Boulevards *(avenidas)* erweiterten die Stadt in Richtung Landesinneres.

Das 20. Jh. war geprägt von einer langen Phase der Diktatur ab 1926, für die der Name António Salazar steht. Die friedliche Nelkenrevolution am 25. April 1974 leitete die Demokratisierung ein. 1986 folgten die Mitgliedschaft in der Europäischen Gemeinschaft und ein Wirtschaftsaufschwung, der durch die aktuelle ökonomische Krise ein jähes Ende fand.

Stadtverwaltung und Politik

Portugal ist eine parlamentarische Republik mit präsidialen Elementen. Im Landes- und im Lissabonner Stadtparlament sind folgende Parteien vertreten: PS *(Partido Socialista, sozialdemokratisch)*, PSD *(Partido Socialdemocrata, liberal-konservativ)*, PCP (Partido Comunista Portuguesa, kommunistisch), BE *(Bloco de Esquerda, links-unabhängig)*, CDS/PP (Partido Popular, rechtskonservativ). Eine Grüne Partei *(Os Verdes)* gibt es nur dem Namen nach, denn sie tritt als Anhängsel der PCP auf.

Lissabon ist in 24 Gemeinden untergliedert, deren Vertreter gemeinsam mit direkt gewählten Abgeordneten und dem Oberbürgermeister das Stadtparlament bilden. Die aktuellen Hauptprobleme der Stadt liegen in einer enormen Verschuldung, ungelösten Verkehrsproblemen und der schlechten Bausubstanz vieler Häuser.

Wirtschaft und Tourismus

Seit den 1980er-Jahren erlebte das frühere europäische Armenhaus ein Wirtschaftswunder. Doch in den letzten Jahren vervielfachte sich die Arbeitslosigkeit von gut 4 % auf über 18 %. 2015 sank sie auf unter 14 %, auch eine Folge der Abwanderung von Hunderttausenden Portugiesen. Gleichzeitig sank die Kaufkraft, die im Verhältnis zu Deutschland nur bei knapp 62 %, zu Österreich bei 55 %, und zur Schweiz bei 40 % pro Kopf liegt. In der zentralen Verwaltungsstadt Lissabon haben die Einwohner deutlich mehr Geld in der Tasche als die übrigen Portugiesen. Allerdings liegt die Arbeitslosigkeit trotz einer positiven touristischen Entwicklung sogar über dem Durchschnitt.

Über 100 000 Menschen leben direkt oder mittelbar vom Tourismus. Jährliche Einnahmen von über 500 Mio. € alleine dem Hotelwesen bescheren mehr als 4 Mio. Besucher, unter ihnen knapp 50 000 Gäste aus der Schweiz und etwa 200 000 aus Deutschland.

Verkehr

Werktäglich fahren bis zu 450 000 Autos in die Stadt hinein und wieder hinaus. Verstopfte Straßen und zugeparkte Fußwege erschweren das Leben der Menschen. Doch die Politik gibt weiterhin dem Individualverkehr den Vorrang, obwohl Lissabon über ein gut ausgebautes System öffentlicher Verkehrsmittel verfügt.

Stadtbevölkerung, Sprache und Religion

Während die Einwohnerzahl im Großraum Lissabon ständig steigt, leidet die eigentliche Stadt unter einem drastischen Bevölkerungsschwund. Zählte sie 1981 noch 800 000 Bewohner, waren es 2015 nur mehr 534 000. Gründe sind u. a. eine schlechte Bausubstanz, hohe Mieten und Wohnungspreise, Luftverschmutzung und Verkehrslärm.

Nationale Minderheiten gibt es nicht, doch leben über 100 000 Ausländer in der Stadt. Stark vertreten sind Brasilianer, Kapverdianer und Ukrainer. Portugiesisch ist eine romanische Sprache, die weltweit von mehr als 200 Mio. Menschen gesprochen wird. 79 % aller Portugiesen gehören dem römisch-katholischen Glauben an. In Lissabon gibt es eine Synagoge für die etwa 1000 Juden in der Stadt und mehrere Moscheen für ungefähr 30 000 Moslems, viele von ihnen aus der früheren Kolonie Mosambik.

Geschichte im Überblick

Von den Anfängen der Stadt bis zur maurischen Herrschaft

vor 1000 v. Chr.
Phönizische Händler nutzen den Mündungsbereich des Tejo als natürlichen Hafen und gründen den Handelsstützpunkt Alis Ubbo.

5./6. Jh. v. Chr.
Griechische Segler folgen den phönizischen Handelsrouten und errichten eine eigene Handelsniederlassung.

ca. 450 v. Chr.
Karthagische Siedler versuchen das umliegende Gebiet politisch zu kontrollieren.

ab 218 v. Chr.
Mit dem Zweiten Punischen Krieg beginnen die Römer ihre Invasion der iberischen Halbinsel. Der erbitterte Widerstand der eingeborenen Lusitaner kann erst mit der heimtückischen Ermordung ihres Anführers Viriatus 139 v. Chr. gebrochen werden. Die Stadt, die nun den Namen Olisipo trägt, entwickelt sich zum politischen und wirtschaftlichen Zentrum der Region.

60 v. Chr.
Unter Julius Cäsar wird die Stadt in den Rang der römischen Kolonie Felicitas Julia erhoben. Sie genießt hohe politische Autonomie und die Bewohner die gleichen Rechte wie die Bürger Roms. Das Vulgärlatein, aus dem sich das heutige Portugiesisch ableitet, wird zur Alltagssprache. Die Römer bringen den Wein- und Olivenanbau ins Land und legen ein weitverzweigtes Wegenetz an.

200 n. Chr.
Lissabon erhält die Stadtrechte. Das Stadtbild ist geprägt von luxuriösen Gebäuden, Tempeln, Theatern, Bädern und dem Wehrdorf auf dem Burghügel.

ab 409
Die Völkerwanderung führt nacheinander Sueben, Alanen und Vandalen nach Lissabon. Schon kurze Zeit später werden sie von den Westgoten vertrieben, die das spanische Toledo zur Hauptstadt ihres Königreiches ausrufen. Lissabon wird weitgehend zerstört und verliert an Bedeutung.

711
Nordafrikanische Mauren überqueren die Meerenge von Gibraltar und erobern in nur wenigen Jahren fast die gesamte iberische Halbinsel.

714
Die Mauren bauen die Burg von Lissabon zu ihrem Schloss (*Alcáçova*) aus und besiedeln das Gebiet der heutigen Alfama, das sie mit weiß gekalkten Häusern bebauen. Von der Burg bis zum Flussufer wird eine Stadtmauer errichtet, die Cerca Moura.
Die Stadt, jetzt Ulixbuna genannt, erfährt eine neue kulturelle Blüte, die sich auch aus der Toleranz der islamischen Herrscher gegenüber

Christen und Juden speist. Sie treiben regen Handel, führen neue Handwerkstechniken und verbesserte Anbau- und Bewässerungsmethoden in der Landwirtschaft ein und fördern die Wissenschaften.

722 Westgotische Ritter bilden in Asturien den ersten Bund zur Vertreibung der Mauren. Die Reconquista beginnt.

Christliche Rückeroberung, Aufstieg zur Weltmetropole und Untergang im Erdbeben

im 11. Jh. Über die Pyrenäen ziehen christliche Ritter und Pilger mit dem Ziel der christlichen Rückeroberung der iberischen Halbinsel.

1139 Afonso Henriques ruft im christlichen Norden des Landes ein unabhängiges portugiesisches Königreich aus.

1147 Das 5000 Mann starke portugiesische Heer unter Führung von Afonso Henriques wird von 13 000 Kreuzrittern bei der Belagerung der Stadt unterstützt. Diese ergibt sich nach vier Monaten kampflos und wird geplündert. Den verbliebenen Mauren wird die Mouraria als Wohnviertel vor den Toren der Stadt zugewiesen.

1256 Nach der Eroberung der Algarve liegt Lissabon im Zentrum des Landes und wird Königssitz. In der Stadt leben etwa 15 000 Menschen.

1279–1325 Unter Dinis I. erfährt Lissabon einen neuen Aufschwung. Die Stadt bietet ideale Lebensbedingungen, denn sie besitzt einen gut geschützten Hafen, verfügt über ausreichend Trinkwasser und kann sich durch Fischfang und Landwirtschaft selbst versorgen. Nach mittelalterlichen Vorstellungen reinigen die ständigen Winde die Luft von Pestbakterien. Um der schnell wachsenden Bevölkerung Raum zu geben, werden die Sümpfe westlich des Burghügels trockengelegt.
Der König gründet die erste Universität des Landes (1290) und fördert Seefahrt und -handel. Hierfür beruft er 1317 den Genueser Manuel Pessagno zum ersten königlichen Großadmiral und holt weitere italienische Schifffahrtsspezialisten ins Land. Die Karavelle wird entwickelt, ein wendiges Segelschiff, mit dem die Portugiesen später die Weltmeere erobern.

1373–1375 Ferdinand I. lässt eine erweiterte Stadtmauer zum Schutz gegen kastilische Angriffe erbauen. Innerhalb dieser Cerca Fernandina leben nunmehr 60 000 Menschen.

14.–15. Jh. Lissabon treibt regen Fernhandel mit Flandern, England, Dänemark und der deutschen Hanse und wird zum bedeutendsten Seehafen

Torre de Belém – Symbol für die große Zeit der portugiesischen Seefahrt

am Atlantik. Mit der Eroberung des nordafrikanischen Ceuta (1415) beginnt unter Heinrich dem Seefahrer die Epoche der Entdeckungsfahrten. Portugiesische Seefahrer entdecken Madeira und die Azoren und erkunden die afrikanische Westküste. Mitte des 15. Jh. laufen die ersten Sklavenschiffe im Hafen von Lissabon ein.

1495–1521 Während der Regierungszeit von Manuel I. steigt Lissabon zu einer prunkvollen Metropole auf und zählt etwa 100 000 Einwohner. Vasco da Gama entdeckt 1498 den Seeweg nach Indien. Portugal kontrolliert für Jahrzehnte den einträglichen Gewürzhandel.

1496 Manuel I. zwingt Juden und Moslems zu Zwangstaufe oder zum Verlassen des Landes.

1530 João III. führt die Inquisition ein und holt die Jesuiten ins Land.

1578 Der junge König Sebastião bricht zu einem Kreuzzug nach Marokko auf und wird mit einem Großteil seines Heeres in der Schlacht von Alcácer-Quibir getötet, ohne einen Thronfolger zu hinterlassen.

1580–1640 Die portugiesische Krone geht an den spanischen König Philipp II. über, einen Enkel von Manuel I. Portugal verliert viele seiner überseeischen Handelsstützpunkte an England und Holland. Die spanische Fremdherrschaft wird erst nach langen Befreiungskriegen abgeschüttelt.

1706–1750 Bedeutende Goldfunde in der Kolonie Brasilien lassen Lissabon unter João V. in neuem Glanze erstrahlen. Die königliche Verschwendungssucht stürzt das Land zugleich in eine tiefe Finanzkrise.

1755 Das Erdbeben von Lissabon, eine sich anschließende Flutwelle und tagelange Feuersbrünste zerstören zwei Drittel der Stadtfläche. Der Premierminister Marquês de Pombal ordnet den sofortigen Wiederaufbau an und leitet einen Modernisierungsprozess in Staat, Wirtschaft und Gesellschaft ein. Er wird 1777 von der konservativen Thronerbin Maria I. entmachtet.

Der Untergang des Königshauses und die bürgerliche Republik

1807 Einmarsch napoleonischer Truppen in Lissabon. Die Königsfamilie flieht mit dem Staatsschatz nach Brasilien und kehrt erst 1821 zurück.

1822–1834 Unabhängigkeit Brasiliens. Das Ausbleiben des Goldes führt zu Wirtschaftskrisen und Hungersnöten. Die erste liberale Verfassung Portugals wird 1822 verkündet. Diese setzt König Miguel 1828 außer Kraft und löst damit einen Bürgerkrieg aus.

1834 Sieg der Liberalen unter seinem Bruder Pedro IV. Säkularisierung der Klöster und Einberufung der ersten Nationalversammlung.

1867 Als erstes europäisches Land schafft Portugal die Todesstrafe ab.

Mitte 19. Jh. Wirtschaftliche Erholung, erste Industrieansiedlungen im Osten der Stadt und Aufstieg eines Handels- und Finanzbürgertums. Weitläufige Plätze, Parks und die Avenidas verschönern das Stadtbild Lissabons, dessen Einwohnerzahl auf 300 000 steigt.

1908 Ermordung von König Carlos I. im Stadtzentrum.

1910 In Lissabon beseitigen republikanische Angehörige der Armee die Monarchie. Ein parlamentarisches Mehrparteiensystem wird in der Verfassung verankert.

1910–1926 Die junge Republik findet keine Ruhe. In 16 Jahren lösen sich 44 Regierungen ab. Es kommt im Land zu mehreren, teils bewaffneten Aufständen.

| 1918 | Auf der Seite der Alliierten beklagt die portugiesische Armee im Ersten Weltkrieg 37 000 tote und verletzte Soldaten. |

Die Jahrzehnte der Diktatur

| 1926 | Der Militärputsch unter General Gomes da Costa leitet die lange Periode der Diktatur ein. |

| 1928 | Der junge Professor der Wirtschaftswissenschaften, António de Oliveira Salazar, wird Finanzminister. Die Sanierung des Haushaltes lässt ihn als Retter der Nation erscheinen. |

| 1932 | Salazar ernennt sich zum Ministerpräsidenten eines autoritären Staates, des Estado Novo. Er löst das Parlament auf, verbietet die Gewerkschaften und gründet eine Geheimpolizei nach Vorbild der deutschen Gestapo. |

| 1939–1945 | Trotz ideologischer Nähe zum faschistischen Deutschland bleibt Portugal im Zweiten Weltkrieg neutral. Lissabon wird für viele deutsche Verfolgte zum rettenden Hafen. |

| 1961 | Einige hundert Angehörige der angolanischen Befreiungsarmee MPLA greifen Gefängnisse, Kasernen und die Rundfunkstation an. In der Folge werden die portugiesischen Kolonien von Unabhängigkeitskriegen erfasst, die bis zu 40 % des Staatshaushaltes verschlingen. |

| 1968 | Nach einem Schlaganfall Salazars übernimmt Marcello Caetano die Regierung. Die fortdauernde Gewaltherrschaft und wirtschaftliche Isolation verhindern den Aufbau einer modernen Industriegesellschaft. Portugal ist das Armenhaus Europas. |

Von der friedlichen Nelkenrevolution zur heutigen Demokratie

| 1974 | Eine breite Bewegung der Streitkräfte, unzufrieden mit der Agonie im Lande und den Kolonialkriegen, putscht am 25. April gegen das Regime, das wie ein Kartenhaus in sich zusammenfällt. Die Lissabonner Bevölkerung begrüßt die Soldaten mit Nelken, weswegen dieser friedliche Aufstand Nelkenrevolution genannt wird. |

| 1976 | Die ersten freien Wahlen, in denen die demokratischen Parteien die Mehrheit erringen, führen zu einem Ende der teilweise gewalttätigen innenpolitischen Auseinandersetzungen. |

| 1986 | Im Kreuzgang des Klosters Belém wird feierlich die Beitrittsurkunde zur Europäischen Gemeinschaft unterzeichnet. |

1988	Ein Brand zerstört zahlreiche Gebäude im Chiado, deren gelungener Wiederaufbau das historische Viertel neu belebt.
1998	500 Jahre nach der Ankunft Vasco da Gamas in Indien organisiert Lissabon die Expo 98 unter dem Motto »Ozeane, ein Erbe für die Zukunft« und feiert den Wirtschaftsaufschwung des Landes.
2004	Portugal richtet die Fußballeuropameisterschaft aus. Ministerpräsident José Manuel Barroso wird Präsident der EU-Kommission.
2005	Nach vorgezogenen Neuwahlen bildet die Sozialistische Partei dank eines Erdrutschsieges zum ersten Mal in der portugiesischen Geschichte eine Alleinregierung unter Ministerpräsident José Sócrates.
2006	Aníbal Cavaco Silva (PSD) wird neuer Staatspräsident. Der Sozialist António Costa wird neuer Bürgermeister.
2007	Während der erfolgreichen portugiesischen EU-Ratspräsidentschaft unterzeichnen die Regierungschefs der 27 Mitgliedsländer im Hieronymuskloster den EU-Reformvertrag von Lissabon, der zwei Jahre später in Kraft tritt.
2009	António Costa wird bei den Kommunalwahlen mit absoluter Mehrheit in seinem Amt als Oberbürgermeister bestätigt. Die Sozialistische Regierung unter José Sócrates verliert bei den Parlamentswahlen ihre absolute Mehrheit und bildet eine Minderheitsregierung.
2010	Portugal fällt in eine tiefe wirtschaftliche und politische Krise.
2011	Aníbal Cavaco Silva wird als Staatspräsident wiedergewählt. Ab Mai erhält Portugal Hilfsgelder vom Euro-Rettungsschirm. Die konservative Partido Social Democrata (PSD) unter ihrem Vorsitzenden Pedro Passos Coelho gewinnt vorgezogene Neuwahlen.
2012	Lohn-, Gehalts- und Rentenkürzungen, Steuer- und Abgabenerhöhungen sowie steigende Arbeitslosigkeit bestimmen den portugiesischen Alltag.
2014	Portugal verlässt den Euro-Rettungsschirm. Die Zinsen für Staatsanleihen sinken auf historische Tiefstände.
2015	Lissabons beliebter Oberbürgermeister António Costa tritt zurück, um sich für das Amt des Ministerpräsidenten zu bewerben.

Lissabonner Stadtlandschaften

Lissabon! Vielgestaltig und voller Überraschungen. Dort lockt ein fantastisches Panorama hinauf zum Aussichtspunkt, hier die schmale Gasse hinab zum Fluss. Die strahlend weiße Marmorkirche neben der bunt gekachelten Häuserfassade, der elegante Gourmettempel oder die volkstümliche Tasca, das südländische Treiben unter blauem Himmel, der Geruch des nahen Atlantiks: Lissabon geizt nicht mit seinen Reizen.

Burghügel und maurische Viertel

Lissabon erstreckt sich über sieben Anhöhen. Auf dem weithin sichtbaren Burghügel hatten einst die Phönizier die erste menschliche Ansiedlung hoch über dem Fluss gegründet. Dank der strategisch günstigen Lage verblieb hier das frühe und mittelalterliche Zentrum der Stadt, bis im 16. Jh. König

Zahlreiche Miradouros bieten hinreißende Ausblicke über die Stadt bis zum Fluss

Manuel I. seinen Hof in die Unterstadt unmittelbar an das Ufer des Tejo verlegte. Heute leben nur noch 400 Menschen rund um das Castelo São Jorge. Von den mächtigen ockergelben Festungsmauern schweift der Blick über die Innenstadt, folgt der imponierenden Hängebrücke auf die andere Seite des Flusses und die grünen Hügel des Umlandes. Nur wenige Schritte südlich lockt schon der nächste Aussichtspunkt: Santa Luzia, Haltestelle der historischen Straßenbahnen 12 und 28. Unterhalb liegen die Häuserkaskaden der Alfama und reichen bis zu den Speicherstätten am Flussufer.

Das Gassenlabyrinth rund um den Burghügel ist erfüllt von Gerüchen und Geräuschen südländischen Lebens. Der Besucher fühlt sich zurückversetzt in arabische Zeiten, als in der Alfama Moslems, Juden und Christen friedliche Nachbarschaft pflegten. Erst die christlichen Eroberer schufen ab dem 12. Jh. zunächst maurische, später auch jüdische Ghettos. Die steile Hanglage und der begrenzte Platz forderten den Ausgegrenzten einen besonderen Baustil ab, der in Einklang mit den arabisch-nordafrikanischen Traditionen stand. Wie zufällig hingeworfen, schmiegen sich die Gebäude eng aneinander. Vogelkäfige hängen außen an den Häusern, Frauen halten ihren Schwatz in winzigen Gemüseläden, Sardinen werden auf der Straße gegrillt, in schummrigen Kneipen wird lebhaft debattiert. Fadomusik schallt aus den Wohnungen.

Der Kern der Alfama wurde verkehrsberuhigt, was den mittelalter-

75

lichen Eindruck noch verstärkt. Es nimmt nicht Wunder, dass in den restaurierten Häusern junge Künstler, Intellektuelle und wohlhabende Ausländer ein neues Zuhause finden. Doch überwiegend wird das Viertel von sozial schwachen und alten Menschen bewohnt. Sie füllen die großen Gotteshäuser in und am Rande der Alfama. Die mächtige Kirche São Vicente de Fora bildet den Übergang zum Arbeiterstadtteil Graça, während die romanisch-gotische Bischofskirche Sé zur Baixa überleitet.

Das Zentrum

Der Übergang zwischen zwei Stadtteilen könnte kaum abrupter ausfallen: dort die eng gewundenen Altstadtgassen, hier schachbrettartig auf dem Reißbrett angelegte Straßenzüge der zentralen Unterstadt, die auf prächtige, weitläufige Plätze führen und in die großzügige Avenida da Liberdade münden. Doch gerade von solchen Kontrasten lebt Lissabon. Ein Triumphbogen nach Pariser Vorbild öffnet sich zum Flussufer hin, doch keine Kirche, kein Adelspalast durchbricht die einheitliche Linie der vier- und fünfstöckigen Häuserfronten.

Die Baixa wurde nach dem Erdbeben 1755 im geradlinig-nüchternen Stil des aufgeklärten Absolutismus völlig neu geschaffen. Heute lädt die Fußgängerzone zum Flanieren ein, vorbei an schmucken Traditionsgeschäften, die andernorts längst verschwunden sind. Heiterkeit erfüllt die Straßen, Cafés und Restaurants am Tage. Dem Charme der traditionellen Kaffeehäuser rund um die großen Plätze kann man sich kaum entziehen. Doch bald nach Sonnenuntergang verwandelt sich die Baixa in eine Geisterstadt. Ein kurzer Blick die Häuserfronten hinauf

offenbart, dass zahlreiche Wohnungen leer stehen. Viele Lissabonner zieht es hinaus in die Schlafstädte an der Peripherie. Hoffnungsfroh stimmen immerhin erste, noch vorsichtige Ansätze für eine grundlegende Sanierung und Revitalisierung des Stadtzentrums.

Der angrenzende Chiado erwuchs aus der Sehnsucht des 19. Jh. nach Pariser Eleganz. Prächtig verzierte Patrizierhäuser säumen die Straßen. Hier liegen Theater, schicke Modeboutiquen, stilvolle Luxusrestaurants, aber auch das Mahnmal des Erdbebens auf dem Carmo-Platz hoch über dem Rossio. Die Karmeliterkirche aus dem 14. Jh. brach im Erdbeben zusammen, aber das Gerippe ihrer gotischen Wölbungen, die Pfeiler und Bögen stehen noch heute und verleihen beiden Plätzen einen schaurig-schönen Anblick.

Wer nun die paar Schritte hinüber ins Bairro Alto geht, taucht erneut in eine andere Welt ein. Die Oberstadt ist ein Gegensatz in sich, Luxus trifft sich im Armenviertel. Die Szenekneipe liegt neben dem Haushaltswarengeschäft, der Tattoo-Shop neben dem Tante-Emma-Laden, die angesagte Modeboutique neben der Traditionsschneiderei. Diese soziale Vielfalt bringt auch Spannungen mit sich, doch ebenso die Fähigkeit, sich immer wieder neu mit dem Gegebenen zu arrangieren. Viel zu diesem Ausgleich beigetragen hat die Verkehrsberuhigung, die dem historischen Viertel Ruhe und Gemächlichkeit zurückbrachte.

Der wohlhabende Westen

Mit der Blütezeit der Entdeckungen und insbesondere nach dem Erdbeben erweiterte die Stadt ihren Lebensraum gen Westen. Die atlantische

Meeresbrise sorgte für saubere Luft, die Stadtplaner legten stimmungsvolle Plätze und grüne Parks an. Hierher zieht es noch heute viele Wohlhabende. Zahlreiche ausländische Botschaften haben sich in Lapa und Restelo angesiedelt, das Landesparlament liegt in São Bento. Entsprechend hoch sind die Wohnungspreise.

An der westlichen Stadtgrenze, in Belém, hat der Staatspräsident seinen Palast bezogen. Nur wenig entfernt erhebt sich unmittelbar am Tejo ein faszinierendes Ensemble historischer und moderner Architektur. Die prächtige Marienkirche von Belém mit dem überwältigenden Kreuzgang des Hieronymusklosters kontrastiert mit dem modernen Kulturzentrum CCB aus rosafarbenem Kalkstein, und der spätgotische Torre de Belém findet seinen Kontrapunkt in dem unter der Diktatur errichteten, 52 m hohen Entdeckerdenkmal. Schließlich breitete sich die Stadt auch ins Landesinnere aus, das gutbürgerliche Lissabon zog an die Avenidas Novas, rund um den Rato und in das Viertel Campo de Ourique.

Am Tejo

Heute wendet sich die Stadt erneut dem Tejo zu. Entlang dem Flussufer sind moderne Vergnügungszentren mit Restaurants, Cafés, Musikbars und Diskotheken in vormals verlassene, rotgeziegelte Speicherstätten eingezogen. Eine Uferpromenade verbindet Belém mit dem Stadtteil des 21. Jh., Parque das Nações. Auf dem ehemaligen Gelände der Weltausstellung entstand direkt an der Wasserlinie ein Wohn-, Geschäfts- und Vergnügungsviertel, in dem das Leitthema der Expo 98, ›Ozeane, ein Erbe für die Zukunft‹, eine zeitgemäße architektonische Umsetzung erfährt. Häuser in der Form eines Schiffsrumpfes, ein Einkaufszentrum mit wassergekühltem Glasdach und eine Veranstaltungshalle in Form einer Miesmuschel sind die augenfälligsten Beispiele eines ambitionierten Vorhabens, das ökologische und historische Erbe der Stadt einer nachhaltigen Zukunft zu verpflichten.

Atemberaubende Ausblicke auf Lissabon

Castelo de São Jorge: Die oberen Burgmauern geben den Blick in alle vier Himmelsrichtungen frei (s. S. 123).

Largo das Portas do Sol: Aussichtsplattform und Straßencafé mit Blick auf die Altstadtviertel Alfama und Graça (s. S. 126).

Miradouro da Graça: Das grandiose Panorama lässt sich besonders entspannt im Terrassencafé genießen (s. S. 127).

Miradouro Nossa Senhora do Monte: Lissabons höchst gelegene Aussicht befindet sich im Altstadtviertel Graça (s. S. 132).

Pantheon Santa Engrácia: Ein herrlicher Rundblick vom begehbaren 40 m hohen Kirchendach (s. S. 131).

Elevador Santa Justa: Rundumblick von der Spitze des Aufzugs über den Fluss und das Stadtzentrum zur Burg (s. S. 152).

Miradouro São Pedro de Alcântara: Vom gepflegten kleinen Park im Westteil der Stadt zeigt sich die Burg besonders schön (s. S. 172).

Miradouro Santa Catarina: Dank eines kleinen Getränkekiosks nächtens besonders bei der jungen Szene beliebt, mit Aussicht auf die Hafenanlagen (s. S. 185).

Einen Kaffee in der Krise

Lissabonner Cafés sind eine Institution und nur hier können Sie das portugiesische Seelenleben zwischen Melancholie und Lebenslust hautnah beobachten. Denn ohne ihren kleinen Kaffee, den cafezinho, würden die Stadtbewohner nicht durch den Tag kommen, und ohne ihr Stammcafé wären viele heimatlos. Und doch können sich in Krisenzeiten immer weniger den Besuch leisten.

Kenner unterscheiden zwischen dem eigentlichen *café*, einer *leitaria* und der *pastelaria*, die in keinem Stadtviertel fehlen darf. Dort werden Sie zumeist auf Leute aus eher bescheidenen Verhältnissen stoßen, denen die *pastelaria* als erweitertes Wohnzimmer dient, in dem sie mit Freunden und Bekannten die Sorgen des Alltags teilen.

Öffentliche Wohnstube

Der *cafezinho* kostet nur etwa 60 Cent, und ein einsamer Rentner kommt so unter die Leute. Manchmal nennen sich die Cafés auch *leitarias*, weil dort anfänglich für die arme Bevölkerung nur Milch (port. *leite*) ausgeschenkt wurde. In einigen haben sich ausnehmend schöne Kacheln und Jugendstildekors erhalten, so in der Panificadora São Roque in der Rua Dom Pedro V, 45 (s. S. 178).

Je nach Tageszeit erfüllen die *pastelarias* unterschiedliche Funktio-

nen. Am Morgen trinken die Büroangestellten in Anzug oder Kostüm noch schnell den Frühstückskaffee, dazu gibt es eine gebutterte Toastscheibe oder ein Teilchen. Gegen 11 Uhr halten ältere Frauen nach dem Einkauf einen kleinen Plausch. Pünktlich ab 12.30 Uhr verwandeln sich viele *pastelarias* in einfache Kantinen, wo man in der Mittagspause eine Gemüsesuppe am Tresen löffelt oder für gerade mal 5 € ein deftiges Tagesgericht am Tisch serviert bekommt. Meist gibt es gute Hausmannskost, denn die Wirte leben von ihrer Stammkundschaft.

Gäste bleiben aus

Doch diese wird immer weniger. Die Cafés und Restaurants wurden von der Wirtschaftskrise mit voller Wucht getroffen. Ihre Besitzer beklagen zusätzlich eine Mehrwertsteuererhöhung von 13 % auf 23 %. Portugalweit mussten von 2011 bis 2014 monatlich durchschnittlich 125 Restaurationsbetriebe schließen, Zehntausende Beschäftigte wurden arbeitslos.

Dennoch treffen sich am Nachmittag ältere Herrschaften oder ganze Familien weiterhin zum Kaffee, doch seltener und bei geringerem Verzehr. Zum Lernen erscheinen Schüler und

Das Café – Wonne der Touristen und Mikrokosmos des portugiesischen Alltags

Studenten mit dicken Spiralblöcken und Büchern. Selbst ihre modernen Laptops können nur selten die Blicke der betagten Männer hinter ihren Zeitungen hervorlocken, in denen Fußball nach wie vor eine Hauptrolle spielt. Doch die Schlagzeilen werden immer häufiger von eben jener wirtschaftlichen Situation des Landes geprägt, die gerade die jungen, gut ausgebildeten Leute auf den Gedanken des Auswanderns bringt. Kein Wunder, wenn die Hälfte der Jugendlichen arbeitslos ist.

Trotzdem bereiten die jungen Nachtschwärmer zu vorgerückter Stunde das Eintauchen ins Szeneleben bei einem *cafezinho* oder auch dem schnell gezapften hellen Bier, einem *imperial*, vor. Gegen 22 Uhr wird geschlossen, denn schon um 7 Uhr am nächsten Morgen beginnt der Tag von Neuem.

Kleine Kaffeekunde
Bica: Südportugiesisch für *café*, kleiner Schwarzer, eine Art Espresso
Bica cheia: kleiner Schwarzer randvoll mit Wasser
Café, cafezinho: Lissabonner Bezeichnung für *bica*
Café abatanado: großer Kaffee mit viel Wasser, gleicht dem deutschen schwarzen Kaffee
Café com leite/Meia de leite: Milchkaffee in der Tasse
Café pingado: kleiner Schwarzer mit einem Schuss Milch
Cappuccino: nur in touristisch geprägten Cafés erhältlich
Galão: Milchkaffee im Glas, eine Art Latte Macchiato
Garoto: kleiner dünner Kaffee mit viel Milch

Treff des Bürgertums

Während die *pastelarias* für das Lissabonner Volk das Gravitationszentrum ihres Lebens bilden, wurde das Café seit seiner Entstehung im 18. Jh. vor allem von wohlhabendem Bürgertum, Künstlern oder Intellektuellen frequentiert. Manches Café wurde zum Ort literarischer Inspiration, in dem Schriftsteller ihre Werke verfassten, etwa Fernando Pessoa und José Saramago im Martinho da Arcada an der Praça do Comércio. Die kontemplative Ruhe unterbrachen nur literarische und politische Diskussionszirkel, die stadtweit bekannten *tertúlias*.

Zum guten Ton gehörte es, die Korrespondenz auf dem caféeigenen Briefpapier zu formulieren und eine zweite Anschrift poste restante im Café zu unterhalten. Einen entsprechenden Briefkasten finden Sie noch hinter dem Tresen des berühmten Café Nicola am Rossio. Bis Mitte des 20. Jh. war es allerdings eine verqualmte Männerdomäne, in der ein alleine auftauchendes ›Frauenzimmer‹ sogleich einer bestimmten Kategorie zugeordnet wurde. Denn die Dame von Welt traf sich im Teesalon, zumindest seitdem sie in der zweiten Hälfte des 19. Jh. nicht länger wie eine Maurin *à mourisca*, ans Haus gefesselt, leben musste.

Lissabon feiert den Stadtheiligen

Trommeln ertönen, vielstimmiger Gesang setzt ein, rhythmische Melodien eröffnen einen farbenfrohen und fröhlichen Wettstreit. Es ist der 12. Juni gegen 21 Uhr. Durch das Spalier der erwartungsfrohen Menge in der Avenida da Liberdade ziehen sich fantasievolle Festzüge aus den Lissabonner Stadtteilen. Der Auftakt zu Lissabons schillerndem Stadtfest ist gemacht.

Monatelange Vorbereitungen sind vorausgegangen, Kostüme wurden geschneidert, Papiergirlanden gebastelt, Musik komponiert und eingeübt, Tänze in Szene gesetzt. Mehrere Stunden dauert nun die große Parade, bis eine fachkundige Jury aus Kulturschaffenden die prächtigsten Aufführungen prämiert. Seit 1932 finden die *marchas populares*, die Volksmärsche, offiziell statt, ihre Tradition aber reicht zurück ins ferne Mittelalter.

Geehrt wird der Schutzpatron der Alfama, der hl. Antonius. Dieser erblickte 1195 gegenüber der Lissabonner Bischofskirche in einem Haus das Licht der Welt, an dessen Stelle heute die Antoniuskirche und ein ihm gewidmetes Museum stehen. Am 13. Juni 1231 verstarb er nach einem Leben im Dienst des Christentums in einem Franziskanerkloster bei Padua. Schon zu Lebzeiten soll er Wunder bewirkt haben und wurde dafür vom Papst in Rekordzeit heilig gesprochen. Antonius ist ein besonders volksnaher Heiliger, hält er doch seine schützende Hand über die Kinder und führt die Liebenden in eine gute Ehe, steht im Fegefeuer schmorenden Seelen bei und hilft zudem beim Auffinden verschwundener Dinge.

Heilige Schaffenskraft

Sagenumwobene Geschichten wollen seine Tatkraft unter Beweis stellen. Die bekannteste lautet, dass er lange nach seinem Tod in den Dienst der portugiesischen Armee aufgenommen wurde, dort vielfache Hilfe geleistet hat und bis zum zweiten Major aufstieg. Sein Eingreifen soll den Regimentstrommler vor dem Biss einer Giftschlange bewahrt haben, der entlaufene Hund des Majors wurde wieder gefunden und die Tochter des Obersten glücklich verheiratet. Kein Wunder also, dass das Volk gerade diesen Heiligen mit ›Breitbandwirkung‹ so überschwänglich verehrt und die Nacht hindurch in der Alfama weiterfeiert.

Bunte Lampions und Papierschlangen schmücken die engen Gassen, durch die sich Zehntausende fröhlicher Menschen in Festlaune schieben. Vor den Hauseingängen sind Holzkohlengrills und riesige Bänke aufgestellt. Gegrillte Sardinen mit Brot, Salat und Sangria bilden das traditionelle Tagesgericht. Ausgelassene Stimmung liegt in der Luft, die erst lange nach Mitternacht ihrem Höhepunkt zustrebt. An den Ecken stehen Frauen und Kinder und verkaufen Basilikum in kleinen Blumentöpfen. Das Gewürz soll Unglück fernhalten. So weiß es der Aberglaube. Ganz ausschließlich will man sich also doch nicht auf den Schutz des heiligen Antonius verlassen. Doppelt genäht hält auch in Lissabon besser.

Festliche Eheschließungen

Szenenwechsel! Aus dem ganzen Land reisen Schaulustige an. So manches Schnupftüchlein wird zur Brautzeremonie in der Kathedrale aus der Tasche gezogen. Musikgruppen spielen auf, Frischvermählte wagen freudig ein Tänzchen, ist doch Antonius auch verantwortlich für eine gute Ehe. 1958 hatte eine Zeitung die Idee, 60 mittellosen heiratswilligen Paaren am 12. Juni die Hochzeit auszurichten und ihnen eine Aussteuer mitzugeben. Kurioserweise mussten die Bräute mittels medizinischen Attests ihre Jungfräulichkeit beweisen.

Das Ideologische ist inzwischen verschwunden, die Massentrauung wurde zum fröhlichen Spektakel. Und so durchlaufen jedes Jahr aufs Neue hunderte Heiratswilliger ein strenges Auswahlverfahren vor der Jury der Stadtverwaltung, die durchaus auch ein telegenes Lächeln als Pluspunkt wertet. Nur 30 Angehörige dürfen die Erwählten schließlich zum großen Ereignis mitbringen, damit auch noch ein bisschen Platz für die erwartungsvollen Zaungäste und viele Fernsehkameras bleibt. Dafür hält die Ehe bestimmt ein Leben lang. Dank Antonius.

Wilhelm Busch: Der Heilige Antonius von Padua

Das heitere Gedicht zeigt die leutselige Verehrung des Antonius, der auch die Tiere schützte. In der 10. Strophe erlaubt ihm Jungfrau Maria deswegen, ein Schwein mit in den Himmel zu nehmen:

»Willkommen! Gehet ein in Frieden! Hier wird kein Freund vom Freund geschieden.
Es kommt so manches Schaf herein, warum nicht auch ein braves Schwein!
Da grunzte das Schwein, die Englein sangen; so sind sie beide hineingegangen.«

Seefahrt in die Neuzeit

Verwegene portugiesische Seefahrer erkundeten im 15. Jh. bislang unbekannte Ozeane, überwanden mittelalterliches Gedankengut und öffneten das Tor zur Neuzeit. Als erster Europäer gelangte Vasco da Gama auf dem Seeweg nach Indien und Pedro Álvares Cabral entdeckte Brasilien. Ausgangshafen war Lissabon. Wenig später startete der Portugiese Magellan die erste Weltumseglung, allerdings unter spanischer Flagge.

Die Grundlagen des epochalen Fortschritts legte König Dinis (1279–1325), als er mithilfe italienischer Experten für Schiffsbau, Seefahrt und Kartografie eine leistungsfähige Flotte aufbaute. Mit Kiefernschösslingen aus dem Burgund ließ er weitläufige Wälder aufforsten, in denen jeder Schiffsbauer umsonst Holz schlagen konnte.

Mentor Prinz Heinrich, der Seefahrer

Die Entdeckungsfahrten begannen mit der Eroberung des nordafrikanischen Ceuta an der Meeresenge von Gibraltar. Dorthin wagte König João I. im Juli 1415 die Überfahrt mit 20 000 Soldaten auf 240 Schiffen. An der Expedition beteiligt war sein Sohn Heinrich (1394–1460), dessen Faszination für die geheimnisvollen Berichte arabischer Kaufleute und die wertvollen Handelsgüter, die über die Karawanenstraße in die Stadt gelangten, die Geschicke der Welt nachhaltig beeinflussen sollten. Fünf Jahre später wurde er vom Papst zum weltlichen Oberhaupt des Christusritterordens ernannt und entwickelte sich zum visionären Mentor der portugiesischen Entdeckungsfahrten, zu deren Finanzierung und militärischen Absicherung die wohlhabende Bruderschaft wesentlich beitrug. Später erhielt er den Namenszusatz »der Seefahrer«, auch wenn die Überfahrt nach Nordafrika seine einzige Seereise blieb.

Neben dem Interesse für die Reichtümer und Gewürze des Orients war der tiefgläubige Katholik von dem Wunsch beseelt, das Christentum in die Welt zu tragen. Er wollte das sagenumwobene Reich des Priesterkönigs Johannes in Abessinien aufspüren, um gemeinsam mit ihm das islamische Imperium zu besiegen.

Paradoxerweise setzte sich Heinrich bei der Erfüllung seiner christlichen Mission kühn über päpstliche Denkverbote hinweg und trug heimlich auch die vielen Kenntnisse zusammen, die im Besitz der ›Ungläubigen‹ waren und vom Papst mit dem Bann belegt wurden. Die Araber hatten den Kompass und das Astrolabium in die Seefahrt eingeführt und die naturwissenschaftlichen Grundlagen des antiken Griechenland für astronomische Berechnungen genutzt. Ihre Kenntnisse wurden v. a. mithilfe von katalanischen Juden wie Jehuda Cresques nach Portugal übermittelt. Im Gegensatz zur mittelalterlich-christlichen

Monumentale Erinnerung an die Entdeckungsfahrten: der Padrão dos Descobrimentos

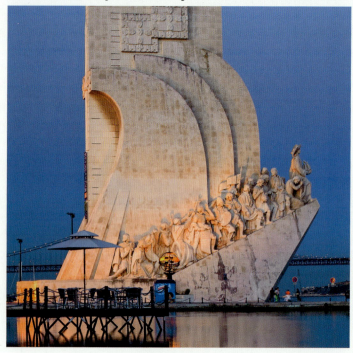

Doktrin gingen Heinrichs Experten wie bereits Hipparch und Ptolomeus von der Kugelform unseres Planeten aus. Moderne Rhombenkarten basierten auf exakten Kompasspeilungen und wiesen den Seefahrern zuverlässig den Weg. Rasch schritt die Entwicklung eines neuen Schiffstyps voran, der 20 bis 25 m langen portugiesischen Karavelle, die mit ihren dreieckigen Lateinersegeln erstmalig gegen den Wind kreuzen konnte.

Das Unternehmen Seefahrt beginnt

Immer weiter wagten sich die Seefahrer auf das *mar tenebroso*, das Meer der Finsternis, hinaus und entdeckten Madeira (1419) und die Inselgruppe der Azoren (1427). Sie erreichten das sagenumwobene Kap Bojador im südwestlichen Marokko, hinter dem dämonische Seeungeheuer, eine kochende See und sengende Hitze befürchtet wurden. Erst beim 15. Anlauf gelang im Jahre 1434 Gil Eanes die weiträumige Umfahrung. Damit überwand er eine gewaltige psychologische Barriere und gab den Weg frei für die Entdeckung des südlichen Afrikas und die Umrundung des Kaps der Guten Hoffnung durch Bartolomeu Diaz (1488). Dessen Reise erfolgte unter strengster Geheimhaltung, selbst das Mitführen eines Bordbuches war verboten, um nicht Seefahrer anderer Länder auf die Route zu locken. Die Namensgebung für das Kap drückte die Hoffnung auf die Entdeckung des Seewegs nach Indien aus, wo das wertvolle Handelsgut Pfeffer wuchs.

Dort landete Vasco da Gama schließlich 1498, nachdem ihm der arabische Lotse Ibn Madjid die letzte Etappe von Malindi über den Ozean

Die Seefahrten im Überblick

1415	Eroberung des nordafrikanischen Ceuta
1419	Entdeckung von Madeira
1427	Landung auf den Azoren
1434	Umseglung des Cap Bojador (Südmarokko)
1488	Bartolomeu Dias umrundet das Kap der Guten Hoffnung
1498	Vasco da Gama erreicht Indien
1500	Álvares Cabral entdeckt Brasilien
1513	Jorge Álvares segelt als erster Europäer nach China
1518	Eroberung von Colombo (Ceylon)
1519–22	Erste Weltumseglung unter dem Kommando von Fernão de Magalhães, der während der Fahrt ums Leben kommt
1542	Fernão Mendes Pinto landet in Japan
1557	Portugal erhält das chinesische Macau als Pacht (bis 1999)

zur Westküste Indiens gewiesen hatte. Während der nachfolgenden Indienexpedition entdeckte Pedro Álvares Cabral 1500 zufällig Brasilien, und Gaspar Corte Real erkundete gleichzeitig Grönland. Unter der Führung von Fernão de Magalhães (Magellan) gelang 1522 schließlich die Umrundung der Erde. Die Vorstellung von der Scheibenform der Erde hatte sich endgültig als falsch erwiesen, die Neuzeit konnte beginnen.

»Am ersten November 1755 ereignete sich das Erdbeben von Lissabon, und verbreitete über die in Frieden und Ruhe schon eingewohnte Welt einen ungeheuren Schrecken. Eine große prächtige Residenz, zugleich Handels- und Hafenstadt, wird ungewarnt von dem furchtbarsten Unglück betroffen. Die Erde bebt und schwankt, das Meer braust auf, die Schiffe schlagen zusammen, die Häuser stürzen ein, Kirchen und Türme darüber her, der königliche Palast zum Teil wird vom Meer verschlungen, die geborstene Erde scheint Flammen zu speien; denn überall meldet sich Rauch und Brand in den Ruinen.«

Ketzerverbrennung zur Beruhigung des göttlichen Zorns an.

Zerstörung als historische Chance

20 000 Wohnhäuser, 54 Klosteranlagen, 33 Paläste waren in einen Steinhaufen verwandelt, bis zu 30 000 Menschen ließen ihr Leben, viele von ihnen in den zum Allerheiligenfest gut gefüllten Gotteshäusern. Der Klerus tat sich schwer mit schlüssigen Erklärungen, zumal die Kirchenkerzen eine Feuersbrunst auslösten, die sechs Tage dauern sollte.

Das Erdbeben von Lissabon

Goethes Erinnerungen, nachzulesen in seiner Autobiografie »Dichtung und Wahrheit«, lassen die geistigen Erschütterungen erahnen, die sich in Windeseile über ganz Europa verbreiteten.

Voltaire regte das historische Ereignis in seinem Meisterwerk »Candide« zu der ewig aktuellen Frage an, ob es ein Lebensglück inmitten der von Mensch und Natur hervorgebrachten Zerstörungen geben kann. Kant nutzte die Erfahrungen aus dem Lissabonner Beben zu seinen naturwissenschaftlichen Betrachtungen. Die katholische Inquisition dagegen ordnete auf dem städtischen Hauptplatz eine

Eindrucksvoll erinnert die Ruine der Carmo-Kirche bis heute an das Erdbeben

Doch der Wegbereiter des aufgeklärten Absolutismus, Marquês de Pombal, begriff die Verwüstungen als Chance und ordnete den sofortigen Wiederaufbau der Stadt an. Gleichzeitig setzte er gegen heftige Widerstände eines Teils des Hochadels und des Klerus eine grundlegende Reform des Staatswesens durch. Die Sklaverei wurde verboten, die Inquisition reformiert, der mächtige Jesuitenorden ausgewiesen. Mittels einer Zentralisierung der Verwaltung, der erstmaligen Benennung eines königlichen Kämmerers zur Kontrolle der Staatsfinanzen und der Verstaatlichung des Bildungswesens wurden die finanziellen und geistigen Ressourcen für eine umfassende Modernisierung der portugiesischen Gesellschaft freigesetzt.

Ein Jahr nach dem Erdbeben hatte der deutsche Beobachter Johann Friedrich Seyfart vermutet, dass die Stadt die Zerstörungen für lange Zeiten nicht verschmerzen werde. Doch städtebaulich hatte Lissabon die Herkulesaufgabe schon nach wenigen Jahrzehnten gestemmt. Inzwischen ringt die Stadtpolitik um den Plan für eine grundlegende Sanierung der Unterstadt, die in der Anerkennung als Welterbe der Menschheit gipfeln soll. Manche Beobachter der Lissabonner Volksseele aber vermuten, dass sich die damalige Katastrophe noch heute in einem verbreiteten Fatalismus zeigt. Geblieben ist zudem eine unterschwellige Furcht. Diese lässt viele Lissabonner die Ende 2007 verlängerte blaue U-Bahnlinie unter der Praça do Comércio meiden. Denn ist sie wirklich erdbebensicher?

Datum: am 1. November 1755 gegen 9.50 Uhr morgens; **Stärke:** nach heutiger Einteilung geschätzte 9 auf der Richterskala; **Dauer:** ca. 9 Minuten

Literatur und Film
Günther, Horst: Das Erdbeben von Lissabon, Frankfurt 2005. Kommentierte Schilderung der zeitgenössischen Reaktionen aus philosophischer Sicht.
Voltaire: Candide oder der Optimismus, Frankfurt 1972. Das Lissabonner Ereignis liefert den Hintergrund für eine vergnügliche Satire, in der ein naiver Optimist immer wieder an den Ungerechtigkeiten der realen Welt scheitert.
Wilder Planet – Gefahr für Lissabon: Der Film aus der Reihe Terra X lässt Lissabon in den Tagen der Naturkatastrophe aufleben und vermittelt neue Erkenntnisse der Erdbebenforschung, ZDF 2009 (www.zdf.de/ZDFmediathek, Stichwort Lissabon Erdbeben).

Ein historisches Flugblatt schildert die Folgen des »erschroecklichen Erdbebens«

Die Nelken des April

Es ist kurz nach Mitternacht. In den Kasernen rund um Lissabon sitzen Soldaten gebannt vor den Radiogeräten. Der katholische Rundfunk Renascença spielt ein verbotenes Lied des populären José Afonso, das verabredete Signal für die Operation ›Ende des Regimes‹. Am 25. April 1974 um 0.25 Uhr wurde die portugiesische Demokratie geboren.

Die eingeweihten, überwiegend jungen Armeeangehörigen verließen die Kasernen in Richtung Lissabon. Um 7 Uhr war die Praça do Comércio bereits in ihrer Hand, Rathaus, Zentralbank und verschiedene Ministerien umstellt. Diktator Marcello Caetano, der dem 1970 verstorbenen António Salazar nachgefolgt war, erteilte in der Polizeikaserne am Largo do Carmo die Befehle zur Niederschlagung des Aufstandes. Das Kriegsschiff Gago Coutinho erhielt den Auftrag, vom Tejo aus mit Kanonen auf die Revolutionseinheiten zu schießen. Die Matrosen verweigerten sich. Punkt 12 Uhr sollte eine Schützeneinheit auf dem Rossio den Marsch der aufständischen Soldaten Richtung Chiado aufhalten, schlug sich aber auf deren Seite. Eine halbe Stunde später war die Polizeikaserne umstellt. Der baumbestandene Platz auf den Höhen des Chiado füllte sich rasch mit einer riesigen Menschenmenge. Die Stimmung war gespannt, ein einziger Schuss hätte ein Blutbad anrichten können. Auf dem Platz blieb es friedlich, doch aus dem nahe gelegenen Hauptquartier der Geheimdienste wurde geschossen, vier Tote waren die letzten Opfer des Regimes. Um 17 Uhr kapitulierte Marcello Caetano und übergab die Macht an die Bewegung der Streitkräfte unter Führung von General António de Spínola. Tanzende und jubelnde Menschen ergossen sich auf die Straßen und verteilten Essen, Milch und Zigarren an die Aufständischen. Als Symbol ihrer Freude steckten sie den Soldaten Nelken in die Gewehrläufe, die Revolution der Nelken hatte gesiegt.

Vorausgegangen waren 48 Jahre einer Diktatur, die Portugal in das Armenhaus Europas verwandelt hatte. Wirtschaftliche Not, politische Unterdrückung und soziale Rechtlosigkeit hatten das Leben der Portugiesen bestimmt. Die Analphabetenrate lag 1974 bei rund 40 %. Nicht einmal die Hälfte aller Wohnhäuser besaß einen Wasseranschluss, mehr als ein Drittel war ohne Stromversorgung. Zusätzlichen Nährboden für ein Aufbegehren bildeten die blutigen Kolonialkriege etwa in Angola, Mosambik und Guinea-Bissau. Viele Armeeangehörige sahen längst keinen Sinn mehr in diesen Kriegen. Das Regime hatte sich überlebt und fiel in wenigen Stunden wie ein Kartenhaus in sich zusammen. Das Tor zu einer demokratischen Gesellschaft, eingebunden in die europäische Staatengemeinschaft, wurde an diesem einen Tage aufgestoßen.

Global Player Lissabon

Die Globalisierung begann mit Vasco da Gama! Gewagt klingt diese These in der schnelllebigen Zeit von heute, da doch der Seefahrer mit seiner 160-köpfigen Mannschaft länger als zehn Monate gebraucht hatte, um von Lissabon in das südindische Kalikut zu gelangen und damit ans Ziel der portugiesischen Träume.

Diese Träume waren klein und scharf: Pfefferkörner und andere orientalische Spezereien, die in europäischen Küchen und Apotheken heiß begehrt waren. Da wurde wenig drumherum geredet: »Wir sind gekommen, um Christen und Gewürze zu suchen«, machten die Portugiesen den arabischen Geschäftsleuten klar, die den lukrativen Handel kontrollierten, seitdem die Osmanen 1453 das Drehkreuz Konstantinopel erobert und den italienischen Handelshäusern den Landweg über die Levante abgeschnitten hatten.

Portugal beendete die Handelsblockade zwischen Asien und Europa. Gleichzeitig wurde der Warenaustausch über den Seeweg sehr viel einfacher und kostengünstiger. Die arabischen Zwischenhändler wurden ausgeschaltet, die ohnehin hohen Gewinnspannen stiegen noch einmal. Wirtschaftskampf pur um die Beherr-

Der Handel mit exotischen Gewürzen war Antrieb für die weiten Seefahrten

schung der Märkte des frühen 16. Jh.! Lissabon war glänzender Sieger, erstrahlte bald als reichste Hauptstadt Europas und entwickelte sich zum zentralen Umschlagplatz für Luxuswaren wie Zimt, Kardamom, Muskatnuss, Nelken, Ingwer und Pfeffer, der im Mittelalter wertvoller war als Gold und Silber. Mit Pfefferkörnern wurden Zölle bezahlt oder die Mitgift von adligen Bräuten aufgewogen.

Gewürze machten nicht nur Kaufleute, sondern auch Könige reich und wurden zum universellen Motor für die Weiterentwicklung des mittelalterlichen Transportwesens, der Schifffahrt. Die Welt wuchs zusammen. Der ökonomische Clou bestand darin, dass die Ware nicht nur heiß begehrt und teuer war, sondern auch noch klein und leicht und somit nur wenig Laderaum brauchte. Mit dem Erlös aus einer einzigen Schiffsladung wurden die Kosten der langen Überfahrt einer ganzen Flotte und die Gefahren durch Piratenüberfälle oder Stürme um ein Vielfaches aufgewogen.

Doch der Wunsch nach schnellen Gewinnen rief Rivalen aus anderen Ländern auf den Plan, die eigene Gewürzrouten etablieren und das portugiesische Monopol brechen wollten. Der Portugiese Fernão de Magalhães (auch: Magellan) segelte unter Spaniens Flagge mit dem Auftrag, für dieses Land einen alternativen Weg über Südamerika zu den Gewürzinseln Indonesiens zu finden.

Militärische Absicherung der Einflusssphären

Bist Du nicht willig, so brauch' ich Gewalt. Dieses Motto, das gegenwärtig in den weltweiten kriegerischen Auseinandersetzungen auch um ökono-

mische Einflusssphären noch gültig zu sein scheint, kannte bereits Portugal. Um seine Vormachtstellung zu behaupten, wurden die Handelsschiffe militärisch aufgerüstet und effiziente Festungen entlang der Handelsrouten erbaut. Vasco da Gamas zweite Indienexpedition zählte bereits 20 Schiffe und verfolgte militärische Ziele. Seine dritte und letzte Fahrt mit 3000 Soldaten an Bord diente einzig dem Zweck, mit der in Kalikut im Jahre 1521 herrschenden Gewalt und Korruption aufzuräumen.

Allerdings konnte das kleine, damals nur 1,3 Mio. Einwohner zählende Portugal auf Dauer die Rolle einer Weltmacht nicht ausfüllen. Bereits Mitte des 16. Jh. übernahmen neue ökonomische Riesen wie Holland und England das Ruder und quasi im Kielwasser der portugiesischen Karavellen den lukrativen Gewürzhandel.

Menschenhandel und Arbeitsimmigration

Die Stunde schlug für einen ökonomischen Kurswechsel und Portugal wurde erneut zum Vorläufer der modernen Globalisierung, die durch Konkurrenz von Arbeitskräften über alle Grenzen hinweg und Migrationsbewegungen geprägt ist. Portugal intensivierte seine Geschäfte mit einer neuen lukrativen Handelsware, dem »schwarzen Gold«. Bereits im 15. Jh. kamen westafrikanische Sklaven ins Land, zunächst um den Bevölkerungsmangel auszugleichen, den die Abwanderung nach Übersee verursacht hatte. Bald machten europäische Naschmäuler einen fernen Einsatzort noch profitabler: die ausgedehnten Zuckerplantagen in der Kolonie Brasilien. Zuckerrohr hatten die Araber bereits um die erste Jahrtausendwende aus Asien auf die iberische Halbinsel eingeführt und die Portugiesen verbreiteten es über Madeira bis nach Brasilien. Die dortige Zuckerwirtschaft feierte fantastische Profite, für die über die Jahrhunderte etwa 4 Mio. afrikanische Sklaven ihren Rücken krumm machen mussten. Die Fronarbeit überlebten sie selten länger als fünf Jahre. Die Portugiesen waren es, die den transatlantischen Sklavenhandel dominierten und als Erste das Gewinnpotential des Handelsdreiecks

---

Ein Lesetipp

Der portugiesische Journalist Miguel Sousa Tavares beschreibt in seinem Roman »Am Äquator« den Kampf zwischen England und Portugal um die Vorherrschaft im Kakaohandel vor dem Hintergrund getarnter Sklavenarbeit auf den Plantagen von São Tomé. Das 2003 veröffentlichte Buch stand monatelang auf der portugiesischen Bestseller-Liste, die deutsche Übersetzung ist 2005 erschienen.

---

aus Europa, Afrika und Amerika erkannten. Frankreich sollte später mit der Verknüpfung von Sklaven- und Zuckerrohrhandel etwa auf Santo Domingo (Haiti) folgen. Aus den Gewinnen wurde so manches angesehene Weingut bei Bordeaux finanziert.

Nach dem Verbot von Sklaverei im Jahre 1888 eroberten europäische Emigranten den Arbeitsmarkt Brasiliens, wo mittlerweile auch Tabak, Baumwolle und bevorzugt Kaffee gepflanzt wurden. Ende des 19. Jh. besaß brasilianischer Kaffee in Europa einen Marktanteil von 80 %. Portugiesische Händler verdienten prächtig und vie-

le Lissabonner wurden durch die einträglichen Geschäfte in die ehemalige Kolonie gelockt. Luxuriöse Stadtvillen und kachelverzierte Wohnhäuser, finanziert aus den Importgewinnen, prägen bis heute das Stadtbild. In einzelnen Kolonien, etwa São Tomé und Principe, lebte die Sklavenhaltung, zumindest in versteckter Form, bis ins 20. Jh. fort.

Portugals Ankunft in der modernen Welt

Der Beitritt zur Europäischen Gemeinschaft 1986 läutete die moderne Phase enger Wirtschaftsverflechtungen Portugals mit der Welt ein. Doch die Spielregeln hatten sich geändert. Plötzlich war das Land nicht mehr global player, sondern abhängig von den großen Wirtschaftsmächten, nicht zuletzt von Deutschland, mit einem Handelsvolumen von jährlich etwa 13,5 Mrd. € zweitwichtigster Handelspartner hinter Spanien. Zum wichtigsten Industriebetrieb in Portugal stieg das Volkswagen-Werk Autoeuropa südlich von Lissabon auf, in dem die Modelle Eos, Scirocco, Sharan und Seat Alhambra gefertigt werden.

Die immer engere weltumspannende ökonomische Zusammenarbeit zog erneut Wanderungsbewegungen von Arbeitskräften nach sich. Während Portugiesen nach Frankreich, in die Schweiz, Luxemburg oder Deutschland emigrierten, kamen in den 1980er-Jahren viele Zuwanderer von den Kapverdischen Inseln, aus Angola, Mosambik und Guinea-Bissau nach Portugal. Sie waren auf der Flucht vor postkolonialen Bürgerkriegen. Viele verdingten sich als illegale Bauarbeiter. Ihnen folgten Brasilianer, zunächst Ärzte, Medienfachleute und Designer, seit der

Jahrtausendwende auch Hilfskräfte, etwa Kellner, Putzfrauen und Hausangestellte. Zur gleichen Zeit fanden osteuropäische Arbeitsuchende ihren Weg nach Portugal und übernahmen gering qualifizierte Arbeiten. Inzwischen hat sich die Tendenz umgekehrt: Immer mehr Portugiesen wandern in die früheren Kolonien aus.

Racismo light

Über das Lissabonner Völkergemisch urteilt Migrationsforscher Bruno Peixe Dias in einem Gespräch mit den Autoren dieses Reiseführers: »Während sich die vielfach gut qualifizierten Brasilianer oder Ukrainer fast geräuschlos eingegliedert haben, kämpfen afrikanische Zuwanderer mit einem unterschwelligen *racismo light*«. Zwar sähen sich die Portugiesen selbst als ausländerfreundlich, doch sie behandelten die Afrikaner als Bürger zweiter Klasse, denen kaum Bildungs- und Aufstiegschancen offen stünden. Im Vergleich zu anderen europäischen Ländern führen gemeinsame Sprache und Religion allerdings oberflächlich betrachtet zu einem viel freundlicheren Umgang miteinander, von dem immerhin die mehr als 10 % der Lissabonner Bevölkerung profitieren können, die aus den ehemaligen Kolonien stammen. Auch Osteuropäer sind im Stadtbild allgegenwärtig.

Und so wird der moderne Urlauber seinem Tagebuch jene Worte anvertrauen können, die bereits ein anonymer Reisender aus Italien anfangs des 16. Jh. erstaunt zu Protokoll gab: »Güter aus aller Herren Länder finden sich auf den bunten Lissabonner Märkten, auf denen sich Menschen aller Hautfarben tummeln«.

Etwa 10 Prozent der Lissabonner Bevölkerung stammen aus den ehemaligen Kolonien

93

Jedem Stadtbesucher fällt sofort ins Auge: In den Altstadtvierteln stehen zwar fröhlich-bunt sanierte Gebäude, fast ebenso zahlreich aber sind fast abbruchreife und kaum mehr bewohnbare Häuser, die oftmals allein in den großflächig gekachelten Fassaden einen letzten Halt zu finden scheinen. Die Konsequenz heißt Abwanderung junger Menschen, Überalterung der Bevölkerung, kulturelle Verödung, Pendlerflut und Verkehrslawinen, die sich werktags über Lissabon ergießen. Die Ursachen für dieses kommunalpolitische Drama in mehreren Akten liegen tief.

sank das Interesse der Hausbesitzer an einer kostspieligen Sanierung. Sobald aber ein alter Mieter das Zeitliche segnete, erlagen Eigentümer nicht selten der Versuchung einer exorbitanten Mietsteigerung auch ohne grundlegende Renovierung. Allerdings fühlen sich immer weniger junge Menschen und Familien willens oder in der Lage, für schlecht ausgestattete Wohnungen astronomische Mieten zu zahlen. Und sozialer Sprengstoff liegt in der 2013 geschaffenen Möglichkeit, nunmehr die alten Mieten zeitlich gestaffelt ebenso um ein Vielfaches erhöhen zu können.

Überalterte Bevölkerung und innerstädtische Erneuerung

Vorausgeschickt sei, dass Lissabon seit dem Erdbeben 1755 glücklicherweise von Zerstörungen durch Kriege oder Naturgewalten verschont geblieben ist. Daraus erklärt sich ein relativ alter Hausbestand.

Einfrierung der Mieten während der Diktatur

In den 1940er-Jahren ließ Diktator António Salazar die Wohnungsmieten in den portugiesischen Großstädten einfrieren. Die entsprechenden Regelungen galten bis 2007 und führten dazu, dass 60 m² Wohnfläche teilweise nur etwa 20 € kosteten. Entsprechend

Manche Viertel sind noch nicht saniert

Das Versagen staatlicher Wohnungspolitik

Die eklatante Vernachlässigung des gewachsenen, historischen Baubestands lässt sich an folgenden Zahlen ablesen: Mindestens 40 000 Wohnungen in Lissabon stehen leer, etwa 4000 Häuser bedürfen einer grundlegenden Sanierung – trotz ehrgeiziger Sanierungsprogramme, für die von der Stadt bereits über 500 Mio. € an Zuschüssen bereitgestellt worden sind. Eine Initiative mit Erfolg: Kommunale Gebäude werden an Investoren verkauft. Diese müssen zunächst nur die Sanierungskosten tragen und den Kaufpreis erst später entrichten. Besonders eklatant ist die Situation im Stadtviertel Baixa,

95

in dem 500 stattliche Häuser unbewohnt sind. Erst 2024 sollen auch hier alle Gebäude renoviert sein – ein Riesenprojekt in Zeiten klammer Kassen.

Abwanderung und Verkehrschaos

In den 1990er-Jahren grassierte das Betonfieber. Überwiegend auf der grünen Wiese platzierten private Investoren landesweit 900 000 Eigentumswohnungen, ohne Zögern bewilligt von den Lokalpolitikern. Ihr Anreiz war die Immobiliensteuer, die wichtigste direkte Einnahmequelle der Kommunen. Moderne Wohnungen außerhalb der umweltbelasteten Innenstadt wurden zum Lebensraum vieler Lissabonner, den sie sich mithilfe lang laufender Kredite und oftmals lebenslanger Überschuldung erfüllten. In nur zwei Jahrzehnten verlor Lissabon ein Drittel oder beinahe 300 000 Bewohner an das Umland, die nun auf dem Weg zur Arbeit mehrere Stunden im Verkehrsstau verbringen.

Kulturelle Verödung der Innenstadt

Der Exodus der aktiven Mittelschichten ließ einige, zumeist kinderlose *young urban professionals* zurück, die sich eine teure, renovierte Altbauwohnung leisten wollen, sowie Studenten, die sich Kosten sparend die Bleibe teilen. Mehrheitlich aber blieben betagte, meist arme Menschen. In den 1990er-Jahren schlossen die wichtigsten Theaterbühnen, im inneren Citybereich machten alle kommerziellen Kinos dicht. Lange vergaß die Stadt die Bedürfnisse ihrer Einwohner und konzentrierte sich auf die medienwirksame Durchführung von Großereignissen. 1994 war Lissabon europäische Kulturhauptstadt, 1998 Ort der Weltausstellung, 2004 Zentrum des europäischen Fußballgeschehens.

Hoffnung

In den letzten Jahren setzte ein zögerliches Umdenken bei vielen Verantwortlichen ein. Die Wiederbelebung der City begann. Theater und Oper wurden saniert und wieder eröffnet. Lissabon entwickelt sich derzeit zu einer Metropole der Filmkunst, und das einstige Premierenkino São Jorge in der Avenida da Liberdade wird nach seiner Schließung durch die kommerziellen Betreiber inzwischen als kommunales Festivalkino fortgeführt.

Noch erfreulicher ist die allmähliche Verbesserung der alltäglichen Lebenssituation. Hierzu gehört die Altbausanierung in den historischen Vierteln. Ein Spaziergang im kleinen Bezirk Castelo auf dem Burghügel führt durch ein behutsam und sozialverträglich restauriertes Lissabon, das alten wie neuen Mietern endlich befriedigenden Wohnraum zur Verfügung stellt. Auch in der Alfama steigt die Zahl der instand gesetzten Gebäude unübersehbar, langsamer allerdings im Bairro Alto. Im gutbürgerlichen Stadtteil Chiado locken inzwischen zahlreiche luxussanierte Wohnungen und Neubauten eine zahlungskräftige Klientel an.

Erste Erfolge zeichnen sich ab. Die Einwohnerzahl nimmt wieder zu, um immerhin 50 000 in den letzten Jahren. Doch erst ein geglücktes Zusammenspiel von bezahlbarem Wohnraum, effizientem öffentlichen Verkehrssystem und attraktiven Kulturangeboten wird aus der Stadt wieder einen Ort mit hoher Lebensqualität machen.

Lissabons überschwängliche Architektur

Bei genauerem Hinsehen erkennen selbst ungeübte Augen verblüffende architektonische Gemeinsamkeiten: Lissabons hypermodernes Expo-Gelände zitiert Gestaltungsideen des Hieronymusklosters aus dem 16. Jh. Auf diese Weise bildet es eine Klammer zwischen den manuelinischen Prunkbauten der Entdeckerzeit und einer zukunftsorientierten Stadtentwicklung.

Steingewordene Märchenwelten

Im Spätmittelalter entwickelte sich im ganzen Lande und speziell in Lissabon eine kreative Eigenständigkeit der Baukunst, an deren Entwicklung zahlreiche ausländische Bauleute beteiligt waren. Mit dem Selbstbewusstsein der großen Seefahrernation und dank des Reichtums einer bedeutenden Handelsmacht entstand im ausgehenden 15. Jh. eine portugiesische Spielart der Spätgotik, die der Freude der Portugiesen an ihren weltlichen Leistungen den angemessenen architektonischen Ausdruck verlieh. Der Stil wird Manuelinik genannt, denn es war König Manuel I., der das Land während der großen Zeiten der Entdeckungsfahrten von 1495 bis 1521 regierte. Großzügig, üppig und zugleich verspielt wirken die Bauten in ihren fantasievollen Ausschmückungen. Sie überwanden die strengen Regeln der Gotik und öffneten sich erstmals auch außereuropäischen Einflüssen. Diese hatten die portugiesischen Entdecker in ihren begeisterten Berichten aus den neuen Welten mitgebracht, ebenso wie jede Menge faszinieren-

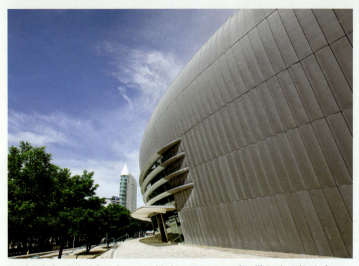

Bombastisches Beispiel moderner Architektur: Meo Arena (Pavilhão do Atlântico)

der Souvenirs von den fernen Küsten Afrikas, Asiens und Südamerikas. Die exotische Pracht und Herrlichkeit hinterließ in der abendländischen Kunst und Architektur ihre Spuren und tat dies in Lissabon mit besonderer Intensität. Fremde, anmutig in Stein gehauene Pflanzen, Farne und Fabelwesen im Hieronymuskloster und Torre de Belém erinnern an orientalische Arabesken. Überall erscheinen Anspielungen an die Seefahrt: Säulen, die wie Schiffstaue gedreht und verknotet sind, Anker oder Netze, Muscheln, Korallen. Der Torre de Belém scheint vom Fluss aus gesehen gar einem Schiff nachgebildet.

Vom Lissabonner Hafen brachen die Entdecker einst zu ihren abenteuerlichen Reisen auf und brachten den Reichtum ins Land, der eine fast rauschhafte Baukunst möglich machte. Zu den bedeutendsten Baumeistern zählen Diogo de Boytac, Diogo und Francisco de Arruda, João de Castilho und der aus Frankreich stammende Nicolas de Chantarène, der bereits den Übergang zur Renaissance einläutete.

Das Meer in der Moderne

1998: Genau 500 Jahre sind seit der Entdeckung des Seewegs nach Indien vergangen, 24 Jahre liegt die demokratische Nelkenrevolution zurück und 12 Jahre der Beitritt zur Europäischen Gemeinschaft. Die Portugiesen fanden dank der neuen Freiheiten und eines wirtschaftlichen Aufschwungs zu einer lange verschütteten, zukunftsgewandten Lebensfreude zurück. Und wie vor einem halben Jahrtausend führte diese der Zukunft zugewandte Euphorie zu einem neuerlichen Aufschwung der Architektur. Die modernen Bauleute erinnerten sich ihrer Vorgänger und ließen – diesmal im äußersten Osten der Stadt – gleichsam als modernen Gegenentwurf und kongeniale Ergänzung zu Belém den Stadtteil des 21. Jh. entstehen.

Zu ihnen gehört der spanische Stararchitekt Santiago Calatrava. Und was für einen genialen Bahnhof hat er dem Expo-Gelände vorangestellt, die Gleise überdacht von Glas und weißen Stahlträgern, die sich spitz zulaufend in neogotischen Bögen zu einem hellen Palmenwald vereinen. Die Parallele zur Hallenkirche von Belém ist unübersehbar, deren Erbauer aus dem weichen Sandkalkstein ebenfalls einen lichten Wald aus einer fernen Welt modellierten und die hochgotische Strenge hinter sich ließen.

Die zeitgenössische Entsprechung zum Torre de Belém, dem Abschluss des manuelinischen Ensembles im Westen bildet der Torre Vasco da Gama als Abschluss des avantgardistischen Expogeländes, gestaltet als Schiffsmast mit Segel. Doch darauf bleiben die Bezugnahmen auf Meer und Schifffahrt nicht beschränkt. Einer Miesmuschel gleicht die Veranstaltungshalle, Schiffsrümpfen die unübersehbaren Zwillingsbauten neben dem Einkaufszentrum, dessen Inneres einem Ozeanriesen gleicht. Da mag es nicht weiter überraschen, dass auch die farbenfrohen Kachelbilder im U-Bahnhof das Leitmotiv der Meere künstlerisch umsetzen (s. Auf Entdeckungstour S. 222).

Barocke Pracht aus brasilianischem Gold

Ziemlich genau in der Mitte dieser fünf Jahrhunderte umfassenden Zeitspanne erlebte Lissabon eine weitere Phase wirtschaftlicher Prosperität. Im frühen 18. Jh. ermöglichten bedeutende Goldfunde in der Kolonie Brasilien ökonomischen Aufschwung und die Entfaltung des Barocks in Portugal, mit dem auch die Vertreibung der spanischen Könige und die wiedererlangte nationale Souveränität verschwenderisch gefeiert wurde. Zwei hervorstechende Stilelemente sind die vergoldeten Holzschnitzarbeiten, die *talha dourada,* und prächtige blau-weiße Kachelbilder, die biblische und zunehmend weltliche Themen in Szene setzten.

Erneut hatte die portugiesische Kunst und Architektur einen eigenständigen Weg eingeschlagen, doch mangelte es dieses Mal an einem breiten, kulturellen Enthusiasmus. Während das Volk hungerte, ergötzten sich die Mächtigen an ihren Reichtümern, die sie goldenen Zufallsfunden verdankten und mitnichten einer eigenen, verdienstvollen Fortschrittlichkeit. Ein wahrhaftes Meisterwerk dieser Epoche ist die mit Edelsteinen überzogene Johanneskapelle in der Igreja São Roque, die bereits den Übergang zum Klassizismus vollzieht.

Das wichtigste Bauwerk in jeder Epoche
Römisch: Theaterruinen (oberhalb der Kathedrale Sé)
Romanik/Frühgotik: Kathedrale Sé
Hochgotik: Igreja do Carmo
Manuelinik: Hieronymuskloster
Renaissance: Igreja São Vicente de Fora
Barock: Igreja Madre de Deus
Klassizismus: Palácio da Ajuda
Romantik: Palácio da Pena (Sintra)
Art déco: Cinema Éden
Postmoderne: Torre Amoreiras
Avantgarde: Parque das Nações

Azulejos – portugiesische Kachelkunst

Prachtvolle Kachelfriese im Jugendstil, kunstvoll gekachelte Treppenhäuser oder Hausfassaden, deren Fliesenkleid im Sonnenlicht glänzt – Azulejos sind seit Jahrhunderten der Schmuck der Stadt, das i-Tüpfelchen in Lissabons urbaner Garderobe. Allein das Studium der jahrhundertealten Kachelkunst lohnt eine Reise in die Stadt am Tejo.

Azulejos begleiten den Besucher auf Schritt und Tritt. Sie zieren seit dem ausgehenden Mittelalter als wichtiges dekoratives Element Paläste, Kirchen, Klöster und Bürgerhäuser. Einem Chamäleon gleich passt sich die Kachel immer wieder neuen Moden, Geschmäckern oder Auftraggebern an. Alte Farblasuren glänzen noch nach vielen Jahrhunderten und laden zu einem Rundgang durch die portugiesische Kunstgeschichte ein.

Arabische Ursprünge

Die ältesten *azulejos* ließ Manuel I. Ende des 15. Jh. für den Königspalast von Sintra von arabischen Handwerkern in Sevilla fertigen. Vielförmige maurische Ornamente auf bunten Reliefkacheln zieren die Palastwände im sogenannten Mudejar-Stil, der auf der iberischen Halbinsel sehr beliebt war. Die plastische Oberfläche der arabischen Kacheln verhinderte dabei das Ineinanderlaufen der Farben während

des 1400 °C heißen Brennvorgangs. Den gleichen Effekt erzielten eingefettete Schnüre oder eine Mischung aus Mangan und Leinöl, die zwischen den Farben aufgetragen wurden.

Gemälde auf Ton gebrannt

Erst ab 1580 verbreiteten sich glatte *azulejos*, produziert in der aus Italien stammenden Majolika-Technik. Dieses Verfahren verhindert dank einer Zinnglasur das Verlaufen der Farben und ermöglicht das Bemalen der *azulejos* ähnlich einer Leinwand. Es entstanden bildhafte Werke, die vom Künstler wie ein Gemälde signiert wurden. Ein frühes Beispiel dieser neuen Malweise ist in der Kirche São Roque im Stadtviertel Bairro Alto (s. S. 176) zu bewundern. Auf blau-gelben Renaissancekacheln finden sich figürliche Darstellungen und großflächige Dekors, die Orientteppiche oder dreidimensionale Diamantenspitzen nachahmen. Aparte Randmuster setzten einen portugiesischen Akzent.

Unter der spanischen Herrschaft dominierten schlichte religiöse Motive ohne großen künstlerischen Anspruch, doch nach der portugiesischen Restauration erlebte die Kachelmalerei in der zweiten Hälfte des 17. Jh. einen neuen

Überbordende Kachelkunst im Garten des Palácio Fronteira

Aufschwung. Im Palácio Fronteira und seinen Gartenanlagen (s. S. 213) fühlt man sich in eine Kunstgalerie versetzt, so variantenreich sind die Motive, die auf den *azulejos* verewigt sind: könig-

---

Kachelkunst in den Metrostationen Lissabons
Oriente: s. Auf Entdeckungstour s. S. 222
Parque: Françoise Schein und Federica Matta setzen die Entdeckungsfahrten in ein spannungsreiches Verhältnis zum Sklavenhandel und der UN-Menschenrechtserklärung.
Marquês de Pombal: Die Künstlerin Menez skizziert die politischen Reformen des Kanzlers Marquês de Pombal nach dem Erdbeben von 1755.
Jardim Zoológico: Júlio Resende bannt in Aquarelltönen die Zoobewohner auf die Kacheln.
Picoas: Martins Correia zeichnet mit kräftigen Farben Lissabonner Frauen, darunter auch die längst vergessenen schwarzen Straßenverkäuferinnen und Fischhändlerinnen.
Olivais: Ratten verlassen das sinkende (portugiesische?) Schiff.

---

liche Porträts, mythologische Allegorien, Historienbilder und schließlich humorvolle Karikaturen auf das höfische Leben, in denen Affen die Rolle des Adels übernehmen.

Wenig später tauchten in den Barockkirchen weiß-blaue Kachelpaneele auf, die oft aus Werkstätten bedeutender flämischer Künstler stammten und deswegen den Delfter Fayancen ähnelten, etwa in den Klosterkirchen von Madre de Deus und Cardães. Gold

aus Brasilien finanzierte im 18. Jh. den barocken Prunk von Hof und Adel, die eigenständige portugiesische Kachelproduktion erlebte ihre Blütezeit. Weltliche Motive und monumentale Figurenmalereien wie im Kreuzgang von São Vicente de Fora (im Viertel Graça, s. S. 130) traten ihren Siegeszug an.

Während des Rokokos kehrten, wie auf den allegorischen azulejos im Schloss von Queluz (s. S. 269), die Farben zurück. In der 1767 gegründeten königlichen Manufaktur wurde der nach dem Erdbeben immens gestiegene Kachelbedarf unübersehbar nur mithilfe flüchtiger Pinselstriche gedeckt.

Kachelkunst der Moderne

Im Zuge des erstarkenden Liberalismus verzierten ab Mitte des 19. Jh. Kacheln mehr und mehr die öffentlichen Orte, wofür der Zeitungsladen Monaco am Rossio ein hübsches Beispiel ist. Gleichzeitig brachten die gekachelten Hausfassaden viel Farbe in das Stadtbild. Anfang des 20. Jh. schmückten kunstvolle Jugendstilornamente Bäckereien und Cafés, bunte Kachelbordüren dekorierten Gebäude. Straßennamen, Reklameflächen, Ladeneingänge fallen noch heute dank fantasievoller Kachelbilder ins Auge. Auch Metrostationen wurden gekachelt, während der Diktatur aus Kostengründen zunächst nur mit preiswerten Dekors. Seit den 1990er-Jahren wurden namhafte portugiesische und ausländische Künstler mit der Gestaltung beauftragt. Mit der Entwertung eines einfachen Metrotickets beginnt so die unvergessliche Fahrt durch eine faszinierende Galerie für Gegenwartskunst (siehe Auf Entdeckungstour S. 222).

Ankunft des Nachtzuges – Bitte aussteigen!

Lissabon scheint ein idealer Ort, um dem eintönigen Alltagstrott zu entfliehen und sich auf die Suche nach einer neuen, optimistischen Lebenseinstellung zu begeben. Zumindest in der Literatur. Gerne gewählt wird die Anreise per Nachtzug, der im Gegensatz zum rasanten Flugzeug viel Raum zur kontemplativen Betrachtung der Welt und zum Nachdenken über die eigene Persönlichkeit verspricht.

Auch Felix Krull, die hochstapelnde Romanfigur Thomas Manns, tritt seine Bildungs- und Liebesreise nach Lissabon im Nachtzug an. Sie soll zum entscheidenden Ereignis seines Lebens werden. In gewählten Worten führt er in die Stadt ein und telegraphiert bereits unmittelbar nach seiner Ankunft: »Schwelge in neuen Eindrücken«.

Unterwegs mit Felix Krull

Von der Avenida da Liberdade, eine der »prächtigsten« Straßen, die Felix Krull je vorgekommen ist, und immerhin kommt er direkt aus Paris, schlendert er durch die »schmucksten« Straßen zum Rossio. »Mit seinen beiden Bronze-Brunnen, seiner Denkmalssäule und seinem in sonderbaren Wellenlinien dahingehenden Mosaikpflaster [...], mit den Gebäuden, die hoch über den Saumhäusern des Platzes so malerisch ins Blau ragten, der gotischen Ruine einer Kirche«, schildert Felix Krull diesen Hauptplatz so, wie Sie ihn mit all der herrlichen Überhöhung auch gegenwärtig noch empfinden können, einschließlich dem Vergnügen, »sich vor einem der Cafés an einem Tischchen niederzulassen, um auszuruhen«. Dort können Sie sich dann »aufs herzlichste über die lebhaft die Augen bewegenden Einheimischen freuen, [...] ihre Gesichter, ihr Mienenspiel betrachten, auf ihre fremde Rede, ihren oft etwas exotisch heiseren Stimmenklang lauschen«.

Oder sich träumerisch forttragen lassen in das Kloster Belém »mit seinen Spitztürmchen und fein-feinen Pfeilerchen in den Bogennischen, seiner gleichsam aus Engelshänden aus mild patiniertem Sandstein geschnitzten Märchenpracht, die nichts anderes tat, als könne man mit dünnster Laubsäge in Stein arbeiten und Kleinodien durchbrochenen Spitzenzierrats daraus verfertigen.« Aus Begeisterung über die Schönheit der Stadt und ihrer Frauen verlängerte die Romanfigur ihren Aufenthalt, wie es manch Urlauber sicher auch gerne täte. Allerdings ist ihr Erschaffer Thomas Mann selbst nie in Lissabon gewesen, er bezog seine Stadtkenntnisse lediglich aus Berichten!

Auf der Suche nach dem blauen Haus

Im 21. Jh. ist es ein Schweizer Sprachlehrer, der im 2013 verfilmten Roman

103

von Pascal Mercier den Ausstieg aus dem Einerlei seines Daseins per Nachtzug einläutet. Dieser Raimund Gregorius begibt sich gleichfalls vor der Kulisse Lissabons auf eine Suche nach dem Lebenssinn und reflektiert dabei über das intellektuelle und oppositionelle Wirken in Zeiten der Diktatur. Die Leuchtkraft des »betörenden Lichtes« war es, die ihn in eine ungewisse, gleichwohl mit neuer Hoffnung erfüllte Zukunft aufbrechen ließ. Fortan zeichnet die Hauptperson ein freundliches Bild der portugiesischen Gesellschaft. Auf der Fahndung nach einem bereits verstorbenen Arzt und Poeten findet er in der hellen Stadt schließlich seine eigene Bestimmung.

Kein Wunder, dass er gleich Felix Krull voller Begeisterung das Schachbrett der Straßen in der Unterstadt abschreitet und seinerseits die Rua Augusta als die schönste Straße der Welt bezeichnet, an deren Ende sich das Meer »im fahlen Licht der Frühe wie eine glatte Fläche aus mattem Silber« zeigt. Zwar fühlt sich Gregorius nicht als Tourist, und doch erliegt der Suchende, wie wohl jeder Urlauber, dem zeitlosen Charme einer nostalgischen Straßenbahnfahrt. »Als er jetzt durch das Fenster des Tramwagens hinausblickte, gehörte die Zeit, in der der Wagen quietschend und ächzend dahinkroch, ganz ihm, sie war einfach die Zeit, in der Raimund Gregorius sein eigenes Leben lebte.« Zeit hin, Zeit her, für manche Fans des Buches bleibt eine vielleicht nicht ganz so elementare Frage: Wo befindet sich das blaue Haus, in dem sich für den Romanhelden so manches Rätsel löst? Das Geheimnis lüftet sich in der Rua Luz Soriano vor der Kachelfassade des Hauses Nr. 75 (s. S. 179).

»Existieren ist reisen genug«

Während die literarischen Figuren Felix Krull und Raimund Gregorius per Nachtzug auf der Suche nach neuer Identität von weither anreisten, fuhr Portugals größter Dichter des frühen 20. Jh. nur »von Bahnhof zu Bahnhof im Zug meines Körpers«. Kurz und bündig stellte dieser Fernando Pessoa klar: »Existieren ist reisen genug.« Und gleichsam wie einen Vorwurf an die vorgenannten Romanhelden gerichtet, gab er weiter zu Protokoll, dass nur die äußerste Schwäche der Einbildungskraft einen Ortswechsel rechtfertigen würde.

Fernando Pessoa selbst war eine multiple Persönlichkeit, die sich in unzählige neue Identitäten vervielfachte, in denen er literarisch in Erscheinung trat. Zweifelsohne eine ungewöhnliche Art, der Banalität seiner Existenz zu entfliehen – ganz ohne zu verreisen. Auf ferne Exkursionen verzichten konnte er vielleicht auch deswegen, weil er bereits unter dem südlichen Himmel lebte: »Kein Blumenstrauß hat für mich je die farbige Vielfalt Lissabons im Sonnenlicht.«

Deutschsprachige Literatur aus und über Lissabon
Thomas Mann: Bekenntnisse des Hochstaplers Felix Krull, Frankfurt/Main, S. Fischer Verlag.
Pascal Mercier: Nachtzug nach Lissabon, München, Hanser.
Erich Maria Remarque: Die Nacht von Lissabon, Köln, Kiepenheuer & Witsch.
(Portugiesische Lesetipps in deutscher Übersetzung und literarische Stadtspaziergänge s. S. 19)

Fado – Musik zwischen Melancholie und Leidenschaft

Aus Radiogeräten und kleinen Kneipen schallt die Lissabonner Musik hinaus auf die engen Straßen der Altstadt: Fado! Die Ursprünge dieses melancholischen Gesangs liegen im Dunkel der Geschichte, in frühen jüdisch-maurischen Klageliedern, in Gesängen der Seeleute und Verbannten, in afrikanisch-brasilianischen Tänzen.

Um 1840 erstmals erwähnt, wird der Fado zunächst in schummrigen Kaschemmen des Hafenbereichs vorgetragen und findet schon wenig später den Weg in aristokratische Salons, Revuetheater und die *casas de fado*. Mit häufig schwermütigen Melodien wird er zum musikalischen Ausdruck der *saudade*, einem rückwärts gewandten, wohlig-schmerzlichen Gemütszustand.

Unbestrittener Star des Fado ist die 1999 verstorbene Amália Rodrigues. Sie befreite den Fado aus den ärmlichen Hinterhöfen und zwielichtigen Hafenkneipen und begeisterte die gesellschaftlichen Eliten für ihren Gesang. Im Pariser Olympia erlebte sie ebenso rauschende Erfolge wie in Madrid, New York, Moskau oder

Ganz nah an der portugiesischen Seele: in einem volkstümlichen Fadolokal

Tokio. In den 1960er-Jahren begann Amálias zukunftsweisende Zusammenarbeit mit dem französischen Komponisten Alain Oulman, der maßgeschneidert für ihre Stimmlage virtuose Tonfolgen komponierte. Ihr melodiöser *fado canção* voller Reichtum an Harmonien führte die bislang einfach strukturierten Klanglinien des traditionellen Fado auf die musikalischen Höhen eines Chansons.

Mit ihrem Tod »starb die Stimme Portugals, mit Amália ging ein Teil unseres Landes und unseres Volkes dahin«, lautete der Nachruf in der Zeitung Público. Doch schlagartig trat eine junge Generation von Sängerinnen aus dem Schatten des Vorbildes und entfachte einen wahren Fadoboom: Mafalda Arnauth, Cristina Branco oder Kátia Guerreiro gesellten sich zu Mísia, die intellektuelle Texte etwa von José Saramago vertont.

Und ein neuer Star wurde entdeckt: Mariza. Die 1976 in Mosambik geborene exaltierte Sängerin wuchs – wie seinerzeit Amália – in der Lissabonner Mouraria auf. Sie wagt eine behutsame Öffnung des Fados aktuellen Musikstilen gegenüber oder orchestriert auch schon einmal ihren Gesang, während der Traditionsfado spartanisch nur von zwei unterschiedlichen Gitarren begleitet wird. Dank ihrer weichen Stimme, ihrer persönlichen Ausstrahlung und dem tiefen Einfühlungsvermögen eilt sie von Erfolg zu Erfolg. 2003 von der BBC als beste Interpretin der World Music ausgezeichnet, trat sie 2007 als einzige portugiesische Künstlerin beim Live-Earth-Konzert auf. Eine schöne Einstimmung auf einen Lissabonurlaub bietet ihr Auftritt im Internet (www.mariza.com).

In ihrem Fahrwasser erfährt der Amateurfado in kleinen Tavernen neue Beachtung. Wenn auch stimmlich oftmals brüchig, wird dort ein volkstümlicher Fado mit großer Leidenschaft geschmettert.

Doch reicht Portugals aktuelle Musik weit über den klassischen Fado hinaus. Faszinierende Verschmelzungen unterschiedlicher Musiktraditionen

Der neue Star des Fado: Mariza

CD-Tipps

Amália Rodrigues: The Art of Amália (EMI, 1998). Die wichtigsten Titel der Ikone des Fado.
Camané: Do amor e dos dias (EMI 2010). Ausdrucksstärkster männlicher Fado-Interpret.
Mariza: Best of (Warner 2014). 20 klassische Fadotitel aus der Schaffenszeit der aktuell angesagtesten Sängerin.
Ana Moura: Desfado (Universal 2013). Die Sängerin experimentiert mit dem Zusammenspiel von Traditionsfado, Pop und Jazz.

gelingen vielen Künstlern aus den früheren portugiesischen Kolonien, allen voran Sara Tavares, deren westafrikanisch beeinflusste Melodien amerikanischen Gospel und portugiesische Klänge aufnehmen. Die stark beachtete Jazz-Szene belebt die kreative Maria João mit eigenwilliger Stimmakrobatik. Zu Weltruhm hat es die Pianistin Maria João Pires dank ihrer Mozartinterpretationen u. a. mit den Berliner Philharmonikern gebracht.

Kaum bekannt sind dagegen die Rockmusiker. Umso größer ist die Freude über den internationalen Erfolg der Kanadierin Nelly Furtado, deren Nachname unschwer ihre portugiesischen Wurzeln offenbart.

Mit Portugals Fado-Star Mariza im Gespräch

Was bedeutet Fado für Sie, was möchten Sie mit Ihrer Musik ausdrücken?
Fado ist das Abbild der Seele Portugals. Das Wort stammt aus dem Lateinischen – fatum und bedeutet Schicksal, Bestimmung. Die Musik ist für mich das Zelebrieren der unterschiedlichen Lebensgefühle, saudade, Traurigkeit, Melancholie, aber auch Freude, Glückseligkeit, Zufriedenheit. Fado ist meine Bestimmung.

»Mit Amália starb die Stimme Portugals«. Verstehen Sie, die Vertreterin einer jungen Fado-Generation, sich als die neue Stimme Portugals?
Amália wird immer Amália bleiben! Niemand kann sie ersetzen. Ob ich die Stimme Portugals bin oder nicht – darüber zu entscheiden obliegt nicht mir. Ich gebe mein Bestes und tue alles mir Mögliche, um diese so durch und durch portugiesische Kultur zu verbreiten. Das Publikum begegnete mir

bisher ausgesprochen wohlwollend und so lange dies so bleibt, werde ich meinem Weg folgen.

Sie sangen mit Sting, lassen sich von fremden Musikstilen inspirieren, akzeptieren nicht-traditionelle Musikinstrumente. Liegt die Zukunft des Fado in einer modernen Weltoffenheit?
Der Fado ist eine urbane Musik. In dem Maße, wie sich das städtische Leben in permanenter Bewegung befindet, wurde er zu allen Zeiten von anderen Musikstilen und Kulturen beeinflusst und beeinflusste selbst andere Musikstile und Kulturen. Das scheint mir gegenwärtig nicht anders zu sein. Meiner Meinung nach wird der Fado bestimmt durch die Interpretation der Sängerin oder des Sängers und ihrer Fähigkeit, die unterschiedlichen Empfindungen zu vermitteln.

Wie wichtig sind die Texte, die Urlauber leider nicht verstehen können, zum Verständnis Ihrer Musik?
Die Tatsache, dass es sich um eine Musik handelt, die über Gefühle spricht, hebt die Sprachbarriere ein wenig auf. Dennoch ist die Kenntnis der Verse ebenfalls wichtig, denn sie vermittelt dem Publikum ein besseres Verständnis für den Fado.

Auf Ihrer DVD »Concerto em Lisboa« treten Sie u. a. in einer Fadokneipe auf. Kann auch ein Urlauber Sie einmal in einem kleinen Lokal sehen?
Immer wenn ich nach Lissabon zurückkehre, liebe ich es, diese Orte aufzusuchen. Sie sind in gewisser Weise Kultstätten für mich, und dort tanke ich Energie auf. Die Wiederbegegnung mit den Freunden, den Fadomusikern und dem Fado in Lissabon ist wesentlich für mein Selbstverständnis als Künstlerin.

Unterwegs in Lissabon

Einen der schönsten Ausblicke auf die Stadt am Tejo hat man vom Elevador Santa Justa

Das Beste auf einen Blick

Mouraria, Castelo, Graça und Alfama

Highlights!

Castelo São Jorge: Panoramablicke über Stadt und Fluss, umweht vom Hauch der Geschichte. 5 S. 123

Alfama: Nirgends ist Lissabon typischer als im labyrinthischen Gassengewirr des sympathischen Viertels der kleinen Leute. S. 134

Museu Nacional do Azulejo: Weltweit einmalig – eine Kultstätte der Kachelkunst. 23 S. 137

Auf Entdeckungstour

Mit der Gelben hinauf und hinab: Sie schaukeln in den nostalgischen Straßenbahnen 12 und 28 manchmal nur Zentimeter an einer Hauswand vorbei. S. 116

Das Lissabon der Arbeiter: Vor 100 Jahren schufen sozial engagierte Unternehmer modernen Wohnraum für ihre Arbeiter. Heute sind es Oasen der Ruhe im volkstümlich-trubeligen Stadtteil Graça. S. 128

Kultur & Sehenswertes

Chapitô: Kabarett, Theater, Jazz, Klassik, Zirkus, Aussichtsrestaurant und Gartencafé vereint. 1 S. 120

Kreuzgänge und Kacheln: Zudem begeistern Fernblicke vom Dach des Klosters São Vicente de Fora. 15 S. 130

Wie aus Nordfrankreich importiert: So wirkt die romanisch-gotische Kathedrale Sé inmitten Lissabons. 28 S. 140

Zu Fuß unterwegs

Zu Fuß die Burg erklimmen: Der morbide Charme und das bunte Treiben in der Mouraria begleiten die Burgbesteiger. S. 119

Miradouro-Hopping: Über sieben Hügel zieht sich Lissabon, auf jedem ruht mindestens ein Aussichtspunkt. Die *miradouros* mit dem weitesten Blick liegen im Stadtosten – ›hüpfen‹ Sie einfach von einem zum anderen. 11 und 12 S. 127

Genießen & Atmosphäre

Esplanada da Graça: Sie sitzen über den Dächern von Lissabon und genießen je nach Tages- oder Nachtzeit Ihren Kaffee oder Cocktail. 11 S. 141

Conserveira de Lisboa: Wohlgeschmack nach originellen Rezepturen mit allerlei Meeresgetier versteckt sich in hübsch verpackten Konserven. Der Laden blieb seit 1930 unverändert. 5 S. 142

Abends & Nachts

Bei Catherine Deneuve: Sie und John Malkovich sind Mitbesitzer von Lissabons Trendy-Diskothek Lux Frágil, die ihren Weltruf aber auch dem hippen Ambiente und den DJs verdankt. 3 S. 45, 142

Santiago Alquimista: Der Alchimist bringt Musik und Theater ins Burgviertel. Schon das Flair einer alten Eisenwarenfabrik lässt kulturelle Seelen höher schlagen. 2 S. 142

Das Lissabon der kleinen Leute

Auf dem Burghügel wurde Lissabon vor drei Jahrtausenden gegründet. Weithin sichtbar thront das Castelo São Jorge über der Stadt, umrahmt von *miradouros,* den Aussichtspunkten, die Besuchern ein herrliches Panorama schenken. Aus luftiger Höhe kann man sich ein wunderbares Bild vom Lissabonner Stadtgebiet und dem an dieser Stelle breiten Tejo bis zu den Gestaden des Atlantiks machen. Schon deshalb sollte eine der ersten Besichtigungstouren hier hinauf führen.

Einst regierten von der Burg aus Portugals Könige das Land. An diese Epoche erinnern vereinzelte Adelspaläste und mittelalterliche Klosterbauten. Inzwischen aber hat sich die soziale Zusammensetzung in der östlichen Altstadt grundlegend gewandelt. Sichtbarster Ausdruck sind die seit dem Ende des 19. Jh. entstandenen sozialen Arbeitersiedlungen *vilas operárias* im Stadtteil Graça.

In der engen Mouraria scheint auf den ersten Blick das Mittelalter fortzuleben. Und doch werden überall Häuser saniert, Ruheoasen auf kleinen Plätzen geschaffen. Junge Kulturzentren und trendige Cafés führen das Viertel in die Moderne. In der Alfama fühlt man sich zurückversetzt in alte arabische Zeiten, als Moslems, Juden und Christen hier friedliche Nachbarschaft pflegten. Die Häuser schmiegen sich wie zufällig hingeworfen eng aneinander, Frauen halten ihren Schwatz in winzigen Gemüseläden, in schummrigen Kneipen wird lebhaft debattiert. In diesem urbanen Milieu der kleinen Leute wuchsen viele Fadosänger auf, unter ihnen Mariza, ihr neuer Star (s. S. 105).

Infobox

Reisekarte: ▶ O–R 9–11

Ausgangspunkt
Der hier vorgeschlagene Rundgang beginnt am Largo Martim Moniz. Sie haben von hier aus die Möglichkeit, den Burghügel durch das ursprüngliche Maurenviertel, die **Mouraria,** zu Fuß zu erobern oder auf direktem Wege mit der historischen **Straßenbahnlinie 12.** Spannender, aber länger ist die Fahrt mit der **Straßenbahn 28** (s. Auf Entdeckungstour S. 116), die zunächst durch den Arbeiterstadtteil **Graça** führt. Haben Sie erst einmal die östlichen Stadthügel erklommen, so können Sie sich durch die engen Gassen hinab durch die **Alfama** treiben lassen.

Largo do Intendente

Der Ort, noch vor wenigen Jahren ein beklemmendes Zentrum des Straßenstrichs und Drogenhandels, zeigt sich heute als freundliche Kulturstätte, auch wenn noch mehrere Häuser saniert werden müssen. Sogar der Bürgermeister ist mit seinem Amt an den Platz gezogen. In seiner Mitte lädt der »Kitgarden« der romantisch-kitschigen Installationskünstlerin Joana Vasconcelos zu einem versteckten Urlaubsküsschen inmitten von Lorbeerbüschen und schmiedeeisernen Umrandungen ein. Eine Stärkung gibt's im winzigen Terrassencafé   ▷ S. 118

In der Alfama spielt sich das alltägliche Leben vielfach vor der Haustür ab

Mouraria, Castelo, Graça und Alfama

Sehenswert
1. Ermida da Senhora da Saúde
2. Wohnhaus von Maria Severa
3. Igreja de São Christóvão
4. Teatro Taborda
5. Castelo São Jorge
6. Palácio Belmonte
7. Miradouro Santa Luzia
8. Museu-Escola de Artes Decorativas
9. Bairro Estrella d'Ouro
10. Kino Royal Cine
11. Miradouro Nossa Senhora do Monte / Ermida de São Gens
12. Miradouro da Graça
13. Igreja da Graça
14. Igreja São Vicente de Fora
15. Claustro São Vicente de Fora
16. Pantheon Santa Engrácia
17. Igreja São Miguel
18. Igreja Santo Estêvão
19. Ermida do Espírito Santo
20. Museu do Fado
21. Museu Militar
22. Museu da Água
23. Museu Nacional do Azulejo
24. Judenghetto
25. Casa dos Bicos / Fundação José Saramago
26. Museu Teatro Romano
27. Museu do Aljube
28. Kathedrale Sé
29. Igreja und Museu de Santo António

Essen & Trinken
1. Restaurante Bica do Sapato
2. Santo António de Alfama
3. Tentações de Goa
4. O Pitéu da Graça
5. O Cantinho do Aziz
6. Mercearia Castello Café
7. Marisqueira Ramiro
8. Haweli Tandoori
9. Barracão de Alfama
10. O Sardinha
11. Esplanada da Graça
12. pois, café
13. Centro Ideal da Graça
14. Zé dos Cornos
15. O das Joanas

Einkaufen
1. Feira da Ladra
2. Arte da Terra
3. Cerâmica
4. Delidelux
5. Conserveira de Lisboa

Abends & Nachts
1. Chapitô
2. Santiago Alquimista
3. Lux Frágil
4. MOB
5. Bar das Imagens
6. Clube Ferroviário
7. Casa Independente
8. Anos 60
9. Clube de Fado
10. A Baiuca
11. Esquina de Alfama
12. Parreirinha de Alfama

Route mein Tipp S. 119
Route Mein Tipp S. 127

0   150   300 m

115

Auf Entdeckungstour:
Mit der Gelben hinauf und hinab

In fast vergessene Zeiten entführt Sie die Reise mit einer der nostalgisch schaukelnden Straßenbahnen, die seit über 100 Jahren mutig Lissabons Hügel erklimmen und sich quietschend durch die engen Altstadtgassen zwängen.

Reisekarte: ▶ J–P 8–11; **Cityplan:** S. 115; der Verlauf der Straßenbahnlinien ist in Rot eingezeichnet.

Zeit: 30–90 Minuten je nach Strecke. Ab 10 Uhr bilden sich an den Haltestellen oft lange Warteschlangen, wer es einrichten kann, sollte früher fahren.

Planung: Startpunkt der Linie 28 ist der Largo Martim Moniz, die Linie 12 hält u. a. an der Praça da Figueira

Was wurde nicht bereits alles geschrieben über die historischen Straßenbahnen Lissabons, die es schon auf die Titelseiten so mancher Reiseführer geschafft haben. Den sinnlichen Eindruck der eigenen Fahrt in dem ruckelnden und zuckelnden Gefährt kann freilich keine noch so gelungene literarische Betrachtung ersetzen.

Die berühmte 28
Ausgangspunkt der Straßenbahnfahrt ist der Largo Martim Moniz, wo die Linie 28 zu einer abenteuerlichen Tour

durch die Altstadtviertel Graça und Alfama aufbricht und dabei das Burgviertel streift. 1937 wurde die Strecke hier hinauf eingeweiht, nachdem kühne Ingenieure die Warnungen zahlreicher Zauderer in den Wind geschlagen hatten. Diese hatten nicht glauben wollen, dass ein solch wuchtiges Gefährt die enormen Steigungen die Hügel hinauf bewältigen würde.

Nicht selten trennen den Wagon nur wenige Zentimeter von der nächsten Hauswand, manchmal möchte man in eine Gemüseauslage greifen oder einem Koch in seiner Küche beim Abschmecken helfen. So erleben Sie eine unvergessliche Fahrt durch den Lissabonner Alltag. Und sollten Sie Lust auf mehr haben, bringt Sie die Tram sogar noch weiter durch die Baixa, den Chiado, Estrela, Campo de Ourique bis zum Friedhof Prazeres am westlichen Ende der Stadt. Planen Sie dann für die einfache Fahrt mindestens eine Stunde Spaß ein. Zurück geht es die gleiche Strecke, oder Sie steigen am Estrela-Park in die Linie 25, die Sie durch den Stadtteil Lapa zur Praça do Comércio bringt.

Millimeterarbeit

Zu einer kürzeren, aber ebenso fröhlichen Schnupperfahrt lädt die Linie 12 ein, die den Burghügel umfährt und dabei die Aussichtspunkte oberhalb der Alfama und die Kathedrale passiert. Machen Sie sich allerdings auf einige Wartezeit gefasst, denn angesichts der wachsenden Pkw-Flut und oft sorglos auf den Schienen parkenden Autos sind die Straßenbahnen längst kein verlässliches Verkehrsmittel mehr. Nicht selten dauert es eine halbe Stunde, bis die nächste Tram kommt, dann wiederum folgen gleich drei direkt hintereinander. Denn ihr schrilles Bimmeln, das die Autofahrer verscheu-

chen soll, ist zwar weithin hörbar, erfüllt jedoch nur selten seinen Zweck. Oft wird das Rangieren zur Millimeterarbeit, oder ein paar beherzten Fahrgästen gelingt es, das Hindernis von den Gleisen zu bugsieren.

Seit 1873 unterwegs

Os amarelos, die Gelben, wie sie auch genannt werden, reihen sich ein in Lissabons ungewöhnliche Verkehrsmittel, die seit Ende des 19. Jh. die zumeist fußlahme bessere Gesellschaft von den Mühen eines beschwerlichen Hügelaufstiegs befreite. So führten damals immerhin zwei Standseilbahnen und zwei Lifte auf den vornehmen Chiado-Hügel. Bereits 1873 begann Carris mit von Pferden gezogenen Schienenfahrzeugen, den *americanos,* ein öffentliches Verkehrsnetz aufzubauen.

1901 wurden die elektrisch betriebenen Trambahnen, die *elétricos,* eingeführt. Dabei wagten seinerzeit fast nur die Herren der Schöpfung diese teuflisch schnellen Gefährte zu besteigen. Wie das im Carris-Museum ausliegende erste Verzeichnis der Inhaber von Dauerkarten zeigt, waren diese anfänglich zu 99 % männlichen Geschlechts. Immerhin hatten die frühen Wagen noch *salva-vida* (Lebensretter) genannte Scherengitter an ihrer unteren Frontseite, um das zufällige Überfahren von Fußgängern auszuschließen, und die Hauptaufgabe des Wagenführers lag ganz offensichtlich im Bremsen, wurde er doch *guarda-freio* (Bremsen-Wächter) tituliert. Aus den Strafgeldern für Schwarzfahrer finanzierte sich eine betriebliche Gesundheitskasse, die den Carris-Bediensteten und ihren Familien zugute kam – angesichts leerer öffentlicher Kassen gar ein Modell für die Zukunft?

Mouraria, Castelo, Graça und Alfama

O das Joanas 15 (Nr. 28). Am Wochenende unterhalten auch mal ein paar Musiker die Gäste. Die **Casa Independente** 7 (Nr. 45) schräg gegenüber wartet regelmäßig mit einem reizvollen Kulturprogramm auf. Auf andere Art reizvoll zeigt sich das Stammhaus der Kachelfabrik **Viuva Lamego** (Nr. 25), das seit 1849 ganzflächig mit Fliesen verziert ist.

Largo Martim Moniz

Seit der Weltausstellung von 1998 finden Sie den Martim-Moniz-Platz gut 500 m südlich mit Marmorplatten und Wasserspielen neu gestaltet. Der Springbrunnen mit stilisierten Zinnen markiert den Verlauf der früheren Stadtbefestigung. Doch im Vergleich zu den anderen prächtigen Plätzen Lissabons wirkt er noch immer vernachlässigt, seit Diktator António Salazar in den 1940er- bis 1960er-Jahren einen großflächigen Abriss der Häuser veranlasst hatte. Selbst historische Gebäude wie das Apollo-Theater oder Teile der gotischen Stadtmauer blieben davon nicht verschont.

Inzwischen hauchen die zehn Kioske des **Mercado de Fusão** dem Platz neues Leben ein. Snacks, süße Spezialitäten und Cocktails aus allen Teilen der Welt werden im Freien angeboten, dazu ein Kulturprogramm organisiert (www.ncs.pt/mercadodefusao.php). An der Längsseite entstanden nun städtisch geförderte Wohnungen für junge Leute, die der Umgebung neues Leben einhauchen sollen.

Ermida da Senhora da Saúde 1
Rua da Mouraria, 1, Di–Fr 8.45–18, Sa 8.45–13, 15–18, So 8–13 Uhr, Eintritt frei
Als einziges altes Bauwerk blieb die Ermida da Senhora da Saúde aus dem Jahre 1505 erhalten. Angeblich soll der gottesfürchtige Katholik Salazar persönlich ihren Abriss verhindert haben. Durch ein barockes Portal gelangt man in den Kirchenraum, der mit blau-weißen Azulejos verziert ist. Tradition besitzt eine volkstümliche Prozession aus Anlass der verheerenden Pestepidemie 1570: Heute noch ziehen die Gläubigen kalenderabhängig am ersten oder zweiten Sonntag im Mai hinter der festlich geschmückten Statue Unserer Lieben Frau der Gesundheit durch ihr Stadtviertel.

Das ehemalige Maurenviertel Mouraria

Schier erdrückt wird das bescheidene Kirchlein, dessen Fassade kunstvoll im Pflastermosaik der Seitengasse gespiegelt wird, vom klotzigen **Centro Comercial da Mouraria** (Largo Martim Moniz, o. Nr.). Das multikulturelle Shoppingcenter aus den 1980er-Jahren steht in denkwürdiger historischer Kontinuität. Denn einst hatte der erste christliche König Afonso Henriques den besiegten Mauren gerade diesen Bereich als Wohnort zugewiesen. Christlichen Frauen drohte die Todesstrafe, wenn sie das Ghetto betraten, während in christlichen Vierteln angetroffene Araber ausgepeitscht wurden.

Die Mauren lebten sozial gering geachtet am Rande der mittelalterlichen Stadtbevölkerung, gleichwohl waren sie als kunstfertige Schreiner, Maurer, Töpfer oder Produzenten von Binsenmatten geschätzt. Innerhalb ihres Viertels hatten sie einen eigenen Bürgermeister und Kadi, hier lagen ihr Friedhof und die Moscheen, über die noch im Jahr 1494 der deutsche Reisende Hieronymus Münzer erstaunt berichtete. Heutige Straßennamen leiten sich von ihren einstmaligen

Das ehemalige Maurenviertel Mouraria

Töpfereien (Rua das Olarias) und Olivenölpressen (Rua dos Lagares) ab, denn die arabischen Wohnhäuser waren umgeben von Olivenhainen und Gemüsegärten. Doch trotz Zusicherung von persönlicher Freiheit und sozialer Selbstverwaltung innerhalb der Mouraria flohen die muslimischen Araber scharenweise aus der Stadt.

Rua do Capelão

In der Straße stand ehemals eine stolze Moschee, bis König Manuel I. im Jahr 1496 per Dekret die freie Religionsausübung aufhob und Mauren und Juden vor die Wahl zwischen Zwangstaufe und Emigration stellte. Ungeachtet der Glaubenszugehörigkeit blieb die Mouraria ein Viertel armer Menschen, in dem frei gelassene schwarze Sklaven, Tagelöhner, Prostituierte und Zuhälter ihr Zuhause fanden.

Dieses zwielichtige Milieu war im 19. Jh. die Geburtsstätte des Fado. In der Rua do Capelão wohnte damals die legendäre Fadosängerin **Maria Severa** (1820–46). An dem nach ihr benannten bescheidenen Platz vor ihrem **Wohnhaus** 2 (Largo da Severa, 2) ziert eine aus schwarzem Basalt geformte Gitarre das Straßenpflaster. Ihre gefühlvolle Stimme machte sie ebenso berühmt wie ihre stürmische Liebesgeschichte mit dem Grafen Vimioso, die die Wellen hoch schlagen ließ, war die Sängerin doch zugleich eine stadtbekannte Hure. Das Gebäude, inzwischen ein Begegnungszentrum, ist Ausgangspunkt für eine Fotogalerie mit 26 in die Hauswände eingelassenen Porträts berühmter Fadosängerinnen und -sänger.

Rua Marquês de Ponte de Lima und Rua da Farinhas

Ein ehrwürdiger rosafarbener Palast, das erste Jesuitendomizil Lissabons, schließt die ansonsten ärmliche Stra-

Mein Tipp

Zu Fuß die Burg erklimmen
▶ Cityplan S. 115

Auch wenn unterwegs ein Aufzug einen Teil des Höhenunterschieds bequem zu überwinden hilft, geht es doch meist per pedes bergauf – durch das betriebsame Leben der Mouraria. Den Einstieg bilden am Largo Martim Moniz (s. S. 118) die Treppen des schmalen **Beco dos Surradores** hinter dem Hotel Mundial. Vorbei an dem bunten Mauergemälde des Künstlers Mário Dionísio biegen Sie bei dem meist von Girlanden verzierten und mit Bänken bestückten **Largo dos Trigueiros** in den winzigen **Beco das Farinhas**. Die in die Häuserfassaden eingelassenen Fotos der Anwohner erfreuen das Auge. Hinter der **Igreja de São Cristóvão** 3 sind es ein paar Schritte links hoch zur einstigen, nun in ein Parkhaus umgewandelten Markthalle. An ihrer südlichen Seite versteckt sich hinter dem Eingang zum Supermarkt Pingo Doce ein innen gepflasterter (!) Lift. Er führt auf eine attraktive **Aussichtsplattform** mit Terrassencafé. Achten Sie auf den farbenfrohen Kachelfries am Haus rechts des Aufzugs, ein Kleinod. In südliche Richtung geht's durch die **Rua Costa do Castelo** vorbei am alternativen Kulturzentrum **Chapitô** 1 hinein ins Burgviertel und über die **Rua Bartolomeu de Gusmão** zum Eingangstor des **Castelo**.

ße ab. Hier biegt man rechts in die Rua Marquês de Ponte de Lima ein, deren Ende die frühere Grenze des arabischen Ghettos markiert. Weiter am Burghügel entlang führt die Rua da Farinhas durch ein sympathisches Viertel der kleinen Leute. In

119

Lieblingsort

Chapitô [1]

Kultur wird zum Genuss in diesem einflussreichen Zentrum alternativen Kulturschaffens. Das Chapitô in der Costa do Castelo Nr. 7 bringt Theater, Kabarett und anspruchsvolle Musikprogramme zur Aufführung. Von Fado über Jazz bis Klassik ist für jeden Geschmack gesorgt. Der Clou: Im schattigen Garten und auf einer kleinen Aussichtsterrasse wird auch Kaffee und Süßes gereicht, zu etwas höheren Preisen zwar, aber in traumhafter Umgebung. Manchmal verzaubern die Clowns aus der hauseigenen Zirkusschule die herumtollenden Kinder und Erwachsene ebenso. Lassen Sie sich einfach überraschen (s. S. 58).

Mouraria, Castelo, Graça und Alfama

der abzweigenden Beco das Farinhas hatte die Künstlerin Camilla Watson eine wunderbare Idee. Angebracht an den Hauswänden, geben ihre schwarz-weißen Fotos den Bewohnern ein Gesicht und damit ein Stück Selbstbewusstsein. In dieser Gegend führen einige afrikanische und indische Restaurants die multikulturelle Prägung der Mouraria fort.

Igreja São Cristóvão und Palácio de Vagos

Largo São Cristóvão
Völlig überraschend erhebt sich aus dem Gassengewirr die weiße **São-Christóvão-Kirche** **3**. Eine bemerkenswerte Holzstatue zeigt links vom Eingang den hl. Christopherus mit dem Jesuskind auf der Schulter. Schräg gegenüber liegt ein Stadtpalast, der **Palácio de Vagos,** dessen Mauern von rauschenden Festen des Adels und sogar von der prunkvollen Hochzeit einer portugiesischen Prinzessin mit dem deutschen Kaiser Friedrich III. im Jahre 1451 erzählen könnten. Heute ist hier eine genossenschaftlich organisierte Poliklinik untergebracht. An eine mittelalterliche, verkehrspolitische Maßnahme erinnert die Ausbuchtung an der rechten Hausecke, eine kutschengerechte Verbreiterung der engen Gasse.

Rua Costa do Castelo

Über die Calçada do Marquês de Tancos kommen Sie schließlich in die Rua Costa do Castelo. Die Terrasse der **Bar das Imagens** **5** bietet Ihnen Raum für einen erholsamen Zwischenstopp. Später am Tage können Sie auch mit einem Drink das kulturelle Nachtprogramm einläuten. Das nahe **Teatro Taborda** **4** (Nr. 75) bietet ein engagiertes Off-Theaterprogramm. Die Bühne aus dem ausgehenden 19. Jh. war Schauplatz manch bedeutender

politischer Versammlung in der jungen Republik. Lange zweckentfremdet und verwahrlost, bewahrte eine Totalsanierung Mitte der 1990er-Jahre das Gebäude vor dem drohenden Abriss.

Durch das schmale Haustor der Nr. 7 betreten Sie eine andere erfolgreiche Stätte alternativen Kulturschaffens, das **Chapitô** **1**, mit Gartencafé und Panoramarestaurant (s. S. 120).

Rua do Milagre de Santo António

Kurz dahinter wechselt der Straßenname und erinnert an die Wunder des hl. Antonius. José Saramagos Lesern mag diese Rua do Milagre de Santo António bekannt vorkommen, wohnt hier doch die Hauptperson Raimundo Silva seiner »Geschichte der Belagerung von Lissabon«. Der Romanheld steigt mit Vorliebe die Escadinhas de São Crispim hinunter. Diese malerische Treppe ist nach dem Schutzheiligen der Schuhmacher benannt – vielleicht weil deren häufige Benutzung die Schuhsohlen ruiniert und die Schuster des Viertels in Lohn und Brot brachte?

Rua Bartolomeus de Gusmão

Das Straßenschild weist den namengebenden Bartolomeus (1685–1724) als Vorläufer der Luftfahrt aus. Tatsächlich gelangen dem Jesuitenpater eine Reihe technischer Erfindungen. Er gewann die Gunst des portugiesischen Königs João V. und schickte einen Heißluftballon vom Schlosshügel hinab zum neuen Königspalast. Schnell zog er den Neid der Hofschranzen und das Misstrauen der Inquisition auf sich und musste Portugal fluchtartig verlassen. José Saramago hat diese historische Figur in seinem Roman »Das Memorial« gewürdigt, in dem ein Pater Bartolomeu Lourenço eine Flugmaschine konstruiert, die von Tausenden menschlichen Willenskräften betrieben werden soll. Sie erweist sich als wenig funktionstüchtig und lässt den fliegenden Pater eine unsanfte Bruchlandung erleiden.

Noch ein letzter Anstieg und Sie erreichen die mächtigen Burgmauern, die im 12. Jh. erstmals schriftliche Erwähnung beim arabischen Geografen Edrici fanden. Unmittelbar hinter dem äußeren Eingangstor steht in einer Mauernische der Schutzpatron der Krieger, São Jorge, der der Befestigung ihren Namen gab.

Rund um die Burg

Castelo São Jorge ! 5
Rua de Santa Cruz, www.castelode saojorge.pt, Nov.–Feb. tgl. 9–18, März–Okt. 9–21 Uhr, Eintritt 8,50 €
Zugegeben, der Eintrittspreis ist unverschämt hoch und hat in Lissabon selbst für viel Protest gesorgt. Sie können sich durchaus überlegen, das Geld besser in eine Tasse Kaffee und ein Stückchen Kuchen in einem der Terrassencafés auf den umliegenden Aussichtspunkten zu investieren. Doch der Rundgang durch die Burganlage verspricht eine einzigartige Sicht über Stadt, Land und Fluss. Der Wind bewegt sanft die Kiefern und Olivenbäume, steinerne Bänke laden zum beschaulichen Verweilen ein. Die wahrhaft majestätische Stadtkulisse wird gerne als Hintergrund für romantische Hochzeitsbilder gewählt.

Auf diesem strategisch günstigen Hügel gründeten vor drei Jahrtausenden die Phönizier den Ort Olisipo, den nacheinander Griechen, Römer, Westgoten und Araber bewohnten. Die ersten Befestigungsmauern stammen aus der römischen Herrschaftsperiode. Während der arabischen Regierungszeit blieb der befestigte Bereich, die Kasbah, als exklusiver Wohnort dem Adel und Militär vorbehalten, während das einfache Volk hangabwärts in der ummauerten Medina wohnte. König Dinis ließ Ende des 13. Jh. eine mittelalterliche Wohnburg errichten, die 1506 von Manuel I. aufgegeben wurde. Dieser bezog einen neuen Palast am Hafen und Handelsplatz in der Unterstadt, wo die Karavellen ihre Kostbarkeiten aus Indien entluden. Im Ausland wurde Manuel deshalb als ›Krämerkönig‹ verspottet, galt doch die Beschäftigung mit dem vorwiegend von Juden betriebenen Handel für gekrönte Häupter als höchst unschicklich.

Von der mittelalterlichen Burganlage ließ das große Erdbeben nur Ruinen zurück. Ihr heutiges Aussehen erhielt sie durch wirkungsvolle Nach- und Neubauten anlässlich einer großen Staatsfeier der Diktatur 1940. Den früheren Waffenplatz, der heute friedlich von Bäumen geschmückt wird, markiert die heroisch gestaltete Statue von König Afonso Henriques. An den mittelalterlichen Löwenzwinger, Zeugnis der prunkvoll-exotischen Hofhaltung der portugiesischen Könige, erinnert der Name des Restaurants Casa do Leão, Haus des Löwen.

Auf 2600 m² wurde 2010 die Ausgrabungsstätte **Núcleo Arqueológico** geöffnet. In drei Abschnitten sind Häuserreste aus dem 7.–3. Jh. v. Chr., Mauern eines maurischen Viertels und eines mittelalterlichen Palastes zu bestaunen. Das futuristische Ausstellungskonzept des Architekten Carrilho da Graça erhielt schon im Jahr der Eröffnung die angesehene Auszeichnung Piranesi Prix de Rome für die architektonische Aufwertung archäologischer Funde. Ein Terrassencafé, ein kleines Museum mit Ausgrabungsfunden und der **Torre de Ulisses** runden das Angebot ab. In diesem Turm des Odysseus bringt Ihnen ein Periskop in einem 360°-Rundblick die Details des Stadtbildes nahe (Eintritt jeweils inkl.).

Mouraria, Castelo, Graça und Alfama

Stadtviertel Castelo

Ein Geheimtipp geblieben ist der Bummel durch die umliegenden Gassen der nur 400 Bewohner zählenden kleinsten Stadtgemeinde Lissabons, Castelo. Seit 1995 wurden die Häuser grundlegend saniert und mit den heute gültigen Standards ausgestattet. Denn die öffentlichen Wannenbäder *(balneários)* in der Rua Santa Cruz do Castelo mussten noch bis Anfang des neuen Jahrtausends von zahlreichen Anwohnern aufgesucht werden, deren Wohnungen nicht einmal über fließendes Wasser verfügten. Die abgeschlossenen Sanierungsarbeiten in der kleinen Rua Espírito Santo mit ihren nunmehr bunten Fassaden und der vor der Haustüre flatternden Wäsche zeigen, dass die früheren Mieter, in ihrer Mehrheit mittellose Rentner, wieder in die renovierten Wohnungen zurückgekehrt sind. Dank umfangreicher öffentlicher Förderung der Bauarbeiten blieben für sie die Mieten bisher bezahlbar.

Am Ende dieser Gasse nach links einbiegend, erleben Sie hinter den Mauern des **Solar do Castelo** den sozialen Gegensatz. Ein Stadtpalast, der im 18. Jh. auf den Trümmern der mittelalterlichen Palastküche errichtet und zwischenzeitlich dem Verfall preisgegeben war, wurde in ein kleines, fast familiär anmutendes Luxushotel umgebaut.

Palácio Belmonte [6]

Am Ende der **Rua Chão da Feira** ermöglicht ein historisches Urinol männlichen Burgbesuchern ein luftiges ›Austreten‹. Wenige Schritte entfernt lohnt ein Blick durch das rostrote Holzportal in einen Adelspalast aus dem 15. Jh., das Luxushotel Palácio Belmonte. Statt mit Fernsehern sind die Zimmer mit einer Bibliothek ausgestattet. Vor der aufwendigen Sanierung drehte Wim Wenders 1994 in den ehrwürdigen Mauern den Film »Lisbon Story«.

Miradouro Santa Luzia [7]

Wenige Schritte südlich öffnen sich vom Aussichtspunkt Santa Luzia hinter dem gleichnamigen Kirchlein die Blicke über die Dächer der Alfama zum Tejo. Die von violetten Bougainvilleen umrankten, gekachelten Sitzecken verleihen dem Platz zusätzliche Romantik. Sehenswert sind die an den umliegenden Mauern angebrachten Kachelbilder. Eines zeigt Lissabon aus der Zeit vor dem großen Erdbeben,

124

Rund um die Burg

das zweite die Legende von Martim Moniz, der den christlichen Soldaten 1147 die Einnahme der Stadt ermöglicht haben soll, indem er sich mit seinem Körper in den Türspalt warf, als die Araber das Stadttor öffneten.

Museu-Escola de Artes Decorativas Portuguesas 8
Largo das Portas do Sol, 2, www.fress.pt, Mi–Mo 10–17 Uhr, Eintritt 4 €

Die mächtige rote Hausfassade des Azurara-Palastes aus dem 17. Jh. beherrscht den benachbarten Largo das Portas do Sol. Dahinter verbirgt sich das sehenswerte Kunstgewerbemuseum Artes Decorativas der privaten Stiftung Ricardo Espírito Santo Silva. Ein kunstsinniges Mitglied der bekannten portugiesischen Bankiersfamilie ließ das Gebäude im Stil eines typischen Adelspalais des 18. Jh. restaurieren und bestückte es mit einer

Durch wuchtige Befestigungsmauern gelangt man in das Innere der Burganlage

Mouraria, Castelo, Graça und Alfama

unvergleichlichen Sammlung an Möbeln, Textilien, Gemälden und erlesenem Porzellan. Dem Stiftungsauftrag entsprechend soll die Geschicklichkeit portugiesischer Kunsthandwerker dokumentiert und für deren Fortbestand gesorgt werden.

Largo das Portas do Sol

Benannt wurde der Platz nach dem frühen arabischen Sonnentor, dem östlichen Stadtportal. Alleine wegen der gleichnamigen **Aussichtsplattform** sollten Sie hier heraufkommen. Ihr Blick schweift ungehindert über das mächtige Kloster São Vicente da Fora, die auffällige Rundkuppel der Igreja Santa Engrácia, die Dächer der Alfama und hinab zum Flussufer bis zur neuen Tejobrücke Vasco da Gama am nordöstlichen Horizont (siehe Mein Tipp S. 127).

Doch bevor ich Sie auf Ihrem romantischen Streifzug durch die verwinkelte Alfama begleite, möchte ich Sie noch zu eben diesen Gotteshäusern, zu den vielleicht schönsten Aussichtspunkten und den Sozialsiedlungen des Arbeiterviertels Graça entführen. Dorthin gelangen Sie mit der Straßenbahn 28 vom Largo das Portas do Sol ebenso wie direkt vom Largo Martim Moniz aus.

Abstecher nach Graça

Vor der christlichen Eroberung Lissabons lagen hier oben Obstgärten und Olivenhaine, dann ließen sich Augustinermönche nieder. Im 16. Jh. folgten nach verheerenden Pestwellen zahlreiche Adelsfamilien, die in der gesunden Luft des Hügels ihre Landgüter und Stadtpaläste errichten ließen. 1834 wurden die großen klösterlichen Ländereien säkularisiert, an Privatleute verkauft oder dem Bezirk übereignet.

Rua da Graça

Die Rua da Graça wird von zahlreichen gekachelten Hausfassaden gesäumt, die charakteristisch für die Bauweise in der zweiten Hälfte des 19. Jh. sind. Damals waren sie Ausdruck des Wohlstands ihrer bürgerlichen Erbauer, heute scheinen die Azulejos manchen heruntergekommenen Häusern einen letzten Halt zu geben, an den sanierten Fassaden erstrahlen sie neu.

Dort, wo sich die Tram durch die sich stark verengende Straße quält und vorbeigehende Passanten brüsk an die Hauswand drängt, liegt eine Hinterlassenschaft des galizischen Süßwarenfabrikanten Agapito Serra Fernandes, der sich auch um das kulturelle Wohl seiner Arbeiter sorgte und neben der nördlich anschließenden Arbeitersiedlung **Bairro Estrella d'Ouro** 9 (Nr. 100–106, s. Auf Entdeckungstour S. 129) 1929 das Kino **Royal Cine** 10 errichten ließ. Mit seinen 900 Plätzen zog es von weit her Publikum an und zeigte 1930 den ersten portugiesischen Tonfilm. In den 1990er-Jahren wurde es zu einer gesichtslosen Supermarktfiliale umgebaut, doch blieben die Jugendstilfassade und eine alte Uhr in der Vorhalle erhalten, die noch den früheren Namen des Gebäudes trägt.

Sehr hübsch anzusehen sind die volkstümlichen Obst- und Gemüseläden, in Nr. 154 überrascht die stattliche Auswahl eines kleinen Fischladens, und immer wieder fallen winzige, schummrige Schusterwerkstätten ins Auge. Bei Nr. 164 lohnt ein Blick in das Kaffeegeschäft, an dessen hinterem Tresen sich die Anwohner bei einer Tasse Kaffee und exzellentem Gebäck treffen. Auch die große Auswahl an Kaffeemischungen und Teesorten, Trockenfrüchten und exklusiven Pralinen ziehen die Stammkunden an.

Abstecher nach Graça

Mein Tipp

Miradouro-Hopping zu Fuß ▶ Cityplan S. 115

An der Straßenbahnhaltestelle geht es los: Die Linie 28 fährt Sie zum **Largo da Graça**. Von dessen nördlichen Ende führt die Rua Damasceno Monteiro nach links zur Calçada do Monte. Schon an der Straßenkreuzung öffnet sich das Panorama über Stadt und Fluss. Unterhalb betreiben Anwohner in Selbstverwaltung einen Gemüsegarten. Die Fläche hat ihnen die Stadtverwaltung zur Verfügung gestellt. Auf der Höhe dagegen sind bereits die Bäume des **Miradouro Nossa Senhora do Monte** 11 zu sehen und in wenigen, wenn auch etwas steilen Schritten erreicht. Der höchste und schönste Aussichtspunkt (s. S. 132)!

Zurück am Largo da Graça verlockt an dessen westlichen Rande das Terrassencafé **Esplanada da Graça** 11 zu einer Ruhepause. Der zugehörige *miradouro* trägt seit ein paar Jahren offiziell den Namen der auch ins Deutsche übersetzten Schriftstellerin Sophia de Mello-Breyner Andresen, behält im Volksmund aber seine ursprüngliche Bezeichnung **Graça** 12, eben wie der Stadtteil. An seinem südlichen Rand erreichen Sie über die abwärts verlaufende Calçada da Graça und die Verlängerung Rua de São Tomé den **Miradouro Portas do Sol** (s. S. 126) mit seinen Ausblicken nach Süden und Osten.

Miradouro Nossa Senhora do Monte und Ermida de São Gens 11

Der Blick von dem **Miradouro Nossa Senhora do Monte** ist fantastisch (s. S. 132), und auch das kleine Kirchlein, das eine Einsiedlerkapelle aus dem Jahre 1243 ersetzte, besitzt ihre Sehenswürdigkeit. Die **Ermida de São Gens** ist dem ersten Bischof Lissabons geweiht. Berühmtheit erlangte dessen Stuhl Cadeira de São Gens, der sich hinter einer Holztür rechts vom Eingang verbirgt. In der Tradition alter Fruchtbarkeitskulte setzten sich Schwangere darauf, unter ihnen auch manch eine portugiesische Königin, um die Gnade einer leichten Geburt zu erwirken (die Tür zum Bischoffstuhl wird von der Küsterin gegen eine kleine Spende aufgesperrt; Kirche unregelmäßig, meist nachmittags geöffnet, Eintritt frei).

Miradouro da Graça 12

Auch dieser Aussichtspunkt am südlichen Ende des Largo da Graça ist eine Wucht. Dafür sorgt nicht zuletzt das Terrassencafé **Esplanada da Graça** 11, wo Sie unter alten Kieferbäumen tagsüber bei Kaffee und Kuchen und später bei einem Cocktail bis spät in die Nacht hinein das Panorama über die nördliche Stadt, die Burg, den Tejo und die grünen Hügel des Umlands genießen.

Über das Geländer gebeugt, sehen Sie den steilen Fußweg **Caracol da Graça** tief hinabführen, im Mittelalter die einzige Verbindung vom christlichen Graça-Hügel durch das islamische Maurenviertel zur christlichen Unterstadt. Bei dem wuchtigen, türkis gekachelten Gebäude hinter dem Aussichtspunkt handelt es sich um das Arbeiterwohnhaus **Vila Sousa** (s. Auf Entdeckungstour S. 129). ▷ S. 130

Auf Entdeckungstour: Vilas operárias – das Lissabon der Arbeiter

Im ausgehenden 19. Jh. lockten neue Fabriken entlang dem Tejoufer zahlreiche Arbeiter nach Lissabon. Sie mussten zunächst in Baracken, verfallenen Klöstern und Adelspalästen hausen, bis sozial eingestellte Unternehmer eigene Arbeitersiedlungen bauen ließen. Am besten erhalten sind sie im Stadtteil Graça.

Reisekarte: ▶ Karte 2, G 2/3,
Cityplan: s. S. 115
Für wen: Alle, die interessiert sind am sozialen Leben im frühen 20. Jh. und an den architektonischen Antworten auf den industriellen Aufschwung in Lissabon.
Start: Rua da Graça im gleichnamigen Viertel, und zwar vor dem Kachelbild am Eingang des Bairro Estrella d'Ouro, 22/Ecke Rua Virgínia, erreichbar mit der Straßenbahn 28 und den Bussen 712 und 726 (Endhaltestelle).

Mit der Säkularisierung 1834 kam das umtriebige klerikale Leben in den mächtigen Konventen auf den Hügeln von Graça zum Erliegen, in der Folge verließen auch viele Aristokraten ihre Wohnhäuser rund um die Rua da Graça. Mit der Ansiedlung von Industrie am Tejo begann eine proletarische Zuwanderung. Die ersten Fabrikarbeiter hausten noch in verfallenen Palästen, verlassenen Klöstern oder Barackensiedlungen. Doch bereits Ende des 19. Jh. entstanden *vilas operárias,* die

Fabrikbesitzer in Hinterhöfen oder auf Zwischengrundstücken errichteten.

Die ersten Arbeiterwohnungen

Hierin führt Sie dieser kurzweilige Spaziergang, der im **Bairro Estrella d'Ouro** 9 beginnt. Ein Kachelbild am Eckhaus Nr. 22 in der Rua da Graça würdigt den Süßwarenfabrikanten Agapito Serra Fernandes, der die Siedlung für etwa 120 Arbeiterfamilien 1907–09 vom Architekten Norte Júnior erbauen ließ. Die hier abzweigende, schmale Rua Virgínia führt Sie vorbei an einem gekachelten Chronometer, der immer 7 Uhr anzeigt, um die Arbeiter auf ihren morgendlichen Arbeitsbeginn hinzuweisen. Sterne aus schwarzen Basaltsteinen (Symbol der Freimaurer), die im Straßenpflaster eingelassen sind, weisen den Weg in das Zentrum der Siedlung.

Die Bauweise ist überaus sparend: Bei den zumeist zweistöckigen Häusern tritt man direkt von der Straße oder über eiserne Außentreppen in die Wohnungen. Der Bauherr selbst zog in die benachbarte Vivenda Rosalina ein, in der seit 1945 ein Altersheim untergebracht ist.

Die grüne Oase

Als grünes Idyll inmitten des quirligen Stadtviertels überrascht die nahe **Vila Berta (1)** hinter einer Hofeinfahrt an der Rua Sol à Graça (Nr. 55–59). 1902–1908 entstanden die attraktiven Reihenhäuser mit Loggien, die sich charmanten Vorgärten öffnen. Der Erbauer und Metallfabrikbesitzer Joaquim Francisco Tojal bewohnte selbst die frei stehende Villa am Ende des Ensembles und hatte somit seine Arbeiter immer fest im Blick. Ein Jugendstil-Kachelbild ziert die Rückseite des Eingangsgebäudes.

Die wuchtige **Vila Sousa (2)** können Sie an ihrer blauen Kachelverkleidung erkennen. Bereits 1890 erbaut, gleicht sie einem Berliner Mietshaus. Im Vordergebäude lagen die großbürgerlichen Wohnungen, während sich die Arbeiterunterkünfte im Hinterhaus verbargen.

Palast der Arbeiter

Gewissermaßen als Krönung proletarischer Architektur im frühen 20. Jh. erhebt sich hangabwärts in der Rua Voz do Operário, 13 das monumentale **Palais Voz do Operário (3)**. ›Stimme des Arbeiters‹, so die deutsche Übersetzung, hieß die Zeitung der Tabakarbeitergewerkschaft. Die Vereinigung schuf 1912–32 nach den Plänen des Architekten Norte Júnior einen Sozialpalast, der bis heute eine bedeutende Rolle im sozialen und kulturellen Leben Lissabons spielt.

Über 500 Kinder drücken hier die Schulbank, Arbeitslose erhalten eine handwerkliche Fortbildung, preiswerte ärztliche Betreuung gibt es für die Ärmsten. Intellektuelle Köpfe finden in der gediegenen Bibliothek Werke von Marx, Hegel und Goethe sogar in deutscher Sprache. Und wollen Sie einmal ganz ›proletarisch‹ Kaffee trinken oder zu Mittag essen, so steht die Kantine hinter der Eingangstür links allen Besuchern offen.

Mouraria, Castelo, Graça und Alfama

Igreja da Graça 13

Largo da Graça, Di–So 9.30–12.30,
14.30–19 Uhr, Eintritt frei
Wo heute die Igreja da Graça steht,
hatten König Afonso Henriques und
seine christlichen Truppen während
der Belagerung Lissabons 1147 ihr
Heerlager aufgeschlagen. Nach der
Stadteroberung dankte er dem Augustinerorden für dessen tatkräfti-
ge Unterstützung und überließ ihm
diese Ländereien, auf denen ab 1271
ein Kloster erbaut wurde. Das große
Erdbeben brachte Fassade, Deckenge-
wölbe und den Chor zu Fall, und der
anschließende Wiederaufbau, stark
vom Rokoko geprägt, zog sich bis zum
Jahr 1905 hin. Das ehemalige Augusti-
nerkloster wird heute als Polizeikaserne genutzt und soll zu einem Luxushotel umgebaut werden.

Igreja São Vicente de Fora 14

Largo de São Vicente, Di–Sa 9–12.30,
15–18 Uhr, So meist nur vormittags,
Eintritt frei
Bombastisch ist der Anblick des weiß
strahlenden Gebäudes schon von Ferne. In Erfüllung seines Gelübdes ließ
König Afonso Henriques nach der Eroberung Lissabons als Bestattungsort
für gefallene Kreuzritter eine romanisch-gotische Wehrkirche errichten.
Für den Augustinerorden wurde das
angrenzende Kloster São Vicente
de Fora erbaut, welches direkt dem
Schutz der Krone unterstand und sich
damit dem Einflussbereich des Lissabonner Bischofs entzog. 1290 gründete der Orden die erste Universität des
Landes, die bis zum Jahre 1537 in der
Nachbarschaft angesiedelt blieb.

Im 16. Jh. war das Gotteshaus bereits recht baufällig geworden. Dies
veranlasste den spanischen König
Philipp II., der seit 1580 auch Portugal
regierte, zum Abriss, um mit dem Bau
einer prächtigen neuen Kirche sich

und der Dynastie Habsburg ein sicht-
bares Zeichen der Macht zu setzen. Sie
war den Heiligen Vinzenz und Sebastian geweiht, die Augustinus über dem
Hauptportal in ihre Mitte nehmen. Zu
den Architekten zählen der Italiener
Filippo Terzi und der Spanier Juan de
Herrera, und nicht zufällig erinnern
Fassade und Innenraum an die Klosterkirche von El Escorial. Sie ist eine
der seltenen Renaissancekirchen der
Stadt und trug in Anlehnung an den
römischen Petersdom die erste Rundkuppel in Lissabon. Ihre wuchtige barocke Orgel wird gerne für Konzerte
genutzt. Das kühle, ganz aus Marmor
erbaute Kirchenschiff trägt die Hand-
schrift der Gegenreformation.

Claustro São Vicente de Fora 15

Largo de São Vicente,
Di–So 10–18 Uhr, Eintritt 5 €
Die beiden Kreuzgänge des Klosters
sind mit prächtigen Kachelpaneelen
aus dem 18. Jh. ausgeschmückt. Im Ein-
gangssaal zeigen *azulejos* die Eroberung Lissabons und der mittelportugie-
sischen Stadt Santarém. Die Erbauung
der ersten Vinzenzkirche im 12. Jh.
verklären die Kachelbilder; sie stellen
vorwegnehmend bereits den Habsbur-
ger Kirchenneubau aus dem 17. Jh. dar.

Im Obergeschoss verbirgt sich ein
weiterer Schatz der portugiesischen
Fliesenkunst. Auf 38 Azulejo-Panee-
len, die ursprünglich an den früher
zugemauerten Bögen des unteren
Kreuzgangs angebracht waren, sind
die Fabeln von La Fontaine nachgebildet. Das ehemalige Refektorium wurde 1885 in das Mausoleum der letzten
Königsdynastie Bragança umgewandelt, erst spät wurden die unter Glas-
deckeln zur Schau gestellten Toten in
nüchterne Marmorsarkophage umgebettet. Noch 1928 beschrieb Reinhold
Schneider in seinem Reisetagebuch,
wie er mit heftigem Erschaudern in

Abstecher nach Graça

Einen pittoresken Blick auf die Kirche São Vicente bietet der Miradouro Portas do Sol

das halbverweste Antlitz des 1908 erschossenen Königs Carlos blickte.

Eine lichte Überraschung erwartet Sie hingegen auf dem Dach des Klostergebäudes, auf das Stufen führen. Zwischen den weißen Kirchtürmen weitet sich der Blick zur Burg, hinüber zum Pantheon und hinweg über die Alfama zum Tejo.

Feira da Ladra [1]
Campo de Santa Clara, Di und Sa 8–17 Uhr
In Gestalt der kleinen Markthalle Santa Clara hielt 1877 erstmalig die Gusseisenkonstruktion in die Lissabonner Stadtarchitektur Einzug. Allerdings mussten die Standbesitzer wegen der nachlassenden Kauffreude der Kunden, die Supermärkten den Vorzug geben, bereits vor einigen Jahren schließen. Hin und wieder füllen heute Handwerksausstellungen und Gourmetmessen den Raum. Doch an den Tagen des großen Flohmarkts Feira da Ladra (›Markt der Diebin‹) tobt rundherum das Leben. Wenn Sie auf Ramsch, Kitsch und Nippes stehen, sollten Sie sich das bunte Treiben nicht entgehen lassen. Zusätzlich verkaufen professionelle Händler billige Kleidung und gebrauchte Möbel.

Pantheon Santa Engrácia [16]
Campo de Santa Clara, Di–So 10–17, im Sommer bis 18 Uhr, Eintritt 4 €
Der Name des Nationalen Pantheons steht für die Portugiesen als Synonym für nicht enden wollende Bauarbeiten, sie sprechen dann von den ›Arbeiten von Santa Engrácia‹. Denn der Beginn der Arbeiten erfolgte im Jahre 1570 auf Initiative der jüngsten Tochter Manuels I., der unverheirateten,

Lieblingsort

Miradouro Nossa Senhora do Monte 11

Vielleicht ist Lissabon hier am schönsten. Auf dem höchsten Aussichtspunkt fühlt man sich der Stadt enthoben, deren Hektik nur durch das Heulen mancher Polizeisirene heraufschwappt. Der Blick schweift über die Dächer von Lissabon, linker Hand liegt die Burg, dahinter der silbrig glitzernde Fluss, auf dem sanft die Fähren schaukeln. Wind säuselt in den Baumwipfeln. Die wenigen Holzbänke laden zu einem Picknick vor der grandiosen Kulisse ein. Oder einfach nur zum Ausruhen und Sinnieren über die Freuden des Lebens. Entsprechend gerne kommen Liebespaare herauf. Einfach traumhaft.

Mouraria, Castelo, Graça und Alfama

humanistisch gebildeten Infantin Maria. Vollendet wurde der Tempel 1966! Und wie immer in solchen Fällen, gibt es natürlich auch für dieses Kuriosum eine besondere Geschichte:

1630 wurden aus der Sakristei geweihte Hostien geraubt. Der Neuchrist Simão Pires Solis machte sich verdächtig, als er in der Nähe eine adlige Novizin besuchte und wurde des Einbruchs angeklagt. Um die junge Dame nicht zu kompromittieren, schwieg der Ehrenmann und wurde zum Tode verurteilt. Im Angesicht des Galgens verlor Simão, wen verwundert's, seinen Edelmut und er verwünschte den mittlerweile beschlossenen Neubau der entweihten Kirche: So wahr er unschuldig sei, werde die neue Kirche niemals vollendet!

Der Fluch sollte offensichtlich Folgen haben: Die umgebaute Altarkapelle stürzte bei einem Sturm kurz vor ihrer Fertigstellung 1681 ein. Kurzerhand wurde ein völlig neuer, italienisch inspirierter Kirchenbau beschlossen, der schließlich Elemente der Spätrenaissance, des Manierismus und des Barock vereinte. Den schlichten, dank der Verwendung von farbigem Marmor erhaben wirkenden Innenraum auf dem Grundriss des griechischen Kreuzes schließt eine riesige Kuppel ab, deren glasdurchbrochene Spitze, die Laterne, als einzige Lichtquelle den Kirchenraum beleuchtet.

Zwar wurde das Gebäude bereits 1916 von der jungen Republik zum nationalen Pantheon bestimmt und deren erste Präsidenten und liberale Denker und Dichter hier begraben, doch wirklich fertig wurde die ewige Ruine erst 50 Jahre später, um nunmehr die Kenotaphe für Protagonisten der glorreichen Entdeckerzeit aufzunehmen. Im neuen Jahrtausend zog mit der Fado-Sängerin Amália Rodrigues endlich auch die erste Frau in diesen Ruhmestempel großer Portugiesen ein. Und mit Eusébio der erste Fußballstar. Den Aufstieg zur 40 m hohen Aussichtsplattform, auch per Aufzug möglich, belohnt der Panoramablick.

Alfama !

Arabische Stadtmauer

Und nun geht's zu Fuß durch das labyrinthische Gassengewirr des stimmungsvollen Alfama. Vom Largo das Portas do Sol (s. S. 126) steigen die Stufen entlang der Überreste der arabischen Stadtmauer hinab. Der maurische Festungsgürtel *cerca moura* verlief von der Burg zum Tejo und schützte das westlich liegende Handwerks- und Handelsviertel, während die heutige Alfama damals größtenteils ungeschützt vor den Toren der Stadt lag. Ihr Name lässt sich auf heiße Quellen am Flussufer, arabisch al-Hama, zurückführen, die bereits im 11. Jh. von arabischen Reisenden gepriesen wurden.

Rua Norberto Araújo

Nach einer Rechtskurve öffnet sich die Gasse auf einen kleinen Platz, wo in der Werkstatt **Cerâmica** 3 *azulejos* bemalt werden. Anwohner haben Bänke, Stühle und Grillroste vor ihre engen, dunklen Wohnungen gestellt und nutzen den Platz an sonnigen Tagen gerne als erweitertes Wohnzimmer. Leicht überkommt einen das Gefühl, ungebeten in privates Leben einzudringen. Kürzlich sanierte Häuser säumen den Weg, nur noch wenige verkommen zu Ruinen. Nach dem Zusammenbruch eines Gebäudes findet eine jahrhundertealte Praxis ihre Fortsetzung. Wie früher wird auf derselben Fläche ein neues Haus in ursprünglicher Größe errichtet. So bewahrt sich die mittelalterlich-maurische Atmosphäre der Alfama bis in die Gegenwart.

Alfama

Largo und Rua de São Miguel

Der Vorplatz der hoch aufragenden **Igreja São Miguel** [17] (Largo de São Miguel) wird gerne zum Wäschetrocknen oder Fußballspielen zweckentfremdet. Eine junge Palme wetteifert in ihrer Höhe mit den Kirchtürmen. Das Gotteshaus wurde nach dem Erdbeben 1755 wieder aufgebaut. In deutlichem Kontrast zu den ärmlichen Wohnungen steht der überladene barocke Innenraum, der nur während der Gottesdienste einen Einblick gewährt.

Die Rua de São Miguel bildet seit alten Zeiten eine zentrale Lebensader des Viertels, deren taskas, Lebensmittelläden oder Drogerien wichtige kommunikative Stätten der Anwohner sind. Manch einen Fado-Sänger vom Vorabend sieht man hier am helllichten Tage wieder. Vormittags bieten die Seitenstraßen ein unvergessliches Schauspiel, wenn unter freiem Himmel Fischfrauen mit lautem Marktgeschrei fangfrischen Fisch anpreisen. Allerdings werden es immer weniger.

Die meisten der einfachen Wohnhäuser blieben von den Zerstörungen des Erdbebens weitgehend verschont, während die Marmorkirchen und Adelspaläste zusammenbrachen. Dies versetzte die Kirchenfürsten in Erklärungsnot, hatte damit doch die vermeintliche Strafe Gottes gerade die zum zwielichtigen Hafen- und Dirnenviertel heruntergekommene Alfama ausgespart. Doch wurden die Kirchen anschließend neu erbaut, während die Bausubstanz der Wohngebäude mehr und mehr verfiel. Der portugiesische Reisende Alfredo Mesquita hätte 1905 gar »zum Wohle der Volksgesundheit« am liebsten »die Spitzhacke geschwungen«, denn in den »verpesteten Bruchbuden« blieb den Bewohnern kaum die Luft zum Atmen. Mitte der 1980er-Jahre begann endlich eine grundlegende Sanierung des Bairro, wovon immer mehr hübsch anzusehende Gebäude und noch so manche Baustelle beredtes Zeugnis ablegen.

Rund um die Igreja Santo Estêvão

Die engste Gasse der Alfama, Beco do Carneiro, über der sich die Dächer beinahe berühren, führt zur meist verschlossenen **Igreja Santo Estêvão** [18] (Largo de Santo Estêvão) aus dem 18. Jh. Ein pittoresker Brunnen an der südlichen Kirchenmauer mit verwitterten barocken Kacheln erinnert an die vielen Quellen und Wasserstellen dieses Viertels. Die grauen Palastmauern hinter der Kirche dienten bereits im 14. Jh. einem königlichen Kanzler als Wohnstätte, als der aufstrebende portugiesische Fernhandel die Alfama erblühen ließ.

Die unterhalb gelegene Rua dos Remédios endet am Kirchlein **Ermida do Espírito Santo** [19] (Rua dos Remédios/Ecke Rua da Regueira). Das Gebäude aus dem 16. Jh. ziert ein bezauberndes manuelinisches Portal. Einer Schutzheiligen der Fischer geweiht, wurden früher in einem angeschlossenen Hospital in elf Betten kranke Fischersfrauen versorgt, deren Männer weit entfernt auf hoher See weilten.

Largo Chafariz de Dentro

Der Name des Largo Chafariz de Dentro erinnert daran, dass das dicht bevölkerte Stadtviertel von der fernandinischen Stadtmauer aus dem 14. Jh. geschützt wurde, denn de dentro bedeutet ›innerhalb der Mauern gelegen‹. Heute erstrahlen die Gebäude nach einer umfassenden Altstadtsanierung in neuem Glanz.

Museu do Fado [20]

Largo do Chafariz do Dentro, 1, www.museudofado.pt, Di–So 10–18 Uhr, Eintritt 4,50 €

Mouraria, Castelo, Graça und Alfama

Das rosafarbene, frühere Wasserpumpwerk aus dem Jahr 1868 wurde in ein Dokumentationszentrum des Fado umgewandelt, das die Entwicklung des melancholischen Gesangs nachzeichnen will. Die Ausstellung richtet sich speziell an Eingeweihte und Fans. Besucher ohne Vorkenntnisse werden mit einem Audioguide ziemlich alleine gelassen, denn die wenigen Ausstellungsstücke erklären für sich gesehen nur unzulänglich Herkunft, Charakter und Zukunft der Musik. Allerdings wird ausgewählte Musik gespielt und kurze Filme stellen wichtige Sängerinnen und Sänger vor, darunter auch die Ikone Amália Rodrigues. Eine Besonderheit sind Fadotexte, die der Zensur der Diktatur zum Opfer fielen. Der angeschlossene Laden hält eine große Auswahl an CDs vor.

Die Hafengegend

Das dominante Gebäude in der Rua Terreiro do Trigo stammt aus dem 18. Jh. und diente zunächst als städtischer Getreidespeicher, später als Zollamt. In unmittelbarer Nachbarschaft entsteht Europas modernste Anlegestelle für Kreuzfahrtschiffe. Der Bau war heftig umstritten, da eine Kaimauer, ein Hotel, ein Geschäftszentrum und die Ozeanriesen den freien Blick auf den Tejo verstellen.

Lebendiges Treiben erfüllte die Hafengegend im Mittelalter. Dank der reichlich sprudelnden Wasserquellen war sie bevorzugter Ort von Wäscherinnen und Gerbereien. König Manuel I. ließ eine Keksfabrik erbauen, um seine Karavellen mit dem notwendigen Schiffsproviant zu versorgen. Fischer verkauften ihren Fang, Kalfaterer besserten leckgeschlagene Schiffe aus und Seeleute konnten die Trinkwasservorräte ihrer Schiffe auffüllen. Für sie war laut königlicher Verordnung aus dem 13. Jh. eine der damals sechs Wasserröhren des Brunnen Chafariz de Rei reserviert. Die übrigen waren jeweils den freien Schwarzen, Sklaven männlichen bzw. weiblichen Geschlechts und weißen Männern oder Frauen vorbehalten.

Sehenswürdigkeiten im Osten der Alfama

Je nach Lust und Kraft können Sie ihren Besuch der Stadtviertel der kleinen Leute nun langsam ausklingen lassen oder noch einige Highlights am östlichen Rande der Alfama besuchen. Ein Alternativ-Spaziergang (s. u.) führt durch das ehemalige Judenviertel zur Kathedrale in der westlichen Alfama.

Bahnhof Santa Apolónia und Militärmuseum

Weiter in Richtung Fluss gelangen Sie durch kleine Gassen zum **Museu Militar** 21, das mit besonders schönen barocken Kachelbildern ausgekleidet ist (Largo do Museu da Artilharia, www. exercito.pt, Di–Fr 10–17, Sa/So 10–12.30, 13.30–17 Uhr Uhr, Eintritt 3 €). Der gegenüber liegende **Bahnhof Santa Apolónia** war früher ein Frauenkloster. Heute starten hier die Züge nach Nordportugal, Frankreich und Spanien. Bei seiner Einweihung Mitte des 19. Jh. bot er gar eine direkte Umsteigemöglichkeit zu den Fähren, die bis zur Aufschüttung der Uferstraße an den Außenmauern des Bahnhofs anlegten.

In die alten Lagerhallen des Zolls, unmittelbar an der Wasserlinie gelegen, ist mittlerweile neues Leben eingezogen. Die größten Gebäude wurden zu lichten, offenen Hallen umgebaut, in denen Restaurants wie das **Bica do Sapato** 1 und Cafés für einen unterhaltsamen Aufenthalt sorgen.

Sehenswürdigkeiten im Osten der Alfama

Weltweit einzigartig: das Museu Nacional do Azulejo

Museu da Água 22
Rua do Alviela, 12, http://museuda agua.epal.pt, Mo–Sa 10–17.30 Uhr, Eintritt 5 €
In einem ehemaligen Kloster untergebracht ist das stadthistorisch höchst interessante Wassermuseum, das nach etwa zehnminütigem Fußweg erreicht ist. Vom begrünten Vorgarten eröffnet sich ein hübscher Blick über den Tejo, während sich im Hintergrund der ehemalige Heizkesselraum der Wasserpumpstation Barbadinhos erhebt. Dank eindrucksvoller Bilder, Fotos und technischer Ausstellungsstücke werden die Probleme und Lösungen bei der Wasserversorgung einer Großstadt anschaulich dargestellt, auch wenn die Erläuterungen nur in Portugiesisch gehalten sind. Die imposanten Wasserpumpen, die sich über drei Stockwerke erstrecken und zwischen 1868 und 1928 unter Dampf liefen, werden auf Nachfrage vom Museumspersonal per Knopfdruck in Gang gesetzt, ein tolles Erlebnis nicht nur für Technikfreaks.

Museu Nacional do Azulejo ! 23
Rua da Madre de Deus, 4, www. museudoazulejo.pt, Di–So 10–18 Uhr, Eintritt 5 €
Die Umgebung könnte nicht besser gewählt sein für ein Museum, das in überzeugender Weise den *azulejos* jenen Platz in der Lissabonner Stadtarchitektur zuweist, der ihnen gebührt. Das **Kloster Madre de Deus** wurde 1509 von Königin Leonor gegründet und über die Jahrhunderte mit kostbaren Kachelbildern ausgeschmückt. 1980 zog das weltweit einzigartige **Museu Nacional do Azulejo** ein und dokumentiert die stilistische Weiterentwicklung der Kachel in Portugal. Über einen Zeitraum von sechs Jahr-

Mouraria, Castelo, Graça und Alfama

hunderten spannt sich der Bogen von den ältesten Mudejarkacheln zu bunten Kacheln der Renaissance, den blau-weißen der Barockzeit und weiter bis zur Kachelkunst in den Metrostationen unserer Tage.

Glanzpunkte der Sammlung sind das polychrome Altarbild Nossa Senhora da Vida (1580), das aus 1498 polychromen Kacheln zusammengefügt ist, sowie eine 23 m lange Stadtansicht aus dem Jahre 1700, die Lissabon vor der Verwüstung durch das Erdbeben zeigt. Die Barockkirche Madre de Deus ist prachtvoll mit flämischen Kachelbildern aus dem 17. Jh. dekoriert, die restaurierten Gemälde und der aufwendig vergoldete Holzschmuck unterstreichen die königlich-feierliche Atmosphäre. Die frühere Klosterküche beherbergt eine Cafeteria mit ausgesprochen hübsch begrüntem Innenhof, der sich bestens für eine Ruhepause eignet.

Durch das jüdische Viertel zur Kathedrale

Der alternative Weg führt vom Fado-Museum und dem Brunnen Chafariz d'El-Rei durch das alte Judenviertel zur Bischofskirche.

Judenviertel

In der florierenden Hafengegend fand auch die jüdische Bevölkerung ihren Platz. Rege am beginnenden Fernhandel beteiligt, genossen die sozial geachteten Juden den direkten Schutz des Königs. Insgesamt waren ihnen vier Wohngebiete als *judiarias* zugewiesen, in denen ihre Synagogen, Krankenhäuser, Herbergen, Bäder, eine Bibliothek und ein Gefängnis standen. Christlichen Männern war tagsüber der Zugang erlaubt, doch nach dem Ave-Maria-Läuten schlossen sich die Tore.

Einziges Zeugnis der romanischen Epoche: die Kathedrale von Lissabon

Durch das jüdische Viertel zur Kathedrale

Hinter dem Arco do Rosário entstand im 13. Jh. an der Außenwand der noch sichtbaren arabischen Stadtmauer das kleinste der vier **Judenghettos** 24, an das der Straßenname Rua da Judiaria erinnert. Hinter diesen Überresten der Stadtmauer gelangen Sie zur Rua de São João da Praça, wo hübsche Kachelbilder die Hauswände zieren.

Casa dos Bicos / Fundação José Saramago 25

Rua dos Bacalhoeiros, http://jose saramago.org, Mo–Fr 10–18, Sa 10–14 Uhr, Eintritt 3 €

Unterhalb in Flussnähe erhebt sich Lissabons einziges säkulares Gebäude der Frührenaissance, die Casa dos Bicos, das Haus der Spitzen, so genannt wegen der nach italienischem Vorbild spitz zulaufenden Steinquader an der Fassade. Der Legende nach hat der Bauherr, der uneheliche Sohn des portugiesischen Vizekönigs von Goa und Malaca, in jede der vorstehenden Steinpyramiden einen Diamanten eingelegt. Die modernen Innenräume bilden nach einem Umbau einen spannenden Kontrast mit der historischen Umgebung. Seit 2012 obliegt die Nutzung der Stiftung des Literaturnobelpreisträgers José Saramago. Ausgestellt sind Manuskripte, seine Werke in allen Weltsprachen, dazu kommt eine Bibliothek. Reste der römischen Stadtmauer können im Erdgeschoss kostenlos besichtigt werden. Unter einem Olivenbaum auf dem Vorplatz ruht seine Asche.

Im 17. Jh. bauten zahlreiche Adelige ihre herrschaftlichen Häuser entlang dem Tejo. Die rechts angrenzende **Casa das Varandas** fällt dank ihrer vielen Balkone ins Auge. Erst wenige Jahre vor dem Erdbeben errichtet, konnte sie bald nach den Zerstörungen mithilfe noch vorhandener Orginalpläne wieder aufgebaut werden. An den früheren Lebensmittelmarkt unter freiem Himmel, auf dem auch exotische Waren und fremdartige Früchte aus Übersee gehandelt wurden, erinnert der Name des Platzes: Campo das Cebolas bedeutet Zwiebelfeld.

Museu Teatro Romano 26

Pátio do Aljube, 5, Di–So 10–13, 14–18 Uhr, Eintritt 1,50 €

Ein besonderer Vorzug des Römischen Museums – einige Schritte den steilen Hügel hinauf – hat gar nichts mit den Römern zu tun: eine kleine Terrasse mit großem Ausblick auf die Kathedrale und den Tejo im oberen Stockwerk. Aber natürlich dürfen Sie auch Römisches erwarten, denn an diesem privilegierten Ort hatten die Römer in der ersten Hälfte des 1. Jh. v. Chr. ihr bis zu 5000 Zuschauer fassendes Theater errichtet und bis ins 4. Jh. n. Chr. betrieben. Die anschließend überbauten Ruinen wurden erst bei Aufräumungsarbeiten nach dem großen Erdbeben entdeckt und sind nun im oberen Außenbereich des Museums der Öffentlichkeit zugänglich. Zusätzlich sind einige archäologische Funde und die Reste von Wohnhäusern aus dem 17. und 18. Jh. zu bestaunen.

Museu do Aljube 27

Rua Augusto Rosa, 42

Der Aljube, der frühere bischöfliche Kerker im großen Gebäude unterhalb des Römermuseums, diente in den Zeiten der Diktatur der berüchtigten Geheimpolizei PIDE als Gefängnis, in dem auch der spätere sozialistische Staatspräsident Mário Soares, der Kommunist Álvaro Cunhal und der Dichter Miguel Torga einsaßen. Ein 2015 eröffnetes Widerstandsmuseum möchte diese Schreckenszeiten in Erinnerung behalten. Neben Dokumenten sind die Zellen zu sehen.

Mouraria, Castelo, Graça und Alfama

Bischofssitz Sé 28

*Largo Santo António da Sé, o. Nr.,
Kirche: Mo–Fr 9–19, Sa/So 9–17 Uhr,
Eintritt frei, Kreuzgang: Okt.–April
Mo–Sa 10–17 Uhr, Mai–Sept. bis
18.30, Mo bis 17 Uhr, Eintritt 2,50 €,
Sakristei: Mo–Sa 10–17 Uhr, Eintritt
2,50 €*

Typisch portugiesisch sieht dieses Gotteshaus sicher nicht aus und ist es auch gar nicht. Und das kam so: Unmittelbar nach der Stadteroberung ließ König Afonso Henriques die große Moschee abreißen und an ihrer Stelle die Kathedrale Sé errichten. Als Dank an die Kreuzritter wurde der Normanne Gilbert von Hastings zum ersten Bischof Lissabons und sein Landsmann Robert zum Baumeister ernannt, woraus sich die Ähnlichkeit zu romanischen Wehrkirchen Nordfrankreichs erklärt. Das Erdbeben von 1755 überstand sie weitgehend unbeschadet.

Zwei zinnenbewehrte Türme unterstreichen den monumentalen Eindruck, der sich im romanischen Tonnengewölbe des Hauptschiffs fortsetzt. Die gotischen Umbauten des 14. Jh. betrafen vor allem den Chorumgang. Es entstand eine Wallfahrtskirche, in der man um den Altar herum zu den Reliquien des hl. Vinzenz pilgerte und dann seinen Weg nach Santiago do Compostela fortsetzte.

Eindrucksvoll sind die gotischen Sarkophage. Ritter Lobo bettet sein Haupt auf ein Kissen, die Hand am Schwert, den Hund zu Füßen. Und seine Angetraute Maria liest in der Bibel.

Links vom Eingang befindet sich ein romanisches Taufbecken, in dem der hl. Antonius (1195–1231) getauft wurde. Ein naives Azulejo-Bild stellt seine Predigt an die Fische vor den Toren Riminis dar. In den Seitenkapellen des Chorumgangs fallen drei anmutige gotische Grabmäler reicher Adliger und eine romanische Reixa auf, ein aus eleganten Spiralen kunstvoll geschmiedetes Eisengitter.

Im romanisch-gotischen Kreuzgang, der rechts vom Altar betreten wird, förderten Archäologen Funde aus der phönizischen Besiedlungszeit, ein Teilstück einer römischen Straße, einen arabischen Hauseingang sowie Überreste der früheren Moschee zutage. Auch ein vergessener Schatz arabischer Münzen wurde entdeckt, der in ein Leinentuch gewickelt jahrhundertelang in den Abwasserkanälen der Moschee versteckt lag.

Igreja und Museu de Santo António 29

*Largo de Santo António da Sé, 24,
Kirche: Mo–Fr 8–19, Sa/So 8–19.45
Uhr, Eintritt frei, Museum: Di–So
10–13, 14–18 Uhr, Eintritt 1,50 €*

Wenig unterhalb der Sé liegt die dem populäreren Schutzheiligen geweihte Antonius-Kirche und ein ihm gewidmetes Museum. An der Stelle seines Wohnhauses wurde eine frühe Kapelle solange erweitert, bis sie die beachtlichen Ausmaße einer Barockkirche erreicht hatte. Der nach dem Erdbeben notwendige Wiederaufbau wurde aus Sammlungen Lissabonner Kinder finanziert, die in Antonius ihren besonderen Fürsprecher sehen.

Während des Lissabonner Stadtfests am 13. Juni (s. S. 81) lebt die Tradition fort, dass Kinder um eine kleine Münze für den Heiligen bitten. Nach ihm ist auch der wohlschmeckende Kuchen aus Hefeteig benannt, den die umliegenden Cafés anbieten, während das **pois, café** 12 unmittelbar hinter der Kathedrale österreichischen Apfelstrudel serviert.

Essen & Trinken

En vogue – **Restaurante Bica do Sapato** 1 : s. S. 35.

Durch das jüdische Viertel zur Kathedrale

Nicht nur für Kinofans – **Santo António de Alfama** **2** : Beco de São Miguel, 7, Tel. 218 88 13 28, www.siteantonio.com, Metro: Terreiro do Paço, tgl. 12–15, 20–2 Uhr, Hauptspeisen ab 14 €. Umrahmt von den Fotos internationaler Filmstars isst man z. B. Blutwurst auf Apfelpüree oder Entenkeule mit Oliven-Orangen-Salat. Mit lauschiger Terrasse.

Versuchung aus Goa – **Tentações de Goa** **3** : s. S. 38.

Beliebt im Stadtteil – **O Pitéu da Graça** **4** : Largo da Graça, 95, Tel. 218 87 10 67, Straßenbahn 28, Mo–Fr 12–15, 19–22.30, Sa 12–15 Uhr, Hauptspeisen ab 10 €. Einen ›Leckerbissen von Graça‹, so der übersetzte Name, bietet dieses Restaurant vor allem den besser gestellten Bewohnern des Stadtviertels. Die Liste der typischen portugiesischen Gerichte erreicht eine beeindruckende Länge.

Curry & Erdnüsse – **O Cantinho do Aziz** **5** : s. S. 38.

Im Burgviertel – **Mercearia Castello Café** **6** : Rua das Flores de Santa Cruz, 2, Tel. 218 87 61 11, Straßenbahn 28, tgl. 10–20 Uhr. Snacks und Süßes gibts im Patio, hübschen Speiseraum und auf der Terrasse.

Für Wagemutige – **Marisqueira Ramiro** **7** : s. S. 36.

Einfach indisch – **Haweli Tandoori** **8** : Travessa do Monte, 14, Tel. 218 86 77 13, Straßenbahn 28, Mi–Mo 19–22.30 Uhr, Hauptspeisen ab 8,50 €. Ohne allzu hohe dekorative Ansprüche, auch der Service ist etwas lax. Trotzdem eines der besten indischen Restaurants der Stadt, das mit seiner Küche aus Nordindien auch Größen aus Politik und Kultur auf den Graça-Hügel bringt.

Einheimisch – **Barracão de Alfama** **9** : Rua de São Pedro, 16, Tel. 218 86 63 59, Metro: Terreiro do Paço, Di–So 12–14.30, 19–24 Uhr, Hauptspeisen um 10 €. Nach Besitzerwechsel unter junger Leitung modernisiert. Weiterhin empfehlenswerte Gerichte von Schweinefleisch mit Pflaumen bis Fischeintopf mit Muscheln.

Pinte – **O Sardinha** **10** : Rua Jardim do Tobaco, 18–20, Tel. 218 86 74 37, Metro: Santo Apolónia, So–Fr 12–15, 19–22 Uhr. Zugegeben, die Kneipe ist sehr einfach und für rund 5 € sind keine kulinarischen Höhenflüge zu erwarten. Aber die Hausmacherkost schmeckt, die Sardinen werden über Blech gegrillt, was sie besonders saftig machen soll.

Fast Pflichtprogramm – **Esplanada da Graça** **11** : Miradouro da Graça, Straßenbahn 28, tgl. 12–2 Uhr. Die Preise des Terrassencafés sind etwas höher, dafür ist der Blick über Stadt, Burg und Tejo so grandios, dass Sie einmal dort gewesen sein sollten. Abends und nachts Barbetrieb.

Österreichisch – **pois, café** **12** : Rua São João da Praça, 93–95, Tel. 218 86 24 97, Metro: Terreiro do Paço, Mo 13–23, Di–So 11–22 Uhr. Zwar geführt von zwei Deutschen, gibt es in diesem leger eingerichteten Café österreichische Spezialitäten, etwa Apfelstrudel und Sachertorte. Außerdem Snacks und Mittagstisch.

Bestes Gebäck – **Centro Ideal da Graça** **13** : Largo da Graça, 46, Straßenbahn 28, tgl. 8–22 Uhr. Hier genießen die Nachbarn bei einem Schwatz die große Auswahl an ausgezeichnetem Gebäck.

Günstige Hausmannskost – **Zé dos Cornos** **14** : Beco dos Surradores, 5, Tel. 218 86 96 41, Metro: Rossio, Mo–Sa 12–15, 19–21 Uhr, Hauptspeisen für ca. 8,50 € sind teilweise so groß, dass sie für zwei Esser reichen. Winzige Kneipe, fast immer voll. Der freundliche Wirt erklärt gerne gestenreich die Tagesgerichte auf der Tafel, etwa Schweinerippchen mit Bohnenreis oder Bacalhau mit Kichererbsen.

Mouraria, Castelo, Graça und Alfama

Bei den Johannas – **O das Joanas** `15` :
Largo do Intendente, 28, Tel. 218 87
94 01, Metro: Intendente, Mi–Mo 9–19
Uhr, Fr/Sa auch länger. Café winzig,
Terrasse um so größer. Ungewöhnliche Säfte, Snacks und Mittagstisch,
auch vegetarisch, am Wochenende
auch Brunch.

Einkaufen

Riesiger Trödelmarkt – **Feira da Ladra** `1` : s. S. 42.
Hochwertiges Kunsthandwerk – **Arte da Terra** `2` : s. S. 41.
Wertvolle Kacheln – **Museu Nacional do Azulejo** `23` : s. S. 137.
Handbemalte Reproduktionen – **Cerâmica** `3` : s. S. 42.
Gaumenkitzel – **Delidelux** `4` : Av. Infante D. Henrique Armazém B Loja 8,
Metro: Santa Apolónia, Di–Fr 12–22,
Sa 10–22, im Sommer jeweils bis 24
Uhr, So 10–20 Uhr. Internationale und
portugiesische Feinkost von höchster
Qualität. Auch Snackbar und Café mit
Tejoblick.
Originell – **Conserveira de Lisboa** `5` :
Rua dos Bacalhoeiros, 34, Metro: Terreiro do Paço, tgl. 9–19 Uhr. In dem
kleinen, original eingerichteten Laden
werden seit 1930 hochwertige portugiesische Konserven verkauft. Klar gibt
es Sardinen und Thunfisch, aber auch
Tintenfisch in Olivenöl oder Muscheln
in Tomatensauce und sogar eingelegten Stockfisch. Sehr schmackhaft.
CDs für das Fernweh – **Fado-Museum** `20` : s. S. 135.

Abends & Nachts

Essen & Kultur mit Aussicht – **Chapitô** `1` : s. S. 58.
Theater und mehr – **Santiago Alquimista** `2` : Rua de Santiago 19, Tel. 218
88 45 03, www.santiagoalquimista.
com, Straßenbahn 28, Bus 37, Do–Sa

20–4 Uhr. Kulturhaus auf verschiedenen Galerien in einer früheren Eisenwarenfabrik. Veranstaltungen von
Musik bis Theater, auch Theaterkurse,
Bar und Cafébetrieb.
Von Weltruf – **Lux Frágil** `3` : s. S. 45.
Kulturkooperative – **MOB** `4` :
s. S. 58.
Mit Terrasse – **Bar das Imagens** `5` :
Calçada Marquês de Tancos, 1–18, Tel.
218 88 46 36, Straßenbahn 12 und 28,
Di–So 16–24 Uhr. Der Hit ist die Terrasse, aber auch das sympathische Innere
und die guten Cocktails ziehen Theaterleute und Künstler an. Musik: Jazz,
Chill Out.
Beim Eisenbahner – **Clube Ferroviário** `6` : s. S. 44.
Kulturverein – **Casa Independente** `7` :
Largo do Intendente, 43, Tel. 218 87
51 43, www.casaindependente.com,
Metro: Intendente, Di–Do 11–24, Fr/
Sa 11–2 Uhr. Ebenso kurios wie angesagt: Mit einem Mix aus alten Möbeln
wurden die unterschiedlichen Räume
bestückt, dazu Bar und Restaurant mit
Terrasse im Innenhof, lebendiges Kulturprogramm.
Nostalgisch – **Anos 60** `8` : Largo do
Terreirinho, 21, Tel. 218 87 50 46,
https://pt-br.facebook.com/BarAnos60,
Metro: Martim Moniz, Di–So 22–4 Uhr.
Der Name trügt nicht: Musik aus den
1960er- und 1970er-Jahren beschallt
den Pub, manchmal auch live. Trotzdem auch junges Publikum.

Fado

Klassischer Gesang – **Clube de Fado** `9` : s. S. 47.
Urig – **A Baiuca** `10` : s. S. 47.
Es singt die Nachbarschaft – **Esquina de Alfama** `11` : s. S. 47.
Bei Argentina Santos – **Parreirinha de Alfama** `12` : s. S. 48.

**Die schmalen Gassen der
Alfama führen hinab zum Tejo**

Das Beste auf einen Blick

Baixa und Chiado

Highlight!

Elevador Santa Justa: Der Stadtlift, eines der Lissabonner Wahrzeichen, wurde von einem Schüler Gustave Eiffels erbaut. Etwas schwindelfrei sollten Sie sein, wenn Sie die holzgetäfelte Kabine über die Dächer der Baixa befördert. Zu Ihrer Beruhigung: Seit in Betriebnahme 1902 ist noch niemand runtergefallen. 5 S. 152

Auf Entdeckungstour

Go underground – eine archäologische Lehrstunde: Gruseln Sie sich in Gewölben unter der Stadt vor einem römischen Skelett und entdecken Sie grüne Pinienstämme, die vor Erdbeben schützen. 7 S. 154

Nostalgisch einkaufen: Lassen Sie sich entführen in einen Kolonialwarenladen wie aus dem Bilderbuch oder jene Konditorei, die den Königskuchen kreierte. S. 160

Kultur & Sehenswertes

Igreja da Conceição Velha: Die Jungfrau Maria im manuelinischen Portal schützt den Papst und insbesondere die portugiesische Königsfamilie. Falsche Bescheidenheit zeigten die Monarchen nicht. 16 S. 159

Museu do Chiado: Das wichtigste Museum im historischen Zentrum präsentiert nicht nur Portugals Kunst von 1850 bis heute, sondern auch uralte Backöfen aus dem 19. Jh. 21 S. 165

Aktiv unterwegs

Vini Portugal: Ihr Geschmack ist gefragt in der Probierstube Sala Ogival der portugiesischen Weingesellschaft, alles zu günstigem Preis und mit der Bitte um Ihr Urteil zur Qualität. 13 S. 158

Genießen & Atmosphäre

Rossio: Das Karree der Cafés mit dem Suiça, wenn Sie gediegene Kaffeehauskultur bevorzugen, und dem Nicola für alle, die sich im lupenreinen Art déco wohlfühlen. 1 S. 146

Largo do Carmo: Über Ihnen die Blätter exotischer Jacarandabäume, seitlich eine gotische Kirchenruine und ein barocker Brunnen, vor Ihnen das Getränk des Terrassencafés. S. 167

Abends & Nachts

Pensão Amor: Bar, Konzerte, Kabarett, Burlesken in plüschigem Ambiente. Die ›Liebespension‹ spielt mit der Historie des Gebäudes und dem Image des Hafenviertels. Aber keine Angst, heute gehts gesittet zu. 4 S. 45, 169

Opernhaus São Carlos: Zwar fehlt der Oper ein eigenes Ensemble, doch die Gastspiele im Rokokosaal zeugen oftmals von hoher Qualität. 20 S. 165

Das Lissabon der harmonischen Gegensätze

In Lissabons Zentrum stoßen Sie auf das architektonische 18. und 19. Jh. mit einem Hauch Moderne versehen. Sie finden Vielfalt auf engstem Raum: großzügige Plätze an der Seite schmaler Gassen, ein Lissabonner Traditionsgeschäft direkt neben H & M, das uralte Kaffeehaus in der Nachbarschaft der Studentenkneipe. Nur das Nachtleben macht einen großen Bogen um diese Stadtteile, besonders in der Unterstadt Baixa werden abends die Bürgersteige hochgeklappt.

Vor dem Erdbeben 1755 war die Baixa von einzeln stehenden Häusern und engwinkligen Gassen geprägt, in denen zum Leidwesen reicher Adliger nicht einmal Pferdekutschen einander passieren konnten. Unmittelbar nach der Katastrophe und dem völligen Zusammenbruch des Viertels organisierte Premierminister Marquês de Pombal den Aufbau eines neuen Lissabon und vertraute dabei unübersehbar auf Militäringenieure.

Acht parallel laufende geradlinige Hauptstraßen von 560 m Länge kreuzen sich im rechten Winkel mit acht Querstraßen, die sich über 380 m erstrecken. In der zentralen Flaniermeile Rua Augusta herrscht buntes Treiben. Sie mündet im Süden in die Praça do Comércio, im Norden in den Rossio. Dieses pulsierende Herz Lissabons erstrahlt nach grundlegender Sanierung in neuem Glanz. Voller Patina und zugleich fröhlichem Leben zeigen sich die umliegenden Kaffeehäuser.

Die Anhöhe des Chiado war nach der christlichen Eroberung Lissabons 1147 bevorzugter Siedlungsort einflussreicher religiöser Orden. Nach der Säkularisierung 1834 übernahmen Literaten, liberale Politiker und Dandys die Regie. Mit stilvollen Läden und Cafés, Theatern und der Oper wurde französischer Lebensstil kopiert. 1988 fielen 18 Gebäude einem Großbrand zum Opfer, der umsichtige Wiederaufbau gab Lissabon sein elegantes Zentrum zurück. Modern und Alt bilden dabei eine seltene Harmonie.

Infobox

Reisekarte: ▶ N/O 10/11

Routenverlauf
Beginn dieses Rundgangs ist der Hauptplatz **Rossio,** erreichbar mit der grünen U-Bahnlinie. Von hier aus geht's über die angrenzende Praça da Figueira durch die **Unterstadt** zur Praça do Comércio. Zurückgekehrt auf den Rossio führt an der südwestlichen Ecke die Rua do Carmo hügelaufwärts mitten in den **Chiado,** den Sie abenteuerlicher auch mit dem frei stehenden Aufzug **Elevador Santa Justa** erklimmen können.

Der Rossio

Beim Emporsteigen aus der Metrostation Rossio tauchen Sie ein in lichtes südländisches Treiben. In Stadtplänen finden Sie den 201 m langen und 91 m breiten **Rossio** 1 allerdings eher unter seinem amtlichem Namen Praça Dom Pedro IV. 1870 wurde zu Ehren dieses Königs, dem Wegbereiter eines liberalen Verfassungsstaates, eine Sta-

Der Rossio

Für viele der schönste Platz Lissabons: der Rossio

tue in den Mittelpunkt des Platzes gestellt und die offizielle Namensgebung besiegelt, die jedoch vom Volk nie angenommen wurde. Viele Lissabonner zweifeln gar, ob die Figur auf der 27,5 m hohen Säule wirklich ihren König Pedro darstellt, hatte doch der mit der Gestaltung beauftragte französische Bildhauer Elias Robert gerade das Standbild eines abgesetzten mexikanischen Königs übrig. Ob er dieses den gutgläubigen Portugiesen untergejubelt hat?

Der Rossio bildet den nördlichen Abschluss des Stadtviertels Baixa und entstand in seiner heutigen symmetrischen Anordnung nach dem verheerenden Erdbeben des Jahres 1755. Mit den Trümmern der zerstörten Häuser wurde das Terrain um einige Meter erhöht, um die damals häufigen Überschwemmungen bei Hochwasser zu verhindern. Seit dem Mittelalter war der Rossio das belebte und beliebte Zentrum Lissabons. Fröhlich ging es auf Märkten, Volksfesten oder bei Stierkämpfen zu, todernst bei den Autodafés des Inquisitionsgerichtes, das seit dem 16. Jh. seinen Sitz in einem Palast an der Stirnseite des Platzes einnahm. Böse Zungen behaupten, dass er als eines der ersten Gebäude beim Erdbeben einstürzte. Heute steht dort das **Nationaltheater Dona Maria II.** [2] (Praça Dom Pedro IV), ein klassizistischer Monumentalbau aus dem Jahre 1843, dessen künstlerische Blütezeit durch einen Brand in den prunkvollen Innenräumen 1964 ein jähes Ende fand. Auch nach umfangreichen Sanierungsmaßnahmen spielt das Theater aktuell nur mehr eine kulturelle Nebenrolle.

Die Häuserfassaden präsentieren sich in ihren historischen Farbtönen, die Gehwege sind verbreitert, zwei über hundertjährige Brunnen französischen Ursprungs restauriert und die

schwarz-weiße Straßenpflasterung erneuert. Ihr historisches Wellenmuster symbolisiert die Nähe des Meeres und erweckt den Anschein, als würde sich der Platz wellenförmig ins Unendliche fortsetzen. 1849 pflasterten Sträflinge durchschnittlich 27 m² Straßenfläche täglich. Anfänglich waren die einzelnen Wellen nummeriert und man verabredete sich beispielsweise für den Nachmittag auf der Welle Nr. 8. Der Erfolg der Pflasterung war so durchschlagend, dass seitdem in ganz Portugal wunderschöne Pflastermosaike die

148

Baixa und Chiado

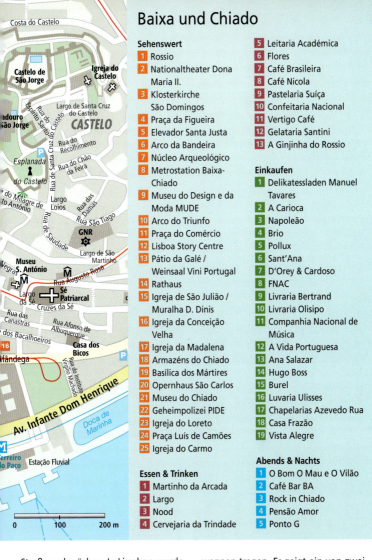

Sehenswert
1. Rossio
2. Nationaltheater Dona Maria II.
3. Klosterkirche São Domingos
4. Praça da Figueira
5. Elevador Santa Justa
6. Arco da Bandeira
7. Núcleo Arqueológico
8. Metrostation Baixa-Chiado
9. Museu do Design e da Moda MUDE
10. Arco do Triunfo
11. Praça do Comércio
12. Lisboa Story Centre
13. Pátio da Galé / Weinsaal Vini Portugal
14. Rathaus
15. Igreja de São Julião / Muralha D. Dinis
16. Igreja da Conceição Velha
17. Igreja da Madalena
18. Armazéns do Chiado
19. Basílica dos Mártires
20. Opernhaus São Carlos
21. Museu do Chiado
22. Geheimpolizei PIDE
23. Igreja do Loreto
24. Praça Luís de Camões
25. Igreja do Carmo

Essen & Trinken
1. Martinho da Arcada
2. Largo
3. Nood
4. Cervejaria da Trindade
5. Leitaria Académica
6. Flores
7. Café Brasileira
8. Café Nicola
9. Pastelaria Suíça
10. Confeitaria Nacional
11. Vertigo Café
12. Gelataria Santini
13. A Ginjinha do Rossio

Einkaufen
1. Delikatessladen Manuel Tavares
2. A Carioca
3. Napoleão
4. Brio
5. Pollux
6. Sant'Ana
7. D'Orey & Cardoso
8. FNAC
9. Livraria Bertrand
10. Livraria Olisipo
11. Companhia Nacional de Música
12. A Vida Portuguesa
13. Ana Salazar
14. Hugo Boss
15. Burel
16. Luvaria Ulisses
17. Chapelarias Azevedo Rua
18. Casa Frazão
19. Vista Alegre

Abends & Nachts
1. O Bom O Mau e O Vilão
2. Café Bar BA
3. Rock in Chiado
4. Pensão Amor
5. Ponto G

Straßen schmücken. In Lissabon wurde sogar eine Fachschule gegründet, um das Handwerk der Straßenpflasterer auch weiterhin am Leben zu erhalten.

Achten Sie auch auf die kunstvoll geschmiedeten Straßenlaternen, deren Spitzen das Lissabonner Stadtwappen tragen. Es zeigt ein von zwei Raben bewachtes Schiff, auf dem 1173 die Überreste des Lissabonner Schutzheiligen Vinzenz in die Stadt gebracht wurden. Ein Kleinod ist der Zeitschriften- und Tabakladen **Mónaco** in Nr. 21. Die gediegene Inneneinrich-

149

Baixa und Chiado

Mein Tipp

Ein Schlückchen Kirschlikör?
Ohne die vielen Menschen mit weißen Becherchen würde der winzige Ausschank **A Ginjinha do Rossio** 13 am Largo São Domingos wohl kaum auffallen. Sie alle genießen Lissabons flüssige Sauerkirsche Ginjinha. Der süße Likör ist sicher Geschmackssache, aber probieren kostet gerade mal etwas mehr als einen Euro. Und wenn's Ihnen gemundet hat, hier das Rezept für zu Hause: Füllen Sie frische Sauerkirschen, einen Liter Branntwein und 400 g Zucker in ein großes Glas, verschließen Sie es für zwei Monate gut, schütteln Sie es hin und wieder und fertig ist Ihre ganz persönliche Lissabonerinnerung. Übrigens wurde das Getränk in den Klöstern der Stadt erfunden. In ihren Gärten wuchsen viele Kirschbäume, deren Früchte auf diese Art schmackhaft konserviert wurden.

tung kontrastiert hier mit satirischen Kachelbildern und ausgestopften Vögeln unterhalb der bemalten Decke.

Die Cafés Nicola und Suiça
Zu einem geschäftigen Lissabonner Platz gehören unbedingt die Cafés. Bereits 1787 wurde in Nr. 25 das **Nicola** 8 vom Italiener Nicolau Breteiro eröffnet. Düstere Wandbilder vermitteln die Stimmung der vorliberalen Gründungszeit. 1837 wurde das Café geschlossen und erst 1929 wieder eröffnet, um sechs Jahre danach im Stile des Art Deco umgebaut zu werden. Am Ende der Kuchentheke ist noch der Kasten ›poste restante‹ erhalten, wohin sich Stammgäste ihre Korrespondenz schicken ließen. Auch die günstigen Preise richten sich erfreulicherweise nach den Lissabonner Stammgästen und nicht nach Touristenbörsen. Links vom Hinterausgang versteckt sich der Luxusableger, das **Nicola Gourmet** (Rua 1° Dezembro, 10), in dem die besten Kaffeesorten aus aller Welt verkauft werden. Ein Kilo des legendären Jamaica Blue Mountain geht für gut 118 € über die Ladentheke.

Gegenüber liegt die **Pastelaria Suíça** 9 (Nr. 96–104), 1923 im Stil der Wiener Kaffeehäuser gegründet, die an einer gesonderten meterlangen Theke die besten Kekse Lissabons kredenzt. Rosa Plüsch bestimmt das Interieur, bei schönem Wetter mögen Sie vielleicht den allerdings teureren Terrassenbetrieb vorziehen, der sich hier in den späten 1930er-Jahren etabliert hat. Damals strandeten viele Menschen aus Mitteleuropa auf der Flucht vor Hitler in Lissabon. Sie suchten die Freiheit, die Offenheit, die Wärme und setzten sich entgegen der hiesigen Gepflogenheit mit ihren Stühlen vor die Cafés ins Freie. Die weiblichen Flüchtlinge waren in dieser Zeit gar die ersten Frauen, die sich öffentlich in den Lissabonner Gaststätten zeigten.

Largo de São Domingos

An seiner nordöstlichen Seite geht der Rossio in den Largo de São Domingos über. Die **Klosterkirche** 3 gleichen Namens gehörte einst zu den reichsten Gotteshäusern der Gemeinde. Ihre Mönche bildeten im 16. Jh. das geistige Zentrum der Inquisition in Lissabon. Auf dem Vorplatz gedenken je ein Mahnmal der jüdischen Gemeinde, der katholischen Kirche und der Stadtverwaltung grauenvoller Judenpogrome im Jahre 1506. Auch mit dem Wiederaufbau nach einem Brand 1959 wollten die Verantwortlichen an diese schrecklichen Zeiten erinnern. Die Brandreste an Säulen und in Seitenkapellen blieben bewusst erhalten, Wände und Decke wurden in rote Farbe getaucht. Erinnerung an das Feuer und überzeugendes Mahnmal für die Verbrennungen Andersgläubiger.

Heute treffen sich hier viele Farbige aus den früheren Kolonien auf der Suche nach Heimatgefühlen, denn die Kirche hatte sich schon im 16. Jh. einer schwarzen Bruderschaft geöffnet.

Praça da Figueira

Errichtet über einer römischen Nekropole stand hier ab 1492 das erste nicht von einem Klosterorden geleitete, öffentliche Krankenhaus, das nach seinem Zusammenbruch im Erdbeben nicht wieder aufgebaut wurde. Stattdessen schuf man einen zweiten zentralen Platz als Gegengewicht zum Rossio, der auch als Ort für oppositionelle Zusammenrottungen beim Volk beliebt und von den damaligen Machthabern gefürchtet war. Der Markt wurde vom Rossio auf die **Praça da Figueira** 4 verlegt. Die spätere zentrale Lissabonner Markthalle, eine hübsche Eisenkonstruktion über 8000 m² Fläche, wurde 1949 abgerissen. An ihrer Stelle beherrscht noch das 1971 errichtete, unglücklich proportionierte Reiterstandbild des Königs João I. die Szene. Dabei hat es der einst bürgerfreundliche König wirklich nicht verdient, als verhältnismäßig kleine Figur auf einem viel zu großen Pferd zu erscheinen.

Eine entzückende Kuriosität bildet das **Puppenkrankenhaus** in Nr. 7, nicht nur wegen der hübschen Kachelung der Fassade. In acht Krankensälen im ersten Stock werden historische und moderne Puppen, denen Arme, Beine oder andere Körperteile abhanden gekommen sind, wieder zusammengeflickt. Eine verantwortungsvolle Tätigkeit, meint Puppenkrankenschwester Ana, denn Puppen haben Seelen, die es wiederzubeleben gilt. Einige kurierte Exemplare lächeln Sie in der Auslage an.

Am Südrand des Platzes soll in der **Confeitaria Nacional** 10 der traditionelle portugiesische Weihnachtskuchen *Bolo de Rei* erfunden worden sein. Wenige Schritte weiter lohnt ein Blick in den ehrwürdigen **Delikatessladen Tavares** 1 .

Durch die Baixa

Rua Augusta

Südlich des Platzes führt die einladende Fußgängerzone Rua Augusta in die Unterstadt Baixa. Straßencafés, Restaurants, Bekleidungsgeschäfte, Delikatessläden, Straßenkünstler sorgen für buntes Treiben. Schon im 19. Jh. wurde hier lange vor Erfindung des modernen Kühlschranks die Freu-

Baixa und Chiado

de am Speiseeis entdeckt. Die ersten Eisverkäufer transportierten in Stroh und Wolle verpackten Schnee aus dem 300 km entfernten Gebirge Serra da Estrela auf Eselskarren nach Lissabon. Was an Gefrorenem übrig blieb, wurde mit Zitronensaft versetzt und als Sorbet angeboten. Die alte Inschrift Casa da Neve – ›Haus des Schnees‹ – befindet sich noch heute am Eckhaus von Rua da Prata und Rua de São Nicolau. Ob mit oder ohne Eis macht es Spaß, die kunstvoll gepflasterte Straße hinabzuschlendern. Durch einen Triumphbogen am unteren Ende reicht der Blick bis zum Tejo.

Revolutionär war der Wiederaufbau nach dem Erdbeben von 1755 in standardisiertem Fertigbau. Manufakturen außerhalb der Stadt fabrizierten die genormten Haussteine, die vor Ort in festgelegter Reihenfolge ineinander gefügt wurden, als wären sie Legosteine. Deutlich zeigt sich die Uniformität an Türen, Fenstern und einer gleichmäßigen Traufhöhe. Keine aufwendigen Schmuckelemente zieren die Gebäude, weder Paläste noch Kirchen durchbrechen das städtebauliche Gefüge. Händler und Handwerker richteten ihre Läden und Werkstätten im Erdgeschoss ein, in den nächsten beiden Stockwerken befanden sich Lager- und Büroräume, darüber die Wohnräume sowie unter dem Mansardendach billige Mietswohnungen für die Dienstboten.

Diese funktionale und soziale Aufteilung der Häuser war weltweit einzigartig. Doch ein einziger Blick zu den oberen Stockwerken zeigt, dass heute viele Wohnungen verlassen sind. Weniger als 5000 Bewohner zählt die gesamte Baixa aktuell. So avancieren die aufwendige Sanierung und kulturelle Wiederbelebung des Viertels zur vorrangigen Aufgabe der Lissabonner Stadtpolitik (s. S. 95).

Elevador Santa Justa ! 5

Rua do Ouro, Mo–Sa 7–22.45,
So und im Winter 7–21.45 Uhr

Westlich der Rua Augusta erhebt sich vor Ihren Augen die filigrane Eisenkonstruktion des frei stehenden Stadtlifts Elevador Santa Justa, ein unverwechselbares Wahrzeichen Lissabons. Erbaut im Jahre 1902 von Mesnier du Ponsard, einem Schüler Gustave Eiffels, funktionierte er zunächst mit Dampfantrieb, weshalb sein Dach in 45 m Höhe damals noch von zwei dezenten Schornsteinen geziert wurde.

Seit 1907 werden die beiden holzgetäfelten Kabinen mit Strom gespeist. Sie verbinden die Unter- mit der Oberstadt. Auf der oberen Plattform erwartet Sie ein phänomenaler Ausblick auf ganz Lissabon, hinüber zur Burg und zum silbern funkelnden Tejo. Besonders hübsch präsentieren sich von dieser schwindelnden Höhe die mit schwarzen Basaltsteinen ins weiße Straßenpflaster eingelegten Namenszüge traditionsreicher Geschäfte der Baixa.

Über eine metallene Wendeltreppe gelangen Sie auf eine noch höher gelegene Aussichtsterrasse, allerdings wird hierfür Eintritt fällig (ca. 1,50 €, am Aufgang zu bezahlen). Ein luftiger Zugang dicht oberhalb der Hausdächer führt vorbei an der Ruine der Carmo-Kirche in den Stadtteil Chiado. Noch zwei Tipps: In der Hochsaison bilden sich oft lange Warteschlangen, kommen Sie dann lieber am frühen Morgen oder in den Abendstunden. Und: Ihr normales ÖPNV-Ticket gilt auch in diesem Aufzug.

Rua dos Sapateiros

Hinter dem **Arco da Bandeira** 6 , dem Eingangsbogen zur Rua dos Sapateiros vom Rossio aus, erinnert eine mit floralen Dekoren umfasste Jugendstilfassade eines der ersten Kinos Lissabons

Durch die Baixa

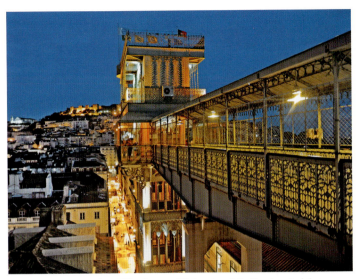

Elevador Santa Justa: Ein Schüler Gustave Eiffels entwarf die Eisenkonstruktion

an eine glorreiche Kulturepoche. Der aktuelle Zeitgeist hat allerdings eine Peepshow in die ehrwürdigen Räumlichkeiten einziehen lassen.

Am unteren Ende der Straße reizt ein knallig bemalter Gebäudekomplex das Auge. In einem erfolgreichen Pilotprojekt wurde dort ein verfallenes Wohnhaus saniert und in ein Studentenwohnheim umgewandelt. Die Belegung der 73 Wohnungen mit jungen Leuten, die etwa 300 € Miete zahlen müssen, bildet einen wichtigen Beitrag zur Wiederbelebung der Baixa.

Sehenswertes in den Seitenstraßen

Viele Straßennamen erinnern an die Berufszweige, die hier angesiedelt waren. In der Rua dos Fanqueiros lebten und arbeiteten Leinenhändler, in der Rua dos Douradores die Vergolder, in der Rua da Prata Silberschmiede, in der Rua do Ouro finden sich bis heute zahlreiche Goldschmiede. In der Rua dos Correeiros lagen die Werk- und Wohnstätten der Sattler. Seit 2013 führt der öffentliche Aufzug **Elevador da Baixa** im Wohnhaus Rua dos Fanqueiros 176 hinauf in die Rua da Madelena (Nr. 151), um so den Aufstieg zur Burg zu erleichtern.

U-Bahnhof Baixa-Chiado 8

Einen kurzen Abstecher lohnt die U-Bahnstation Baixa-Chiado, die in das Stadtviertel des 18. Jh. einen Hauch von Moderne brachte. Anlässlich der Weltausstellung wurde hier 1998 der neue Umsteigebahnhof für die grüne und blaue Linie eröffnet, eine monumentale, in weiß gehaltene Hallenkonstruktion 45 m unterhalb der Erde. Der portugiesische Stararchitekt Álvaro Siza Vieira überwindet die gut 100 m Höhendifferenz zwischen den beiden Stadtteilen Baixa ▷ S. 156

153

Auf Entdeckungstour: Go underground – eine archäologische Lehrstunde

Bei Grabungen für eine Tiefgarage stieß Portugals größte Privatbank unterhalb ihrer Zentrale auf architektonische Überreste aus fast drei Jahrtausenden. Aus den Autostellplätzen wurde daraufhin nichts, stattdessen gibt es nun Lissabons Geschichte wie in einer Nussschale zu bewundern.

Reisekarte: ▶ Karte 2, E 5,
Cityplan: s. S. 149
Für wen: (Freizeit-)Archäologen und Reisende, die sich für die Stadtentwicklung Lissabons seit der römischen Epoche jenseits trockener Museumsbesuche interessieren.
Planung: Ca. halbstündige Führungen in Portugiesisch und Englisch, Mo–Sa 10–12, 14–17 Uhr, jeweils zur vollen Stunde, Eintritt frei.
Start: Banco Millennium BCP, Rua dos Correeiros, 9 und Rua Augusta, 96.

Eng und schummrig führt die Treppe unter die Bank Millennium BCP in der Rua dos Correeiros (Nr. 9). 17 Archäologen hatten in dem Kellergewölbe vier Jahre lang gegraben und 3000 m³ Erde bewegt. Ihre Arbeit wurde mit dem **Núcleo Arqueológico** [7] belohnt, in dem sich fast die gesamte Historie Lissabons wie unter einem Brennglas bündelt.

Der Besuch gestaltet sich allerdings ein wenig abenteuerlich. Die Luft ist feucht, manche Stellen sind nur tief gebückt zu passieren. Dafür gibt es allerhand zu entdecken, etwa die Tanks, in denen die Römer ab dem 1. Jh. v. Chr. Fische durch Salz konservierten und dank des Handels mit dem kostbaren Nahrungsmittel eine wichtige Einnahmequelle für die Stadt erschlossen. Selbst in Trier fanden Archäologen römische Transportgefäße aus Lissabon. Damals reichte der Tejo weit in die heutige Baixa hinein, die noch dazu von einem heute versiegten Fluss durchzogen wurde. Eine Wandkarte veranschaulicht die städtebaulichen Veränderungen im Laufe der Jahrhunderte.

Ein schauriges Skelett
Geometrische Mosaike zierten ein reiches Badehaus, das im 3. Jh. n. Chr. angebaut wurde, als Lissabon eine frühe Blütezeit erlebte. Ein klein anmutendes, aber dennoch reichlich gruselig wirkendes männliches Skelett symbolisiert den Niedergang der römischen Herrschaft. Im Leben hatte es sich um einen stattlichen, etwa 40-jährigen Mann gehandelt, doch mit der Verwesung verschwand die Knorpelmasse und das Gerippe zog sich zur heutigen Größe zusammen.

Mauerstücke, Spielfiguren und Keramiken erinnern an die nachfolgende Hochkultur der Araber um die erste Jahrtausendwende. Sie hatten über den römischen Funden ihre Wohnhäuser errichtet, die nach der christlichen Rückeroberung 1147 von den neuen Herrschern weiter bewohnt und erweitert wurden. Diese hinterließen eine unscheinbare Kostbarkeit der besonderen Art, ausgestellt in einer benachbarten Vitrine: Der Tonfigur des Schutzheiligen Antonius aus dem 18. Jh. fehlt der Kopf. Dieser war ihm von enttäuschten Gläubigen abgeschlagen worden, weil er ihre Gebete nicht erhört hatte. Aber auch kunstvolle historische Wandkacheln, Münzen und Fayencen sind zu bestaunen.

Wiederaufbau nach dem Erdbeben von 1755
Fast revolutionär modern gestaltete sich der Wiederaufbau nach dem verheerenden Erdbeben von 1755 – selbst dieser lässt sich aus der ungewöhnlichen Kellerperspektive nachvollziehen, auch wenn Sie sich etwas an das dunkle Licht gewöhnen müssen. Unter Ziegelsteinbögen verbirgt sich eine Fachwerkkonstruktion hinter dem Putz und sorgt dank der Flexibilität der Holzbalken für Erdbebensicherheit. Grüne Pinienstämme ziehen Grundwasser aus dem Boden und sind so bis heute vor dem Verfall geschützt.

Doch inzwischen ist die gesamte Bausubstanz in der Baixa akut gefährdet, da für den Bau von U-Bahnen und Tiefgaragen der Grundwasserspiegel so weit abgesenkt wurde, dass die Stämme austrocknen und in der Folge langsam zerbröseln. In den Ausstellungsräumen sorgt ein ausgeklügeltes System der Luftbefeuchtung für den notwendigen Ausgleich. Einen Regenschirm muss deswegen kein Besucher für die packende Führung in portugiesischer und englischer Sprache mitbringen …

Baixa und Chiado

und Chiado durch eine faszinierende Aneinanderreihung langer Rolltreppen. An keiner Stelle verlieren Sie die Gesamtansicht über den großzügigen Komplex, der vollständig mit weißen Azulejos aus der Werkstatt des Künstlers Ângelo de Sousa ausgekleidet ist. Nur nahe der Ausgänge sind sie mit vergoldeten Linien im Stile arabischer Schriftzeichen durchbrochen.

Museu do Design e da Moda MUDE 9

Rua Augusta, 24, www.mude.pt, Di–So 10–18 Uhr, Eintritt frei
Fast interessanter als die Ausstellungsstücke ist die innenarchitektonische Ausgestaltung des Museums. Die einstigen Schalterräume einer Bank wurden ihres Interieurs beraubt und auf den nackten Beton reduziert. Der Schwerpunkt der Sammlung liegt auf Einrichtungsgegenständen und Kleidern der letzten Jahrzehnte. Kurze Filme stellen sie in ihren zeitlichen Kontext. Das aus den Anfangsbuchstaben des Museumsnamens gebildete *mude* bedeutet übrigens: Verändern Sie sich!

Arco do Triunfo 10

Durch den klassizistischen Triumphbogen, 1873 nach Pariser Vorbild fertiggestellt, führt die Rua Augusta auf die Praça do Comércio. Über dem Bogen thront die Ruhmesgöttin und krönt Geist und Tapferkeit. Darunter befinden sich links vom portugiesischen Wappen der lusitanische Freiheitskämpfer Viriatus und der Seefahrer Vasco da Gama, sowie rechts Staatskanzler Marquês de Pombal und der Feldherr Nuno Álvares Pereira. Flankiert werden sie von Allegorien der Flüsse Tejo und Douro. Die Aussichtsplattform auf der Spitze ist per Aufzug zu erreichen (tgl. 9–19 Uhr, Eintritt 2,50 €).

Praça do Comércio 11

Die Praça do Comércio, einer der größten Plätze Europas, war als städtischer Hauptplatz geplant. Hier öffnet sich Lissabon dem Fluss und dem Meer, hier erhob sich vor dem Erdbeben das königliche Schloss. Doch vielleicht gewinnen Sie auch den Eindruck: Die Architekten hatten es wohl ein wenig zu gut gemeint, der Platz ist zu groß geraten, als dass er wirklich mit Leben zu füllen wäre. Zweifellos imposant zeigt er sich vom Fluss aus mit den sich im Hintergrund abzeichnenden Umrissen der Stadthügel. Einsam erhebt sich das Reiterstandbild von König José I. in der Mitte, Lissabon den Rücken zu-

Durch die Baixa

gekehrt, wie es der schwächliche König auch tatsächlich getan hatte. Nach dem Erdbeben setzte er immerhin 20 Jahre keinen Fuß mehr in die Stadt und kehrte erst an seinem Geburtstag 1775 zur pompösen Einweihung eben dieses Denkmals zurück.

In Nachahmung des früheren Schlosses werden die klassizistischen Arkadenhäuser, die den zum Tejo hin offenen Platz an drei Seiten umlaufen, von rechteckigen, gedrungenen Türmen abgeschlossen. Schon zu königlichen Zeiten wurde das Café-Restaurant **Martinho da Arcada** 1 an der nordöstlichen Ecke gegründet, es war eines der Stammlokale des Dichters Fernando Pessoa. Seitlich vom Tresen zeigt ein Kachelbild des Dichters Konterfei in Lebensgröße. Gegessen wird in einem angrenzenden Gastraum, in dem Briefe von und an Pessoa hinter Bilderrahmen aufgehängt sind.

Inzwischen sind rund um den autofreien Platz zahlreiche Terrassencafés entstanden. Ein multimediales **Lisboa Story Centre** 12 (Nr. 78–81) bietet eine spannende, wenn auch unkritische Reise durch die Stadtgeschichte. Fast meint man, den wenig feinen Geruch der römischen Fischpaste Garum selbst zu schmecken, dann vibriert der Raum, wenn ein Film über das Erdbeben läuft, Pan-

Lissabons weitläufiger Empfangsplatz zieht bis heute Stadtbesucher in seinen Bann

157

Baixa und Chiado

zer dröhnen durch die Nelkenrevolution. Doch Sklaverei oder Diktatur werden geflissentlich übergangen (tgl. 10–20 Uhr, Eintritt 7 € inkl. Audioguide in dt.).

An der nordwestlichen Ecke entschieden sich während der Zeit des deutschen Faschismus viele Schicksale. Im einstigen Postamt trafen die Nachrichten für die Flüchtlinge ein, eine eingehende Geldanweisung konnte die Fortsetzung der Flucht nach Amerika bedeuten, ihr Ausbleiben die Zeiten der Unsicherheit verlängern.

In der gleichen Häuserzeile trägt heute der 300 m² umfassende Weinsaal **Vini Portugal** (siehe Tipp unten) zur genussvollen Belebung des Platzes bei. Am benachbarten **Patio da Galé** 13 definiert sich das **Tourismusamt Ask me Lisboa** als Schaufenster der Stadt. Diesem ist dem Andenkenladen Lisbon Shop angeschlossen, zu dem man über die nördlich des Gebäudekomplexes verlaufende Rua do Arsenal (Nr. 15) gelangt, in der einst

---

Mein Tipp

Portugiesische Weinprobe

Zur Weinprobe im **Weinsaal Vini Portugal** des **Pátio da Galé** 13 lädt Sie die portugiesische Winzervereinigung ein! Während Sie einen guten Tropfen genießen, können Sie in Informationsmaterialien blättern oder sich in die Betrachtung historischer Geräte zur Weinherstellung versenken. Und Sie werden bestimmt überrascht sein von der Qualität der portugiesischen Weine. Wenn Sie sich für einen guten Tropfen interessieren, planen Sie ruhig mal ein Stündchen ein (Di–Sa 11–19 Uhr, 2 € für 2 bis 4 Weine).

---

die Schiffsbauer ihrem Gewerk nachgingen.

Rathaus 14

An der gegenüberliegenden Straßenseite erhebt sich das klassizistische, zwischen 1866 und 1875 errichtete Rathaus. Die elegante Fassade kulminiert in einem mit Reliefs geschmückten Giebelfeld, das von vier Säulen getragen wird.

Das prunkvolle, von einer Kuppel überwölbte Treppenhaus aus Marmor führt zur Galerie im ersten Stock. Ein Deckengemälde von José Rodrigues stellt Lissabon allegorisch als Frau dar, der die Stadtväter als Priester untertan sind. In dieser geistlichen Erhöhung wie auch in der Symbolik von Sternen und Rosen manifestiert sich die Bedeutung der Freimaurerei, die Wegbereiterin der bürgerlichen Revolution in Portugal war und noch immer große Anhängerschaft unter der politischen und ökonomischen Elite des Landes besitzt. Wo heute die schwarz-weißen Stadtflaggen grüßen, wurde am 5. Oktober 1910 vor einer jubelnden Menschenmenge auf dem Rathausbalkon die bürgerliche Republik proklamiert. In der Mitte des Platzes steht ein neomanuelinischer Pranger, der kunstvoll aus zwei miteinander verbundenen Säulen gedreht ist. An diesem steinernen Ausdruck für kommunale Gerichtsbarkeit wurden bis ins 19. Jh. Verbrecher zur Schau gestellt.

Igreja de São Julião und Muralha D. Dinis 15

Di–Sa 10–18 Uhr, Eintritt frei

Hinter dem Rathaus in der Rua de São Júlião wurde eine der wenigen innerstädtischen Kirchen aus der Zeit nach dem Erdbeben von der Bank von Portugal sehr aufwendig restauriert. Das alte Mauerwerk wurde so weit als möglich erhalten und behutsam durch neue Wände ergänzt. Ein architektonisches Spannungsfeld, gut gelöst. Zudem wurden Teile der ursprünglichen Stadtmauer aus der Herrschaftszeit Dom Dinis im 13. Jh. freigelegt.

Igreja da Conceição Velha 16
Rua da Alfândega, 108, Mo–Fr 9–17, So 10–13 Uhr, Eintritt frei
Unmittelbar östlich der Praça do Comércio stand einmal die größte Synagoge der Stadt, das Zentrum des geistigen und weltlichen Lebens der einflussreichen jüdischen Gemeinde. Sie wurde mit der einsetzenden Judenverfolgung 1496 zerstört. An gleicher Stelle durchbricht heute das manuelinische Portal der Igreja da Conceição Velha die pombalinische Häuserfront, die einst zu den kostspieligsten Lissabonner Kirchen zählte. In der ersten Hälfte des 16. Jh. von den Baumeistern des Belém-Klosters entworfen, überdauerte nur der Kircheneingang das Erdbeben, während der opulente Innenraum ausbrannte. Die Ähnlichkeit mit dem Vorbild ist unverkennbar, auch wenn die Ansicht durch den eng vorbeifließenden Autoverkehr beeinträchtigt wird.

Auffallend viele weibliche Engel, fein ziselierte Blumen, kunstvoll gearbeitete Pfaue, Hunde, Sphärenkugeln und das Kreuz des Christusritterordens zieren die prachtvolle Fassade. Im Giebelfeld breitet die Jungfrau Maria ihren schützenden Mantel über die Kirchenstifter König Manuel und Königin Leonor, Papst Leo X. und weitere historische Figuren aus. Im Inneren der Kirche, die 1770 wieder aufgebaut wurde, datiert nur die Kapelle des Allerheiligsten, der heutige Hochaltar, aus der Zeit vor dem Erdbeben. Im Gegensatz zum gegenwärtigen Straßenverkehr herrschte im 17. Jh. vor dem Kirchenaufgang noch ein reges

Mein Tipp

Kunstreiche Tejofahrt
Seit 2014 verbindet eine attraktive Uferpromenade den Praça do Comércio mit dem Cais do Sodré. Mittendrin liegt das Ausflugsschiff **Trafaria Praia** vor Anker. Die einstige Hamburger Fähre Pöseldorf wurde von der angesagten Künstlerin Joana Vasconcelos für die Kunstbiennale von Venedig mit blauweißen Kacheln und allerlei Stoffen umgestaltet und lädt inzwischen zu Besichtigung und Flussfahrt (tgl. 10–13, 14–19 Uhr, Besichtigung 6 €, Fahrpreis 18 €).

Handeln. Blinde vertrieben Gazetten, Seeleute ließen sich tätowieren, Bauern verkauften Blumen, Gemüse und Kräuter.

Igreja da Madalena 17
Largo da Madalena, 1, Mo–Sa 8–19, So 9–13 Uhr, Eintritt frei
Die nördlich gelegene Magdalenenkirche wurde wohl schon vor 1164 errichtet, durch Feuer und Erdbeben aber mehrmals zerstört und in fast jedem Jahrhundert restauriert. Das manuelinische Portal inmitten der klassizistischen Fassade jedoch hat das Erdbeben überdauert. Einst zählte die Gemeinde zu den reichsten Lissabons, heute werden im Inneren viele religiöse Gemälde aus anderen städtischen Kirchen und Klöstern aufbewahrt. Werfen Sie Ihren Blick auf das Kreuz des Senhor Jesus dos Perdões in einer Kapelle rechts vom Altar. Laut Volksglauben durchschnitt dieser »Herr Jesus der Vergebungen« mit seiner rechten Hand die Fesseln unschuldig Verurteilter und führte sie so in die Freiheit.

Auf Entdeckungstour:
Nostalgisch einkaufen!

Lissabons historisches Zentrum bildet ein bezauberndes Biotop aus herrlich romantischen Fachgeschäften. Manche Ladeneinrichtung blieb sogar schon seit über einem Jahrhundert unverändert. Und so fühlt man sich bei einem Einkaufsbummel in alte Zeiten versetzt und kann jedes noch so abseitige Objekt der Kaufbegierde aufstöbern.

Cityplan: s. S. 149

Für wen: Schaufensterbummler, aber auch für Shopping-Muffel mit Sinn für nostalgische Ästhetik.

Planung: Der Spaziergang führt zu den Traditionsläden rund um den **Rossio** 1 und im Chiado. Er kann gerne auch auf die angrenzenden Stadtviertel Baixa und Bairro Alto ausgedehnt werden, wo sich ähnlich hübsche Geschäfte finden lassen. Erholung und Stärkung zwischendurch finden Sie in den zahlreichen urigen Cafés am Wegesrand, die meisten mit einladendem Terrassenbetrieb.

Dauer: Je nach Lust und Laune.

Öffnungszeiten: Mo–Sa 10–19 Uhr, einige große Läden teilweise bis 22 Uhr und zusätzlich sonntags.

Rund um den Rossio

Ausgangspunkt für einen nostalgischen Einkaufsbummel ist der 1886 gegründete stilvolle Hutladen **Chapelarias Azevedo Rua** 17 am Rossio 73. Dort können Sie Ihren Hut sogar maßschneidern lassen. Eine eigene Faszination üben die Putzmittel, Shampoos, Schminke und Perücken aus, die sich seit 1933 in der **Drogaria São Domingos** in der Parallelstraße Rua Dom Antão de Almada 4A bis zur Decke stapeln. Schauspieler und Schwarzafrikaner bilden die Stammkundschaft. Schräg gegenüber können Sie sich im Feinkostladen **Manteigaria Silva** (Nr. 1C) die Qualitätsunterschiede zwischen norwegischem und isländischem Stockfisch erklären lassen.

Süßes dagegen kredenzt die **Confeitaria Nacional** 10 an der Praça da Figueira (Nr. 18), die Schleckermäuler seit 1829 mit Keksen versorgt und einst den königlichen Weihnachtskuchen *bolo de rei* erfunden hatte, eine Art portugiesischer Christstollen. Wenige Schritte weiter bietet der Kolonialwarenladen **Tavares** 1 (Rua da Betesga, 1) zwischen 150 Jahre altem Mobiliar wohlschmeckenden Käse, Würste, Trockenfrüchte und Weine an.

Wieder auf dem Rossio finden Sie Art déco beim Juwelier **Ferreira Marques** (Nr. 7–9) und der **Tabacaria Mónaco** (Nr. 21) direkt neben dem **Café Nicola** 8 . Am Eingang zeigt der Kachelkünstler Bordalo Pinheiro fidele Frösche, die rauchen oder sich seelenruhig vom Storch aus der Zeitung vorlesen lassen.

Klein aber fein

Auch die Fassade des Juweliers **Joalharia do Carmo** zu Beginn der in den Chiado hinaufführenden Rua do Carmo (Nr. 87B) glänzt im Art déco. Kaum mehr als eine Handbreit misst die **Luvaria Ulisses** 16 Lissabons kleinstes Geschäft (Nr. 87A). Feine Handschuhe bilden das Metier und schon die Anprobe wird zum Erlebnis. Zunächst werden die Handschuhe geweitet, mit Talkum gepudert, Ihr Ellenbogen auf ein rundes Lederpolster postiert und endlich das erwählte Modell wie eine zweite Haut sanft übergestreift.

Auf der Rua Garrett

Die elegante Rua Garrett bezaubert mit einem attraktiven Nebeneinander von ehrwürdigen und modernen Luxusläden. Dank der vornehmen Inneneinrichtung und restaurierten Deckenbemalung sollten Sie einen Blick in die unter dem Namen Tous wiedereröffnete **Ourivesaria Aliança** werfen (Nr. 50). Hinter der bereits 1723 gegründeten Buchhandlung **Bertrand** 9 (Nr. 73–75) lohnt der Abstecher zu **A Vida Portuguesa** 12 (Rua Anchieta, 11) mit nostalgischen Hautcremes, Kinderspielzeug, Olivenöl oder Sardinenbüchsen im umwerfenden Charme der 1950er- und 1960er-Jahre.

Zurück auf der Rua Garrett könnten Sie auch deutsche Zahnpasta in der Apotheke **Durão** (Nr. 90) erwerben, auf jeden Fall aber der kunstvollen Stuckdecke Beachtung schenken. Und falls Sie selbst, Ihre Kinder oder Enkel kurz vor der Hochzeit stehen, schauen Sie im Aussteuergeschäft **Paris em Lisboa** (Nr. 77) vorbei, das seinerzeit die letzte Königin Amélia ausstattete und dessen Holzregale sich aus monarchistischen Zeiten herübergerettet haben.

Und zum Abschluss müssen Sie unbedingt noch ins wunderhübsche Kaffeegeschäft **A Carioca** 2 (Rua da Misericórdia, 9). Es gehört zur letzten verbliebenen privaten Rösterei in Lissabon. Der Kaffee ist immer frisch, die Mischungen werden auf Wunsch individuell zusammengestellt.

Baixa und Chiado

Spaziergang durch den Chiado

Der schönste Weg von der Baixa auf die Höhen des Chiado führt über den Rossio. Sie werden überrascht sein von der Unterschiedlichkeit der benachbarten Stadtteile: der eine erbaut nach den streng absolutistischen Vorstellungen des 18. Jh., der andere die bürgerlich-liberale Atmosphäre des 19. Jh. versprühend. Viele Kirchen und Pfarrgemeinden auf engstem Raum zeugen allerdings von der einst starken klerikalen Prägung des Chiado und gerade die mächtigsten Gebäude wurden von Mönchen oder Nonnen bewohnt, bevor bürgerlich-profanes Leben Einzug hielt: Das mondäne Kaufhaus Armazéns do Chiado entstand in den Mauern des Convento Espírito Santo da Pedreira, die Nationalbibliothek und die staatliche Kunsthochschule nutzten das Franziskanerkloster, ein Theater, eine Bierbrauerei und ein Restaurant zogen in das Trinitätskloster ein, das Zivilgericht siedelte sich im Frauenkloster Boa Hora an und das Militär im Karmeliterkloster.

Cafés und Restaurants öffneten und es entstand eine für Portugal charakteristische Verbindung von Gastronomie und kulturell-politischem Leben: während eines gemeinsamen Essens wurden Zeitungsartikel, Theaterstücke und parlamentarische Redebeiträge verfasst, politische Allianzen geschmiedet oder Intrigen ausgeheckt.

Rua do Carmo

Der Rundgang beginnt in der Rua do Carmo am südwestlichen Rande des Rossio, auch Praça Dom Pedro IV. Der königliche Namensgeber verkörperte nach einem zehnjährigen Bürgerkrieg

wie kein anderer den Übergang Portugals vom Ancien Régime zu einem liberalen Verfassungsstaat, unter dessen Schutz sich der Chiado zum eleganten, geistigen und kulturellen Zentrum der Stadt entwickelte.

Die Rua do Carmo mit ihren nostalgischen und hochmodernen Geschäften blieb während vieler Jahrzehnte erklärtes Einkaufsmekka einer einkommensstarken Klientel. Überspannt wird sie vom Übergang des Elevador Santa Justa. Kurz davor müssen sie vielleicht zweimal hinschauen, um Lissabons kleinstes Geschäft zu entdecken, den **Handschuhladen Ulisses** 16 (Nr. 87 A). Wenige Häuser weiter bilden sich im Sommer Schlangen vor der **Gelataria Santini** 12 mit dem vielleicht besten Eis der Stadt. Unübersehbar hingegen erstrahlt gegenüber die vom französischen Eklektizismus des frühen 20. Jh. inspirierte Fassade des ehemaligen Kaufhauses **Grandella** (Nr. 42) in neuem Glanz und verleiht der Straße eine besondere Eleganz. Dezent neu bemalt, können Sie noch den Leitspruch des Bauherrn lesen: *Sempre no bom caminho* – Immer auf dem richtigen Weg.

Doch in der Wäscheabteilung dieses Kaufhauses nahm am 25. August 1988 ein verheerender Großbrand seinen Anfang und es wurde gemunkelt, dass der damalige Besitzer aus Spekulationsgründen selbst Hand angelegt habe, hatte doch offenbar das Grandella den richtigen Weg verlassen und stand kurz vor dem finanziellen Ruin. Gerichtlich wurde er freigesprochen, in das Gebäude hat inzwischen Hennes & Mauritz Einzug gehalten.

All die sorgfältig restaurierten Häuser im oberen Bereich der Straße veranschaulichen die baulichen Interventionen unter Leitung des portugiesischen Architekten Siza Vieira nach der Feuersbrunst, die letztlich

Spaziergang durch den Chiado

auf die baulichen Mängel des Chiado zurückzuführen war. Zwar verfügte das Viertel ab 1878 als erster Stadtteil über eine elektrische Straßenbeleuchtung, doch wurden sehr bald die Modernisierung von Häusern oder die verkehrstechnische Erschließung des Viertels sträflich vernachlässigt. Selbst in den großen Kaufhäusern fehlten Feuermelder oder Feuerlöscher und in der Rua do Carmo verhinderten fest betonierte Blumenkübel ein schnelles Eingreifen der Feuerwehr.

Rund um die Armazéns do Chiado 18

Ein weiteres mondänes Kaufhaus, die Armazéns do Chiado (Rua do Carmo, 2), fiel den Flammen zum Opfer. Das wieder aufgebaute Einkaufszentrum steht exemplarisch für den typischen Funktionswandel alter Klostergemäuer. Der Orden Santo Espírito da Pedreira widmete sich in diesem Konvent vornehmlich der christlichen Bemäntelung von jüdischen Handelsgeschäften und kam so im 15.–18. Jh. zu großem Reichtum und politischem Einfluss. Nach der Säkularisierung 1834 funktionierte es zwischenzeitlich als aristokratisches Nobelhotel, bis es Ende des 19. Jh. in Lissabons größtes Kaufhaus umgewandelt wurde. Interessanterweise beherbergt es heute neben der ansprechenden Shopping Mall abermals ein stilvolles Hotel, das Regency Chiado.

Das faszinierende Sanierungskonzept Siza Vieiras orientierte sich an den historischen Vorgaben und behielt die kargen pombalinischen Fassaden einschließlich historischer Details wie die grüne Bemalung der Fensterrahmen bei. Zwischenzeitliche bauliche Modifikationen, wie das Art-déco-Schaufenster von Au Bonheur des Dames an der Ecke zur Rua Garrett blieben erhalten. Etwa ein Viertel der renovierten Fläche wurde in Wohnraum umgewandelt, um dem weit vorangeschrittenen Bevölkerungsexodus Einhalt zu gebieten. Illegale Bebauung von Hinterhöfen wurde beseitigt und selbige öffentlich zugänglich gemacht.

Eine dieser ruhigen Oasen verbirgt sich unmittelbar zu Beginn der Rua Garrett auf der linken Seite, hinter den von Siza Vieira eingeführten Eingängen mit Rundbögen. Den kühnen Wiederaufbau unter Beibehaltung der historischen Baustrukturen kann man heute als gelungenes Wagnis feiern. 2015 erfolgte der Abschluss mit dem Bau eines Aufzugs zur neuen Terrasse unter der Carmo-Kirche.

Rua Garrett

Obwohl keine 400 m lang galt die Rua Garrett, benannt nach dem romantischen Dichter und Begründer des nahen Nationaltheaters Almeida Garrett (1799–1854), als Zentrum des Chiado, wo die feine Gesellschaft flanierte. Paris wollte sie in Lissabon finden, und Paris em Lisboa ist bis heute der Name des eleganten Tuchgeschäfts in Nr. 77. Weitere traditionelle Geschäfte lassen vergangene Welten erahnen, seien es hochkarätige Juweliere, elitäre Modegeschäfte, Buchhandlungen, Apotheken und Blumenläden. Allerdings mussten in den letzten Jahren doch einige den Boss-, Nike- oder Swarovski-Shops weichen.

Doch zeigt sich die erfolgreiche Wiederbelebung des Chiado durchaus auch daran, das sich diese modernen Exklusivläden angesiedelt haben: Das seit Generationen in Familienbesitz befindliche Kaffeegeschäft Casa Pereira (Nr. 38) liegt nur wenige Meter oberhalb der jüngst eröffneten Nespresso-Filiale, und die Traditionsbuchhandlungen werden durch das Medienkaufhaus FNAC 8 in den neuen

Baixa und Chiado

Das Brasileira gehörte zu den Lieblingscafés von Fernando Pessoa

Armazéns do Chiado ergänzt. Dieses Nebeneinander von ehrwürdiger und moderner Eleganz findet seinen stilistischen Glanzpunkt im Erdgeschoss des Benetton-Gebäudes (Nr. 83–93), wo Denkmalschutzauflagen einen vergoldeten Fahrstuhl aus dem 19. Jh. in die sachlich-verchromte Innendekoration der Neuzeit katapultierten.

Der Tabakladen Havaneza und die Apotheke Durão (Nr. 90) waren neben den einflussreichen Freimaurerlogen übliche Orte politischer Konspiration liberaler Strömungen. Hier wurde von einer elitären Gruppe Eingeweihter über die Geschicke des Landes entschieden, die sich zugleich dem kultivierten Müßiggang hingaben.

Basílica dos Mártires 19
Mo–Fr 9–19, Sa/So 10–19.30 Uhr, Eintritt frei
Werfen Sie zwischen all den Lockungen des Konsums auch einen kurzen Blick in die aufwendig sanierte Basílica dos Mártires auf halber Höhe der Rua Garrett, einst Taufkirche des Dichters Fernando Pessoa. Der merkwürdige Stilmix aus Rokoko und Klassizismus sowie die mehr künstlich als künstlerisch anmutenden Wandmalereien folgen den Vorstellungen der Stadtplaner nach dem Erdbeben, die 1784 als einzigen Kirchenneubau ins Stadtviertel setzten.

Café Brasileira 7
Rua Garrett, 120, tgl. 8–2 Uhr
Ein paar Schritte weiter stößt man auf Lissabons berühmtestes Café Brasileira, gleichermaßen bei Touristen wie Einheimischen beliebt. Ursprünglich 1905 als Geschäft für brasilianischen Kaffee gegründet, gab der Besitzer seinen jeweiligen Kunden eine Tasse Kaffee zur Probe aus. Diese Verkaufsstrategie war so erfolgreich, dass drei Jahre später die Umwandlung zum

Spaziergang durch den Chiado

Café erfolgte, das Intellektuelle und Politiker aller Richtungen magisch anzog. Die mittlerweile restaurierte Inneneinrichtung mit lederbezogenen Holzstühlen, Wandspiegeln und alten Messingleuchten stammt aus dem Jahre 1922. Wenig später wurden über dem Tresen seinerzeit höchst umstrittene Bilder des portugiesischen Modernismus ausgestellt, die in diesen Räumen erstmalig ein breiteres Publikum fanden. Längst hängen die meisten von ihnen im Museum für zeitgenössische Kunst, dem Museu do Chiado ein paar Häuser weiter.

Während der Diktatur blieb das Brasileira ein Ort für oppositionelle Diskussionsrunden. Diese Tertúlias wurden zwar vom Diktator António Salazar toleriert, allerdings unter ständiger Beobachtung durch die Spitzel der Geheimpolizei PIDE, deren Hauptzentrale wenige Straßen entfernt lag. In Folge der Einschätzung Salazars, dass diejenigen, die Revolutionen in den Cafés machen, solche nicht ernsthaft auf der Straße betreiben würden, blieben Kaffeehäuser notwendige Ventile in den düsteren Jahren der Unterdrückung.

Largo do Chiado

Auf der Terrasse zum Largo do Chiado sitzt in Bronze gegossen einer der früheren Stammgäste des Cafés, Fernando Pessoa (1888–1935), einer der berühmtesten portugiesischen Schriftsteller des 20. Jh. Vielleicht wollen Sie einmal kurz an seiner Seite zum Fototermin Platz nehmen? Nur wenige Meter entfernt erblickte er gegenüber dem Opernhaus das Licht der Welt.

Auf dem Weg dorthin grüßt neben dem Metro-Eingang ein anderer Dichter mit ausschweifender Geste von seinem steinernen Sockel herab. António Ribeiro (gest. 1591) war ein entlaufener Franziskanermönch aus Évora und Volkspoet. Er ließ das Volk mit seiner anzüglichen Sprache auf die Bühne kommen, und selbst der königliche Hof zollte seiner präzisen Beobachtungsgabe Beifall. Sein Künstlername Chiado verhalf bereits im 16. Jh. dem Stadtviertel zu seinem Namen.

Oper São Carlos und Theater São Luiz

Das **Opernhaus São Carlos** [20] in der Rua Serpa Pinto wurde dank großzügiger Spenden reicher Kaufleute in nur sechs Monaten erbaut und 1793 eröffnet. Die frühere prunkvolle Barockoper, die an den alten Königspalast am Tejoufer angrenzte, war nach nur siebenmonatiger Spielzeit dem Erdbeben zum Opfer gefallen. Die klassizistische Fassade des neuen Hauses orientiert sich an der Mailänder Scala, im Innenraum im Rokokostil reichen fünf Galerien bis hoch zum Theaterhimmel. War dieses imposante Gebäude lange Zeit eines der kulturellen Zentren des reichen Lissabon, so fehlt gegenwärtig ein eigenes Ensemble, vor allem Konzerte und Gastspiele gelangen zur Aufführung (s. S. 48).

Oberhalb der Oper liegt das 1894 eingeweihte **Theater São Luiz**, auf dessen Bühne auch internationale Stars wie Sarah Bernhardt oder Eleonora Duse standen. 1914 fast völlig niedergebrannt, wurde es 1928 zu einem der berühmtesten Kinos im Land umgebaut. Mittlerweile hat es seine Ursprungsbestimmung als Theater wieder gefunden (s. S. 49).

Museu do Chiado [21]

Rua Serpa Pinto, 6, www.museuarte contemporanea.pt, Di–So 10–18 Uhr, Eintritt 4,50 €
Die Straße führt weiter bergab zum Museu do Chiado. Das Museum für zeitgenössische Kunst ist seit 1911 in

165

Baixa und Chiado

Teilen des früheren Franziskanerklosters untergebracht. Dass es im 19. Jh. auch einmal einer Bäckerei Platz bot, belegen gut erhaltene Backöfen in einem der Ausstellungsräume. Gebäude und Konzeption des Museums wurden 1994 grundlegend modernisiert. Die Gemäldesammlung repräsentiert die Entwicklung der portugiesischen Kunst von 1850 bis in die Gegenwart.

Rua António Maria Cardoso

Die Parallelstraße birgt eines der dunkelsten Kapitel der portugiesischen Geschichte. Dort lagen Hauptzentrale und Folterzellen der **Geheimpolizei PIDE** 22 (Nr. 18–26), in denen noch in den letzten Stunden des verhassten Regimes vier Männer den Tod fanden. Nach langen Auseinandersetzungen mit Vereinigungen der Widerstandskämpfer ist an dieser Stelle eine Luxuswohnanlage entstanden, in der versteckt eine Tafel an die Opfer der Diktatur erinnert.

Igreja do Loreto und Igreja da Encarnação
Largo do Chiado

Weiter bergauf an der Kreuzung zur Rua Garrett stehen sich zwei Kirchen gegenüber, die zu Beginn des 16. Jh. am damaligen westlichen Stadttor gebaut und im Erdbeben zerstört wurden. Mit ihren heutigen klassizistischen Portalen wirken sie äußerlich wie Kirchengeschwister. Ganz spannend: Die italienische Gemeinde Lissabons war es, die die nördlich gelegene **Loreto-Kirche** 23 errichtete und sie zu einer der reichsten Kirchen der Stadt machte. Der Volksmund nennt sie folglich »Igreja dos Italianos em Lisboa«. Nach dem Erdbeben wurde sie vom Architekten des Opernhauses, Costa e Silva, im klassizistischen Stil wieder aufgebaut und von portugiesischen und italienischen Künstlern aus-

geschmückt (tgl. 8–13 und 16–20 Uhr, Eintritt frei).

In der gegenüberliegenden **Encarnação-Kirche** kam mit den restaurierten Decken- und Chorgemälden aus dem 18. Jh. neuer Glanz in den zuvor düsteren Innenraum (Mo–Fr 7.30–20, Sa/So 8.30–12.30, 15–20 Uhr, Eintritt frei).

Praça Luís de Camões 24

Die Häuser um die angrenzende Praça Luís de Camões verfielen lange Jahre, bis sie nun von der Stadtverwaltung saniert und teilweise zu Studentenwohnungen umgestaltet wurden. Der Nationaldichter Luis de Camões (1525–1580) beobachtet das lebhafte Treiben auf seinem hohen Denkmalsockel.

Rua da Misericórdia

Sollte Ihnen der Lissabonner Kaffee bisher gemundet haben, werden Sie vom Ambiente des schmalen Kaffeegeschäfts **A Carioca** 2 gleich zu Beginn der Straße in Nr. 9 entzückt sein. In Nr. 37 befindet sich Lissabons ältestes und würdigstes **Restaurant Tavares**, das seit einigen Jahren allerdings nur unregelmäßig geöffnet ist. 1784 gegründet, übernahmen es im 19. Jh. die exzentrischen Brüder Manuel und António Tavares, die ihren erlauchten und literarischen Gästen, unter ihnen die Literatengruppe um Eça de Queirós, die Speisekarte in Versform rezitierten. Sie machten aus dem Restaurant ein Luxusetablissement, dessen erlesene Gerichte im Neorokoko-Speisesaal mit vergoldeten Spiegelwänden unter kristallenen Lüstern kredenzt wurden.

An der Rua da Misericórdia und der südwärts zum Tejo führenden Rua do Alecrim verlief im Mittelalter die westliche **Stadtmauer** aus dem 14. Jh. Unter König Ferdinand I. in nur zwei Jah-

Spaziergang durch den Chiado

ren errichtet, schützte sie die damals auf gut 50 000 Einwohner angewachsene Stadt vor spanischem Begehr. Das gewaltige Bauwerk war über 5 km lang, verfügte über 34 Stadttore und umfasste eine siebenmal größere Fläche als die ursprüngliche arabische Stadt. Reste dieser Stadtmauer verbergen sich hinter Glas im Erdgeschoss des kleinen Einkaufszentrums Espaço Chiado (Nr. 14).

Rua Nova da Trindade und Largo Bordalo Pinheiro

Der rückwärtige Ausgang führt auf die Rua Nova da Trindade, wo in Nr. 20 im früheren Refektorium des Trinitätsklosters heute das Restaurant **Cervejaria da Trindade** [4] untergebracht ist. Es ist mit prachtvollen Azulejobildern geschmückt, die u. a. allegorisch die Jahreszeiten und Freimaurersymbole darstellen. Die Schnitzel und Meeresfrüchte genießen einen guten Ruf, dazu werden monatlich 14 000 l Bier ausgeschenkt.

Um 1880 entstand die eindrucksvoll gekachelte Häuserfront am **Largo Bordalo Pinheiro** (Nr. 30), benannt nach einem bekannten Lissabonner Karikaturisten, der im 19. Jh. hinter diesen Mauern wohnte. Auch dieses prägnante Beispiel einer Azulejofassade zeigt Symbole der Freimaurerei.

Largo do Carmo

Die Rua da Trindade führt zum Carmoplatz, auf dem die Ruine der **Igreja do Carmo** [25] an das verheerende Erdbeben mahnen soll. Sie ist der erste rein gotische Kirchenbau Lissabons. Die Kirche und das angeschlossene Karmeliterkloster entstanden 1389 in Erfüllung eines Gelübdes des Heerfüh-

Der Largo do Carmo bietet den perfekten Ort zur Entspannung

Baixa und Chiado

> ## *Mein Tipp*
>
> ### Unter blau blühenden Bäumen
> Bei schönem Wetter stellt die urige **Leitaria Académica** 5 auf dem Largo do Carmo ihre Tische unter blau blühenden Jakarandabäumen auf. Bei einem einfachen Essen oder bei Kaffee und Gebäck lässt sich vortrefflich über die vielfältigen Schicksale sinnieren, die diesem Platz schon widerfahren sind (Tel. 213 46 90 92, Metro: Baixa-Chiado, Mo–Sa 7–23 Uhr, im Sommer auch So 10–17 Uhr, Hauptspeisen ab 7 €).

rers Nuno Álvares Pereira, nachdem er mit Unterstützung von englischen Bogenschützen Portugals Unabhängigkeit in der Schlacht bei Aljubarrota (1385) gegen Spanien verteidigt hatte. Er selbst verbrachte den Rest seines Lebens als bescheidener Mönch in dem von ihm gegründeten Kloster. Heute ist in der beeindruckenden Kirchenruine ein kleines archäologisches Museum untergebracht (s. S. 54).

Eine Pflasterinschrift vor der angrenzenden Polizeikaserne erinnert an das Schlüsselereignis der jüngsten portugiesischen Geschichte. Hierher hatte sich der letzte Machthaber der Diktatur, Marcello Caetano, am 25. April 1974, dem Tag der friedlichen Revolution zur Erlangung der Demokratie, geflüchtet, bevor er am Abend schließlich seine Macht aufgab und ins Exil ging.

Die Mitte des lauschigen Platzes schmückt ein barocker Brunnen aus dem Jahre 1796, dessen Baldachin von vier Säulen getragen wird. Er speiste sich aus den unterirdischen Wasserleitungen des Aquädukts (s. S. 216) und gehörte zu einem weitreichen-

den Versorgungsnetz, das die Wasserknappheit der Stadt beenden sollte.

Essen & Trinken

Bei Fernando Pessoa – **Martinho da Arcada** 1 : Praça do Comércio, 3, Metro: Praça do Comércio, Café Mo–Sa 7–23 Uhr, Auch Restaurantbetrieb, Hauptspeisen ab 15 €. Im zweiten Zuhause von Fernando Pessoa erinnern zahlreiche Devotionalien an den Dichter, auch José Saramago hatte hier oft einen Tisch reserviert.

Tradition in zeitgenössischem Gewand – **Largo** 2 : s. S. 34.

Japanisch jung – **Nood** 3 : Largo Rafael Bordalo Pinheiro, 20, Tel. 213 47 41 41, www.nood.pt, Metro: Baixa-Chiado, tgl. 12–24 Uhr, Hauptspeisen um 9 €. Im minimalistisch gestylten und in kräftiges Rot getauchten kantinenähnlichen Speisesaal wird v. a. jungen Leuten japanisch angehauchtes Essen geboten, auch Vegetarisches.

Trubel im alten Kloster – **Cervejaria da Trindade** 4 : s. S. 36.

Unter Jacarandabäumen – **Leitaria Académica** 5 : s. Tipp links.

Begehrte Plätze – **Flores** 6 : s. S. 36.

Cafés/Pastelarias

Erhabener Jugendstil – **Café Brasileira** 7 : s. S. 39.

Art déco – **Café Nicola** 8 : s. S. 39.

Kaffee gutbürgerlich – **Pastelaria Suiça** 9 : s. S. 39.

Für Keksfreunde – **Confeitaria Nacional** 10 : s. S. 39, s. a. S. 161.

Intellektuell – **Vertigo Café** 11 : Travesso do Carmo, 4, Metro: Baixa-Chiado, Mo–Do 11–22, Fr/Sa bis 24, Do 12–19 Uhr. Ein wenig wie eine bessere Studentenkneipe mit Kerzen auf den Tischen und Zeitschriften für die Gäste.

Spitze Eis – **Gelataria Santini** 12 : Rua do Carmo, 13, Metro: Rossio, 11–20 Uhr, im Sommer auch länger. Die Lis-

sabonner sind so entzückt vom besten Eisgeschäft in der Stadt, dass sie im Sommer Schlange stehen.
Süße Kirsche – **A Ginjinha do Rossio** **13**: Largo São Domingos, 8, Metro: Rossio, tgl. 9–21 Uhr, s. Tipp S. 150.

Einkaufen

Uralter Delikatessladen – **Manuel Tavares** **1**: Rua da Betesga, 1A-B, Metro: Rossio. Weine, Gebäck, Käse und Schinken in antikem Ambiente.
Kaffee pur – **A Carioca** **2**: s. S. 41.
Portwein-Eldorado – **Napoleão** **3**: s. S. 41.
Biologisch – **Brio** **4**: Travessa do Carmo,1 (Chiado Plaza), Metro: Baixa-Chiado. Gut sortierter Ökoladen mit kleinem Café. Es gibt auch frisches dunkles Brot.
Phönix aus der Asche – **Armazéns do Chiado** **18**: Rua do Carmo, 2, Metro: Baixa-Chiado, tgl. 10–22, Restaurants bis 23 Uhr. Überschaubare Shopping-Mall. Die Cafés und Restaurants im obersten Stockwerk z. T. mit tollem Blick über die Baixa.
Keramik – **Pollux** **5**: Rua dos Franqueiros, 276, Metro: Rossio. Das Kaufhaus für Haushaltswaren verkauft auch traditionelle Keramik- und Tonwaren, etwa Olivenschälchen, oft geschmackvoller und preisgünstiger als im Souvenirladen.
Älteste Kachelmanufaktur – **Sant' Ana** **6**: s. S. 42.
Kachelantiquitäten – **D'Orey & Cardoso** **7**: s. S. 42.
Modernes Medienkaufhaus – **FNAC** **8**: s. S. 41.
Traditionsbuchhandlung – **Livraria Bertrand** **9**: s. S. 41.
Lissabon antiquarisch – **Livraria Olisipo** **10**: s. S. 41.
Traditionsreich – **Companhia Nacional de Música** **11**: s. S. 40.
Aus einem früheren Leben – **A Vida**

Portuguesa **12**: s. S. 41.
Das Mode-Original – **Ana Salazar** **13**: s. S. 43.
Lässige Eleganz – **Hugo Boss** **14**: Rua Garrett, 78, Metro: Baixa-Chiado. Filiale der deutschen Luxusmarke.
Leinen – **Burel** **15**: s. S. 43.
Elegante Handschuhe – **Luvaria Ulisses** **16**: s. S. 43.
Alte Hüte – **Chapelarias Azevedo Rua** **17**: s. S. 43.
Vom laufenden Meter – **Casa Frazão** **18**: Rua Augusta, 265, Metro: Rossio. Eines der ehrwürdigen Stoffgeschäfte, die sich rund um den Rossio in Lissabons Unterstadt gehalten haben.
Sammlertassen – **Vista Alegre** **19**: Largo do Chiado, 20–23, Metro: Baixa-Chiado. Hochwertiges Porzellan, häufig von portugiesischen Künstlern entworfen.

Abends & Nachts

Vielfalt – **O Bom O Mau e O Vilão** **1**: Rua do Alecrim, 21, https://pt-br.facebook.com/obomomaueovilao. Metro: Baixa-Chiado, Mo–Do 19–2, Fr/Sa 19–3 Uhr. Cocktailbar auf mehrere Räume verteilt, ein wenig Retrostil. Häufig Konzerte, DJs, Filme.
Edle Drinks – **Café Bar BA** **2**: Rua do Alecrim, 131, www.bairroaltohotel.com, Metro: Baixa-Chiado, tgl. 10.30–1.30 Uhr. Cocktails können Sie in der Bar im Luxushotel Bairro Alto genießen, auch wenn Sie nicht dort abgestiegen sind. Häufig DJs und Konzerte.
Traditionsbar – **Rock in Chiado** **3**: Rua Paiva de Andrade 7–13, Metro: Baixa-Chiado, http://rockinchiado.com, Mo–Sa 12–3 Uhr. Konzerte aller Stilrichtungen von Reggae bis House; die Bar gibt es schon seit 1941.
Liebesnest – **Pensão Amor** **4**: s. S. 45.
Attraktiv für Lesben – **Ponto G** **5**: s. S. 47.

Das Beste auf einen Blick

Bairro Alto und Cais do Sodré

Highlight!

Igreja de São Roque: Mehr Prunk geht nicht! Absolutes Highlight in der barocken Kirche ist eine Seitenkapelle ganz aus Edelsteinen, Gold, Alabaster, Jade, Lapislazuli und Marmor. Doch von außen gibt sich das Gotteshaus ganz unscheinbar. 3 S. 176

Auf Entdeckungstour

Das botanische Erbe der Kolonialzeit im Jardim Botânico: Früher brachten die Seefahrer immer einen Baum oder eine Pflanze von ihren Entdeckungsfahrten mit. Sie wurden im ganzen Stadtgebiet, vor allem aber im Botanischen Garten angepflanzt. 7 S. 182

Kultur & Sehenswertes

Blau-weiße Kachelpaneele: Daran weiden sich Ihre Augen, während sich Ihr Gaumen an klösterlichen Süßspeisen im Convento dos Cardaes erfreut. 8 S. 184

Museu da Farmácia: Eine über 200 Jahre alte Apotheke sowie Heilmittel aus unterschiedlichen Zeiten und Kulturen präsentiert das schöne Museum der Apothekervereinigung. 12 S. 185

Aktiv & Kreativ

Die Hügel hinauf und hinab: An den beiden Flanken des Bairro Alto schaukeln die zwei urigen, über 120 Jahre alten Standseilbahnen Glória und Bica. S. 172, 185

Fescher Schnitt: Die Hairstylistinnen des WIP-Hairport stammen aus Österreich, Portugal und Spanien. Entsprechend bunt und vielfältig fallen die Urlaubsfrisuren aus, je nach Ihrem persönlichen Geschmack. 8 S. 185

Genießen & Atmosphäre

Miradouro São Pedro de Alcântara: Der Aussichtspunkt wartet auf mit einem atemberaubenden Blick über fast ganz Lissabon bis zum Burghügel, und das inmitten einer neu gestalteten Parkanlage. 1 S. 172

Schatten unter tropischen Bäumen: Im Jardim do Príncipe Real finden Sie unter einer weit ausladenden Zeder Entspannung im Terrassencafé. 16 S. 180

Abends & Nachts

Cocktails in skurriler Atmosphäre: In der Bar im früheren Kolonialwarenladen Pavilhão Chinês ist die Sammelleidenschaft des Besitzers nicht immer *politically correct*. 4 S. 44, 189

Sonnenuntergang über dem Fluss: Die richtige Zeit, um sich am Kiosk des Miradouro Santa Catarina gemeinsam mit der jungen Szene auf den nächtlichen Marsch durch die umliegenden Bars einzustimmen. 11 S. 185

Lissabons Szeneviertel Nummer eins

Der jugendlichen Agilität der ›Oberstadt‹ Bairro Alto sehen Sie heute kaum an, dass die Ursprünge dieses Viertels in die glorreiche Entdecker-zeit zurückreichen. Damals platzte das wohlhabende Lissabon aus allen Nähten. Prall gefüllte Karavellen kehrten aus Brasilien, Afrika und Indien zurück und zogen aus allen Landesteilen Menschen an, die an dem märchenhaften Reichtum teilhaben wollten.

Während der Regierungszeit von König Manuel I. (1495–1521) verdoppelte sich Lissabons Einwohnerzahl. Unter seiner Herrschaft begann 1496 die Judenvertreibung, in deren Folge auch dringend benötigtes Bauland frei wurde. Der Stadtteil steht auf dem ehemaligen Grund des jüdischen Astronomen und königlichen Leibarztes Palaçano, dessen Witwe zum Verkauf des Terrains gezwungen worden war. Wenig später zogen Jesuiten und portugiesischer Adel auf den Hügel, um den übel riechenden Gassen der mittelalterlichen Unterstadt zu entfliehen. Das Bairro Alto wurde zur ersten planvollen Stadterweiterung des mittelalterlichen Lissabon.

Infobox

Reisekarte: ▶ M/N 10/11

Ausgangspunkt
Der vorgeschlagene Rundgang beginnt am **Miradouro São Pedro de Alcântara;** nächste Metrostation ist Restauradores. Wenige Meter entfernt startet die Fahrt mit der **Standseilbahn Elevador da Glória** (s. u.). Alternativ können Sie nach einem Besuch des **Chiado** ins Nachbarviertel wechseln.

Per Standseilbahn ins Bairro Alto
Wenigstens einmal sollten Sie während Ihres Lissabonaufenthalts mit einer Standseilbahn hoch auf die Hügel des Bairro Alto fahren, z. B. mit dem **Elevador da Glória,** dessen Talstation in der Calçada da Glória an der Praça dos Restauradores liegt. 1885 eingeweiht, verfügte er damals über doppelstöckige Waggons mit Stehplätzen auf dem Dach. Zunächst wurden die Standseilbahnen durch das Gegengewicht eines Wasserdepots von 400 m³ angetrieben: Während ein Wagen nach unten fuhr, wurde der andere nach oben gedrückt. Wenige Jahre später erfolgte die Umstellung auf Dampfkraft und 1915 schließlich die Elektrifizierung des Gefährts. Auf der südlichen Flanke des Stadtviertels führt der **Elevador da Bica** hinab in die Hafengegend.

Der obere Bairro Alto

Miradouro São Pedro de Alcântara [1]
Neben der Bergstation der Glória-Bahn erstreckt sich auf zwei Ebenen die kleine Parkanlage São Pedro de Alcântara aus dem 19. Jh. Aus luftiger Höhe schweift der Blick über das Stadtzentrum und die gegenüberliegenden Hügel bis zur machtvollen Burganlage. Eine gekachelte Panora-

In den steilen Gassen hinauf zum Bairro Alto sitzt es sich gemütlich im Straßencafé – mit Blick auf die Burg

Bairro Alto und Cais do Sodré

Sehenswert

1. Miradouro São Pedro de Alcântara
2. Largo Trindade Coelho
3. Igreja de São Roque
4. Blaues Haus
5. Convento São Pedro de Alcântara
6. Reservatório Patriarcal
7. Botanischer Garten
8. Convento dos Cardaes
9. Palácio dos Carvalhos
10. Ehemaliges Verlagsgebäude O Século
11. Miradouro Santa Catarina
12. Museu da Farmácia
13. São-Paulo-Bäder

Essen & Trinken

1. 100 Maneiras
2. Terra
3. Pap'Açorda
4. Comida do Santo
5. Meninos do Rio
6. The Decadente
7. Antigo 1° de Maio
8. Cantinho do Bem-Estar
9. Primavera do Jerónimo
10. Armazém F
11. Toma-lá-dá-cá
12. Stasha
13. Alfaia Garrafeira
14. Lost In Esplanada
15. Panificadora São Roque
16. Café Príncipe Real
17. Café Pão de Canela
18. British Council Café
19. noobai café
20. Kioske São Pedro de Alcântara

Einkaufen

1. Corallo Cacao & Caffé
2. Tereza Seabra
3. Leitão & Irmão
4. Marcos & Marcos
5. J. Andrade
6. Mercado da Ribeira Nova
7. Ökomarkt
8. WIP-Hairport

Abends & Nachts

1. Zé dos Bois
2. Park
3. B.Leza
4. Pavilhão Chinês
5. Majong
6. Bar Lounge
7. Musicbox
8. Capela
9. Artis Wine Bar
10. Café Suave
11. Solar do Vinho do Porto
12. Portas Largas
13. Purex Club
14. Trumps
15. Finalmente
16. Tasca do Chico
17. Bicaense
18. Páginas Tantas

matafel benennt alle Sehenswürdigkeiten.

Inmitten der Parkanlage laden zwei **Getränkekioske** 19 mit Terrassenbetrieb zum ruhigen Verweilen ein. Ein Denkmal erinnert an die große Zeit des Bairro Alto als Zeitungsviertel, als im 19. Jh. alle wichtigen Blätter ihre Redaktionen in früheren Adelspalästen unterhielten. Gewürdigt wird der Begründer der ersten portugiesischen Tageszeitung, Eduardo Coelho, der 1864 die erste Ausgabe des immer noch bedeutsamen Diário de Notícias herausbrachte. Er machte damit die Blinden arbeitslos, die auf Lissabons Straßen mit monotoner Stimme die letzten Neuigkeiten verbreitet hatten. Stattdessen riefen nunmehr die Zeitungsjungen, die ardinas, die neuesten Schlagzeilen aus und trugen in ihren typischen dunkelblauen Leinen-

taschen die Zeitungen in alle Winkel der Stadt. Auch ihnen wurde hier liebevoll ein kleines Denkmal in Bronze gesetzt. Die angrenzende Rua de São Pedro de Alcântara säumen zahlreiche Stadtpaläste aus dem 18. Jh.

Largo Trindade Coelho 2

Nach Süden geht es hügelab zum Largo Trindade Coelho, die Verbindung zum Nachbarstadtteil Chiado. Rings herum befinden sich traditionsreiche Buchantiquariate – einst lag in der Nähe ein mittelalterliches Stadttor, das Katharina, der Schutzheiligen der Buchhändler, gewidmet war. Der Platz wird geschmückt von zwei hübschen historischen Kiosken sowie einem bronzenen Denkmal für die Losverkäufer, die cauteleiros genannt werden. Sie sind bis heute nicht aus dem Stadtbild wegzudenken. Portugiesen

175

Bairro Alto und Cais do Sodré

Mein Tipp

Portwein-Institut – Eine Portweinprobe zwischendurch ... 11
Gegenüber der Bergstation der Glória-Bahn erwartet Sie im Stadtpalast des deutschen Baumeisters Johann Friedrich Ludwig, nach der portugiesischen Schreibweise seines Namens Palácio Lodovice genannt, das Portwein-Institut (Rua de S. Pedro de Alcântara, 45). In moderner Clubatmosphäre lassen sich zu attraktiven Preisen über 200 verschiedene Portweine probieren. Zum Glück ist der Service so bedächtig, dass man es kaum schaffen kann, sich hier zu betrinken. Üblicherweise hat Portwein immerhin 22 % Alkohol. Damit dieser nicht zu sehr in den Kopf steigt, bestellt man sich gern eine Portion Schafskäse, Schinken oder sogar ein Stück Schokoladentorte dazu.

investieren wöchentlich 18 Mio. € in die Lotterie Euromilhões. Aber auch Urlauber sind spielberechtigt. Am Quiosque da Sorte, dem ›Kiosk des Glücks‹ erhalten Sie Ihr Los.

Igreja de São Roque ! 3
Largo Trindade Coelho, o. Nr., Mo 14–18, Do 9–21, sonst 9–18 Uhr, im Sommer je eine Stunde länger, an weltl. Fei geschl., Eintritt frei
Die heutige Igreja de São Roque nimmt die Stelle der ehemaligen Kapelle des hl. Rochus ein, die nach der schweren Pestepidemie von 1506 zu Ehren des Schutzheiligen gegen die Pest auf den Platz erbaut wurde und sich zu einem Wallfahrtsort für Arm und Reich entwickelte. Auf den damals noch unbebauten Feldern und Olivenhainen rundherum wurden Tausende Pesttote begraben. Nachdem die Kapelle wenig später eine Reliquie des Heiligen erhalten hatte, wurde sie noch populärer – und weckte die Aufmerksamkeit der Jesuiten, die König João III. 1540 als Hauptakteure der katholischen Gegenreformation ins Land holte. Ihr Orden sollte während der folgenden beiden Jahrhunderte das portugiesische Erziehungswesen und die Universitäten monopolisieren, die heidnische Urbevölkerung der portugiesischen Kolonien zum Christentum bekehren und maßgeblich an der Inquisition und der Verfolgung von Juden und Neuchristen beteiligt sein. An Stelle der Pestkapelle errichtete der Jesuitenorden ab 1566 die Kirche São Roque als seine Mutterkirche.

Die unscheinbare Außenfassade steht für den neuen schmucklosen Baustil, der vorübergehend die überschwänglichen Formen der Manuelinik ablöste. Doch schon im 17. Jh. kehrte die Pracht zurück und ließ das opulente Kircheninnere zu einem Prunkstück der Lissabonner Kirchenbaukunst werden.

Entsprechend der jesuitischen Lehre soll der Prediger alle Blicke anziehen, weshalb das Gotteshaus einschiffig geplant wurde. Über den acht Seitenkapellen verläuft eine Fenstergalerie, die den Innenraum mit Licht und die Gläubigen mit innerer Erleuchtung erfüllen soll. Schon beim Betreten des Kirchenraums richtet sich alle Aufmerksamkeit auf den vergoldeten **Hauptaltar** (1625–28), der vier Heilige der Jesuiten um eine Marienstatue gruppiert. Das zentrale Gemälde wird sieben Mal jährlich gemäß dem liturgischen Kalender ausgewechselt. Auffallend ist die mit perspektivischen Malereien verzierte flache Holzdecke. Die dafür erforderlichen Balken wurden aus deutschen Landen eingeführt, da entsprechend hohe Bäume auf der

Bummel durch das Zentrum des Bairro Alto

Iberischen Halbinsel nicht wuchsen. Dank der hölzernen Dachkonstruktion überstand die Kirche das Erdbeben weitgehend unbeschadet.

Früh wurde der Innenraum mit seltenen Renaissance-Kacheln ausgeschmückt, die in der neuartigen Majolikatechnik wie eine Leinwand bemalt wurden. Die dem heiligen Rochus geweihte dritte Kapelle rechts wird als bedeutendes Beispiel dieser Technik gerühmt. Die meisten Seitenkapellen erhielten vergoldete Barockaltäre.

Das eigentliche Glanzstück aber bildet die **vierte Kapelle links,** die Johannes dem Täufer geweiht ist und 1752 den Übergang vom Rokoko zum Klassizismus markiert. Über hundert italienische Spezialisten schufen in Rom ein Meisterwerk aus verschiedenen Marmorarten, Lapislazuli, Alabaster, Jade, Bronze, Gold und Silber. Einzigartig sind die aus Edelsteinen gefertigten Mosaikgemälde. Allerdings müssen Sie sehr genau hinschauen, um die kleinen Steinchen als solche zu erkennen. Nach fünfjähriger Arbeit wurde die Kapelle vom Papst gesegnet, in Einzelteile zerlegt und auf drei Schiffen nach Lissabon gebracht, um von italienischen Fachleuten in noch einmal fünf Jahren an Ort und Stelle wieder zusammengesetzt zu werden.

Museu de São Roque
Largo Trindade Coelho, o. Nr., Mo 14–19, Do 10–20, sonst 10–19, im Winter nur bis 18 Uhr, www.museu-saoroque.com, Eintritt 2,50 €
Nach der Ausweisung der Jesuiten 1759 wurde die Kirche mit ihren Nebengebäuden der Wohltätigkeitsstiftung Santa Casa da Misericórdia übertragen, die hier noch immer ihren Hauptsitz hat und das São-Roque-Museum mit seinem reichen Kirchenschatz aus dem 16. bis 18. Jh. betreibt. Der in Portugal bedeutende

Misericórdiaorden wurde 1498 von der Altkönigin Leonor gegründet. An der Seite ihres Bruders Manuel I. wurde sie zur großen sozialen und kulturellen Wohltäterin und die Santa Casa da Misericórdia zur ersten staatlich geförderten Sozialeinrichtung Portugals. Der Orden kümmerte sich seitdem nicht nur um Arme, Kranke und Gefangene, sondern sorgte auch für das Begräbnis derjenigen, die auf den Scheiterhaufen der Inquisition verbrannt wurden. Die Stiftung spielt noch heute mit ihren Einrichtungen der Armenfürsorge, ihren Altenheimen und Krankenhäusern eine tragende Rolle in der portugiesischen Sozialpolitik. Seit 1783 finanziert sie sich aus den Erlösen der landesweiten Lotterie. Aus diesem Grunde steht der bronzene Losverkäufer direkt vor ihrem Hauptgebäude.

Bummel durch das Zentrum des Bairro Alto

Travessa da Queimada
Die Travessa da Queimada führt nach Westen in das Herz des Bairro Alto. Die geradlinigen Straßenzüge von Lissabons erstem modernen Stadtviertel erleichtern die Orientierung: Die engeren travessas verlaufen von Ost nach West, die breiteren ruas von Nord nach Süd. Seit das Bairro Alto im Zuge einer umfassenden Altstadtsanierung verkehrsberuhigt wurde, ist ein Spaziergang durch dieses lebendige Viertel noch angenehmer. Die **Travessa da Queimada** offenbart die für das 19. Jh. typische Nutzungsstruktur des Bezirks. Sie beherbergt nicht nur das traditionsreiche Fadolokal Luso (Nr. 6–10), sondern auch die letzten im Bairro Alto verbliebenen Redaktionsbüros der landesweit auflagenstärksten Fußballzeitung A Bola (Nr. 23–27).

Bairro Alto und Cais do Sodré

Ein kleiner Geheimtipp: das Jugendstil-Café Panificadora São Roque

Denn nach der Ausweisung der Jesuiten zogen auch die Adeligen fort, der vormals aristokratische Glanz des Bairro Alto verblasste. Es verkam zum stadtbekannten Prostituiertenviertel, in dessen dunklen Kaschemmen und Spelunken Fadogesänge erklangen. Gleichzeitig entwickelte es sich zu Lissabons Zeitungs-, Druckerei- und Künstlerviertel, denn neben Redaktionsstuben zogen fortan auch Kunst- und Musikschulen in die verlassenen Adelspaläste ein. Mit den Journalisten, Fotografen und Intellektuellen kam im 19. Jh. eine kosmopolitische Lebendigkeit in das Bairro Alto, zahlreiche Restaurants, Kneipen und Bars öffneten ihre Tore.

Shoppen in der Rua do Norte
Für einen trendigen Einkaufsbummel empfiehlt sich die **Rua do Norte,** wo in zumeist kleinen, interessant gestylten Läden alles nur Erdenkliche für ein zeitgemäßes Outfit angeboten wird – von junger, farbenfroher oder Secondhand-Mode über Schuhe, Sneakers, Taschen oder Schmuck. Die strengen und schmucklosen Häuserfassaden jesuitischer Prägung sind charakteristisch für den Stadtteil, der anfänglich noch Bairro Alto de São Roque genannt wurde. Die Strenge in Glaubensfragen, wie sie in jesuischen Erziehungsanstalten indoktriniert oder vor dem Inquisitionsgericht überprüft wurde, findet hier ihre architektonische Entsprechung.

Die leidvolle Erfahrung mit der Pest, die sich unter den unhygienischen Wohnbedingungen schnell ausbreiten konnte, führte zu neuen Maßnahmen der Hygiene und Gesundheitsvorsorge. Im abschüssigen Gelände wurden breite Straßen zum Tejo hin angelegt, in denen das abfließende Regenwasser von Zeit zu Zeit für die natürliche Säuberung von Unrat, Schmutz und Fäkalien sorgte. Die breiteren Straßen gewährleisteten

Bummel durch das Zentrum des Bairro Alto

zudem eine zeitgemäße Verkehrsanbindung der aristokratischen Paläste: Die in Mode gekommenen Pferdekutschen konnten bis vor die Haustüren fahren, während die mittelalterlichen Gassen der Alfama oder Mouraria oft nicht einmal für einen Reiter auf seinem Pferd passierbar waren.

Rua do Diário de Notícias

Die Straße ist nach der früher dort ansässigen Tageszeitung benannt. Die Wahl zwischen den zahlreichen Bars, Fadolokalen und Taskas fällt schwer. In der **Alfaia Garrafeira** **13** (Nr. 125) finden Sie bei leckeren *petiscos*, den kleinen portugiesischen Vorspeisen, und einem Glas Rotwein Abhilfe, wenn Sie der kleine Hunger oder Durst überfallen sollte. Nachtschwärmer finden in dieser Straße eine Reihe von Bars, während die älteren, vor allem weiblichen Bewohner des Viertels tagsüber den reizenden Tante-Emma-Laden in Nr. 10–12 zu ihrem Kommunikationszentrum machen. Und nachts unter der Woche lauscht man den volkstümlichen Fadosängern in der **Tasca do Chico** **16** (Nr. 39), die sich dann bis zum Bersten füllt.

Rua das Salgadeiras

Die ›Straße der Pökelfässer‹ im südlichen Teil des Bairro Alto erinnert an das Einsalzen der Fische, für das die Frauen der Fischer verantwortlich waren und deutet an, dass das Viertel neben Adeligen und Intellektuellen auch einfachen Leuten eine Bleibe bot. Sichtbar wird dies auch an der direkten Nachbarschaft von bescheidenen Wohnstätten der Handwerker, Seeleute und Fischer und aristokratischen Palästen. Typisch sind die meterlangen, dicht behängten Wäscheleinen vor den Fenstern, hinter denen oft entzückende kleine Kachel- oder Heiligenbilder hervorlugen. Dazwi-

schen verstecken sich Szeneläden und Bars wie der Schwulentreff **Purex Club** **13** .

Rua da Atalaia

Sie wird oft als Hauptstraße des Bairro Alto tituliert, stadtbekannte Restaurants, Bars, Modegeschäfte und Discos reihen sich aneinander. Seit Jahren kultig ist das Restaurant **Pap'Açorda** **3** (Nr. 57). Den alteingesessenen Gegenpart bildet ein uralter Polsterer schräg gegenüber (Nr. 88), später folgt der schicke Laden der Modeschöpferin Fátima Lopes (Nr. 36) und am Ende der Straße das Restaurant **Antigo 1° de Maio** **7** .

Travessa dos Inglesinhos

Ein eigentümlicher Name ziert diese Straße: Travessa ›der kleinen Engländer‹. Er rührt vom gleichnamigen Kloster an der Ecke zur Rua Luz Soriano, im 17. Jh. eine Zufluchtsstätte für katholische Priester, die von der anglikanischen Staatskirche aus England verwiesen wurden. Das mittlerweile von einer renommierten Immobilienfirma mit städtischer Unterstützung sanierte Gebäude bietet 30 Luxuswohnungen Raum.

Das Blaue Haus **4**

Gleich links in der querenden Rua Luz Soriano (Haus 75) fällt ein in kräftigem Blau gekacheltes Haus ins Auge, in dem sich ein freundliches Schwulenhotel eingerichtet hat. Als Blaues Haus und fiktive Wohnstätte der Romanfigur Amadeo de Prado zieht es heute diejenigen Besucher magisch an, die der Roman »Nachtzug nach Lissabon« (s. S. 103) in die Stadt gelockt hat.

Rua da Rosa

Auch die Rua da Rosa wartet mit lebendigen Bars und Restaurants auf. Da-

Bairro Alto und Cais do Sodré

neben liegen junge Modeboutiquen, Galerien, Buchläden und eine überraschende Zahl traditioneller Tante-Emma-Läden einträchtig beieinander. Am Nordende, an der Kreuzung zur Rua Dom Pedro V., lockt das mit Jugendstilkacheln dekorierte **Café Panificadora São Roque 15**, das früher auch als italienische Brotbäckerei bekannt war.

Convento São Pedro de Alcântara 5

Rua Luisa Todi 1, www.museu-sao roque.com, Mo 14–18, Di–So 10–18, April–Sept. bis 19 Uhr, Eintritt frei
Diese Kirche ist der Inquisition zu verdanken. Großinquisitor Veríssimo de Lencastre wollte eine schöne Grabstätte und erteilte den Bauauftrag. 1681 war das Gotteshaus fertig. Der Altar ist mit Gold überzogen, die Wandmalereien wurden Anfang des 19. Jh. angebracht. Kachelbilder zeigen das Leben des Hl. Pedro de Alcântara, ein franziskanischer Reformator aus der spanischen Extremadura. Und dann ist da noch die Grabstätte des Inquisitors in einer mit farbigem Marmor ausgekleideten Kapelle.

Rua Dom Pedro V.

Ein trendiger Laden grenzt an den nächsten und ließ die coole Einkaufsmeile der jungen Society entstehen. **Lost In Esplanada 14** wirbt mit »hippy chic« und einem weitblickenden Terrassencafé, **Mini by Luna** (Nr. 74) wendet sich an die allerjüngsten Modebewussten und ihre Mütter, **Casa da Praia** (Nr. 5) bietet alles, was der moderne Strandbesucher so brauchen soll.

Fast als anachronistischen Gegenentwurf präsentiert sich in Nr. 89 die Bar **Pavilhão Chinês 4** dank der Sammelleidenschaft des Besitzers wie ein riesiger Antiquitätenladen. Die beeindruckende Liste der hauseigenen Cocktails füllt ein ganzes Buch.

Rund um den Jardim do Príncipe Real

Jardim do Príncipe Real

Die 25 tropischen und europäischen Baumarten, die im Jardim do Príncipe Real wachsen, sind überwiegend mit lateinischen Namen beschriftet und befriedigen so den botanischen Wissensdurst des Gartenfreundes. Der Park wurde ab 1869 im englischen Stil angelegt. Unter der ausladenden Baumkrone einer Zeder breitet sich Lissabons wohl romantischster Schattenplatz aus. Aber auch zahlreiche Bänke laden zu einer besinnlichen Pause ein, neben den in ihr Kartenspiel vertieften, alten Männern und den zahlreichen Omas, die ihre Enkel auf dem Spielplatz beaufsichtigen. Bei schönem Wetter genießt man einen Imbiss oder einen Kaffee an einem der Kioske oder auf der Terrasse des **Café Príncipe Real 16** und bewundert die Luftwurzeln der tropischen Bäume.

Reservatório Patriarcal 6

Jardim do Príncipe Real, www.epal.pt, Mo–Sa 10–17.30 Uhr, Eintritt 1 €
In der Mitte des Parks können Sie in die Unterwelt hinabsteigen. Vom Wasserspeicher Patriarcal aus wurde seit 1864 Wasser zu den Brunnen im Chiado und im Bairro Alto geleitet. Das über 9 m hohe Gewölbe, das von 31 Säulen und flachen gemauerten Rundbögen getragen wird, strahlt eine eindrucksvolle, fast sakrale Atmosphäre aus und wird gerne für Kunstausstellungen genutzt.

Ein Erlebnis ist ein unregelmäßig angebotener, halbstündiger Spaziergang am späten Nachmittag durch einen unterirdischen Wasserkanal zu einem tiefer gelegenen Brunnen, in den das **Weinlokal Enoteca** (s. S. 44) eingezogen ist. Inklusive sind ▷ S. 184

Lieblingsort

Ökomarkt im Jardim do Príncipe Real 7
Hier dürfen Sie eingelegte Oliven probieren, dort an den südländischen Gewürzkräutern schnuppern und am benachbarten Stand das schmackhafte Brot aus der Bio-Bäckerei kosten. An den Ständen werden natürlich auch Obst und Gemüse der Saison, Eier, Käse oder Olivenöl feil geboten. Und alles aus ökologischer Erzeugung frisch aus der Umgebung. Zwar ist der Markt klein, aber voller Charme. Immer am Samstagvormittag an der nördlichen Platzseite.

Auf Entdeckungstour: Das botanische Erbe der Kolonialzeit im Jardim Botânico

Schon am Eingangstor machen gigantische, fast 30 m hohe Palmen Lust auf eine grüne Oase mitten in der Stadt und lenken die Schritte der Spaziergänger in den Botanischen Garten 7 , wo auf 4 ha Fläche über 10 000 tropische Pflanzen zu bewundern sind – bereits seit 1873.

Für wen: Alle, die ein wenig Erholung vom Trubel der Stadt suchen.
Cityplan: s. S. 175
Planung: Nov.–März Mo–Fr 9–17, Sa/So 9–18, April–Okt.tgl. 9–20 Uhr, Eintritt: 1,50 € (Internet: www.mnhnc.ulisboa.pt).
Start: Rua da Escola Politécnica 58. Ein zweiter Eingang liegt an der Rua da Alegria, erreichbar von der Avenida da Liberdade, er ist derzeit geschlossen.

Lebende Fossile

Es gibt viel zu staunen auf dem Weg durch die Gartenanlage. Nahe dem Kassenhäuschen schon fallen die rostbraunen Luftwurzeln eines majestätischen **Feigenbaums** aus Australien *(Ficus macrophylla)* ins Auge. Aus seiner Rinde stellten die Ureinwohner Seile und Fischernetze her, mit dem milchigen Saft der Früchte heilten sie Wunden. Stolz nennt der Jardim Botânico zudem zahlreiche Palmfarne *(Cycadaceae)* und andere Nacktsamenpflanzen sein eigen. Diese ›lebenden Fossile‹ wuchsen bereits vor 200 Mio. Jahren und waren sozusagen Zeitgenossen der Dinosaurier.

Zu ihnen zählt auch der mystische **Gingkobaum** *(Ginkgo biloba)* am Rande des Weges zum Arboretum. Im Erdaltertum über den gesamten Globus verbreitet, überdauerte er als wilde Pflanze nur in China. In der buddhistischen Lehre verkörpert sein zweigeteiltes Blatt die Harmonie von Ying und Yang, dem männlichen und dem weiblichen Prinzip. Deswegen wächst er besonders häufig vor heiligen Stätten. Der Tempelbaum von Hiroshima soll gar als erster nach dem Atombombenabwurf neu ausgetrieben und somit überlebt haben. Generell schätzt man den robusten Baum in modernen Metropolen, da er der Umweltverschmutzung wacker standhält und bis zu 1000 Jahre alt wird.

Erbe der Seefahrt

Aus der Ferne in die Heimat gebracht hatten die exotischen Bäume einst die Seefahrer sowie portugiesische Naturwissenschaftler, die im 18. Jh. die Pflanzenwelt der fernen Kolonien katalogisierten und mit ihren Sammlungen so manchen Park bestückten. Dazu zählen die über 30 m messenden **Washington-Palmen,** die selbst vom fernen Burghügel aus gesehen ungemein imposant wirken. Sie säumen die schwungvollen Treppen hinab zur eigentlichen Baumsammlung. Das tiefrote Harz des ausladenden Drachenbaums gleich rechts des Weges diente einst als Firniss und Politur für Holz und Marmor und wurde auch wegen seiner blutfarbenen Tönung bei magischen Ritualen verwandt. Ein paar Schritte weiter unmittelbar hinter dem Jardim das Monocotiledôneas bieten die Blätter des **japanischen Fächerahorns** *(Acer palmatum)* im Herbst einen weithin sichtbaren, purpurroten Farbtupfer.

Farbenfrohe Einsprengsel liefern im April der rot blühende **Judasbaum,** im Mai das kräftige Violettblau der **Jakarandabäume** und die bizarr geformten, rosa-roten Blüten des herbstlichen **Florett-Seidenbaums** *(Chorisia speciosa)*. An Letzteren kann man sich auch im übrigen Stadtgebiet erfreuen – nachdem der Besuch des Botanischen Gartens seinen krönenden Abschluss an Lissabons größter **Araukarie** nahe der unteren Pforte zur Rua da Alegria gefunden hat.

So schön wie ihr klangvoller Name: die Paradiesvogelblume

Bairro Alto und Cais do Sodré

sogenannte Gelbbrillen, um sich in der Dunkelheit der aus Stein gehauenen Wasserleitungen aus dem 18. Jh. zurechtzufinden (möglichst frühzeitige Anmeldung unter Tel. 218 10 02 15).

Rua Escola Politécnica

Zahlreiche Stadtpaläste säumen die östlich begrenzende Rua Escola Politécnica. Sie wurden in der zweiten Hälfte des 19. Jh. von einem Handelsbürgertum erbaut, das durch Finanzspekulationen oder den Fernhandel mit Brasilien zu Geld gekommen war und sich nun einem romantischen Lebensstil hingab. In dieser Tradition steht auch der exzentrische, rosafarbene Palast **Ribeiro da Cunha** (Praça Principe Real, 26), der im neoarabischen Stil verziert ist und das hippe Einkaufszentrum Embaixada mit Klamottenläden und Restaurant beherbergt. Im Norden grenzt der **Botanische Garten** 7 an, der 1873 gegründet wurde (siehe Auf Entdeckungstour S. 182).

Rund um die Praça das Flores

Die Rua de São Marçal bringt Sie zu der etwas versteckt liegenden Praça das Flores. Den idyllischen baumbestandenen Platz säumen eine Reihe beliebter Restaurants und das hübsche **Café Pão de Canela** 17 (Nr. 27–28). Fast um die Ecke lädt das **British Council Café** 18 des British Council mit seinem von englischem Rasen bewachsenen Garten, und das nicht nur zur *teatime*.

Kunstfreunde kommen in der wenige Meter südlich beginnenden Rua Academia das Ciências auf ihre Kosten. Die Galerie Ratton Cerâmicas (Nr. 2C) hat sich auf moderne Kachelkunst spezialisiert, während die **Galeria de Tapeçaria de Portalegre** (Nr. 2J) beeindruckende Teppichkunstwerke nach modernen Vorlagen ausstellt (Mo–Fr 14–19.30 Uhr).

Die Rua do Século entlang

Die Rua do Século führt in den eher aristokratisch geprägten Teil des Bairro Alto und bildet zugleich seine westliche Begrenzung. Die Straße mündet im Süden in die Calçada do Combro mit den Schienen der Straßenbahn 28. Jenseits davon beginnt das Bica-Viertel (s. u.).

Convento dos Cardaes 8

Mo–Sa 14.30–17.30 Uhr, im Aug. geschl., www.conventodoscardaes. com, Führung 4 € (Di und Do oft auf Deutsch)

Nur wenige Häuser weiter bergauf (Nr. 123) stiftete 1677 die sozial engagierte Luísa de Távora die Hälfte ihres immensen Vermögens für die Gründung des Karmeliterklosters Convento dos Cardaes. Im folgenden Jahrhundert gelangte ihre politisch einflussreiche Familie in die Schusslinie von Marquês de Pombal, der fünf ihrer Mitglieder des Hochverrats beschuldigte, foltern und hinrichten ließ. Das Kloster selbst blieb bestehen, allerdings wurde der Name der Gründerin auf deren Grabplatte ausgemerzt.

Als eines der wenigen Nonnenklöster Lissabons wurde es zu Beginn des 20. Jh. wieder belebt. Es wird heute von fünf Dominikanerschwestern bewohnt und bietet 40 blinden und behinderten Frauen eine Heimstätte. Seine Pforten öffnet es für Führungen zu einem reichen Kloster- und Kirchenschatz, der seltene flämische Kachelbilder, einen goldverzierten Holzaltar und kunstvolle Heiligenfiguren umfasst. In alter frauenklösterlicher Tradition werden hier auch ca. 30 Sorten von Marmeladen sowie Kekse zum Verkauf angeboten. Diese süßen Versuchungen sicherten den Klöstern früher ihr wirtschaftliches Überleben.

Palácio dos Carvalhos und Verlagshaus O Século

Der berühmteste Adelige des Stadtteils war Marquês de Pombal. Er erblickte im **Palácio dos Carvalhos** `9` das Licht der Welt, in dem derzeit eine staatliche Tanzschule untergebracht ist (Nr. 89–85). Den gegenüberliegenden, halbrund ummauerten Platz ziert ein Wasserbrunnen, der vom Architekten des Aquädukts, Carlos Mardel, im 18. Jh. errichtet wurde. Das namengebende modernistische **Verlagsgebäude** `10` der damaligen Tageszeitung O Século (Nr. 63) wird vom portugiesischen Umweltministerium genutzt. Schräg gegenüber befand sich eine Art Wendehammer für barocke Pferdekutschen.

Das Bica-Viertel

Miradouro Santa Catarina `11`

Vom Aussichtspunkt Santa Catarina, zu dem gegenüber der Straßenbahnlinie die gleichnamige Travessa führt, bietet sich in fast ländlicher Stille ein bezaubernder Ausblick auf den Tejo und das zentrale Lissabonner Hafengelände. Von hier aus fanden zwischen 1940 und 1944 rund 100 000 Flüchtlinge, in der Mehrheit aus Deutschland, den Weg nach Amerika.

Ein Kiosk mit Cafébetrieb auf der Terrasse macht diese düstere Zeit schnell vergessen. Manch ein Portugiese lässt sinnend seine Blicke in die Ferne schweifen und ›sieht bei Santa Catarina die Schiffe vorbeifahren‹, der portugiesische Ausdruck für ›in den Mond gucken‹. An die glorreichen Zeiten erinnert das Denkmal des feuerspeienden Seeungeheuers Adamastor, das sich Furcht einflößend über den Platz erhebt. Abends genießt hier die junge Szene den Sonnenuntergang hinter der Tejobrücke und stimmt sich auf das Abendprogramm

ein. Snacks gibt es im benachbarten **noobai café** `19`, ebenfalls mit tollem Blick über den Fluss.

Museu da Farmácia `12`

Mo–Fr 10–18 Uhr, Eintritt 5 €

Zurück geht es auf der Rua Marechal Saldanha 1 vorbei am Gebäude der portugiesischen Apothekervereinigung, in deren Räumen sich das Museu da Farmácia versteckt. Es mag noch eines der unbekannten Museen Lissabons sein, wurde jedoch bereits mehrfach für seine brillante Präsentation der Herstellung, Verwendung und des Verkaufs von Arzneimitteln ausgezeichnet. Das Erdgeschoss ist der Entwicklung der Apotheke in Portugal zwischen 1450 und 1960 gewidmet, beeindruckend hierbei eine original erhaltene Apotheke aus dem 18. Jh. sowie eine solche aus der letzten portugiesischen Überseeprovinz Macau. Im ersten Stock werden Heilmittel verschiedener Kulturen und Länder aus fünf Jahrtausenden ausgestellt. Eine zusätzliche Attraktion bildet das Gartenrestaurant mit kleinen Speisen.

Bica-Bahn auf der Rua da Bica Duarte Belo

Zur Calçada do Combro schiebt sich die Standseilbahn **Elevador da Bica** (Rua de São Paulo) seit 1892 den Berg hinauf und wieder hinab zum Tejo. Eine gemütliche Zeitreise der besonderen Art. Das sehr volkstümliche Bica-Viertel mit extremer Hanglage bewohnen seit dem 17. Jh. Fischer, Seeleute und Hafenarbeiter. Anstelle einer Fahrt mit der Bahn kann man auch trefflich durch die engen und steilen Gassen streifen. Wer sich die Haare stylen lassen will, geht zum österreichisch-portugiesisch-spanischen Friseursalon **WIP-Hairport** `8` (Tel. 213 46 14 86) und erfährt dort noch so manche aktuelle Szenetipps auch auf tirolerisch.

Bairro Alto und Cais do Sodré

Die Standseilbahn Bica verbindet das gleichnamige Viertel mit der Hafengegend

São-Paulo-Bäder 13
Travessa do Carvalho, 23
Unten angekommen, glänzt ein besonders gelungenes Beispiel für Altbausanierung. Die São-Paulo-Bäder ließ Mitte des 19. Jh. der Misericórdiaorden über schwefelhaltigen Quellen erbauen, die zuvor von Armen und Mittellosen behelfsmäßig in Baracken genutzt wurden. Das klassizistische Gebäude wurde eine der modernsten Badeanstalten Europas und die dortigen Wannenbäder waren zur Hälfte für die arme Bevölkerung reserviert. Allerdings versiegten die Quellen gut 100 Jahre später. In den 1990er-Jahren rettete die portugiesische Architektenvereinigung das Gebäude vor seinem totalen Verfall, baute es fantasievoll um und nutzt es für eigene Zwecke.

Mercado da Ribeira Nova 6
Travessa Ribeira Nova, 3
Nur eine Straße weiter liegt die zweistöckige zentrale Markthalle Mercado da Ribeira Nova, die 1876 errichtet wurde, um den zuvor üblichen, unkontrollierten Straßenverkauf ein-

Am Cais do Sodré

mehreren gescheiterten Versuchen der Wiederbelebung hat das Stadtmagazin Time Out im Erdgeschoss ein Restaurantzentrum eingerichtet. Gourmetköche entwickelten für ihre Stände eigene Kreationen zu günstigeren Preisen als für sie sonst üblich. Das Obergeschoss ist für kulturelle Veranstaltungen vorgesehen.

Am Cais do Sodré

Auf der gegenüberliegenden Seite der Avenida 24 de Julho beginnt am Cais do Sodré das früher sehr lebendige Hafenzentrum Lissabons, das sich inzwischen zu einem wichtigen Verkehrsknotenpunkt entwickelt hat. An zentraler Stelle steht die Statue des Grafen von Terceira, einem liberalen Heerführer, der hier am 24. Juli 1833 mit seinen Soldaten landete. Er trug damit maßgeblich zum Sieg der Liberalen und zur Beendigung des zehnjährigen Bürgerkriegs bei.

Im kollektiven Gedächtnis ist dieser Platz mit der Ankunft und dem Abschied von Seeleuten, Reisenden und Flüchtlingen fest verankert. Inzwischen weicht das Rotlichtmilieu den Restaurants und Musikhallen der Lissabonner Szene. Tagsüber öffnen traditionsreiche Geschäfte für Marinebedarf, Schiffzubehör und Fischkonserven. Auch Hafenbars fehlen nicht, wie das Irish Pub, die American Bar und die British Bar, in der man stimmungsvolle alte Zeiten wieder aufleben lassen kann. Traumhaft sitzen Sie direkt am Fluss im **Armazém F** 10 und im **Meninos do Rio** 5 (s. S. 191).

zudämmen, etwa durch barfüßige Fischverkäuferinnen, die sogenannten *varinas,* die ihre Ware in flachen Körben auf dem Kopf trugen. Sie waren über Jahrhunderte fester Bestandteil des Lissabonner Stadtbildes. Nach einem Brand 1910 wurde die weiße Kuppel auf das Dach der Markthalle gesetzt. Nachdem der Großmarkt im Jahr 2000 an den Stadtrand umgezogen war, wurde die Auswahl an Fisch, Fleisch, Blumen, Gemüse und Obst deutlich eingeschränkt und das Publikumsinteresse schwand. Nach

Essen & Trinken

Außergewöhnlich – **100 Maneiras** 1 : s. S. 34.
Lauschig – **Terra** 2 : s. S. 39.

187

Bairro Alto und Cais do Sodré

Immerwährend Kult – **Pap'Açorda 3** : s. S. 35.

Brasilianisch – **Comida do Santo 4** : s. S. 38.

Am Tejo – **Meninos do Rio 5** : Rua da Cintura do Porto de Lisboa, Armazém 255, Metro: Cais do Sodré, tgl. 12–1 Uhr, Hauptspeisen ab 12 €. Sie haben die Wahl zwischen Kaffee oder Cocktail im Liegestuhl am Fluss sowie Salaten, Sushi, Pasta oder Steak auf der Terrasse (s. S. 191) oder aber im lichten Speisesaal.

Szene – **The Decadente 6** : s. S. 35.

Gastronomische Taska – **Antigo 1° de Maio 7** : Rua da Atalaia, 8, Tel. 213 42 68 40, Metro: Baixa-Chiado, Mo–Fr 12.30–15, 19–24 Uhr, Sa nur abends, Hauptspeisen ab 10 €. Die typisch enge Lissabonner Kneipe ist Treffpunkt von Weltverbesserern, Schauspielern und Künstlern. Sehr guter, frischer Fisch, meist gegrillt.

Zum Wohlfühlen – **Cantinho do Bem-Estar 8** : s. S. 36.

Wie bei Mama – **Primavera do Jerónimo 9** : s. S. 37.

Über dem Fluss – **Armazém F 10** : Rua da Cintura do Porto de Lisboa, Armazém 65, www.armazemf.com, Metro: Cais do Sodré, Do–Sa 20.30–2 Uhr, Cafébetrieb auf der Terrasse bei schönem Wetter tgl. ab 10 Uhr. Eigentlich ein Ort für Tanz- und Musikveranstaltungen, für Urlauber aber attraktiv dank des Cafébetriebs auf einer Plattform über dem Fluss (s. S. 191).

Heiter wie der Name – **Toma-lá-dá-cá 11** : s. S. 37.

Ungezwungen – **Stasha 12** : Rua das Gáveas, 33, Tel. 213 43 11 31, Metro: Baixa-Chiado, tgl. 12–15.30, 19.30–24 Uhr, Hauptspeisen ab 8,50 €. Fröhlich rote Farben bestimmen den kleinen Speisesaal, eine der Spezialitäten: Fester Brotteig *(açorda)* mit Stockfisch und Muscheln, auch vegetarische Gerichte.

Einkaufen

Alternative Mode und Accessoires gibt es in unzähligen Boutiquen überall im Viertel, besonders häufig in der Rua do Norte und in der Rua da Rosa. In der Rua da Atalaia haben zwei renommierte Modedesignerinnen ihren Laden: **Lena Aires** mit ihren farbenfrohen Strickkleidern (Nr. 96) und **Fátima Lopes** bekannt für ihre besonders tiefen Dekolletees (Nr. 36).

Edelschokolade – **Corallo Cacao & Café 1** : s. S. 41.

Kreativer Schmuck – **Tereza Seabra 2** : Rua da Rosa, 158. Die junge Künstlerin fertigt in ihrem geräumigen Ladenatelier moderne und extravagante Schmuckstücke im Dialog mit ihrer Kundschaft und gibt auch Kurse.

Exklusiver Schmuck – **Leitão & Irmão 3** : s. S. 43.

Aus den Kolonien – **Marcos & Marcos 4** : s. S. 40.

Erlesene Antiquitäten – **J. Andrade 5** : s. S. 40.

Historische Markthalle – **Mercado da Ribeira Nova 6** : s. S. 41.

Ökomarkt – **Mercado Biológico do Príncipe Real 7** : s. S. 181.

Fescher Haarschnitt – **WIP-Hairport 8** : s. S. 185.

Aktiv

Zu Fuß oder per Rad – **Am Flussufer nach Belém:** siehe Mein Tipp S. 265.

Abends & Nachts

Zentrum der Alternativkultur – **Zé dos Bois 1** : s. S. 58.

Chillen auf dem Parkdeck – **Park 2** : s. S. 44.

Afrikanisch – **B. Leza 3** : Cais da Ribeira Nova, Armazém B, http://blogbibleza.blogspot.pt, Metro: Cais do Sodré, Mi–So 22.30–4, teilweise bis 6 Uhr. Der

Adressen

Ort für afrikanische Kultur schlechthin im Nightlife-Zentrum am Tejo. Häufig Live-Auftritte afrikanischer Gruppen.

Skurrile Cocktails – **Pavilhão Chinês** **4** : s. S. 44.

Immerwährend alternativ – **Majong** **5** : s. S. 44.

Avantgardistische Kulisse – **Bar Lounge** **6** : s. S. 45.

Modern – **Musicbox** **7** : s. S. 46.

Neobarock – **Capela** **8** : s. S. 44.

Softer Jazz – **Artis Wine Bar** **9** : Rua Diário de Notícias 95, Metro: Baixa-Chiado, Di–So 16.30–2 Uhr. Eine alteingesessene gediegene Jazzkneipe, die sich inzwischen zur Weinbar auch mit Chill-Out-Musik gemausert hat.

Ewig junges Publikum – **Café Suave** **10** : s. S. 44.

Portwein-Institut – **Solar do Vinho do Porto** **11** : Rua de São Pedro de Alcântara, 45, Tel: 213 47 57 07, Metro: Baixa-Chiado, Mo–Sa 11–24, Sa 14–24 Uhr, s. S. 176.

Hetero-friendly – **Portas Largas** **12** : s. S. 47.

Nachgefragt – **Purex Club** **13** : s. S. 47.

Die Schwulen- und Lesbendisco – **Trumps** **14** : s. S. 47.

Travestie – **Finalmente** **15** : s. S. 47.

Hier singen Amateure – **Tasca do Chico** **16** : s. S. 34.

Top – **Bicaense** **17** : s. S. 44.

Jazz – **Páginas Tantas** **18** : s. S. 46.

Mein Tipp

Nette Pausenorte im Bairro Alto und am Jardim do Príncipe Real

Herzhafte Leckereien – **Alfaia Garrafeira** **13** : Rua Diario de Notícias 125, Tel. 213 43 30 79, tgl. 16–24 Uhr. Kleine Portionen von portugiesischem Käse, Wurst und Schinken können Sie hier zu offenem Wein kosten.

Relaxed – **Lost In Esplanada** **14** : Rua Dom Pedro V, 56, Tel. 917 75 92 82 (mobil), Mo 16–24, Di–Sa 12.30–24 Uhr. Snacks, Salate, ein paar Hauptgerichte, Tee, Kaffee und eine Terrasse mit Blick in der Meile der jungen Modeläden.

Stilvoller Geheimtipp – **Panificadora São Roque** **15** : Rua Dom Pedro V. 57 (Ecke: Rua da Rosa). Das kleine Jugendstil-Café präsentiert zwischen Marmorsäulen und Kachelmalerei eine feine leckere Kuchenauswahl.

Unter tropischen Bäumen – **Café Príncipe Real** **16** : Jardim Príncipe Real, Di/Mi, So 9–23, Do–Sa 9–2, Mo 9–18 Uhr. Kleine Gerichte, Salate und Kuchen gibt es rund um die Uhr im lauschigen Park.

Idyllisch am ›Blumenplatz‹ – **Café Pão de Canela** **17** : Praça das Flores 27–28, Tel. 213 97 22 20. An der Praça das Flores liegt dieses hübsche Café, das eine exzellente Kuchenauswahl, Salate und kleine Tagesgerichte serviert.

Verborgene grüne Oase – **British Council Café** **18** : Rua Luis Fernandes 1, Mo–Sa 11–19 Uhr. In diesem Café im Garten des British Council mundet der englische Tee besonders gut – nicht nur für Teeliebhaber lohnt ein Besuch!

Fröhlich-bunt – **noobai café** **19** : Miradouro da Santa Catarina, Metro: Baixa-Chiado, tgl. 12–24 Uhr, Snacks à 4 €. Säfte, Tees, Glühwein, heiße Schokolade, Salate und kleine Gerichte werden auf einer Aussichtsterrasse angeboten.

Mit Blick zur Burg – **Kioske São Pedro de Alcântara** **20** : Miradouro, tgl. 10–22, Do–Sa 10–2 Uhr. Cocktails mit Blick auf Burg und Graça.

Lieblingsort

Meninos do Rio und Armazém F
Vor Ihren Augen gleitet ein Kreuzfahrtschiff durch die Fluten, links legt die Fähre an, rechts scheint die Hängebrücke 25 de Abril in der Luft zu stehen. Weit reicht der Blick vom Liegestuhl, der weißen Couch oder einem tiefen Sessel. Da fällt es den **Meninos do Rio** 5, den ›Jungs vom Fluss‹, leicht, die Gäste ganzjährig zu Kaffee, Cocktail, Snack oder einfachem Essen auf ihre palmenumstandene Terrasse zu locken. Das gleiche besinnliche Panaroma unmittelbar über den Wellen bietet im Sommer **Armazém F** 10 wenige Schritte Richtung Schiffsanlegestelle. Faszinierend ist die fast unglaubliche Ruhe inmitten der Stadt.

Das Beste auf einen Blick

Avenidas Novas

Highlight!

Fundação Calouste Gulbenkian: Ein unterhaltsamer Gang durch die Kulturgeschichte: ein ägyptischer Pharao, orientalische Vasen, Rembrandt und Rubens, Manet und Monet, Teppiche und Fayencen, Uhren und Schmuck – alles dicht beieinander! 10 S. 203

Auf Entdeckungstour

In die Kathedrale des Fußballs: Im Stadion von Benfica Lissabon, dem größten Sportverein der Welt, schlagen die Herzen der Fans höher. 19 S. 210

Wasser für Lissabon – das Aquädukt Joãos V.: Der Weg führt über das Ehrfurcht erheischende und römisch anmutende Aquädukt. 24 S. 216

Kultur & Sehenswertes

Lebendige Stadtgeschichte: Eine Palastküche, das Modell von Lissabon vor dem Erdbeben und historische Stiche deutscher Meister zeigt das Museu de Lisboa. 16 S. 208

Palácio Fronteira: Der Blick aus den Salons des Adelspalastes fällt auf ein Farbenspiel aus blauweißen Kachelbildern und grünen Buchsbaumhecken im Schlossgarten. 26 S. 213

Aktiv unterwegs

Besuch im Zoo: Etwas Besonderes sind die vielen Tiere aus den früheren portugiesischen Kolonien, dazu gibt es spannende Vogelflugshows und Robbenfütterung. 12 S. 207

Parque Florestal de Monsanto: Kinder und erholungssuchende Erwachsene freuen sich über die grüne Lunge Lissabons. Mit Spielplätzen, Kinderbauernhof, Spazierwegen, Cafés und über einer Million Bäumen. 25 S. 212

Genießen & Atmosphäre

Das Wasser läuft einem im Munde zusammen: Und zwar in der Lebensmittelabteilung des El Corte Inglês, dem größten Kaufhaus der Iberischen Halbinsel. 1 S. 203

Café Versailles: Auch jungen Leuten empfohlen, selbst wenn sich seit fast einem Jahrhundert ehrwürdige Damen der besseren Gesellschaft zwischen Gold, dunklem Holz und Spiegelglas treffen. 13 S. 207

Abends & Nachts

Hard Rock Café: Klar ist das Konzept weltweit das Gleiche, aber wenn Sie mal Lust auf Hamburger mit lauter Musik haben, sind Sie hier richtig. 5 S. 200

Nächtlicher Jazz: Die Atmosphäre im Hot Clube gründet sich auf über 60 Jahre Erfahrung mit eigener Bigband und anspruchsvollem Programm, seit 2011 in neuen Räumen. 4 S. 202

Glanz, Kultur und Fußball

Prunkvolle Kutschen fuhren einst dort, wo heute der lärmende Autoverkehr einen Spaziergang über den baumbestandenen Prachtboulevard Avenida da Liberdade beeinträchtigt. Alles geschah nach Pariser Vorbild: Als den wohlhabenden Bürgern das Leben im Lissabonner Zentrum zu eng wurde, planten sie ihre schicken Domizile entlang neuer, nicht weniger schicker Chausseen. 1885 entstand im Zuge dieser Stadterweiterung die Avenida da Liberdade. Einige vornehme Hausfassaden aus der Gründerzeit und moderne internationale Luxusboutiquen lassen den alten Prunk fortleben. Hier finden Sie Dolce & Gabbana, Armani und Hugo Boss. Und fast überraschend: In den Seitenstraßen entdecken Sie stille Ecken und kulturelle Angebote.

Bald erreichen Sie die Praça Marquês de Pombal, wo sich die Avenidas stadtauswärts teilen. Richtung Westen

prägen das imposante Aquädukt und die sakral anmutende ›Wassermutter‹ die Umgebung ebenso wie postmoderne Architektur und hübsche Stadtgärten. Der Monsanto-Park ist Lissabons grüne Lunge, an deren Rande der Palácio Fronteira mit prächtigen Kachelbildern glänzt.

Nicht nur für ausgewiesene Kulturfreunde ein Muss ist die Sammlung Calouste Gulbenkian an der Ausfahrtsstraße nach Norden gelegen. Weitere vortreffliche Museen säumen die nördlichen Avenidas und Orte des Entspannens und Spektakels, wie die Stierkampfarena. Und am Ende folgt diesmal der Fußball, der sonst an erster Stelle steht. Benfica oder Sporting – die wichtigste Entscheidung im Leben eines Lissabonners.

Rund um die Avenida da Liberdade

Passeio Público

Vor nur zwei Jahrhunderten endete die städtische Bebauung kurz hinter dem Rossio. Um die Modernität seiner neu entstandenen Stadt zu betonen, ließ Marquês de Pombal 1764 nördlich angrenzend einen öffentlichen Stadtgarten mit Musikpavillon als Gegenstück zur streng gegliederten königlichen Praça do Comércio anlegen. Die Idee war dem Marquês in Wien und London gekommen.

Doch fand die neue öffentliche Promenade passeio público kaum Anklang. Heute unvorstellbar: Von einer Mauer umgeben musste Eintritt entrichtet werden und nur wenige Wohlhabende begehrten Einlass. Lebhafteren Zuspruch fanden die Anlagen erst, als 1834 im Zuge der politischen Libe-

---

Infobox

Reisekarte: ▶ L–N 5–10

Ausgangspunkt
Die blaue und grüne U-Bahnlinie verbinden die wichtigsten Sehenswürdigkeiten miteinander. Zusteigemöglichkeit: Station Baixa-Chiado. Die gelbe Linie führt von der Praça Marquês de Pombal in den Westen. Wenn Sie Quartier in einem der vielen Hotels rund um diesen Platz bezogen haben, liegt vieles für Sie in Fußweite. Auch zum Einkaufsbummel durch die Avenida da Liberdade beginnen Sie bevorzugt hier, denn dann geht es hügelabwärts.

Rund um die Avenida da Liberdade

ralisierung die Mauer niedergerissen wurde und mit der Romantik auch die Naturliebe in Portugal Einzug hielt. Immerhin war – Frauen aufgepasst – Ihren Geschlechtsgenossinnen aus der besseren Gesellschaft nun wenigstens auf dem passeio público gestattet, auch ohne männliche Begleitung in der Öffentlichkeit aufzutreten. Doch eine ähnliche Bedeutung wie etwa die Tuillerien in Paris erlangte er nie. 1878 wurde er abgerissen und ein neues Kapitel Lissabonner Stadtplanung aufgeschlagen. Entlang breit angelegter Straßenzüge, den Avenidas, begann sich die Stadt zum ersten Mal weg vom Tejo zu entwickeln.

Zentralbahnhof Rossio [1]
Es entstanden 1892 das Luxushotel Avenida Palace und 1887 der damalige Zentralbahnhof Rossio. Sofort ins Auge fällt die mit neomanuelinischen Elementen reich verzierte Fassade, zwei mächtige hufeisenförmige Eingangsportale und eine lichte Hallenkonstruktion. Diese ›Kathedrale der Eisenbahn‹ bündelte einst alle Bahnlinien, hat aber inzwischen aufgrund der neuen Bahnhöfe Apolónia und Oriente ihre verkehrsstrategische Bedeutung verloren. Nur die S-Bahn nach Sintra bedient noch die Station.

Praça dos Restauradores
In der damaligen Zeit wurde eine Sammlung für ein Denkmal initiiert, um die siegreichen Aufständischen von 1640 gegen die spanische Herrschaft zu ehren. Eigentlich war an etwas Kleines gedacht. Doch es ging gegen Spanien und deshalb kam so viel Geld zusammen, dass sich der schmale Obelisk mitten auf der Praça dos Restauradores nun satte 30 m in die Höhe schraubt. Das künstlerisch eher belanglose Memorial für wurde 1886 nach elfjähriger Bauzeit eingeweiht.

Die Fassade des Cinema Eden ist ein Schmuckstück des Art déco

Avenidas Novas

Sehenswert

1. Zentralbahnhof Rossio
2. Cinema Eden
3. Palácio Foz
4. Elevador do Lavra
5. Jardim do Torel
6. Goethe-Institut
7. Parque Mayer
8. Praça Marquês de Pombal
9. Gewächshaus Estufa Fria
10. Fundação Calouste Gulbenkian
11. Centro de Arte Moderna
12. Jardim Zoológico
13. Casa-Museu Dr. Anastácio Gonçalves
14. Stierkampfarena
15. Culturgest
16. Museu de Lisboa
17. Museu Rafael Bordalo Pinheiro
18. Sporting Clube de Portugal
19. Benfica Lissabon
20. Synagoge
21. Mãe d'Água
22. Fundação Arpad Szenes – Vieira da Silva
23. Amoreiras-Türme
24. Aquädukt
25. Parque Florestal de Monsanto
26. Palácio Fronteira

Essen & Trinken

1. Eleven
2. estórias na casa da comida
3. Solar dos Presuntos
4. Cervejaria Valbom
5. Jardim dos Sentidos
6. Os Tibetanos
7. Coutada
8. Casa do Alentejo
9. Aron Sushi
10. O Móises
11. Café 1800
12. Boca à Mesa
13. Café Versailles
14. Linha d'Água
15. Café Mexicana

Einkaufen

1. El Corte Inglés
2. Centro Comercial Colombo
3. Centro Comercial Amoreiras
4. Bio-Supermarkt Miosótis
5. Wine o'Clock
6. Loja dos Museus

Aktiv

1. Four Seasons Ritz Spa
2. Acqua City

Abends & Nachts

1. Politeama
2. MM Café
3. Chafariz do Vinho Enoteca
4. Hot Clube
5. Hard Rock Café
6. Bar 106
7. Fontória

Die beiden allegorischen Figuren am Sockel stellen Sieg und Unabhängigkeit dar. Und der Name des Platzes erinnert an die Restauration, die Wiederherstellung eines unabhängigen Portugals, dessen heutige Einwohner zum Glück Freundschaft mit den Spaniern geschlossen haben.

Imposant sind die Hauptgebäude an der westlichen Platzseite. Das rosafarbene **Cinema Eden** 2 (Praça dos Restauradores, 2), eines der emblematischen Gebäude im Lissabonner Stadtzentrum, entstand zwischen 1930 und 1937 nach Plänen des bedeutenden modernistischen Architekten Cassiano Branco im Art-déco-Stil. Nur die Fassade ist von dem ursprünglichen Filmpalast erhalten geblieben, das Innere wurde Mitte der 1990er-Jahre entkernt und neu erbaut. Es beherbergt inzwischen ein Aparthotel und den Loja do Cidadão. Dieser ›Bürgerladen‹ soll kurze Wege zu öffentlichen Einrichtungen und Behörden gewährleisten, die hier alle mit einem Empfangsschalter vertreten sind, vom Finanzamt bis zum Stromanbieter.

An der südöstlichen Ecke des Platzes hat sich in einem originellen Kiosk aus der Jugendstilzeit ein Kartenvorverkauf etabliert. Tickets gibt's für kulturelle und sportliche Ereignisse und für Stadtrundfahrtsbusse.

Palácio Foz 3

Der angrenzende Palácio Foz (Nr. 25) wurde bereits unmittelbar nach dem Erdbeben von italienischen Architek-

Lieblingsort

**Kulturtreff der besonderen Art:
Das Goethe-Institut** 6

Deutsch-portugiesischer Kulturaustausch wird hier groß geschrieben, das Programm an Konzerten, Filmen und Vorträgen kann sich sehen lassen. Und einen Sommerhit liefert das Goethe-Institut gleich mit: die Cafeteria im hübschen Garten rund um einen uralten Drachenbaum, unter dem Snacks und Getränke serviert werden. Dazu gibt es in der Bibliothek aktuelle deutsche Zeitungen und manchmal nimmt sich der umtriebige Direktor auch die Zeit zu einem persönlichen Gespräch mit seinen Gästen.

Avenidas Novas

ten geplant, jedoch erst Mitte des 19. Jh. fertiggestellt. Namensgeber des Palastes ist sein späterer Besitzer Marquês de Foz, der zahlreiche illustre Lissabonner Künstler mit der Ausgestaltung der Innenräume beauftragte, die allerdings nicht besichtigt werden können. Nur der prunkvolle Spiegelsaal im Stile Ludwig XV. öffnet sich manchmal zu Veranstaltungen. Im Erdgeschoss sind aktuell die **Hauptstelle des Tourismusamtes** sowie eine gesonderte Polizeidienststelle für Touristen untergebracht.

Unmittelbar hinter dem Palast führt die Standseilbahn Glória hinauf ins Bairro Alto (s. S. 172). Auf der gegenüber liegenden Seite zog vor einigen Jahren das Lissabonner **Hard Rock Café** 5 in die Räumlichkeiten des früheren Kinos Conde ein und verleiht dem Platz neue Anziehungskraft vor allem bei jüngeren Leuten.

Rua das Portas de Santo Antão

Vorsicht Fressgasse! Die Rua das Portas de Santo Antão liegt hinter dem Café. Restaurant reiht sich an Restaurant, aufdringliche Animateure versuchen auch Sie zu ködern, ein untrüglicher Hinweis auf gleich bleibend schlechte Qualität. Doch lässt sich in dieser Fußgängerzone auch Angenehmes entdecken. Einfache Ginjinhabars locken mit dem tiefroten Kirschlikör.

Und eine wahre Kostbarkeit verbirgt das von außen unscheinbare **Casa do Alentejo** 8 in Nr. 58. Bitte gehen Sie an der schmalen Eingangstür nicht einfach vorbei. Denn dahinter fühlen Sie sich nach wenigen Stufen in einen neoarabischen Innenhof aus einem Märchen aus 1001 Nacht versetzt. 1919 sollte in dem früheren Palast des Grafen von Alverca ein luxuriöses Spielcasino entstehen. Entsprechend schwelgerisch sind auch die oberen Räume gestaltet, ein ele-

ganter Ballsaal, mit Kachelbildern geschmückte Essräume sowie die in unterschiedlichen Stilen dekorierten Tagungszimmer, von französischem Klassizismus bis Art déco. Allerdings verhinderten die Wirren nach dem Ersten Weltkrieg die Inbetriebnahme und so dient das Gebäude seit 1932 als Kulturzentrum der portugiesischen Provinz Alentejo. Zu den Tanzveranstaltungen oder in den Fernsehsaal sind nur Mitglieder zugelassen, das ländliche Essen im Restaurant dürfen auch nicht-alentejanische Gäste genießen.

Kulturzentren anderer Art sind das **Politeama** 1 in Nr. 109, Lissabons großes Musicaltheater, und schräg gegenüber das Coliseu, seit 1890 die größte innerstädtische Veranstaltungshalle, deren rot-weißes Kuppeldach von vielen Aussichtspunkten der Stadt zu sehen ist. Mit einem Durchmesser von 48,68 m und einem Gewicht von 100 t wurde es in Berlin konstruiert!

Am Ende der Straße führt eine weitere Standseilbahn, die **Lavra-Bahn,** hinauf zum Campo Sant'Ana. Freunden gepflegter portugiesischer Küche sei der **Solar dos Presuntos** 3 an der Ecke ans Herz gelegt – ein Restaurant ohne Touristenanmache, dafür mit vielen Gastronomiepreisen dekoriert.

Abstecher: Campo Sant'Ana und Campo dos Mártires da Pátria

Wenig beachtet, obwohl zentral gelegen, ist der nach einem Kloster benannte Stadthügel Sant'Ana. Abenteuerlich führt Sie der **Elevador do Lavra** 4 direkt ins Herz dieses ruhigen Viertels, das teilweise einem noblen Villenvorort gleicht. Prächtige Stadtpaläste, in denen vielfach öffentliche Einrichtungen Quartier gefunden haben, säumen die baumbestandene Rua do Júlio de Andrade. Der kleine Park **Jardim do Torel** 5 bietet

Rund um die Avenida da Liberdade

einen ruhigen Pausenplatz mit Café und weiter Aussicht über die westliche Stadt, bevor es auf den großflächigen **Campo dos Mártires da Pátria** geht. Die Märtyrer des Vaterlandes waren elf Aufständische gegen den englischen General Beresford, der Lissabon nach der Vertreibung napoleonischer Truppen regierte. Die Männer wurden 1817 auf dem Platz hingerichtet.

Wundern dürften Sie sich über das Standbild seitlich des Parks, und in der Tat, hier geht es wirklich um Wunder. Lissabonner Aberglaube findet seinen sichtbaren Ausdruck im Denkmal für den sozial engagierten Arzt Sousa Martins, der im 19. Jh. medizinisches Zauberwerk vollbracht haben soll. Bittkerzen werden am Fuße des Denkmals angezündet, um das sich Votivtafeln mit Danksagungen für bereits erfolgte Heilungen türmen.

Handfestes Wissen dagegen vermittelt das **Goethe-Institut** 6 . Das engagierte Kulturprogramm setzt sich zum Ziel, das gemeinsame Europa zu fördern und Deutschland und Portugal einander nahe zu bringen (Campo dos Mártires da Pátria, 37, Tel. 218 82 45 10, www.goethe.de/lissabon, s. a. S. 199). Im Nachbargebäude befindet sich die Deutsche Botschaft.

Auf der Avenida da Liberdade

Auf Höhe der Rua dos Condes gelangt man von der Praça dos Restauradores in die Avenida da Liberdade. Früher stand in dieser Straße das Schafott, der heutige Straßenname bezieht sich auf die Befreiung von der spanischen Fremdherrschaft. Kurioserweise aber hat Spanien genau an dieser Straße sein Konsulat angesiedelt.

Gegen 1885 entstand der 1271 m lange und 90 m breite Prachtboulevard, ungeachtet der aktuellen Eroberung durch den Autoverkehr noch immer eine Meile zum Bum-

meln. Die romantischen Terrassencafés auf den parkähnlichen, mit Brunnen und Statuen geschmückten Grünstreifen zwischen den Fahrbahnen sind aber etwas zu laut für eine gemütliche Pause.

Verantwortlich für die unübersehbaren Bausünden ist der frühere Bürgermeister Abecassis. Er erlaubte die weiträumige Zerstörung vieler historischer Gebäude und förderte das schnelle Hochziehen geschmackloser Bürohäuser. Erst nach dem Sieg eines linken Parteienbündnisses, das den späteren Staatspräsidenten Jorge Sampaio zum Bürgermeister kürte, wurde 1992 die Abrissbirne gestoppt. Viele prunkvolle Gebäude wurden gerettet, so das modernistische **Hotel Victória** (Nr. 170), heute Sitz der Kommunistischen Partei, das **Cinéma Tivoli** (Nr. 182), inzwischen ein allgemeiner Ort für Kulturveranstaltungen, sowie ein imposantes Jugendstilgebäude (Nr. 206–218), dessen rückwärtige, mit Kacheln verzierte Fassade auf die Rua Rodrigues Sampaio weist. Neben Luxushotels haben sich in den letzten Jahren zahlreiche Filialen internationaler Modeschöpfer niedergelassen, von Hugo Boss (Nr. 141) bis Ermenegildo Zegna (Nr. 177).

Parque Mayer 7

Großteils in Ruinen liegt der Parque Mayer. Einen Umweg müssen Sie deswegen also nicht auf sich nehmen, aber ein Blick im Vorübergehen lohnt doch. Denn am 15. Juni 1922 öffnete die Einrichtung ihre Tore als das kulturelle Vergnügungszentrum schlechthin. Varieté, Boulevardtheater, ein Kino, Restaurants bildeten über Jahrzehnte den Mittelpunkt des Nachtlebens. Während der Diktatur blühte hier die Satire, die mit dem Ende des verhassten Regimes an Bedeutung verlor. Fast alle Einrichtun-

Avenidas Novas

Krönender Abschluss der Avenida da Liberdade: die Praça Marquês de Pombal

gen mussten schließen. Seit Jahren laufen lebhafte politische Debatten um eine Wiederbelebung. Sogar der amerikanische Architekt Frank Gehry legte inzwischen freilich verworfene Planungen für ein neues kulturelles und architektonisches Glanzstück vor. Die wirkliche Erneuerung kommt derweil nur schleppend voran. Gleich um die Ecke bietet Lissabons traditionsreiche Jazzeinrichtung **Hot Clube** 4 in neuen Räumlichkeiten erinnerungswürdige Jazznächte. Die Stammgäste schwärmen noch immer vom Auftritt Pat Metheneys.

Praça Marquês de Pombal 8
Ein weitläufiger runder Platz, Marquês de Pombal gewidmet, schließt die Avenida da Liberdade ab. In der Mitte steht seit 1934 der Erbauer der modernen Baixa auf einer 36 m hohen Säule. Abbildungen der wichtigsten Mitarbeiter Pombals und allegorische Figuren, die seine Reformen darstellen, schmücken den Granitsockel. Sehenswert sind die modernen Kachelbilder, die in der darunter liegenden Metro-Station die historischen Rahmenbedingungen und Etappen seines politischen Wirkens zum Thema haben. Aktuell ist der Platz eine Drehscheibe des Autoverkehrs. Ein politisch umstrittener, 2007 eingeweihter Straßentunnel sorgte mit seinen Ausfahrten rund um den Platz für die staufreie Zufahrt von noch mehr Fahrzeugen ins hoffnungslos überlastete Stadtzentrum.

Parque Eduardo VII.
Nach Norden zieht sich Lissabons größter Park die Anhöhe hinauf und bietet Erholung für geschundene Ur-

Sehenswertes an den nördlichen Avenidas

El Corte Inglés [1]
Danach empfiehlt sich als Gegenprogramm ein Blick, oder vielleicht auch gleich mehrere, ins größte Kaufhaus der Iberischen Halbinsel, das El Corte Inglés. Den Namen kennen Sie, wenn Sie schon einmal in Spanien unterwegs waren. Preiswertes findet man hier weniger, eher Qualität. Und eine überwältigende Lebensmittelabteilung in der unteren Etage. Die monströse Fischtheke, die portugiesische Käseauswahl und die Gourmetabteilung lassen das Wasser im Munde zusammenlaufen. Die Kehrseite der Medaille: bunte Stadtteilmärkte und Tante-Emma-Läden müssen immer mehr der übermächtigen Supermarktkonkurrenz weichen.

Fundação Calouste Gulbenkian ! [10]
Rua Berna, 45, http://museu.gulbenkian.pt, Di–So 10–18 Uhr, Eintritt 5 €
Keine 10 Minuten vom Kaufrausch entfernt dürfte der Besuch dieser exquisit bestückten Privatsammlung durchaus auch für Urlauber, die weniger an hoher Kultur interessiert sind, zu einem anregenden Gang durch die Kunstgeschichte werden. Wenn Sie sich überlegen, zumindest ein großes Museum in Lissabon zu besuchen, wählen Sie dieses aufgrund seiner Einmaligkeit.

Bereits mit 14 Jahren erstand der gebürtige Armenier Calouste Gulbenkian (1886–1955) auf einem türkischen Basar einige antike Münzen. So erzählt wenigstens die Legende. Als Mitarbeiter der Firma Shell erkannte er früh den Wert des ›schwarzen Golds‹ und entdeckte eigene Ölquellen im Irak. Mit den schnell sprudeln-

lauberfüße und weite Blicke bis zum Tejo. Mit großem Stolz erfüllt die Lissabonner der zu Ehren der Fado-Sängerin Amália Rodrigues angelegte Garten im nördlichen Abschnitt. Blumenfreunde finden ihr erholsames Paradies im **Gewächshaus Estufa Fria** [9] (Sommer 10–18, Winter 9–17 Uhr, Eintritt 3,10 €). Unterteilt in drei Bereiche gedeihen auf 15 500 m² Pflanzen aus allen fünf Kontinenten. In der kühlen Zone sind seltene asiatische Kamelien und Aucubas auch im Freien um künstliche Teiche gruppiert, im warmen Teil blühen vielfarbige tropische Pflanzen und im milden Bereich wachsen Kakteen in allen Größen.

Weiteres Highlight bilden Lissabons bestes Restaurant, **Eleven** [1], und die nahe gelegene Terrasse der Café-Bar **Linha d'Água** [14] fast am höchsten Punkt des Parkes (s. S. 204).

Lieblingsort

Linha d'Água 14
Nach dem Besuch des Museums der Gulbenkian-Stiftung oder einer Shoppingtour durch das Riesenkaufhaus El Corte Inglés ist meist Erholung angesagt. Gut, dass gleich um die Ecke die Bar Linha d'Água fast am höchsten Punkt des Parque Eduardo VII. ihre Tische vor einen künstlichen Ententeich ins Freie gestellt hat. Kinder planschen im Hochsommer im flachen Wasser. Im Hintergrund läuft gedämpfte Musik. Zum Kaffee gibt's Gebäck und Kuchen. Manchmal fliegen zwar die Flugzeuge recht niedrig über den Park, doch selbst das verkraftet die grüne Oase spielend (s. S. 214).

Avenidas Novas

den Einnahmen sammelte er Bilder, Teppiche, Antiquitäten und Schmuck aus allen Ecken der Welt.

1928 übernahmen vier große Mineralölgesellschaften seine irakischen Quellen zugunsten einer Beteiligung von 5 % an den Konzernen. Das Geld sprudelt übrigens noch heute und umso mehr, je höher die Ölpreise steigen. Die Kunstsammlung aus seiner Pariser Wohnung nahe den Champs-Elysées vergrößerte Mister Five Percent, so fortan sein Spitzname, mit sicherem Gespür für das Schöne. 1942 emigrierte er nach Lissabon und rettete dank guter internationaler Beziehungen sein Lebenswerk vor den Nazis. Aus Dankbarkeit für die portugiesische Gastfreundschaft gründete er eine Stiftung, der er mit seinem Tod 1955 das gesamte Vermögen vermachte.

Als Armenier wuchs Calouste Gulbenkian an der Nahtstelle zwischen Orient und Okzident auf. Die kulturelle Vielfalt und die wechselseitigen Befruchtungen macht das Museum sichtbar. Der **Rundgang** beginnt im ägyptischen Saal mit einem 4000 Jahre alten Kopf des Pharaos Sesóstris aus Obsidian. Die angrenzenden Säle sind der griechisch-römischen Epoche, Mesopotamien und dem Orient mit farbenfrohen Seidenstickereien, Teppichen und Fayencen gewidmet. Herausragend sind eine islamische Gebetsnische und syrische Moschee-Lampen aus bemaltem Glas, beide aus dem 14. Jh. Eine kunstvoll illustrierte armenische Bibel ist neben arabischer Buchkalligrafie zu bewundern. Im asiatischen Saal beeindrucken preziöses Porzellan aus China und feine Lack- und Glasarbeiten aus Japan.

In den neun Räumen mit europäischer Kunst befinden sich hochkarätige Gemälde, darunter Werke von

Viele Exponate der Gulbenkian-Sammlung stammen aus dem Orient – wie diese Lampe

Sehenswertes an den nördlichen Avenidas

Rubens und Rembrandt, Watteau und Fragonard, Manet und Monet, Renoir und Degas. Außerordentlich reich ist die Sammlung von Schmuckstücken des Jugendstilkünstlers René Jules Laliques, die teilweise in Calouste Gulbenkians persönlichem Auftrag angefertigt wurden. Das Ausstellungsgebäude ist von einem tropischen Park mit Wasserläufen, schattigen Plätzen und Kunstobjekten umgeben.

Centro de Arte Moderna José de Azeredo Perdigão [11]

Rua Dr. Nicolau Bettencourt, o. Nr., www.cam.gulbenkian.pt, Di–So 10–18 Uhr, Eintritt 5 €

Am südwestlichen Ende des Parks befindet sich die größte Sammlung zeitgenössischer portugiesischer Kunst im Centro de Arte Moderna, das 1983 von der Gulbenkian-Stiftung u. a. mit dem kubistisch-futuristischen Spätwerk von Amadeo de Souza-Cardoso und Arbeiten von Maria Helena Vieira da Silva eröffnet wurde. Bereits als Klassiker gelten die Werke des Bildhauers João Cutileiro und der Malerin Paula Rego. Zahlreiche Werke zeitgenössischer britischer Künstler und wechselnde temporäre Expositionen ergänzen das Programm. Ein zusätzliches Highlight ist das erstklassige Selbstbedienungsrestaurant. Sie sollten dort möglichst vor 12.30 Uhr erscheinen, um lange Wartezeiten zu vermeiden.

Jardim Zoológico [12]

Estrada de Benfica, 158–160, www. zoolisboa.pt, 21. März–31. Sept. 10–20, sonst bis 18 Uhr, Eintritt 19 €, bis 11 Jahre 13,50 €

Etwa 2000 Tiere und 330 verschiedene Arten leben im Lissabonner Tierpark, besonders viele stammen aus den früheren Kolonien. Weitere Attraktionen im 1884 eröffneten, ältesten Zoo der

---

Mein Tipp

Der Name ist Programm

Im altehrwürdigen **Café Versailles** [13] sind die Kellner selbstverständlich livriert. Stuckdecken, eine wuchtig dunkle Holztheke und golden eingefasste Spiegel prägen das Ambiente. Zum Gebäck werden Messer und Gabel gereicht. So steif, wie das nun klingt, ist es aber doch nicht. Es macht Spaß, der Lissabonner Gesellschaft von Jung bis Alt beim Schwatz zuzuschauen. Und der Höhepunkt: Die Süßigkeiten munden richtig gut (Avenida da República, 15 A, tgl. 7.30–22 Uhr, mittags nur Restaurantbetrieb).

---

iberischen Halbinsel bilden eine Vogelflugshow und ein Vergnügungspark.

Rund um die Praça Duque de Saldanha

Vom Autoverkehr umtost und von Einkaufszentren umrahmt präsentiert sich der heutige **Saldanha-Platz** wenig wohnlich. Doch die Zeiten sind noch nicht so lange vorbei, da die abzweigenden Avenidas da República und 5 de Outubro eine der ersten Adressen darstellten. Inzwischen sind viele der einst prächtigen Häuser heruntergekommen oder bereits abgerissen. Doch finden sich zwischen lieblosen modernen Kästen noch außergewöhnliche Jugendstilfassaden.

Casa-Museu Dr. Anastácio Gonçalves [13]

Avenida 5 de Outubro, 6–8, http:// blogdacmag.blogspot.pt, Di–So 10–18 Uhr, Eintritt 3 €

Einen der ehrwürdigen Stadtpaläste, gebaut 1905 für den in seiner Zeit

Avenidas Novas

anerkannten, gesellschaftskritischen Maler José Malhoa, betreten Sie beim Besuch der Casa-Museu Dr. Anastácio Gonçalves am Beginn der Avenida 5 de Outubro. Der Leibarzt von Calouste Gulbenkian teilte dessen Sammelleidenschaft, die sich auf chinesisches Porzellan ab der Ming-Dynastie und die naturalistischen Maler Portugals zum Ende des 19. und Beginn des 20. Jh. konzentrierte. Hinzu kommen Fayencen, Schweizer Uhren und Juweliererzeugnisse vom 17. bis 19. Jh. Aus der gleichen Epoche stammen wertvolle Möbel. Ein mit Elfenbein und Gold verziertes Schränkchen schmücken Szenen des Neuen Testaments aus der Schule von Rubens.

Stierkampfarena

Bei dem arabisch wirkenden roten Ziegelbau etwa 800 m nördlich, der Ihnen vielleicht schon beim Hoteltransfer vom Flughafen ins Auge gefallen ist, handelt es sich um die **Stierkampfarena** 14 vom Ende des 19. Jh., die knapp 9000 Besucher fasst. Die Saison reicht von April bis Oktober, doch darüber hinaus werden Konzerte veranstaltet. Im Zuge einer Sanierung wurde der Kampfplatz um ein unterirdisches Einkaufszentrum mit Kino und Selbstbedienungsrestaurants erweitert.

Culturgest am Arco do Cego 15

Rua Arco do Cego, www.culturgest. pt, Ausstellungen Di–Fr 11–18, Sa/So 11–19 Uhr
Ästhetisch umstritten ist die Zentrale der staatlich kontrollierten Sparkasse CGD nach Plänen des postmodernen Architekten Arsénio Cordeiro, der mit diesem Kolossalbau der Macht der Banken ästhetischen Ausdruck verleiht, ähnlich wie die farbigen Türme der Konkurrenzbank BNU schräg gegenüber. Unbestritten sind die Verdienste der bankeigenen Kulturstif-

tung Culturgest, die mit ihren modernen Kunstausstellungen und anspruchsvollen Veranstaltungen frischen Wind in die Lissabonner Kulturszene gebracht hat.

Einen deutlichen Kontrast zur reichen Bank bildet das dahinter liegende Häusergeviert **Arco do Cego.** In den frühen Jahren der Republik zunächst als erste staatlich geförderte Arbeitersiedlung geplant, wurden die hübschen Reihenhäuser nach ihrer Fertigstellung 1933 von regimetreuen Beamten und Kleinbürgern bezogen.

Museu de Lisboa 16

Rua Serpa Pinto, 6, www.museude lisboa.pt, Di–So 10–13, 14–18 Uhr, Eintritt 2 €
Südlich der Metrostation Campo Grande präsentiert das Stadtmuseum in einem Landsitz aus dem Jahre 1748 auf sehr unterhaltsame Art zwei Jahrtausende der Lissabonner Stadtentwicklung. Antike Fundstücke verweisen auf die frühzeitlichen Ursprünge der Stadt. Ein detailgetreues Modell Lissabons aus der Zeit vor dem Erdbeben, dazu ausdrucksstarke Gemälde und kunstvolle Stiche, auffallend viele aus deutscher Feder, lassen das Lissabon der letzten Jahrhunderte auferstehen. Eine original erhaltene, hübsch gekachelte Hausküche veranschaulicht die aufwendige aristokratische Kochkunst. Stolze Fahnen erinnern an die bürgerliche Revolution 1910, in deren Folge das Museum eingerichtet wurde und mit der es zeitlich abschließt.

Museu Rafael Bordalo Pinheiro 17

Campo Grande, 383, http://museu bordalopinheiro.cm-lisboa.pt, Di–Sa 10–18 Uhr, Eintritt 1,50 €
Vergnüglich anzusehen sind die persönlichen Erinnerungsstücke, Gemälde, Karikaturen und Keramikarbeiten des scharfsichtigen Lissabonner Ka-

rikaturisten Rafael Bordalo Pinheiro (1846–1905), die im grundlegend sanierten Wohnhaus seines Mäzens Artur Cruz ausgestellt sind. Dem Volke hat er aufs Maul geschaut und das, was er gesehen hat, zu einem Lissabonner Sittenbild des späten 19. Jh. zusammenfügt. Der Genuss der Betrachtung wird allerdings durch eine fehlende fremdsprachige Erklärung geschmälert, die vieles für den Fremden im Unklaren lässt.

Die großen Fußballstadien
Das anlässlich der Fußball-EM 2004 erbaute Fußballstadion Alvalade XXI hinter der Metro-Station Campo Grande ist Heimat des **Sporting Clube de Portugal** [18] (Rua Professor Fernando da Fonseca), der den Löwen im grünen Wappen führt. In den farbenfroh gekachelten Stadionbau wurde das neue Vergnügungszentrum Alvaláxia mit seinen Kinos, Spielhallen und sportlichen Angeboten, etwa eine Kletterwand, integriert. Ein Museum erinnert an die großen Erfolge des Vereins, der in ständiger Konkurrenz mit **Benfica Lissabon** [19] (Av. General Norton de Matos) steht. Dessen ebenso neues Stadion liegt nur 2 km westlich (s. Auf Entdeckungstour S. 210).

Entlang der westlichen Avenidas

Largo do Rato
Nun führe ich Sie wieder zurück Richtung der Praça Marquês de Pombal, von wo die gelbe Metrolinie oder die Rua Braamcamp nach Südwesten auf den Largo do Rato führen, vorbei am **Edifício Castilho** (Nr. 40), dessen prunkvolle ursprüngliche Fassade erhalten und mit einem blau spiegelnden Glaspalast aufgestockt wurde. Das Gebäude gilt als eine ebenso kritisierte wie gefeierte Verschmelzung von moderner Architektur mit alter Baukunst.

Kaum zu glauben ist die Namensgebung des Rato-Platzes, die den Spitznamen des ehrwürdigen Offiziers Luís Gomes verewigt. Wegen seines spitz zulaufenden Gesichts wurde er Rato, zu Deutsch Maus, genannt. Er förderte im 17. Jh. die Einrichtung eines Klosters, dessen lang gestreckter roter Bau mit klassizistischer Fassade den Platz nach Westen hin abschließt. An der südlichen Seite liegt das kleine, mit Art-déco-Kacheln verzierte **Café 1800** [11] mit gutem Gebäck und preisgünstigem Mittagstisch.

Synagoge [20]
Rua Alexandre Herculano 59, Tel. 213 93 11 30, www.cilisboa.org
Die 1904 erbaute und hinter einem grünen Metalltor versteckte Lissabonner Synagoge grenzt östlich an den Largo do Rato und kann nach einer grundlegenden Sanierung anlässlich ihres hundertjährigen Bestehens besichtigt werden. Empfehlenswert ist eine vorherige Anmeldung.

Mãe d'Água [21]
Praça das Amoreiras, 10, Di–Sa 10–12.30, 13.30–17.30 Uhr, Eintritt 5 €
Kaum 150 m nördlich des Rato wölbt sich über die Rua das Amoreiras der prachtvolle Abschlussbogen des Lissabonner Aquädukts, das in eine fantastische Kathedrale des Wassers, die ›Wassermutter‹ Mãe d'Água, mündet. Von außen betrachtet werden Sie es nur schwerlich vermuten, doch hinter der klassisch strengen Fassade, die nur am Fuße des Bogens einige mythologische Kachelbilder schmücken, verbirgt sich ein sakral anmutender, dreischiffiger Innenraum.

5 m dick sind die Wände, die ein 5460 m³ fassendes Wasserbecken von 8 m Tiefe umlaufen, in das   ▷ S. 212

Auf Entdeckungstour:
In die Kathedrale des Fußballs

Ihren Verein Sport Lisboa e Benfica, kurz Benfica Lissabon 19 , verehren die Fans als O Glorioso. Catedral nennen sie in großer Ehrfurcht das zur Fußballeuropameisterschaft 2004 erbaute Stadion. Eine Führung zeigt auch sonst unzugängliche Winkel, und Sie können sogar persönlich auf der Trainerbank Platz nehmen.

Reisekarte: ▶ Karte 3, B 2

Zeit: ca. 60 Minuten
Planung: Führungen in Portugiesisch und Englisch außer an Spieltagen 10–17 Uhr jede halbe Stunde, im Sommer auch 17.30 Uhr, 10 €, bis 17 Jahre 4 €, mit Museum 15 bzw. 6 €.
Start: Estádio da Luz, Tor 18, Av. Eusébio da Silva Ferreira, Tel. 707 20 01 00, www.slbenfica.pt, Metro: Colégio Militar

Täglich bis zu 600 Fußballverrückte besichtigen die geheiligten Katakomben ihres Vereins Sport Lisboa e Benfica und erhoffen sich überraschende Einblicke in die Welt des runden Leders.

Im Stadionrund
Zunächst öffnen sich den Besuchern die Tore ins Innere des Stadions, Heimstätte der größten Sportclubs der Welt, wie das Guinessbuch der Rekorde 2006 anerkannte. Damals waren es 160 398

Mitglieder. Seitdem kamen jährlich mindestens 10 000 Fans hinzu, 2014 wurden bereits stolze 235 000 Mitglieder gezählt. Ganz in der Vereinsfarbe Rot gehalten, erinnert die Arena mit ihren eleganten Schwüngen und Bögen an Opernhaus und Harbourbridge von Sydney. Kein Wunder, wurde das Stadion mit einem Fassungsvermögen von 65 000 Zuschauern doch von einem australischen Architekten konzipiert. Oft sind die Spiele ausverkauft, denn Benfica ist ein Lebensgefühl, eine Alltagsreligion, die unabhängig von Alter, Geschlecht und sozialer Herkunft geteilt wird.

Sozialwissenschaftler, wie Dr. Nina Clara Tiesler erforschen an der Lissabonner Universität die gesellschaftlichen Auswirkungen dieser ›Religion‹. So wird der erste Stadionbesuch eines Kindes zu einem Initiationsritual, das sogar die Bedeutung der Einschulung übertrifft. Dann geht die ganze Großfamilie mit oder aber – biografisch ebenso markant – der Vater mit Sohn oder Tochter.

Im leeren Stadionrund erhalten alle Besucher die Erlaubnis, auf den gepolsterten Ledersesseln der Präsidentenloge Platz zu nehmen, um anschließend festzustellen, dass die Honoratioren spürbar weniger Beinfreiheit als Trainer und Auswechselspieler am Rasen genießen. Diese sitzen allerdings fast auf Höhe der Grashalme und können kaum die gegenüberliegende Spielhälfte erkennen. Vielleicht ein Grund, warum die Betreuer meistens am Spielfeldrand herumhampeln.

Das Wappentier hinter dem Tor, eine lebendige Adlerdame namens Victória, lässt sich nur wenig stören. Aktiv wird sie erst 15 Minuten vor jedem Spiel, um drei bis vier Runden über den Köpfen der Zuschauer zu drehen.

Die Katakomben der catedral

Unter allerlei Fachsimpelei geht es durch den Spielertunnel schließlich in die Umkleidekabinen der Gästemannschaft, die unter Neonlicht, mit grauen Bänken und braunem Sperrholz fast abweisend wirken. Benficas eigene Kabine bleibt fremden Augen allerdings verschlossen. Vermutlich ist sie besser ausgestattet, wie es sich für einen Club, der fast alle Heimspiele gewinnt, gehört. An Niederlagen ist nach Ansicht der Fans meist der Schiedsrichter schuld; wenn der es nicht war, dann waren es wohl höhere Mächte oder das Schicksal …

Das Vereinsmuseum

Fast jedes Jahr werden neue Pokale gewonnen, die im 2013 eingeweihten Museum außerhalb des Stadionrunds präsentiert werden. Und was für welche! 1911/12 bestand die Meistertrophäe noch aus einem Holzkästchen mit steinigen Bodenproben aus allen Ligastadien. Ganz anders da der feine Europacup von 1962, als der große Eusébio für die nötigen Tore sorgte. Mit 5 : 3 wurde Real Madrid im Endspiel bezwungen. Doch dieses nach dem Vereinsgründer Cosme Damião benannte Museum will nicht nur in die Vergangenheit blicken, sondern multimedial das Tor zu weiteren großen Erfolgen öffnen. Diese erhofft sich zumindest die große Schar der Anhänger.

Avenidas Novas

das Wasser aus dem Munde eines steinernen Delfins kaskadenförmig über einen Felsen strömt. Von hier aus floss das kostbare Nass in 26 meist künstlerisch gestaltete Brunnen *(chafarizes)*, die das Trinkwasser in den westlichen Viertel plätschern ließen. Das gemeine Volk musste es im Kruge holen. Betuchtere ließen besondere, mit 25 l gefüllte Fässer von galizischen Wasserträgern, den *aguadeiros,* bis in die Wohnung schleppen.

Häufig finden in der Mãe d'Água sommerliche Konzerte in einem Ambiente statt, das früher Adelige zu heimlichen Liebestreffen reizte. Das Flachdach des Gebäudes bietet aus einem ungewohnten Blickwinkel einen schönen Ausblick auf Lissabon. Direkt hinter der ›Wassermutter‹ versteckt sich ein netter Kiosk mit ein paar Tischen im idyllischen Amoreiras-Park. Heiße und kalte Getränke, Eis und Snacks werden täglich bei schönem Wetter ausgegeben.

Fundação Arpad Szenes – Vieira da Silva 22

Praça das Amoreiras, 56–58, www. fasvs.pt, Di–Mo 10–18 Uhr, Eintritt 5 € Dank der reichlichen Wasserzufuhr hatten sich im 18. Jh. viele Fabriken in der Gegend angesiedelt. Heute befindet sich an der Praça das Amoreiras Nr. 56/58 im herrschaftlich anmutenden Gebäude der früheren königlichen Seidenfabrik, an die noch eine Rosette über dem Eingang erinnert, die Kunstsammlung Arpad Szenes – Vieira da Silva. Maria Helena Vieira da Silva (1908–1992) gilt als bedeutendste Vertreterin der modernen Kunst in Portugal. Ihr eigenwilliger Stil überwindet die Gegensätze zwischen Abstraktion und Figürlichem. Ihre Werke waren häufig auch in Deutschland ausgestellt. Das Lissabonner Museum hält das Vermächtnis der Künstlerin und ihres Mannes,

dem ungarischen Maler Arpad Szenes (1897–1985), lebendig, auch wenn einige Werke verkauft werden mussten. Zusätzlichen Reiz erlangt der Besuch durch die besondere Ausstrahlung der einstmaligen Fabrikhalle.

Amoreiras-Türme 23

Auch beinahe drei Jahrzehnte nach ihrer Fertigstellung gehören die drei postmodernen Amoreiras-Türme des Architekten Tomás Taveira zu den interessantesten, aber auch umstrittensten Lissabonner Bauten der Postmoderne. Der farbenfrohe Büro- und Geschäftskomplex aus Glas und Kunststoff erhebt sich auf einer Fläche von 6 ha in den Himmel. In den oberen Stockwerken befinden sich auch einige Luxuswohnungen. Die Lissabonner verbinden mit Amoreiras das erste große **Einkaufszentrum** 3 (Av. Eng. Duarte Pacheco) der Stadt, das 1983 eröffnet, inzwischen jedoch sehr unter der Konkurrenz jüngerer Shopping-Malls zu leiden hat.

Zu Füßen der Postmoderne finden Weinfreunde einen weiteren Grund, dieser Gegend einen Besuch abzustatten. **Wine o'Clock** 5 bietet neben einem für den Urlauber vielleicht zu starken Schwergewicht auf internationalen Spitzenweinen doch auch eine sehr ansprechende Auswahl portugiesischer Erzeugnisse.

Nördlich der futuristischen Türme hebt sich auf mächtigen Pfeilern das **Aquädukt** 24 über das Tal, das die Stadt vom grünen Umland trennt (s. Auf Entdeckungstour S. 216).

Parque Florestal de Monsanto 25

Im Jahr 2001, als er noch als Held galt, gewann Jan Ullrich im Monsanto-Park eine Goldmedaille bei der Radweltmeisterschaft, heute radeln und joggen die Hobbysportler durch die grünen Wälder. Schon in vorhistorischer Zeit besiedelt, legten hier die Mauren Gärten, Olivenhaine und Getreidefelder an. Seit dem 16. Jh. errichteten Adelige ihre Paläste auf den fruchtbaren Hügeln, erste Pläne für eine Aufforstung stammen aus dem Jahre 1926. Acht Jahre später pflanzte der Staatspräsident den ersten Baum. Heute zählt der unter Naturschutz stehende Park rund 150 verschiedene Pflanzenarten und über eine Million Bäume. Fische schwimmen in künstlichen Seen, Fledermäuse erschrecken nächtliche Liebespaare, am Tag erfreuen bunte Schmetterlinge das Auge. Zudem findet man überall Picknickplätze und Ausflugsrestaurants. Kinder sind bevorzugte Gäste im Park, für die mehrere Abenteuerspielplätze und ein Kinderbauernhof eingerichtet wurden. Im Sommer finden Freiluftkonzerte statt. In die grüne Lunge Lissabons gelangen Sie mit den Buslinien 770, 711 und 723, doch Vorsicht, am Wochenende nur eingeschränkt!

Spaziergang im Osten des Parque Florestal de Monsanto

Zahlreiche, allerdings unzureichend markierte Wanderwege durchziehen die Wälder im äußersten Westen Lissabons. Wer nur ein wenig flanieren möchte, fährt per Bus 770 von Sete Rios (Metro: Jardim Zoológico) nach Alto da Serafina und folgt der Ausschilderung zum **Parque Recreativo**. Das Eingangstor ist im Sommer von 9–20, im Winter bis 18 Uhr geöffnet. Der Hauptweg führt an dem Terrassencafé und **Restaurant Papagaio** und einem kleinen **See** mit Wasserspielen vorbei auf den höchsten **Aussichtspunkt**, von dem sich Lissabon noch einmal vollkommen anders zeigt als von den innerstädtischen *miradouros*.

Palácio Fronteira

Largo de São Domingos de Benfica, 1, www.fronteira-alorna.pt, Führungen Mo–Sa Okt.–Mai 11, 12 Uhr, Juni–Sept. 10.30, 11, 11.30, 12 Uhr, Anmeldung ratsam, Bus 770, Führung 7,50 €

Die Anfahrt ist schon etwas aufwendig, sie lohnt aber zumindest bei einem längeren Urlaub. Einflüsse der italienischen Renaissance bestimmten maßgeblich den Bau des schlossähnlichen Palácio Fronteira, ein Adelspalast in Monsanto (Largo de São Domingos de Benfica), in dem sich häufig noble Jagdgesellschaften trafen und der heute von einer Nachfahrin des Bauherrn Marquês de Fronteira bewohnt wird.

Die Kapelle trägt die Inschrift 1584, sie entstand wohl ähnlich wie der angrenzende Turm bereits vor dem Hauptgebäude, dessen Entstehungszeit auf 1670 datiert wird. Einige Räume, die Bibliothek und die Gärten können im Rahmen einer Führung besichtigt werden. Zwar beeindrucken auch die Inneneinrichtung und einige Wand- und Deckenmalereien, doch erst die schmuckvollen Kachelbilder machen den Besuch zu einem unvergesslichen Erlebnis.

Im Parque Recreativo des Parque Florestal de Monsanto

Avenidas Novas

Im Speisesaal lassen sich die portugiesischen Azulejos in ihrer Raffinesse mit holländischen Kacheln aus Delft vergleichen. Im Garten bilden die blau-weißen Bilder ein Farbenspiel mit den grünen Buchsbaumhecken. Tiermotive, allegorische Darstellungen, Fabelwesen oder Tierkreiszeichen verzieren Mauern und Bänke. 14 lebensgroße Reiterporträts der adligen Vorfahren erheben sich über den Gartenteich, der beidseitig von einer beeindruckenden Freitreppe eingefasst ist.

Zum Abschluss des Ausflugs können Sie der benachbarten Kirche **São Domingos** mit ihren schönen Kachelbildern und Marmorarbeiten einen Besuch abstatten. Allerdings ist das Gotteshaus häufig verschlossen.

Essen & Trinken

Höchster Genuss – **Eleven 1** : s. S. 33.
Edel und modern – **estórias na casa da comida 2** : s. S. 34.
(Nicht nur) für Fußballer – **Solar dos Presuntos 3** : s. S. 34.
Schöne Auswahl – **Cervejaria Valbom 4** : s. S. 38.
Im Garten der Sinne – **Jardim dos Sentidos 5** : s. S. 38.
Buddhistisch vegetarisch – **Os Tibetanos 6** : s. S. 38.
Portugiesisch, wie es sein soll – **Coutada 7** : s. S. 36.
Deftiges vom Lande – **Casa do Alentejo 8** : Rua das Portas de Santo Antão, 58, Tel. 213 40 51 40, Metro: Restauradores, Rossio, tgl. 12–15, 19.30–23 Uhr, Hauptspeisen ab 11 €, mittags ca. 8 €. Alentejo ist eine von der Landwirtschaft geprägte Provinz, entsprechend gehaltvoll sind die Speisen, manchmal aber auch etwas kurios, etwa in Rotwein mariniertes Schweinefleisch mit Muscheln. Besonders schön sitzen Sie im hinteren Speisesaal

zwischen blau-weißen Kachelwänden und manchmal sogar im vorderen Ballsaal.
Raffiniert japanisch – **Aron Sushi 9** : s. S. 38.
Gut günstig – **O Móises 10** : s. S. 37.
Preiswert – **Café 1800 11** : Largo do Rato, 7, Metro: Rato, keine Reservierung, Mo–Sa 8–22 Uhr, Hauptspeisen ab 5,50 €. Die Art-déco-Kacheln im Gastraum sind fantastisch und das einfache Essen richtig gut gemacht.
Bei der Feuerwehr – **Boca à Mesa 12** : Rua Camilo Castelo Branco, 33, Tel. 213 15 39 55, Metro: Marquês de Pombal, Mo–Sa 12–15, 19–21 Uhr, Hauptspeisen ab 4 €. Etwas Mut benötigen Sie schon für den Aufstieg in den 2. Stock der Feuerwehr. Dort essen Sie inmitten der Brandbekämpfer einfach, aber gut. Und wenn die Sirenen heulen, sind Sie plötzlich alleine in der Kantine.
Ein wenig Rokoko – **Café Versailles 13** : s. S. 39.
Terrasse am See – **Linha d'Água 14** : Parque Eduardo VII, Tel. 213 81 43 27, Metro: São Sebastião, tgl. 10–20 Uhr, im Sommer bis 22 Uhr, s. S. 204.
Mit Schuhputzer – **Café Mexicana 15** : s. S. 39.

Einkaufen

Internationale Designer: An der Avenida da Liberdade haben sich zahlreiche Designerläden eingerichtet, u. a. Miu Miu (Nr. 96), Hugo Boss (Nr. 141), Ermenegildo Zegna (Nr. 177), Burberry (Nr. 196), der portugiesische Herrenausstatter Rosa & Teixeira (Nr. 204), Prada (Nr. 206), Armani (Nr. 220), Dolce & Gabbane und Tru Trussardi (Nr. 256).
Konsumtempel – **El Corte Inglés 1** : s. S. 43.
Übergroß – **Centro Comercial Colombo 2** : s. S. 43.

Adressen

Kachelkunst im Palácio Fronteira

Postmodern und bunt – **Centro Comercial Amoreiras** 3 : s. S. 43.
Alles Bio – **Miosótis** 4 : Rua Marquês Sá da Bandeira, 16 A, Metro: São Sebastião. Bio-Supermarkt mit günstigen Preisen. Viele Produkte stammen aus deutschen Landen.
Wein vom Fußballspieler – **Wine o'Clock** 5 : Rua Joshua Benoliel 2B, Metro: Rato. Internationale Spitzenweine und gute Auswahl portugiesischer Erzeugnisse. Kurioserweise ist einer der Mitbesitzer Pedro Emanuel, bis 2010 Spitzenfußballer des FC Porto.
Museumsstücke – **Loja dos Museus** 6 : s. S. 42.

Aktiv

Entspannungsoase – **Four Seasons Ritz Spa** 1 : s. S. 53.
Wellness – **Acqua City** 2 : s. S. 53.

Abends & Nachts

Musicals – **Politeama** 1 : s. S. 49.
Auch für Theaterfreunde – **MM Café** 2 : s. S. 44.
Für den Weinkenner – **Chafariz do Vinho Enoteca** 3 : s. S. 44.
Jazz – **Hot Clube** 4 : s. S. 46.
Amerikanisch – **Hard Rock Café** 5 : Avenida da Liberdade 2, Tel. 213 24 52 80, www.hardrock.com, Metro: Restauradores, tgl. 11–2 Uhr, Laden schon ab 10, Restaurant 11.30–1 Uhr. Zu lauter Musik, auch live, gibt es amerikanische Drinks und Speisen wie »Legendary Burger« oder »Hickory-Smoked Bar-B-Que«. Der Clou ist der rote Cadillac am Himmel über dem Restaurant. Das Gebäude beherbergte übrigens einst das größte Kino der Innenstadt.
Modernes Design für Schwule – **Bar 106** 6 : s. S. 47.
Live Blues – **Fontória** 7 : s. S. 45.

215

Auf Entdeckungstour: Wasser für Lissabon – das Aquädukt Joãos V.

Exakt 940 m misst das weithin sichtbare Aquädukt 24, mit dem sich der Prunk liebende Barockkönig João V. 1748 eine würdige Erinnerung an seine glorreiche Regierungszeit schenken wollte. Über das architektonische Wunder, projektiert von Manuel da Maia, können Sie noch heute hoch über dem Tal flanieren.

Reisekarte: ▶ J 7

Für wen: Interessierte an der Wasserversorgung und Fotografen auf der Suche nach neuen Perspektiven. Ungeeignet für sehr Schwindelanfällige.

Planung: März–Okt. Di–Sa 10–17.30 Uhr, Eintritt 3 €.

Start: Aqueduto das Águas Livres, Calçada da Quintinha, Bus Nr. 712 und Nr. 758

Spaziergang in schwindelerregender Höhe

Das 65,29 m hohe Aquädukt spannt sich heute über ein Netz von Autobahnen und Eisenbahngleisen. Doch als die 35 Bögen im 18. Jh. nach 19-jähriger Bauzeit fertig gestellt waren, bot sich der staunenden Bevölkerung ein gänzlich anderes Bild. Zeitgenössische Stiche zeigen das kühne Werk inmitten einer idyllischen Landschaft mit Schäfern, Wäscherinnen und plätschernden Mühlen.

Unverändert blieb seitdem nur, dass man auf dem rechten, dem Tejo abgewandten Weg stadtauswärts schlendert und auf der Südflanke wieder zurück. Dazwischen verläuft das kolossal ummauerte Leitungsrohr und versperrt den Übergang, den einzelne geöffnete Türen allerdings immer wieder ermöglichen.

Ästhetik und Nutzwert im Widerspruch

König João entschied, dass die neue Wasserleitung für Lissabon ein architektonisches Meisterwerk werden sollte. Daher verwarf er die ursprünglich weiter nördlich vorgesehene, pragmatische Streckenführung zugunsten der aufwendigen Überbrückung des Alcântara-Tals. Die vom damaligen Zeitgeist verpönten, aber statisch unabdingbaren Spitzbögen nahm er in Kauf. Sie wurden die weltweit höchsten und hielten sogar dem Erdbeben stand. Doch war das Aquädukt bereits bei seiner Eröffnung ein technischer Anachronismus, denn dank des längst bekannten physikalischen Gesetzes der kommunizierenden Röhren wäre eine Gefälleleitung nach antikem Vorbild absolut entbehrlich gewesen.

Dem königlichen Bauherrn konnte das egal sein, war es doch die Lissabonner Bevölkerung, die durch eine Lebensmittelsteuer auf Wein und Fleisch das Monument finanzieren musste. Immerhin aber war, wenn auch reichlich spät, die Klage des Humanisten Francisco de Holanda über die desolate Wasserversorgung im ausgehenden 16. Jh. erhört worden: »Diese Stadt verdurstet und niemand gibt ihr zu trinken«.

Wenn Sie allerdings während Ihres Spazierganges den wenig beeindruckenden Umfang des Leitungsrohres begutachten, können Sie sich leicht vorstellen, dass die Wassernot nur gelindert, nicht aber beseitigt wurde. Immerhin zählte Lissabon über 100 000 Einwohner. An den Brunnen kam es sogar zu Prügeleien um das kostbare Nass. Doch noch bis 1967 floss Trinkwasser aus der Serra de Sintra durch die insgesamt 58 km langen Leitungen, inzwischen erhält Lissabon das kostbare Nass ausschließlich vom 114 km nordöstlich gelegenen Alviela.

Vorsicht: Straßenräuber!

Überraschend bleibt die ungewöhnliche Perspektive auf die Stadt und den Tejo. In luftiger Höhe können Sie in aller Ruhe diesen Bick genießen. Hinter dem höchsten Spitzbogen markiert ein kleiner Steinquader auf dem Weg genau die Stelle, an der es einstmals für die Landbevölkerung lebensgefährlich werden konnte, lauerten hier doch Straßenräuber wie der gefürchtete Diogo Alves den Bauern mit ihren Karren auf, raubten sie aus und warfen sie kurzerhand in den Fluss, der sich damals noch anstelle des Autoverkehrs durch das Tal ergoss.

Heute betreten Sie das Aquädukt zu geregelten Öffnungszeiten gefahrlos, ein Tor verschließt allerdings den Ausgang zum Parque Florestal de Monsanto (s. S. 212) auf der gegenüberliegenden Seite.

Das Beste auf einen Blick

Parque das Nações und Expo-Gelände

Highlight!

Oceanário: Das traumhafte Meeresparadies fasziniert Jung und Alt. Überraschend ist das futuristische Architekturkonzept des außergewöhnlichen Aquariums ebenso wie die präsentierte Artenvielfalt der Ozeane. Immerhin sind's 15 000 Tiere. 9 S. 228

Auf Entdeckungstour

Gare Oriente – eine unterirdische Kunstgalerie: Als veritable Kachelshow präsentiert sich die Station Oriente mit Werken zeitgenössischer internationaler Künstler anlässlich der Weltausstellung 1998 zum Thema Ozeane. 1 S. 222

Kultur & Sehenswertes

Für Filmfreaks: In den 13 komfortablen Sälen des Kinocenter Lusomundo können Sie Ihre Lieblingsstreifen in Originalfassung genießen. 2 S. 224

Portugiesisches Nationalballett: Das Tanztheater Teatro Camões am südlichen Ende des Expo-Geländes besitzt internationales Ansehen. Zusätzlich treten Tanzkompanien aus aller Welt auf. 11 S. 230

Aktiv & Kreativ

Radeln, Joggen und Spazieren: Auf der 7 km langen Uferpromenade ist am Wochenende halb Lissabon unterwegs, an Werktagen haben Sie weitgehend freie Bahn. 1 S. 227

Konzert der Kleinen: Im Musikgarten lassen große und kleine Kinder von 3 bis 103 Jahren an überdimensionierten Musikinstrumenten ihre musikalischen Fantasien erklingen. 5 S. 227

Genießen & Atmosphäre

Die Cafés und Bars am Tejo: Ein Spaziergang am Fluss führt Sie immer wieder zu Pausenorten mit freiem Blick über den Tejo. S. 225

Gondelfahrt über dem Tejo-Ufer: Das ist nur etwas für Schwindelfreie! Denn immerhin schweben Sie in dem reizvollen Relikt der Weltausstellung 20 m über dem Fluss. 6 S. 227

Abends & Nachts

Meo Arena (Pavilhão Atlântico): Von André Rieu bis Lady Gaga, von Holiday on Ice bis Cirque du Soleil – wer Rang und Namen hat und bis zu 15 000 Fans begeistern kann, tritt in dieser großen Halle auf. 3 S. 225

Casino de Lisboa: 1000 Slotmachines, 25 Spieltische und ein Konzert- und Theatersaal mit anspruchsvoller Unterhaltung – alles supermodern gestylt. 1 S. 228

219

Lissabon im 21. Jahrhundert

Interessieren Sie sich für den kühnen Wurf eines Stadtviertels des 21. Jahrhunderts? Dann sollten Sie hinaus zum Ausstellungsgelände der Expo 98 im Parque das Nações. Auf 340 ha finden Sie ein Wunderwerk an modernster Architektur, das Oceanário mit überraschender Präsentation der Meereswelt, unterirdische Kachelgalerien, Spazier- und Radwege entlang dem Tejo, ein geschäftiges Einkaufszentrum, zahlreiche Cafés und Restaurants. Kurzum: Lissabons modernes Gesicht.

Rund um den Bahnhof Oriente

Kaum zu glauben, dass hier bis 1993 abgewrackte Ölraffinerien, Chemie- und Munitionsfabriken standen. Nachdem sich Lissabon zunächst über viele Jahrhunderte organisch am Tejo entlang entwickelt hatte, dem großen

Verkehrsweg, der Menschen und Handelsgüter in die Stadt brachte, begann nach dem Erdbeben mit der Neuordnung der Baixa die Abkehr vom Fluss. Die großen *avenidas* entstanden, das Flussufer verkam zum kontaminierten Industrie- und Hafengelände. Die Renaissance des Tejo wurde 1980 mit einem stadtplanerischen Ideenwettbewerb aus der Taufe gehoben und kumulierte in der Weltausstellung von 1998, zugleich Anlass für die wichtigste städtebauliche Neuordnung nach dem Erdbeben.

Nahezu vollendet ist heute der Stadtteil Parque das Nações mit zehntausend Wohnungen für 25 000 Einwohner. Die angesiedelten Dienstleistungsunternehmen schufen rund 14 000 Arbeitsplätze. Auf einem kleinen Teil des weitläufigen besucherfreundlichen Parks der Nationen befand sich das Gelände der Weltausstellung, die 11 Mio. Besucher anlockte. Bei der Konzeption der meisten Ausstellungsgebäude stand die zukünftige sinnvolle Weiternutzung im Vordergrund, die Expo selbst diente nur als Zwischenetappe. Ihr Leitgedanke ›Ozeane, ein Erbe für die Zukunft‹ zog sich wie ein roter Faden durch die architektonische Planung, von Wasserspielen über Uferpromenaden und Parks entlang dem Fluss bis zu Gebäuden, die die Form riesenhafter Ozeanschiffe annehmen.

Infobox

Anfahrt
Mit der roten Linie der U-Bahn und den Bussen 705, 728, 759 und 794 gelangen Sie ins Herz des Parque das Nações, den Sie zu Fuß, per Leihrad, auf Leihrollschuhen oder Touristenbähnchen erforschen können.

Internet
Nähere Informationen über dieses neue Stadtviertel und die touristischen Angebote bietet die Website www.portaldasnacoes.pt. Das gesamte Expo-Gelände ist übrigens Hotspot für drahtloses Internetsurfen.

Gare Oriente [1]
Av. Dom João II, o. Nr.
Die Metro, zur Weltausstellung erbaut, bringt Sie zum Bahnhof Gare Oriente, ein architektonisches Schmuckstück von zentraler verkehrspolitischer Bedeutung. Alle wichtigen Zugverbindungen, ob aus Paris, Madrid, Porto

Parque das Nações und Expo-Gelände

Sehenswert
1. Gare Oriente
2. Centro Comercial Vasco da Gama
3. Meo Arena (Pavilhão Atlântico)
4. Messehallen
5. Canto da Música
6. Torre Vasco da Gama
7. Parque do Tejo
8. Portugiesischer Pavillon
9. Oceanário
10. Pavilhão do Conhecimento
11. Teatro Camões

Essen & Trinken
1. D'Bacalhau
2. República da Cerveja
3. Azul Profundo

Aktiv
1. Marina Parque das Nações

Abends & Nachts
1. Casino

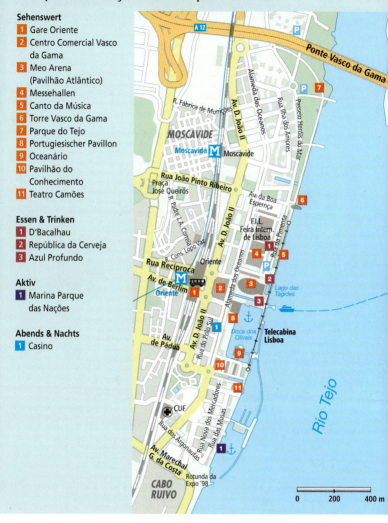

oder der Algarve, führen über diesen Bahnhof und finden Anbindung an Stadt und Umland per Metro, Bus oder Regionalbahn. Stararchitekt Santiago Calatravas Konzeption beruht auf zwei Achsen, die im rechten Winkel zueinander stehen. Eine der Geraden wird durch die Gleisführung festgelegt, die andere zieht sich vom Fluss über das Ausstellungsgelände und die Metrostation zum angrenzenden Busbahnhof. Die Bahnsteige liegen auf einer Brückenkonstruktion, die von Betonstützen getragen ▷ S. 224

Auf Entdeckungstour: Gare Oriente – eine unterirdische Kunstgalerie

Die rote Metrolinie wurde 1998 anlässlich der Weltausstellung in Betrieb genommen und 2008 verlängert. Ihre einzelnen Stationen zeigen ein Gesamtkunstwerk unter der Erde, das sich dem Thema Wasser widmet. Den künstlerischen Höhepunkt bilden die Kachelpaneele im Gare Oriente [1], geschaffen von international renommierten Malern.

Cityplan: s. S. 221

Für wen: Liebhaber moderner Kachelkunst.
Zeit: Abhängig vom persönlichen Kunstinteresse ca. ½ Std.
Start: U-Bahnhof Oriente, rote Metrolinie Richtung Flughafen (Aeroporto). Die Besichtigung sollte mit einem Besuch des Expo-Geländes verbunden werden.

Mit dem Kauf eines einfachen U-Bahntickets haben Sie Zugang zu einer Kunsthalle der besonderen Art. Zehn Künstler aus den fünf Kontinenten schufen in der U-Bahnstation Oriente großformatige Kachelbilder zum Thema der Weltausstellung »Die Ozeane – eine Erbe für die Zukunft«. Herrlich unterschiedlich fallen hierzu die ästhetischen Lösungen aus.

Kunst von Hundertwasser bis Boyd

Gehen Sie nach dem Aussteigen aus dem Zug entgegen dem Menschenstrom zurück, so stoßen Sie auf ein buntes Bild von Friedensreich Hundertwasser (1928–2000), der eine sagenhafte, auf dem Meeresgrund versunkene Stadt Atlantis in seine Kacheln brannte. Gleich nebenan präsentiert der Argentinier António Segui (geb. 1934) mit bunten Comicfiguren allerlei Gedankenspiele über das Leben auf und in den Weltmeeren: Sein Alter Ego versinkt hocherhobenen Hauptes und immer mit Hut in den Fluten. Und während die portugiesische Karavelle stolz Kurs hält, geht die Titanic langsam unter.

Am anderen Ende des Bahngleises greift der isländische Pop-Art-Künstler Erró (geb. 1932) tief in die ikonografische Trickkiste und lässt einen jugendlich strahlenden Vasco da Gama als Comic-Helden zwischen allerlei erotischen Seejungfrauen und Tick, Trick und Track waghalsig seinen Kurs durch den Ozean halten, von dem ihn weder Piraten noch feindliche Krieger abbringen können.

Daneben bringt die Japanerin Yayoi Kusama (geb. 1929) fernöstliche Farben ins Spiel: das Gelb des ›Landes der aufgehenden Sonne‹ und Blau, mit versprengten schwarzen Punkten. Die sich wiederholenden Muster fügen sich zu einer krakenhaften Figur zusammen, die einer Seeschlange ähnelt.

Nun führt der Rundgang auf den gegenüberliegenden Kai der stadteinwärts fahrenden Züge. Der Inder Syed Haider Raza (geb. 1922) versteht die überwiegend in tiefes Meeresblau getauchten Kacheln nicht nur als ›Leinwand‹, sondern weist als einziger der hier vertretenen Künstler auch der spezifischen Form der Kachel eine gestalterische Wirkung zu. Der Australier Arthur Boyd (1920–99) hingegen wirft leichte Strandimpressionen an die Wand; er hatte sich bereits 1956 für die Ausgestaltung der olympischen Schwimmhalle von Melbourne mit Kachelmalerei beschäftigt.

Die obere Galerie

Abschließend geht es in das Atrium oberhalb der Bahngleise. Dort gelingt Abdoulaye Konaté (geb. 1953) aus Mali allein durch den Kontrast der aus unterschiedlichen Blautönen komponierten Meeresfluten mit gelben und roten Farbtupfern ein spannungsgeladenes Gemälde, aus dem drei Seeungeheuer herausragen. Unmittelbar gegenüber verbindet der Chinese Zao Wou-Ki (1912–2013) in seinem Ozean aus durchscheinenden Grüntönen chinesische mit europäischen Kunsttraditionen, während sich der Ire Sean Scully (geb. 1945) um eine abstrakte Annäherung an die Weltmeere bemüht.

Ein Kachelbild sticht aufgrund seiner zurückhaltenden Farbkomposition aus all diesen bunten Kunstwerken heraus. Joaquim Rodrigo (1912–97), einer der originellsten portugiesischen Maler des 20. Jh., schuf aus naiv anmutenden schwarzen Figuren und Pflanzen vor braunem Hintergrund eine Bildergeschichte, die die Entdeckung Afrikas andeutet.

Parque das Nações und Expo-Gelände

wird, die sich ähnlich wie Baumwurzeln kreuzen. Über die Gleise hebt sich ein lichtes Dach aus weißem Stahl und durchsichtigem Glas, das in gotischen Spitzbögen zuläuft und dabei an einen Palmenhain erinnert. Das Dach über der Querachse besteht aus den gleichen Baustoffen, nimmt aber die Form von Muschelschalen an. Die fantasievolle Formensprache findet sich in der von Calatrava entworfenen Metrostation am Ground Zero in New York wieder. Der Architekt nimmt auf diese Weise Bezug auf das ein halbes Jahrhundert früher errichtete Hieronymuskloster in Belém (s. S. 259), dessen Gewölbe die gleiche Höhe aufweist und das ebenfalls den Wipfeln von Palmen ähnelt.

Centro Comercial Vasco da Gama 2

Auf drei Ebenen gelangt man in die Shopping Mall Vasco da Gama, mit 60 000 m² Fläche Lissabons drittgrößtes Einkaufsparadies. Auch hier erinnert die Architektur an die See-

Mein Tipp

Einige Stunden Wellness gefällig?
Erlösung für gestresste Einkäufer und Touristen bietet der **Health Club Solinca** im ersten Stock des Einkaufszentrums **Vasco da Gama** 2 . Auf einer Fläche von 2000 m² können sich Gäste mithilfe einer Schönheits- und Entspannungsmassage, Shiatsu, Aromatherapie, Sauna und Türkischem Bad entspannen bzw. fachmännisch verwöhnen lassen. Wem mehr nach sportlicher Betätigung ist: Im Health Club gibt es auch Fitnessgeräte und ein Schwimmbad.

fahrt. Wasser umspielt das gläserne Dach, häufig sonnen sich Möwen in der Höhe. Das Innere gleicht einem Kreuzfahrtschiff, die Geländer der Reling. Den Boden durchziehen Längen- und Breitengrade, Meerestiefen werden angezeigt, Ruhebänke nehmen die Form von Schiffsrümpfen an, Wasserspiele erfreuen besonders die Kinder und Aufzüge passieren an die Wand gemalte bunte Fische. Weibliche Besucher sollten nicht versäumen, die Toilette im Bereich der Schnellimbisse im zweiten Stock zu benutzen, sie erleben eine kleine Überraschung.

Natürlich ist das Shoppen im Einkaufszentrum nicht jedermanns Sache, aber in erster Linie die Modegeschäfte, die meist zu internationalen, doch hochwertigen Franchising-Ketten gehören, üben täglich bis 24 Uhr eine enorme Anziehungskraft aus. Zu ihnen gesellen sich Sportläden, Parfümerien, Medienkaufhäuser, Delikatessgeschäfte, Restaurants, ein Spa-Center und ein Supermarkt.

Und wenn die letzten Kunden die Läden verlassen müssen, beginnen die Nachtvorstellungen in den mit modernster Technik ausgestatteten Kinosälen von **Cinémas NOS**, vielleicht auch für Sie interessant, denn die Filme werden im Original mit portugiesischen Untertiteln vorgeführt. Die Eintrittspreise sind mit etwa 7 € günstig, das aktuelle Programm finden Sie unter http://cinemas.nos.pt.

Über das Weltausstellungsgelände

Durch das Einkaufszentrum gelangt man direkt auf das frühere Expo-Gelände. Im Vordergrund streckt die »Menschliche Sonne«, ein Kunstobjekt des Portugiesen Jorge Vieira, ihre

Über das Weltausstellungsgelände

rostroten Greifer aus. Zurück schauen Sie auf die beiden luxuriösesten Lissabonner Hochhäuser, die das Einkaufszentrum in Form zweier Schiffbugs flankieren. Alle Wohnungen umfassen zwei Stockwerke. Über Preise redet man eigentlich nicht, doch reichen sie von 480 000 € für die billigste bis knapp 1,5 Mio. € für die teuerste Zimmerflucht.

Nach Süden fällt der Blick auf den Crackturm einer früheren Ölraffinerie. Er blieb erhalten, um an die ehemalige Nutzung des Geländes als Industriegebiet zu erinnern. In Richtung Fluss liegt die Abfahrtsstelle einer kleinen Bahn, die über das Gelände tuckert. Ein Spaß für die Kleinen. Vergnügen macht auch eine Radtour am Fluss, die Drahtesel gibt's am Yachthafen **1**. Sie dürfen auch über den Parque das Nações hinausradeln. Spartipp für Eltern mit Kindern: Für fast alle Einrichtungen und Sehenswürdigkeiten wie dem Oceanário und dem Pavilhão do Conhecimento gibt es Familiennachlass mit dem *bilhete de familia.*

Meo Arena (Pavilhão Atlântico) **3**
Rossio dos Olivais, Lote 2.13.01A
Der Pavilhão Atlântico, gemeinsam entworfen vom Portugiesen Regino Cruz und dem amerikanischen Büro S.O.M. und 2013 umbenannt in Meo Arena, streckt sich fast bis zum Tejo und setzt die thematische Vorgabe der Expo in doppelter Hinsicht architektonisch um. In äußerer Form und Farbgebung gleicht das Gebäude einer riesigen Miesmuschel. Das Innere gestalten gegliederte Bögen aus Holz, die bis zu 114 m lang sind und den Rumpf einer portugiesischen Karavelle nachahmen. 15 000 Besucher fasst Lissabons erste große Mehrzweckhalle, in der Kongresse, Konzerte oder bedeutende Sportveranstaltungen

stattfinden. Veranstaltungsprogramm und e-ticketing finden Sie unter www.arena.meo.pt.

Flaggenwald zum Tejo
Seitlich der Meo Arena (Pavilhão Atlântico) und entlang der vom Bahnhof gezeichneten Fluchtlinie führt ein Wasserlauf zum Tejo und teilt das Expo-Gelände in eine nördliche und eine südliche Hälfte. Aufgezogen sind die Flaggen der 145 Länder, die an der Weltausstellung teilgenommen haben. Am Fluss angekommen finden Sie entlang der Uferpromenade Rua das Tágides einige Cafés und Restaurants mit Terrassenbetrieb, die den meisten Gaststätten in der eigentlichen Restaurantmeile weiter nördlich zu bevorzugen sind. Für wirklich tolle Salate oder auch nur ein Getränk steht **Azul Profundo 3** gegenüber der Schiffsanlegestelle.

Messehallen und Restaurantmeile
Die heutigen **Messehallen 4** (Rua do Bojador, o. Nr.) im nördlichen Abschnitt bestehen aus vier gleich großen, rechtwinkligen Gebäuden von unterschiedlicher Höhe, die gemeinsam oder einzeln genutzt werden und durch ein Glasrohr mit Laufband verbunden sind. Auch die geschwungene Dachkonstruktion aus einzelnen Metallverstrebungen nimmt Bezug auf das Pariser Centre Pompidou.

Dahinter zieht sich in der Rua da Pimenta eine Restaurantmeile am Ufer entlang. Das portugiesisch-italienische Architektenteam entwickelte ein Baukastensystem aus Metallmodulen von 7 m Länge und Breite, die eine einheitliche Außenansicht vermitteln und der gewünschten Größe der Lokale entsprechend zusammengesetzt werden. Die Kamine erinnern an den Küchenabzug des Königsschlosses von Sintra (s. S. 270). Im Volksmund auch

Über das Weltausstellungsgelände

›Laufsteg der Alkoholiker‹ genannt, entspricht die gebotene Qualität häufig allerdings nicht dem Wünschenswerten.

Canto da Música 5

Mehr Freude bereitet der benachbarte Musikgarten Canto da Música Richtung Tejo. Insbesondere Kinder basteln auf den überdimensionierten Triangeln, Xylofonen und Schlaginstrumenten mehr oder weniger harmonische Melodien. Manchmal klingt's ganz schön schrill, hin und wieder fast konzertreif. Spaß macht's auf alle Fälle.

Torre Vasco da Gama und Gondelbahn 6

Cais das Naus, Lote 2.21.01

Wenige Schritte entfernt ragt weithin sichtbar der nach dem berühmten Seefahrer Vasco da Gama benannte **Turm** 140 m in den Himmel. Wunsch der Expo-Planer war es, als Markstein des neuen Lissabon einen Kontrapunkt zum Torre de Belém zu setzen, der fünf Jahrhunderte früher am anderen Ende der Stadt als Symbol für den portugiesischen Entdeckergeist errichtet worden war. Über einem keilförmig in den Fluss ragenden Sockel erhebt sich ein schmaler Betonmast, der von weißen, an ein geblähtes Segel erinnernden Metallstreben verstärkt wird. Wie ein Mastkorb hängt eine Aussichtsplattform in der Spitze des Turms, die für die Bauzeit eines Luxushotels für Besucher geschlossen bleibt.

Vom Fuße des Turmes ab schwebt eine Gondelbahn 20 m über dem Uferrand des Tejo und endet auf Höhe des Ozeaniums (tgl. 11–19, im Hochsommer bis 20, im Winter bis 18 Uhr, einfach 4 €, hin und zurück 6 €).

Erlebnis für Schwindelfreie: Gondelfahrt über dem Tejo mit Blick auf die längste Brücke Europas

Tejo-Park und Ponte Vasco da Gama

Das eigentliche Ausstellungsgelände endet am Turm und geht hier in den **Parque do Tejo** 7 mit gepflegten Rasenflächen über, die gerne für Fußball- oder Federballspiele genutzt werden. Entlang dem Tejo sind besonders am Wochenende viele Spaziergänger, Jogger und Mountainbiker unterwegs. Unter der Woche genießen Sie hier die Einsamkeit, hören die Wellen des Tejo ans Ufer schlagen und können im Winter mit etwas Glück rosarote Flamingos aus nächster Nähe bewundern. Der Weg schlängelt sich unter der 17,2 km langen **Brücke Vasco da Gama** hindurch, deren Bau heftig umstritten war, da auf der gegenüberliegenden Flussseite wichti-

Auf Inline-Skates, Kettcar oder Rad über den Parque das Nações

Auf den ersten Blick wirkt das ehemalige Weltausstellungsgelände gar nicht so groß, aber 7 km am Fluss können zu Fuß doch ganz schön lang werden, v. a. für alle, die es bis hin zur Brücke Vasco da Gama zieht. Schnellere Alternative bietet die **Verleihstelle der Marina** 1 südlich des **Oceanário** 9 . Von hier aus sind es ein paar Meter entlang der in Muschelform gebauten Mehrzweckhalle **Meo Arena** 3 zum Tejo.

Ein betonierter, manchmal von Holzstegen unterbrochener Weg folgt dem Fluss zum **Torre Vasco da Gama** 6 . Dahinter erstrecken sich Wiesen bis zur gleichnamigen **Brücke**. Im Winterhalbjahr staksen Flamingos durch das Wasser. Zurück geht's alternativ landeinwärts, durch die Bar- und Restaurantmeile Rua da Pimenta und vorbei an den Messehallen zum Ausgangspunkt.

Parque das Nações und Expo-Gelände

ge Naturschutzgebiete und Vogel-
brutplätze zerstört wurden.

Der portugiesische Pavillon **8**

Alameda dos Oceanos, o. Nr.
Zunächst entlang dem Tejo gelangen
Sie zum südlichen Abschnitt des Aus-
stellungsgeländes. Etwas vom Fluss
abgesetzt passiert man den ehemaligen portugiesischen Pavillon, auf
dessen Gestaltung die Lissabonner
besonders stolz sind. Architekt Álvaro Siza Vieira, von dem auch der
portugiesische Pavillon auf der Expo
in Hannover stammte, hat ein zweigeteiltes Bauwerk geschaffen. Ein lang
gestreckter Flachbau geht unmittelbar in einen überdachten Platz über.
Das 65 m lange und 50 m breite Dach
bildet das eigentliche Glanzstück. Wie
ein Segeltuch ist eine weiße, frei hän-
gende Decke gespannt, die aus einzelnen Betonstreifen zusammengesetzt
und mit Stahlseilen verstärkt ist. Während der Weltausstellung trieben die
Lissabonner makabre Späße wegen
der gewagten Konstruktion, denn
unter ihr wurden die ausländischen
Staatsgäste begrüßt. Würde die fragil wirkende Decke auch tatsächlich
standhalten? Probieren Sie es selbst
mal aus: Bis heute ging alles gut und
doch entsteht noch immer ein etwas
kribbeliges Gefühl beim Unterqueren
in Richtung Ozeanarium.

Casino **1**

*Alameda dos Oceanos Lote 1.03.01,
www.casino-lisboa.pt, So–Do 15–3,
Fr/Sa 16–4 Uhr*
Das avangardistische Casino öffnete
2006 seine Pforten und empfängt seit-
her täglich durchschnittlich 10 000 Spie-
ler an 1000 Slot-Machines und 25 Spiel-
tischen. Doch auch ohne Spielernatur
sollten Sie einen Blick ins Innere des
schwarz verglasten Gebäudes werfen.
Um einen 20 m hohen zylindrischen

Innenraum gruppieren sich auf drei
Stockwerken konzentrisch die Spielan-
gebote, Restaurants, Bars und Räume
für Veranstaltungen wie Konzerte,
Theater oder Shows im Broadway-Stil.

Dank eines abwechslungsreichen
und häufig hochwertigen Angebots
hat sich das Kasino einen wichtigen
Platz im Lissabonner Kulturleben erobert. Restaurants sorgen für das leibliche Wohlbefinden. Einen Panoramablick über das Expo-Gelände bietet das
Átrio mit großem Buffet und kleinen
Speisen. Der Clou in der **Arena Lounge** mit offenem Blick in das Innere
des Casinos sind drei sich permanent
drehende Ebenen und eine riesige
Leinwand – sehr *hip*, aber auch etwas
gewöhnungsbedürftig. Hier werden
auch Konzerte gegeben. Eher etwas
für hungrige Glücksritter oder un-
glückliche Verlierer sind die drei preiswerten Bars **Play, Joker** und **Baccarat** in
verschiedenen Bereichen der Spielsäle.

Und wer nun trotzdem in Lissabon
nicht genug Vergnügen findet, wird
per kostenlosem Shuttlebus ins benachbarte Casino von Estoril gebracht
(s. S. 284).

Oceanário **!** **9**

*Esplanada Dom Carlos I, o. Nr., www.
oceanario.pt, tgl. 10–20, im Winter
bis 19 Uhr, Eintritt 14 €*
Ein traumhaftes Meeresparadies öffnet sich hinter den Eingangstoren zu
einem der größten Aquarien Europas,
schon wegen der ausgefallenen architektonischen Konzeption ein Muss für
jeden Lissabonreisenden. Keine andere Attraktion zieht mehr Besucher an;
jährlich sind es über eine Million.

Wie eine Insel liegt das Gebäude
nach den Plänen des amerikanischen
Architekten Peter Chermayeff im geschützten Wasser der früheren Dock-
anlagen. Zylindrische Säulen füllen
den unteren Abschnitt aus. Sie tragen

Über das Weltausstellungsgelände

einen massiven, ungleichmäßigen und dunklen Mittelteil, eine Anspielung an Form und Farbe von Meeresfelsen. Den Abschluss bildet eine Glaskonstruktion mit lichtdurchlässigem Dach. Metallkabel und Masten wecken Assoziationen an eine Schiffstakelage. Zwischen den vier Gebäudeteilen auf quadratischem Grundriss steigen Treppen auf, die Bootsaufgänge andeuten sollen.

Ein das Wasser überspannender Steg ähnlich einer Landebrücke führt hinein ins Aquarium, wo sich diese Vierteilung fortsetzt. Auf Höhe des Meeresspiegels erwarten den Besucher nacheinander die unterschiedlich geformten Küsten des Atlantiks, der Antarktis, des pazifischen und des indischen Ozeans. Sie fühlen bei Tageslicht die unterschiedlichen Temperaturen der vier verschiedenen Klimazonen und erleben die darin beheimatete Vogel- und Pflanzenwelt. Besonders putzig ist eine Seeotterfamilie, die zumeist rücklings auf dem Wasser liegt und mit Körperpflege beschäftigt ist und deren Großeltern von den Lissabonnern liebevoll Amália und Eusébio getauft wurden. Nun führt der Weg um einen zentralen Wassertank herum in die dunkle Tiefe des Meeres. Angst einflößende Tiger- und Leopardhaie und ungeheuerliche Rochen ziehen ihre Bahnen, bunte Fischschwärme schlängeln sich elegant durch Korallenriffe.

Der besseren Beobachtung wegen bevölkern die kleinsten Meeresbewohner gesonderte Aquarien. Insgesamt füllen 7000 m^3 Wasser die Tanks, in denen 15 000 Tiere und 450 verschiedene Grundarten leben. Passionierte Fischfreunde und Eltern mit Kindern sollten mindestens drei Stunden für den Besuch einplanen, ansonsten reichen zwei Stunden gut

Faszinierende Unterwasserwelten im Ozeanarium

Parque das Nações und Expo-Gelände

aus. Bei heißen Außentemperaturen kann ein langärmeliges Hemd für die klimatisierten Räume nützlich sein.

Pavilhão do Conhecimento 10
Alameda dos Oceanos, Lote 2.10.01, www.pavconhecimento.pt, Di–Fr 10–18, Sa/So 11–19 Uhr, Eintritt 8 €

In der Umgebung des Ozeaniums finden sich hübsch gepflasterte Wege, Kinder und auch Erwachsene laufen mit viel Spaß unter Wasserarkaden hindurch, Springbrunnen und Wasserspiele entzücken das Auge. Das Nachbargebäude beherbergt den Pavillon des Wissens, in dem spielerisch die Kräfte der Natur erforscht werden können und fantasievolle Versuche das Umweltwissen erweitern. Er bietet zahlreiche Experimentiermöglichkeiten für neugierige Menschen ab drei Jahren. In den umliegenden Gärten lassen sich die Versuche im Freien fortsetzen und nicht nur der Nachwuchs wird die eine oder andere Überraschung erleben.

Teatro Camões 11
Passeio do Neptuno, Tel. 218 92 35 53, www.cnb.pt

Das bestens ausgestattete Theater entwickelte sich seit 2003 unter der Leitung des türkischen Choreografen Mehmet Balkan, einst erster Solotänzer und Ballettmeister an der Staatsoper Hannover, zu einem Zentrum des portugiesischen Tanztheaters. Neben Aufführungen der staatlichen Companhia Nacional de Bailado gibt es hochkarätige klassische und moderne Gastspiele. Inzwischen ist die künstlerische Leitung zwar in portugiesischer Hand, doch bestehen die Beziehungen in den deutschsprachigen Raum fort, weswegen deutsche Tanzopern weiterhin zum Programm gehören.

Vom Ölturm zum Uferweg

Der Park der Nationen endet am stählernen Cracking-Turm einer früheren Ölfirma, Erinnerung an das verseuchte Industriegebiet, das durch die Errich-

Ein wahres Einkaufsparadies: die lichtdurchflutete Shopping Mall Vasco da Gama

Über das Weltausstellungsgelände

tung des außergewöhnlichen Stadtviertels zu neuem Leben erweckt und einer sinnvollen Nutzung zugeführt wurde. Wenig südlich schließen sich einige wenige Esplanadencafés, ein meist leerer Jachthafen und ein futuristisches, inzwischen aber kaum mehr genutztes Gebäude an, das von ineinander verwobenen Stahlbalken getragen wird. Von hier setzt sich der Uferweg, allerdings noch mit vielen Unterbrechungen, bis ans andere Ende der Stadt fort.

Essen & Trinken

Der Name trügt nicht – **D'Bacalhau** **1** : Rua da Pimenta, 45, Tel. 218 94 12 96, www.restaurantebacalhau.com, Metro: Oriente, tgl. 12–16, 19–23 Uhr, Hauptspeisen ab 9 €. Zusätzlich zu den allein an einem Dutzend an Stockfischgerichten gibt's auch ein paar frische Fische, gegrillt oder im Salzmantel, sowie Salate. Mit Terrasse inmitten der Restaurantmeile.

Gesellig – **República da Cerveja** **2** : Passeio das Tágides, Lote 2.26.01, Tel. 218 92 25 90, www.grupodocadesanto.com, tgl. 12.30–24, Fr/Sa bis 1 Uhr, Hauptspeisen ab 9 €. In der »Republik des Bieres« wird eine große Auswahl an Schnitzeln und Steaks zum beliebten Gerstensaft verschiedener Hersteller gereicht. Sehr schön sitzen Sie auf der Terrasse am Fluss.

Terrasse zum Fluss – **Azul Profundo** **3** : Rua das Tágides, Quiosque 4, Tel. 218 96 00 04, Snacks ab 2 €. Fantasievolle Salate, Toasts, einfache Gerichte, süßes Gebäck oder auch nur ein Getränk gibt's in der Selbstbedienungsbar am Ufer.

Einkaufen

Im Zeichen der Ozeane – **Centro Comercial Vasco da Gama** **2** : s. S. 224.

Für den Hunger zwischendurch
In der oberen Galerie des **Einkaufszentrums Vasco da Gama** **2** finden Sie zahlreiche, preiswerte Selbstbedienungslokale, von McDonalds bis zur einheimischen Salatbar. Für Suppenkasper empfiehlt sich Sim a Sopas. Tipp: Kommen Sie vor 12.30 Uhr, danach wird's rappelvoll.

Aktiv

Mit dem Fahrrad unterwegs – **Marina Parque das Nações** **1** : Edifício da Capitania, Passeio de Neptuno, o. Nr. (südl. Ende), Tel. 218 94 90 66, www.marinaparquedasnacoes.pt, tgl. 9–19 Uhr, zeitlich gestaffelte Preise, 5 € für die erste Stunde, 15 € für einen Tag. Für Ausflüge über das Gelände und darüber hinaus.

Wellness – **Health Club Solinca**: Im Einkaufszentrum Vasco da Gama **2** , Tel. 218 93 07 06, www.solinca.pt, s. S. 224.

Abends & Nachts

Nachtschwärmer treffen sich in der Fressmeile **Rua da Pimenta.**

Nicht nur für Glücksritter – **Casino de Lisboa** **1** : s. S. 228.

Drehbarer Boden – **Arena Lounge**: im Casino de Lisboa **1** , 1. Stock, Tel. 218 92 90 43, www.casino-lisboa.pt, Metro: Oriente, tgl. 20–3, Fr/Sa bis 4 Uhr, kleine Speisen ab 1 €. Die drei Ebenen der Bar drehen sich. Dazu gibt es Sandwiches, Toasts, Salate. Und eine Großleinwand, auf der Konzerte flimmern, die oft auch live und umsonst gegeben werden. Oft portugiesisches Kabarett von hoher Qualität.

Filme im Original – **Cinémas NOS**: im Einkaufszentrum Vasca da Gama **2** , s. S. 224.

Das Beste auf einen Blick

Westlich des Zentrums

Highlight!

Museu Nacional de Arte Antiga: Im berühmten Kunstwerk »Die Versuchung des Heiligen Antonius« bedrohen grausame Fabelwesen die menschliche Seele: Kopffüßler, mausgesichtige Gestalten, fliegende Fische. Eine zutiefst verunsicherte Welt zeichnet Hieronymus Bosch auf seinem polychromen Triptychon. 13 S. 244

Auf Entdeckungstour

Die Entdeckungsreisen der Portugiesen im Spiegel der Kunst: Begeben Sie sich auf eine Entdeckungstour in die goldenen Zeiten Lissabons. Im Museu Nacional de Arte Antiga finden sich afrikanische Pfefferstreuer und japanische Wandschirme, auf denen die portugiesischen Seefahrer als ›Langnasen‹ porträtiert sind. 13 S. 246

Kultur & Sehenswertes

Zur Königin des Fado: In dem früheren Wohnhaus von Amália Rodrigues finden Sie unter den persönlichen Gegenständen jede Menge kleinbürgerlichen Kitsch. 2 S. 235

Entführung ins Morgenland: Das Museu do Oriente zeigt kunstvolle Terrakottafiguren, chinesisches Porzellan, traditionelle Malerei, asiatisches Mobiliar und fernöstliche Volkskunst. 14 S. 245

Aktiv & Kreativ

Bücherlesen im Park: Die geistige Nahrung gibt es im Jardim da Estrela – auch fremdsprachig – in einer kuriosen Bibliothek im Kiosk zu leihen, die leibliche Speise im benachbarten Gartencafé. 4 S. 237

Mit Kasperle und Teufel: Im Marionettenmuseum können Kinder und jung gebliebene Erwachsene ihre Fantasie spielen lassen. 10 S. 242

Genießen & Atmosphäre

Mercado Campo de Ourique: Lissabons schönste Markthalle bietet Frisches unter orientalisch angehauchten Kuppeln. Besonders attraktiv sind die Restaurantstände. 1 S. 240

Friedhof der Freuden: So nennt sich der Cemitério dos Prazeres, auf dem nicht nur die monumentalen Grabhäuser der besseren Lissabonner Gesellschaft imponieren, sondern auch der Blick in die Ferne. 8 S. 241

Abends & Nachts

Feinster Jazz: Der Jazzclub Speakeasy ist in einen Hafenspeicher am Tejo eingezogen und lockt besonders die schickere Szene an. Beginn ist meist um 23 Uhr, davor gibt's Cocktails und Magenstärkung. 3 S. 46, 249

Indie-Pop: Das gehört dazu – zum Tanzen am Wochenende wird es im alteingesessenen Incógnito eng wie in einer Sardinendose. 2 S. 45, 249

Aristokratisch, gutbürgerlich, alltäglich

Im Lissabonner Westen erleben Sie große Politik und Alltagsleben gleichermaßen. Unmittelbar gehen die Viertel der kleinen Leute in vornehme, gutbürgerliche Stadtteile über. Madragoa bezaubert mit einer Volkstümlichkeit. So reizvoll stellte es sich allerdings nicht immer dar: Einst hausten hier zusammengepfercht die freigelassenen Sklaven, später entstanden Bordelle für die Matrosen, deren Schiffe im nahen Hafen anlegten.

Das benachbarte Lapa empfängt Sie dagegen mit aristokratischer Anmut. In den oft 250 m² messenden Wohnungen lebt bis heute der alte Reichtum, ausländische Botschaften residieren in früheren Adelspalästen, der prächtigste hat Portugals wichtigstes Museum für alte Kunst aufgenommen.

Die saubere Luft vom nahen Meer zog das moderne Bürgertum auf die Hügel oberhalb des Tejo, nach São Bento, Estrela und Campo de Ourique. Kein Wunder, dass hier die bürgerliche Revolution ihren Ausgang nahm und das Landesparlament seinen Sitz gefunden hat. Außerdem erwartet Sie der zweitgrößte und wohl anmutigste Park Lissabons, der fröhlichste Friedhof und die schönste Markthalle, kurzum eine Gegend zum Flanieren und zum Entdecken stiller Schönheiten.

Infobox

Reisekarte: ▶ J–L 9–12

Ausgangspunkt
Die westlich an die historische Altstadt grenzenden Viertel können Sie entwerde einzeln oder zu zwei Touren kombiniert besichtigen: Startpunkt ist der Stadtteil São Bento, von hier aus verläuft die erste Route über Estrela nach Campo de Ourique, die zweite führt über Madragoa nach Lapa.

Anfahrt
Die Viertel der ersten Tour sind durch die **Straßenbahn 25** (Haltestelle u. a. an der Praça do Comércio) miteinander verbunden. Diese Linie fährt ebenso wie die berühmte **Nr. 28** bis Campo de Ourique, während die **Linie 15** die Stadtteile Madragoa und Lapa streift.

São Bento

Parlamentspalast São Bento [1]

Palácio de São Bento, Tel. 213 91 90 00, www.parlamento.pt, Führungen letzter Sa im Monat, 15 und 16 Uhr
Nehmen Sie die Straßenbahn 28 nach Westen, so passieren Sie hinter dem Bairro Alto und nach einigen Berg- und Talfahrten rechter Hand einen gigantischen weißen Palast, genannt São Bento – heute Sitz des portugiesischen Parlaments. Im 16. Jh. stand an dieser Stelle, damals weit außerhalb der Stadt, ein Klosterhospital für Pestkranke, das Benediktinermönche nach der großen Pest von 1580 zu einem der gewaltigsten Klöster der Stadt ausbauten. Nach dem teilweisen Einsturz im Erdbeben wurde das Gebäude ab 1834 neu gestaltet. Beeindruckend sind die lang gestreckte klassizistische Fassade und der weitläufige Treppenaufgang zum Eingangsportal, das von allegorischen Säulenfiguren gesäumt wird, die

die Abgeordneten zu Klugheit, Macht, Gerechtigkeit und Enthaltsamkeit ermahnen. Die Säle im Inneren zeigen sich mehr als prunkvoll. Im dahinter liegenden Park befindet sich die Residenz des Ministerpräsidenten.

Rua de São Bento

Diese von zahlreichen Antiquitätenhändlern und Trödelläden gesäumte Straße ist ein Vorzeigeprojekt der Lissabonner Stadtverwaltung. Die 148 Häuser, darunter 32 in städtischem Besitz, befanden sich überwiegend in einem erbärmlichen Zustand. Im Sommer 2002 begann die Bauverwaltung mit der Sanierung des gesamten Straßenzuges, nicht zuletzt um bezahlbaren Wohnraum für junge Menschen zu schaffen. Als erwünschter Nebeneffekt werden den Abgeordneten im Nationalparlament täglich die Leistungen einer tatkräftigen Verwaltung vor Augen geführt. Die verantwortliche Stadträtin hieß Frau Napoleão, die sich mit ihrem umfangreichen Vorhaben offenbar an der Größe des gleichnamigen französischen Feldherrn orientierte, inzwischen aber in der politischen Versenkung verschwunden ist.

Casa-Museu Amália Rodrigues 2

Rua São Bento, 193, www.amaliar odrigues.pt, Di–So 10–13, 14–18 Uhr, Führungen 5 €
Die überschwänglich verehrte Ikone des Fados wohnte über ein halbes Jahrhundert im Schatten des Parlaments. Nach ihrem Tod wurde ihr Zuhause in ein Museum umgewandelt und vermittelt interessante Einblicke in Amálias Privatleben. Aber machen Sie sich auf kleinbürgerlichen Kitsch gefasst und freuen Sie sich, dass beim Singen mehr Geschmack bewies als bei ihrer Einrichtung. Auch Hunderte ihrer Schuhe, Roben und Parfümfläschchen sind ausgestellt.

Estrela

Basílica da Estrela 3

Praça da Estrela, o. Nr., tgl. meist 9–13, 15–19 Uhr, Eintritt frei, Krippe 1,50 €, Turmbesteigung 4 €
Nördlich des Parlaments – Sie können in 10 Minuten zu Fuß den Hügel erklimmen oder die Straßenbahn benutzen – erhebt sich mit der Basílica da Estrela das letzte bedeutende Bauwerk des vorbürgerlichen Regimes, das im Jahr der französischen Revolution fertiggestellt wurde. Königin Maria I. hatte in Erfüllung eines Gelübdes dem Orden der barfüßigen Karmeliterinnen den Auftrag zum Bau einer Kirche nach dem Vorbild der nordwestlich gelegenen Klosterkirche von Mafra erteilt. Die Ähnlichkeit zeigt sich in großen Säulen und Wandpfeilern, dominierenden Statuen und allegorischen Figuren an der Außenfassade und der mächtigen Kuppel. Die ursprünglichen Pläne entwarf 1776 der Erbauer des Palastes von Queluz, Mateus Vicente de Oliveira.

Nach seinem Tod wurde das spätbarocke Gotteshaus, dessen schmales Kirchenschiff unproportioniert wirkt, mit klassizistischen Elementen von Manuel dos Santos 1789 vollendet. Die Bilder im Inneren stammen vom Italiener Pompeo Batoni, dessen »Anbetung des heiligen Jesusherzens« am Hochaltar in seiner Zeit umstritten war, war die Estrela-Kirche doch das weltweit erste Gotteshaus, das der Anbetung des Herzens Jesu diente. Der Sarkophag der Königin, die geistig umnachtet im Exil in Brasilien starb, befindet sich rechts vom Hochaltar.

In einem benachbarten Raum steht die Weihnachtskrippe des barocken Bildhauers Machado de Castro mit Hunderten von Terrakottafiguren, die die Geburt Jesu anschaulich in die Kulisse des portugiesischen Landlebens

Lieblingsort

Jardim da Estrela 4

Ein wenig Entspannung gewünscht? Dann nichts wie hinein in die romantische Gartenanlage. Ich liebe das harmonische Ensemble aus alten Bäumen, exotischen Pflanzen, künstlichen Seen, mehreren Gewächshäusern, einem Kinderspielplatz und dem Terrassencafé am Weiher. Die ganze Nachbarschaft scheint sich hier zu versammeln. Am Wochenende finden sich viele Hochzeitspaare ein, um sich vor der verträumten Kulisse des Parks ablichten zu lassen. Daneben sitzen alte Männer so vertieft in ihr Kartenspiel, dass selbst die verlockendsten Bräute sie nicht aus der Ruhe bringen.

einbettet. Die Tiefenwirkung wird durch die unterschiedliche Größe der Figuren erzielt.

Jardim da Estrela 4
Praça da Estrela, o. Nr., Sommer tgl. 7–24, Winter tgl. 7.30–22 Uhr, Eintritt frei

Gegenüber öffnete der romantische Jardim da Estrela, mit 57 000 m² die zweitgrößte Grünanlage der Stadt, bereits 1852 seine Pforten. Die Lissabonner erfreuten sich damals an den wöchentlichen Konzerten im eleganten Musikpavillon, der noch heute bei festlichen Anlässen genutzt wird. Heute wandeln Sie unter den exotischen Bäumen. Leseratten finden in der kuriosen Biblioteca Jardim, die in einem Kiosk untergebracht ist, auch einige fremdsprachige Bücher zum Schmökern im Café oder auf der Parkbank (s. S. 237).

Cemitério dos Inglêses 5
tgl. 9–13 Uhr, Eintritt frei

Nördlich des Parks liegt das British Hospital, ein renommiertes Privatkrankenhaus, das allerdings zu spät für einen berühmten Reisenden kam. Henry Fielding, der geistige Schöpfer des humorigen englischen Sittenromans, verstarb 1754 in Lissabon und fand auf

Westlich des Zentrums

Sehenswert

1 Parlamentspalast São Bento
2 Casa-Museu Amália Rodrigues
3 Basílica da Estrela
4 Jardim da Estrela
5 Cemitério dos Inglêses
6 Casa-Museu Fernando Pessoa
7 Jardim Teófilo Braga
8 Cemitério dos Prazeres
9 Palácio das Necessidades
10 Museu da Marioneta/ Convento das Bernardas
11 Trinas-Kloster
12 Chafariz das Janelas Verdes
13 Museu Nacional de Arte Antiga
14 Museu do Oriente

Essen & Trinken

1 Kais
2 Cervejaria da Esquina
3 Tasca da Esquina
4 Taberna Ideal
5 Trempe
6 Varina da Madragoa
7 Le Chat
8 A Tentação
9 Café Esplanada
10 O Melhor Bolo de Chocolate do Mundo

Einkaufen

1 Mercado Campo de Ourique
2 Portugal Rural
3 Aromas & Sabores Wine Bar
4 Brio

Abends & Nachts

1 Kremlin
2 Incógnito
3 Speakeasy
4 Sr. Vinho
5 Urban Beach

dem nördlich angrenzenden, von hohen Mauern umgebenen Cemitério dos Inglêses in der nördlich angrenzenden Rua São Jorge seine letzte Ruhestätte.

Campo de Ourique

Rua Ferreira Borges

Die geschäftige Rua Ferreira Borges begrenzt den relativ jungen Stadtteil Campo de Ourique nach Osten hin. Noch vor 250 Jahren standen hier lediglich eine kleine Kapelle, vereinzelte Häuser und Windmühlen. Dann entdeckten Adelige die idyllische Gegend. Sie bauten einige mehrstöckige Villen, doch erst 1878 wurde damit begonnen, das geometrische Straßennetz anzulegen. Ungeachtet der fehlenden Metroanbindung blieb der Campo de Ourique wegen der besseren Bausubstanz ein beliebtes, grünes Wohnviertel.

Gleich zu Beginn der geschäftigen Straße schmückt ein farbenfroher Kachelfries im Jugendstil das Eckhaus. Eine unscheinbare Tafel weist darauf hin, dass hier am 4. Oktober 1910 die erste Granate der bürgerlichen Revolution detonierte, die schon einen Tag später siegte. Im Nachbarhaus befindet sich das beliebte Restaurant **Tasca da Esquina** **3**, gegenüber liegt als populärer Treffpunkt das Café mit dem verlockenden Namen **A Tentação** **8** – die Versuchung. Auch dieses Gebäude ziert ein hübsches Kachelbild. Der Gastraum unter Stuckdecken und Kronleuchtern wird von einem schmucken Art-déco-Bild an der rechten Wand verziert, das eine laszive, Kaffee trinkende Schönheit zeigt. Das Stadtteilleben lässt sich auch auf der Terrasse beobachten, wenngleich beeinträchtigt vom Verkehrslärm, der die gutbürgerliche Einkaufsstraße erfüllt.

Casa-Museu Fernando Pessoa **6**

Rua Coelho da Rocha 16, http://casa fernandopessoa.cm-lisboa.pt, Mo–Sa 10–18 Uhr, Eintritt 3 €
Wenige Schritte führen zum Museum Fernando Pessoa. In diesem Hause wohnte der Dichter während seiner letzten 15 Jahre. Zu seinen Lebzeiten hatte Pessoa, der heute zu den heraus-

Westlich des Zentrums

Kacheln in Art déco
In den Straßenzügen rund um die Rua Ferreira Borges lassen sich zahlreiche Häuser mit Kachelbildern im Stile des Art déco entdecken. Die schönsten sind in der Rua Campo de Ourique 137 und 164, Rua São de Carvalho 135 und Rua Tomás de Anunciação 149 zu sehen.

ragenden Köpfen der portugiesischen Literatur gezählt wird, nur einige Zeitschriftenartikel und ein einziges Buch veröffentlicht. Nach seinem Tod wurden in zwei Truhen 27 000 unbekannte Manuskriptseiten gefunden, Romane, Gedichte, Aphorismen, Fragmente. Aufgewachsen in Südafrika lebte Pessoa seit seinem 17. Lebensjahr zurückgezogen in Lissabon. Er fühlte sich als Fremder auf dieser Erde und schwebte in anderen Welten. Seine Bezugspersonen waren die von ihm mit Leben erfüllten Heteronyme, unter deren Namen er sein Werk schuf und mit denen er sogar brieflich in Kontakt stand.

1993 kaufte die Stadt das damals baufällige Haus, sanierte es und schuf eine Kulturstätte. Die Wohnräume sind nicht mehr vorhanden, wohl aber die wenigen persönlichen Gegenstände eines wahren Wortkünstlers, der seinen bescheidenen Lebensunterhalt als Handelskorrespondent verdiente. Da die ursprüngliche Einrichtung seines Zimmers unbekannt ist, wird es von verschiedenen Künstlern in regelmäßigen Abständen neu gestaltet und interpretiert. In der angeschlossenen öffentlichen Bibliothek werden auch Reproduktionen seiner Manuskripte aufbewahrt.

Jardim Teófilo Braga [7]
Mit der Waffe in der Hand empfängt Sie eine Kämpferin mit wild entschlossenem Gesichtsausdruck inmitten des hübsch begrünten Platz Jardim Teófilo Braga unmittelbar hinter der Rua Ferreira Borges. Die steinerne Statue der Maria da Fonte erinnert unter Palmen und umgeben von Blumen an einen religiös motivierten Bauernaufstand 1846, an dem Frauen an vorderster Front beteiligt waren. Gleich daneben lärmen spielende Kinder und ahnen nicht, dass der hübsche kleine Park von ihren Großeltern wegen der früheren Truppenaufmärsche noch ›Platz der Paraden‹ genannt wird.

Mercado Campo de Ourique [1]
www.mercadodecampodeourique. pt, Marktstände tgl. 7 bis mindestens 14 Uhr, Restaurants 10–23, Fr/Sa bis 1 Uhr
Nicht mehr weit ist nun die schönste Lissabonner **Markthalle**, die ihre Tore seit 1933 am Ende der Rua Coelho da Rocha öffnet. Vier orientalisch wirkende Kuppeln überwölben das 1980 grundlegend restaurierte Gebäude. Während viele Märkte aufgrund der erdrückenden, billigen Supermarkt-

Campo de Ourique

konkurrenz in ihrer Existenz bedroht sind oder bereits geschlossen wurden, erlebt man hier noch südländisches Treiben.

Im Mittelpunkt stehen Stände von Restaurants mit vielfältiger Essensauswahl, von Austern, Sushi, Grillfischen bis Lammkoteletts. Um sie gruppieren sich die Obst- und Gemüsestände, während der frische Fisch etwas abgetrennt am südlichen Rand lautstark angeboten wird.

Cemitério dos Prazeres 8
Praça São João Bosco, o. Nr., Okt.–April 9–17, Mai–Sept. 9–18 Uhr, Eintritt frei

Cemitério dos Prazeres heißt übersetzt ›Friedhof der Freuden‹! Vermutlich stammt der ungewöhnliche Name von einem früheren, an diesem Ort gelegenen Landgut. Ein uraltes Verbot der Stadtverwaltung weist allerdings darauf hin, dass hier auch noch zwischen den Gräbern fröhlich gevespert und gefeiert wurde. Überliefert ist, dass der Friedhof, der in seiner jetzigen Struktur seit 1840 besteht, über einem Massengrab für Opfer der großen Pestepedemie von 1599 bis 1603 errichtet wurde.

13 ha umfasst diese Stadt der Toten, an 80 Straßen stehen fast palastartige Ruhestätten, in denen noble Persönlichkeiten der portugiesischen Geschichte ihre letzte Ruhestätte fanden. Auch Fernando Pessoa lag hier, bis er 1985 in den Kreuzgang des Hieronymusklosters umgebettet wurde. 2012 wurde der Autor und Lissabonfreund Antonio Tabucchi hier bestattet.

Flanieren Sie in jedem Falle bis an das westliche Ende, wo Sie der weite Blick von der Tejobrücke bis zum Aquädukt belohnt. Den Hügel hinab ziehen sich moderne Hochhäuser. Dort standen noch vor wenigen Jahren die Blechhütten des Slumviertels Casal Ventoso, deren Bewohner nun in den neuen Sozialwohnungen eine Bleibe gefunden haben.

Hausähnliche Grabstätten schmücken den ›Friedhof der Freuden‹

Westlich des Zentrums

Palácio das Necessidades [9]
Largo das Necessidades, 7
In dem früheren Königspalast unterhalb des Friedhofs in Richtung Fluss ist das Außenministerium untergebracht. Von hier floh der letzte portugiesische König Manuel II. am Tage der bürgerlichen Revolution über Sintra und Ericeira nach England. Der Palast ist der Öffentlichkeit nicht zugänglich, jedoch ist der umliegende Park geöffnet.

Madragoa

Vom **Parlamentsgebäude in São Bento** (s. S. 234) zieht sich die Avenida Dom Carlos I. bis zum Fluss hinab und erschließt das Stadtviertel Madragoa, das in Folge der großen Entdeckungsfahrten zunächst von freigelassenen Sklaven besiedelt wurde, denn die Karavellen, die seit dem 15. Jh. Kurs auf fremde Kontinente nahmen, waren bei ihrer glücklichen Rückkehr nicht nur mit orientalischen Spezereien beladen. Häufig hatten sie wie Vieh zusammengepferchte Sklaven an Bord. Viele überlebten die Überfahrt in den stickigen, luftarmen Frachträumen nicht.

Mitte des 16. Jh. bildeten die Schwarzen bereits ein Zehntel der Stadtbevölkerung, weswegen sich ausländische Reisende ob der bunten Mischung bereits in einer außereuropäischen Stadt wähnten. Schwarzafrikaner waren als robuste Arbeitskräfte für körperliche Schwerstarbeiten besonders begehrt. Nach ihrer christlichen Taufe häufig in die Freiheit entlassen, ließen sie sich bevorzugt in Madragoa nieder, das noch lange *Mocambo,* Dorf der kräftigen Schwarzen, genannt wurde.

Rua do Poço dos Negros
Anfänglich wurden auch die Leichen schwarzer Sklaven in diese Gegend verbracht und unter offenem Himmel den Hunden zum Fraß vorgeworfen. Der grauenvolle Gestank verwesender Kadaver reichte bis zum Königspalast. Manuel I. gab Anweisung, einen großen Schacht zur Bestattung der Schwarzen in der Rua do Poço dos Negros auszuheben und die Leichen fortan mit Löschkalk zu bestreuen, um deren Verwesung zu beschleunigen. Der Name der Straße bedeutet ›Schacht der Neger‹ und erinnert an jenes Massengrab. Sie ist heute eine verkehrsreiche Ader durch das volkstümliche Madragoa mit einfachen Restaurants und kleinen Läden, das die Atmosphäre des 19. Jh. behalten hat, als es das Viertel der Fischer und der Fischverkäuferinnen, der *varinas* wurde, die ihre Ware in flachen Bastkörben auf dem Kopf jonglierten.

Museu da Marioneta im Convento das Bernardas [10]
www.museudamarioneta.pt, Di–So 10–13, 14–18 Uhr, Eintritt 5 €
Die kleinen Taskas, aber auch moderne Restaurants setzen sich auf der anderen Seite der Avenida D. Carlos I. in der Rua da Esperança fort. Sie war seit dem 16. Jh. eine der wichtigsten Zufahrtswege nach Lissabon und wurde besonders von Bauern und Lebensmittelhändlern frequentiert. Im 17. Jh. wurden prächtige Klöster erbaut, wie das Convento das Bernardas (Nr. 146), in dessen renovierten Mauern zugleich sozial schwache Familien, ein belgisches Nobelrestaurant sowie ein Marionettenmuseum eingezogen sind. Dieses präsentiert historische und zeitgenössische Masken, Schattenspielfiguren, Handpuppen und Marionetten mit Augenmerk auf portugiesische und fernöstliche

Auch im Madragoa-Viertel sind viele Häuserfassaden mit Kacheln verziert

Westlich des Zentrums

Traditionen. Kindern steht ein eigener Spielbereich zur Verfügung.

Rua das Madres

Idyllische Gassen zweigen nach Norden ab, in denen die Wäsche zum Trocknen im Wind flattert und die Nachbarn aus ihren Fenstern heraus miteinander über die jüngsten Fußballergebnisse disputieren. Auch José Saramago fand hier eines seiner Lieblingslokale, das **Varina da Madragoa 6**, in der Nr. 34 mit bodenständiger Hausmannskost.

Rua das Trinas

Im ausgehenden 16. Jh. begünstigte die katholische Gegenreform die Ansiedlung jener klösterlichen Orden, die aus fortschrittlicheren westeuropäischen Staaten vertrieben, doch auf der iberischen Halbinsel mit offenen Armen aufgenommen wurden. Erstaunlicherweise gründeten sich in diesem westlichen Stadtviertel fast ausschließlich Frauenklöster, die angesichts der krassen sozialen Missstände auch karitativ tätig waren. In der steil bergauf führenden Rua das Trinas reihen sich baufällige Wohnhäuser an imposante Adelspaläste und Klostergebäude.

Das 1910 aufgelöste **Trinas-Kloster 11** in Nr. 49 besitzt einen wunderschönen Patio mit gekachelten Sitzbänken unter Palmen und Orangenbäumen, in den Sie bei wohlwollender Duldung des Wachschutzes unbedingt einen Blick werfen sollten. In den Klostermauern werden heute von der Marineverwaltung virtuelle Unterwasserkarten entwickelt und mit GPS-Orientierungssystemen verknüpft. Bei Nr. 129 lässt sich ein Adelspalast aus dem 18. Jh. von innen bestaunen. Nach einem Brand 1985 wurde beim Wiederaufbau der Räumlichkeiten für den Journalistenclub die alte pombalinische Bauweise des erdbebensicheren Fachwerks freigelegt.

Lapa

Westlich der Rua de São Domingos à Lapa beginnt jener Stadtteil, in den es die aristokratische Elite des Landes seit dem 17. Jh. zog. In die wappengekrönten, oft von weitläufigen Parkanlagen umgebenen Stadtpaläste haben heute Botschaften, Behörden oder Luxushotels Einzug gehalten. Die Wohnungspreise liegen weit über dem Lissaboner Durchschnitt. Neben barocken Portalen fallen immer wieder prächtige Jugendstilkacheln ins Auge. Der **Palast des Grafen von Sacavém** in der Rua do Sacramento à Lapa 24 ist mit seinem bunten, neomanuelinischen Jugendstildekor ein besonders exaltiertes Beispiel. Auch am südlichen Ende der Rua de São Domingos à Lapa sind zahlreiche farbenfrohe Kachelfriese und -fassaden zu bewundern.

Nur wenig entfernt steht an der Rua das Janelas Verdes der luxuriöseste Wasserbrunnen der Stadt. Den **Chafariz das Janelas Verdes 12** aus dem Jahr 1775 zieren die weißen Marmorskulpturen von Venus und Cupido des Barockbildhauers António Machado. Am Ende der Straße seitlich dem Museum bietet der Glaspavillon **Le Chat 7** zu atemberaubenden Ausblicken kleine Speisen und Cocktails.

Museu Nacional de Arte Antiga ! 13

Rua das Janelas Verdes, 9, www.mu seudearteantiga.pt, Di 14–18, Mi–So 10–18 Uhr, Eintritt 6 €
Kunstliebhaber zieht schon ein einziges Kunstwerk in das landesweit bedeutendste Museum für alte Kunst, das 1884 im prachtvollen Palácio Alvor seine Tore öffnete. Bei dem Meisterwerk handelt sich um das 1500 entstandene Triptychon »Die Versuchung des Heiligen Antonius« von Hieronymus Bosch. Nehmen Sie sich für die

Betrachtung Zeit, es gibt viel in dem surrealistisch anmutenden Gemälde zu entdecken: Von allen Seiten lauern dem Heiligen böse Dämonen auf und bilden eine zerrissene, verängstigte Welt ab. Grausame Fabelwesen bedrohen die menschliche Seele, kokette Damen und Dämonen führen auf vielerlei Weise den Heiligen in Versuchung und die futuristischen Behausungen sind von einer Feuersbrunst bedroht. Die Entdeckung neuer Welten und Kulturen hatte den Europäern offensichtlich nicht nur zu Wohlstand und Ehre verholfen, sondern zugleich in starke Verunsicherung gestürzt. Vielleicht bietet ein Segelschiff im Hintergrund oder ein fliegender Fisch die Möglichkeit zur Flucht?

Demgegenüber zeigen zahlreiche Exponate das künstlerische Hochgefühl und die Begegnung fremder Kulturen während der glorreichen Entdeckerzeit (s. Auf Entdeckungstour S. 246). Hans Holbein, Albrecht Dürer und Lucas Cranach d. Ä. sind die wichtigsten Maler aus deutschen Landen. Mehrheitlich stammen die Ausstellungsstücke allerdings aus den 1834 säkularisierten Klöstern, was den musealen Schwerpunkt auf sakraler Kunst erklärt. Viele der Altarbilder sind von nur durchschnittlicher Qualität, während seltene Skulpturen der schwangeren Maria oder humorvolle Heiligenfiguren sehr sehenswert sind.

Museu do Oriente 14
Avenida de Brasília, Doca de Alcântara Norte, www.museudooriente.pt, Di–So 10–18, Fr bis 22 Uhr, Eintritt 6 €
Der sechsstöckige Bau aus dem Jahre 1939 diente als Lager- und Handelsstätte für Stockfisch und steht nicht zuletzt wegen überdimensionaler Reliefs an der Fassade für die Architekturideen während der Diktatur. 2008 zog das Museu do Oriente ein und be-

geistert mit einer zumindest in Europa einzigartigen Sammlung an fernöstlicher Kunst, beginnend mit Terrakottavasen und -figuren vom Neolitikum bis zur Yuan-Dinastie. Einen weiteren Schwerpunkt bildet chinesisches, für den portugiesischen Markt produziertes Porzellan, darunter eine Vase mit dem Wappen Königs Philipp II. Auch die feinsinnige Gestaltung kostbarer Silber- und Elfenbeinarbeiten nimmt nicht selten künstlerisch Bezug auf die frühen Handelsbeziehungen zu Portugal. Mobiliar aus Indien, Japan und China sowie asiatische Volkskunst runden die Ausstellung ab. Etwas ungewohnt wirken allerdings die in tiefes Schwarz getauchten Ausstellungsräume.

Essen & Trinken

Glamourös – **Kais** 1 : s. S. 35.
Languste & Co – **Cervejaria da Esquina** 2 : Rua Correia Teles, 56, Tel. 213 87 46 44, Straßenbahn 25 und 28, Di–Sa 12.30–15.30, 19.30–24 Uhr, So nur mittags, Hauptspeisen ab 16 €. Modernes Meeresfrüchtelokal mit hohem Anspruch an die Zutaten und die Zubereitung der Speisen, wie Reis oder Nudeln mit frischen Tomaten, Käsestreifen und Garnelen, Langusten oder Hummer.
Einen Umweg wert – **Tasca da Esquina** 3 : s. S. 34.
Moderne Tradition – **Taberna Ideal** 4 : Rua da Esperança, 112, Tel. 213 96 27 44, Straßenbahn 25 und 28, Mi–Sa 19–2, So 13.30–0.30 Uhr, kleine Speisen ab 8 €, Hauptspeisen ab 14 €. Chefin Susana Felicidade hat einen außergewöhnlichen Essensraum geschaffen. Die Einrichtung mischt alt und neu, das Essen ebenso. Es wird geteilt, zu Beginn *tibornas,* deftig belegte Brote. Es folgen z. B. Lamm und Bacalhau.
Hübsch dekoriert – **Trempe** 5 : Rua Coelho da Rocha, 11, Tel.   ▷ S. 249

Auf Entdeckungstour: Entdeckungsreisen der Portugiesen im Spiegel der Kunst

Die Portugiesen entdeckten die Welt, und auch die Welt sah sich die seltsamen Fremdlinge aus Europa genau an und illustrierte sie auf ihren Kunstwerken. Diese sind inzwischen ebenso im Museu Nacional de Arte Antiga 13 zu besichtigen wie die portugiesische Malerei des goldenen Zeitalters und feinste Kunsthandwerkserzeugnisse, die orientalische und portugiesische Einflüsse zu einer märchenhaften Einheit verschmelzen.

Planung: Di 14–18, Mi–So 10–18 Uhr, www.museudearteantiga.pt, Eintritt 6 €.

Start: Museu Nacional de Arte Antiga, Rua das Janelas Verdes, 9, Straßenbahn 15

Eine erste Annäherung

Die künstlerische Spurensuche nach den portugiesischen Entdeckern beginnt im zentralen Treppenaufgang in der 2. Etage des Museu Nacional de Arte Antiga. Eine Ansicht Lissabons aus dem 17. Jh. zeigt eine prächtige Residenzstadt mit dem neu erbauten Königsschloss auf dem Terreiro do Paço direkt am Tejo, zwischen ausgedehnten Werften, Märkten und den Lagerhallen für die kostbaren Schätze des Orients. Die schier unübersehbare Zahl aufgetakelter Schiffe illustriert die Bedeutung von Europas wichtigster Hafenstadt und Handelsmetropole. Ein zweites Gemälde beschreibt das Ziel der portugiesischen Kaufleute, das westindische Goa, ein Drehkreuz des Gewürzhandels. Im rechts angrenzenden Saal 25 stehen kolossale, braun lasierte Tonkrüge, in denen die kostbare Fracht die monatelange Schiffspassage sicher vor Mäusen überstand. Im Volksmund wurden sie Pfeffersäcke genannt.

Ein Porträt der portugiesischen Gesellschaft

Die glorreiche Epoche wird kunsthistorisch von einem herausragenden Werk der portugiesischen Malerei eingeläutet, das die frühen Protagonisten der Entdeckungsfahrten zeigt (3. Etage, Saal 12). Der Hofmaler Nuno Gonçalves zeichnete um 1460 in seinem sechsteiligen Polyptichon »Die Anbetung des Heiligen Vinzenz« 58 Personen aller sozialen Schichten. Ihre Gewänder leuchten in bunten Farben, den gestochen scharf porträtierten Gesichtern glaubt man in Lissabons Straßen wiederzubegegnen. Wunderbar herausgearbeitet sind die Stoffe der Gewänder: Brokat, Leinen, Seide, Samt. Mönche, Fischer, Soldaten, der Bürgermeister und sogar ein Jude gruppieren sich um den rot gekleideten Stadtheiligen Vinzenz. Im Vordergrund stehen König Afonso V., dessen Sohn João II. (noch als Knabe) und der große Mentor der portugiesischen Entdeckungsfahrten, Heinrich der Seefahrer, mit seinem schwarzen Bologneserhut.

Nur zwei weibliche Figuren sind zu sehen: die junge ›erfolgreiche‹ Königin Isabel sowie die ältere Dona Isabel, eine Schwester von Heinrich, die nach einer gescheiterten Ehe in den Orden der grauen Schwestern eintreten musste. Das kollektive Porträt nimmt in der europäischen Malerei einen bemerkenswerten Sonderstatus ein, da es auf die bis dahin übliche Einbettung der dargestellten Personen in einen landschaftlichen oder architektonischen Hintergrund verzichtete.

Kunst aus Gold und Edelsteinen

Von der prachtvollen Entfaltung des portugiesischen Kunsthandwerks zeugen zwei Goldschmiedearbeiten in der 2. Etage (Saal 29). Das Multitalent Gil Vicente, auch bekannt für seine Theaterstücke, schuf aus dem Gold, das Vasco da Gama von seiner zweiten Indienreise mitgebracht hatte, eine bemerkenswert filigrane, spätgotische Monstranz. Im Zentrum knien zwölf Apostel um die geheiligten Hostien und in der Höhe wacht Gottvater, dessen Gesichtszüge wohl kaum zufällig denen des Auftraggebers, König Manuel I., gleichen. Dessen Schwester Leonor ließ bereits im damals modernen Stil der Renaissance einen Miniaturaltar aus Gold, Smaragden, Rubinen und einem Diamanten als angemessenen Aufbewahrungsort einer Dornenkronen-Reliquie anfertigen.

Entdecken und entdeckt werden

Orientalisches und afrikanisches Kunstgewerbe zeugt von der anregenden Begegnung fremder Kulturen mit den portugiesischen Seefahrern. Die überbordende Fantasie der Benin-Kunst ließ Anfang des 16. Jh. aus einem elfenbeinernen Salzbehälter die portugiesischen Entdecker hervorwachsen. Dabei richteten die afrikanischen Künstler ihr besonderes Augenmerk auf das lange Haar, den akkuraten Bartschnitt, die prächtigen Brokatgewänder und die spitzen Nasen (Saal 18). Im selben Saal beachte man die filigranen Einlegearbeiten eines indischen Sekretärs aus dem 17. Jh.: Sie zeigen drei Elefanten in den Klauen und dem Schnabel des mystischen Paradiesvogels Simurgh und eine kuriose Jagdszene, deren Zentrum portugiesische Ritter und ihre langen Lanzen bilden.

Da mag nicht weiter überraschen, dass auch die religiösen Darstellungen wundersame Ausprägungen erfuhren: Eine exotische Elfenbeinfigur aus der portugiesischen Kolonie Goa stellt das Jesuskind als guten Hirten dar, dessen Antlitz unübersehbar einem Buddha gleicht (Saal 16). Auch elfenbeinerne Marienfiguren sind ausgestellt, denen die indischen und chinesischen Kunsthandwerker anmutige, fernöstliche Charakterzüge verliehen.

Portugiesische Seefahrer – ›verewigt‹ in einem elfenbeinernen Salzbehälter

Japanische Wahrnehmung der Portugiesen

Das Aufeinandertreffen zweier Hochkulturen in der Mitte des 16. Jh. wird in Saal 14 dokumentiert. Auf japanischen Wandschirmen sind die portugiesischen Seefahrer mit bemerkenswertem Detailreichtum abgebildet (s. Abbildung S. 246). Auch die Menschen im ›Land der aufgehenden Sonne‹ scheinen fasziniert von der Andersartigkeit der europäischen Fremdlinge und betonen die absonderliche Länge ihrer Nasen, die modischen Pluderhosen oder die mitgebrachten Stühle und Sonnenschirme, die von schwarzen Sklaven getragen werden.

Sie zeigen so ›exotische‹ Tiere wie Pferde oder Hunde und kostbare Seidenstoffe aus Indien. Dazu detailgetreu die komplexe Takelage der portugiesischen Karavellen, in denen Seeleute wie Äffchen turnen, während sich schwarz gewandete Jesuiten im theologisch-philosophischen Disput mit den Japanern ergehen.

213 90 91 18, Straßenbahn 25 und 28, Mo–Sa 12–15.30, 19.30–22 Uhr, Hauptspeisen ab 10 €. Fröhlich ländlich eingerichtet ist das kleine Lokal gegenüber dem Pessoa-Museum mit variantenreicher Küche, etwa Nudeleintopf mit Barsch und Garnelen.

Saramagos Liebling – **Varina da Madragoa** 6 : Rua das Madres, 34, Tel. 213 96 55 33, Metro: Cais do Sodré, So, Di–Fr 12.30–15, 20–23, Sa 20–23 Uhr, Hauptspeisen ab 9 €. Typisches, einst von Nobelpreisträger Saramago häufig besuchtes Stadtteillokal, in dem viele Stockfischgerichte gereicht werden. Eine hübsche Bordüre aus Kacheln, die Weintrauben darstellen, ziert die Wände. Junges Publikum.

Cafés & Bars

Im Glashaus – **Le Chat** 7 : Jardim 9 de Abril, Straßenbahn 25, Tel. 213 96 36 68, www.lechat-lisboa.com, Mo–Do 12.30–2, Fr/Sa 12.30–3, So 12.30–24 Uhr, im Winter So abends und Mo ganztags geschl. Der Glaspavillon über dem Fluss bietet zu extraordinären Ausblicken kleine Gerichte, Cocktails und Chill-Out-Atmosphäre.

Die Versuchung – **A Tentação** 8 : Rua Ferreira Borges, 1, Straßenbahn 25 und 28, tgl. 7–21 Uhr. ›Versuchung‹ heißt das Café auf Deutsch. Gutes Gebäck in einem Art-déco-Gebäude mit stilvoller Innenausstattung.

Kaffee im Park – **Café Esplanada** 9 : Jardim da Estrela, Straßenbahn 25 und 28, So–Mi 10–22, Do–Sa 10–24 Uhr. Am See und unter Bäumen gibt's Kaffee, Snacks und Mittagstisch im Estrela-Park (s. S. 237).

Für Süßmäuler – **O Melhor Bolo de Chocolate do Mundo** 10 : Rua Tenente Ferreira Durão, 62 A, Straßenbahn 25 und 28. In Paris kam dem Lissabonner Gastwirt Carlos Braz Lopes eine Idee: Er wollte einen noch besseren Schokoladenkuchen backen, als er ihn gerade genossen hatte. Und so entstand der »Beste Schokoladenkuchen der Welt«, hergestellt aus französischer Schokolade und ganz ohne Mehl.

Einkaufen

Essen vom Markt – **Mercado Campo de Ourique** 1 : Rua Coelho da Rocha, o.Nr., Straßenbahn 25 und 28, Marktstände tgl. 7 bis mindestens 14, Restaurants 10–23, Fr/Sa bis 1 Uhr. Obst, Gemüse, Fisch und Käse in Lissabons schönster Markthalle. Zur weiteren Belebung des bunten Treibens wurden Restaurantbetriebe zwischen den Verkaufsständen eröffnet.

Landestypisches – **Portugal Rural** 2 : s. S. 42.

Spezialitäten – **Aromas & Sabores Wine Bar** 3 : Rua Tomás de Anunciação 44, Straßenbahn 28 und 25. Weinladen mit Delikatessabteilung und kleinem Bistro.

Alles Bio – **Brio** 4 : Rua Azedo Gneco, 30, www.brio.pt, Straßenbahn 25 und 28. Bioladen nahe der Markthalle, natürlich mit frischem Obst, aber auch Brot, Käse, Olivenöl und Wein.

Antiquitäten & Trödel – In der **Rua São Bento** wechseln sich gediegene Antiquitätenläden mit kruscheligen Trödlern ab.

Abends & Nachts

Zahlreiche Discotheken und Clubs haben sich in der Nähe der S-Bahnstation Santos angesiedelt, darunter z. B.:

Progressive Housemusic – **Kremlin** 1 : s. S. 45.

Indie-Pop – **Incógnito** 2 : s. S. 45.

Jazz in schickem Ambiente – **Speakeasy** 3 : s. S. 46.

Fado von höchster Qualität – **Sr. Vinho** 4 : s. S. 48.

Strandfeeling – **Urban Beach** 5 : s. S. 45.

Das Beste auf einen Blick

Alcântara und Belém

Highlight!

Belém: Das lichtdurchflutete Hieronymuskloster 11 mit fast orientalisch wirkendem Kreuzgang ist eine Wucht und der Turm von Belém 17 steingewordener Ausdruck der goldenen Seefahrerzeit; zusätzlich glänzt Belém mit der modernen Kunstsammlung Berardo 14 . S. 258

Auf Entdeckungstour

Der Königspalast von Ajuda: Im Palácio Nacional da Ajuda können Sie inzwischen einen erbaulichen Eindruck von der Lebensweise der letzten portugiesischen Königsfamilien gewinnen, und vielleicht auch Verständnis für das Bürgertum entwickeln, das 1910 zur Revolution blies. 5 S. 256

Kultur & Sehenswertes

Der Lockruf des Meeres: Das Marinemuseum präsentiert ein Modell des Schiffes, auf dem Vasco da Gama ins ferne Indien segelte. 13 S. 262

Von Kunst bis Wein: Im monumentalen Centro Cultural de Belém gibt's Lissabons größte moderne Kunstsammlung, Konzerte und Tanz, Kaffee im Grünen, Bücher, Schmuck und feinste Tropfen. 14 S. 262

Aktiv unterwegs

Tropische Bäume: Sie stammen aus den früheren Kolonien und wachsen im Jardim Tropical hinter dem Hieronymuskloster – manche sind fast so alt wie die Bauwerke. 9 S. 259

Radfahrt am Fluss: Der Tejo strömt sanft dem Meer entgegen, jetzt muss nur die Sonne scheinen für eine gemütliche Tour auf der Uferpromenade. S. 265

Genießen & Atmosphäre

Eis unter Palmen: Die Bar Doca de Santo mit großer Palmenterrasse ist auch für ihre Eisbecher berühmt. 3 S. 253

Mekka der Sahnetörtchen: In der Confeitaria dos Pasteis de Belém wird seit 1837 Lissabons bekanntestes Gebäck produziert. Sie genießen zwischen blau-weißen Kachelbildern und können beim Backen zuschauen. 7 S. 258

Abends & Nachts

Docks on the Rocks: In den Discos und Bars in den alten Speicherstätten steppt nachts der Bär, südamerikanisch heiß im Havana Soul, trendy im Doca de Santo. 2 , 3 S. 45 , 253

Gesellschaftsfähig: Im schicken Ambiente des BBC trifft sich, wer in Lissabon sehen und gesehen werden will. 1 S. 265

Der herrschaftliche Westen

Wären Sie vor fünf Jahrhunderten einer der wagemutigen Seefahrer gewesen, hätten Sie hier, am sogenannten ›Strand der Tränen‹, Abschied von ihren Liebsten und Lissabon nehmen müssen. In einer kleinen und recht einsam dastehenden Marienkapelle hätten Sie ein letztes Mal gebetet und vom Fluss aus nur Brachland oder Felder gesehen. Belém lag außerhalb der Stadtgrenzen, Alcântara gerade noch so am Rande. Wie anders zeigt sich die Ansicht heute!

In die Speicherstätten am alten Hafengelände von Alcântara, inzwischen ein Zentrum des Nachtlebens, sind attraktive Bars und Restaurants eingezogen. Über den Fluss zieht sich die an San Francisco erinnernde Brücke des 25. April, nur wenig weiter residierte einst der König und wohnt heute der Staatspräsident. Museum reiht sich an Museum, bis schließlich der vielleicht herausragendste Sakralbau Portugals erreicht wird. Mit dem Hieronymuskloster kontrastieren das gegenüberliegende Entdeckerdenkmal aus der Zeit der Diktatur und der architektonisch nicht weniger umstrittene Prachtbau der jungen Demokratie, das Kulturzentrum CCB. Kurz vor dem Erreichen des freien Meeres endlich bildet der Torre de Belém ein Wahrzeichen der Stadt und den Abschluss der Flussmeile. Mit etwas Fantasie segeln Sie hier im Kielwasser der Entdecker.

Im Hafengelände

Estação Marítima da Alcântara [1]

Noch vor der großen Brücke und jenseits der Bahngleise zieht sich das zentrale Hafengelände den Tejo entlang. In den beiden heute etwas heruntergekommenen Abfertigungsgebäuden der Anlegestelle Estação Marítima da Alcântara herrschte in den 1940er- und 1950er-Jahren reges Treiben. Während des deutschen Faschismus lag hier der vorläufige Endpunkt zahlreicher Fluchtwege quer durch Europa. »Der Blick auf Lissabon zeigte mir den Hafen. Es wird der letzte gewesen sein, wenn Europa zurückbleibt. Er erschien mir unbegreiflich schön. Eine verlorene Geliebte ist nicht schöner«. Diese einem Fadotext gleichenden Abschiedsworte flossen Heinrich Mann aus der Feder, als er nach Übersee ins Exil gehen musste (Heinrich Mann, »Ein Zeitalter wird besichtigt«).

Doca de Santo Amaro [2]

An den nahen Jachthäfen Doca de Santo Amaro und **Alcântara** wurden

---

Infobox

Reisekarte: ▶ C–J 11–14

Anfahrt

Zu den Sehenswürdigkeiten in Alcântara und Belém fährt der **Bus 728** (Haltestellen u. a. Praça do Comércio und Cais do Sodré) sowie die **Straßenbahn 15** (Haltestellen u. a. Praça da Figueira und Cais do Sodré). Hüten Sie sich bei der Fahrt vor Taschendieben. Die beiden westlichen Stadtteile verbindet ein hübscher **Uferweg** am Tejo entlang.

Tourismusinformation

Ein kleiner Kiosk des Lissabonner Tourismusamtes steht direkt gegenüber dem Hieronymuskloster, Tel. 213 65 84 35, Di–Sa 10–13, 14–18 Uhr.

Im Hafengelände

in den 1990er-Jahren erstmalig alte Hafenspeicher in moderne Bars und Restaurants umgewandelt. Die Lissabonner Szene eroberte den Tejo und lässt sich seitdem gerne an dessen stimmungsvollem Ufer zu einem Drink oder einem schicken Essen nieder, scheinbar ungestört von den deftigen Preisen und vom Rauschen des Autoverkehrs auf der Tejobrücke. Das **Havana Soul** 2 ist dank lateinamerikanischer Rhythmen angesagt, **Doca de Santo** 3 bekannt für seinen Palmengarten, in dem Eisbecher und frisch gepresste Obstsäfte serviert werden.

Ponte 25 de Abril

Die Tejobrücke erfüllte 1966 nach vierjähriger Bauzeit den alten Lissabonner Traum von einer direkten Verbindung in den Süden. Geschaffen hat die damals längste Hängebrücke Europas die U. S. Steel Company, deshalb auch die unübersehbare Ähnlichkeit zu San Francisco. Die Spannweite misst 2300 m, zwischen den beiden Pfeilern liegen 1017 m. Für das technische Meisterwerk waren die weltweit tiefsten Brückenfundamente von 82 m notwendig. Als letztes monumentales Bauwerk der Diktatur wurde sie zunächst Salazar-Brücke getauft, um nach der Nelkenrevolution in Ponte 25 de Abril, dem Revolutionstag, umbenannt zu werden. Erst 1998 wurden die in der ursprünglichen Planung bereits vorgesehenen Bahngleise eingeweiht. Sie führen eine hochmoderne S-Bahn und die Schnellzüge an die Algarve über den Fluss.

Alcântara-Viertel

Unterhalb der großen Brücke und nördlich der S-Bahnstation Alcântara Mar liegt das frühere Wohngebiet der Hafenarbeiter, das sich in den 1990er-Jahren zu einem Zentrum der Nachtszene entwickelte. Den Anfang

Zahlreiche Bars nahe der ›Golden Gate‹ verlocken zu einem Drink direkt am Tejo

Sehenswert
1 Estação Marítima da Alcântara
2 Doca de Santo Amaro
3 Museu da Carris
4 Museu do Centro Científico e Cultural de Macau
5 Palácio Nacional da Ajuda
6 Jardim Botânico da Ajuda
7 Museu Nacional dos Coches
8 Palácio de Belém
9 Jardim Tropical

machte das schon legendäre Restaurant Alcântara-Café, das 2013 allerdings ein Opfer der Wirtschaftskrise geworden ist. Dafür öffnen immer wieder neue Restaurants.

Währenddessen hält scheinbar unbeeindruckt vom nächtlichen Aufzug der modischen Szene das lokale Stammpublikum den traditionsreichen populären Meeresfrüchte-Lokalen östlich des Largo de Alcântara die Treue.

LXFactory
Rua Rodrigues de Faria, 103, www.lxfactory.com
Der bunte Zusammenschluss von mehr als 150 alternativen Läden, Restaurants, Bars, Kultureinrichtungen, Büros bevölkert auf 23 000 m² das Gelände eines ehemaligen Garn- und Stoffproduzenten. Die Fertigungshallen wurden behutsam saniert, der Fabrikcharakter blieb erhalten. Entsprechend dient die ehemalige Fabrikkantine inzwischen als Restaurant mit dem bezeichnenden Namen **LXCantina** 1, an Sonntagen gibt's einen Secondhandmarkt.

Museu da Carris 3
http://museu.carris.pt, Mo–Fr 10–18, Sa 10–13, 14–18 Uhr, Eintritt 4 €
Sind Sie Liebhaber nostalgischer Verkehrsmittel? Dann sei Ihnen ein Besuch im nahegelegenen Carris-Museum empfohlen, in dem die Lissabonner Verkehrsbetriebe mit viel Liebe zum Detail die Entwicklung von den ursprünglich von Pferden gezogenen Schienenfahrzeugen über die populären *elétricos* bis hin zu den modernen Trambahnen nachzeichnen. Einige plüschig-historische Gefährte darf man auch besteigen.

Museu do Centro Científico e Cultural de Macau 4
www.cccm.pt, Di–So 10–18 Uhr, Eintritt 3 €
In der sich anschließenden Rua da Junqueira erreicht man in Nr. 30 das außergewöhnliche Museu do Centro Científico e Cultural de Macau, das fünf Jahrtausende chinesischer Geschichte und Kunst aufbereitet. Darüber hinaus wird der kulturelle und wirtschaftliche Austausch zwischen

Alcântara und Belém

- 13 Museu da Marinha
- 14 Centro Cultural de Belém/ Museu Colecção Berardo
- 15 Padrão dos Descobrimentos
- 16 Elektrizitätsmuseum
- 17 Torre de Belém

Essen & Trinken
- 1 LXCantina
- 2 Espaço Lisboa
- 3 Doca Peixe
- 4 Solar dos Nunes
- 5 Casa da Morna
- 6 Pão Pão Queijo Queijo
- 7 Confeitaria dos Pastéis de Belém
- 8 A Margem

Einkaufen
- 1 Coisas do Vinho do Arco

Abends & Nachts
- 1 BBC
- 2 Havana Soul
- 3 Doca de Santo

- 10 Museu Nacional de Etnologia
- 11 Mosteiro dos Jerónimos
- 12 Museu Nacional de Arqueologia

Asien und Europa mit dem Einsatz von Multimedia und Filmen anschaulich aufbereitet.

Abstecher nach Ajuda

Palácio Nacional da Ajuda 5
Largo da Ajuda, o. Nr., www.pala cioajuda.pt, Do–Di 10–18 Uhr, Eintritt 5 €

Sehen können Sie den imposanten Königspalast an der Calçada da Ajuda, hoch auf dem Hügel thronend, schon vom Fluss aus. Der Baubeginn lag im Jahr 1802, aber fertiggestellt ist zumindest der Westflügel des lang gestreckten klassizistischen Gebäudes mit den wuchtigen Ecktürmen noch immer nicht.

Im Inneren fühlen Sie sich wie bei der Königsfamilie zu Hause. Prunkvoll, aber nicht ohne Geschmack ist die Einrichtung, für die vorrangig die weltoffene Königin Dona Maria Pia verantwortlich zeichnete. Der Zeitgeist verlangte kräftige Farben in den Sälen, von denen mehr als 30 während des Besuchs besichtigt werden können (s. Auf Entdeckungstour S. 256). Im riesigen Empfangssaal finden noch heute repräsentative Firmentreffen oder politische Versammlungen und Bankette statt. Und wer sich für alte Uhren interessiert, wird im Palast auch viel Freude finden.

Jardim Botânico da Ajuda 6
Calçada da Ajuda, o. Nr., www.jar dimbotanicodajuda.com, April tgl. 9–19, Mai–Sept. 9–20, Okt.–März 9–18 Uhr, Eintritt 2 €

Der erste botanische Garten in Portugal wurde im späten 18. Jh. von italienischen Gartenbauarchitekten auf einer Fläche von 3,5 ha und auf zwei Ebenen angelegt. Unter der Pflanzenvielfalt aus allen fünf Kontinenten sticht ein 400 Jahre alter Drachenbaum aus Madeira hervor. Im Mittelpunkt aber steht die Orchideenschau. Ein Unikat bildet die Quelle Fonte das 40 Bicas. Die 40 Brunnenröhren nehmen die Form von Schlangen, Seepferdchen oder Fischen an. Sie sind in das Bewässerungssystem integriert. ▷ S. 258

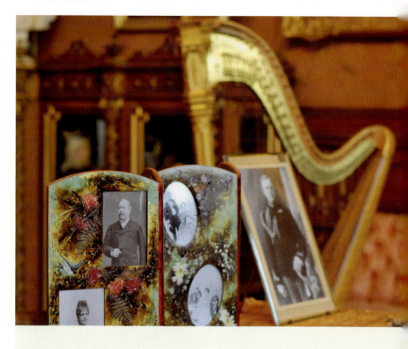

Auf Entdeckungstour:
Der Königspalast von Ajuda

Offen für bürgerliche Moden und den schönen Künsten zugewandt zeigte sich die Monarchie im ausgehenden 19. Jh., und war dabei wenig interessiert an Realpolitik. Die Folge: Die bürgerliche Revolution und ein unvollendeter Palast 5 , der Größe und Dekadenz zugleich demonstriert.

Für wen: Alle, die die glänzenden Lebensentwürfe einer Königsfamilie im Niedergang hautnah erleben wollen.
Planung: 10–18 Uhr, Mi und nach Feiertagen geschl., Eintritt 5 €. Anhand eines Prospekts in Deutsch lassen sich die Räumlichkeiten sehr gut individuell erschließen.
Start: Palácio Nacional da Ajuda, Largo da Ajuda, Tel. 213 63 70 95, www.palacioajuda.pt, Straßenbahn 18 , Bus 732 (jeweils nicht sonntags) und 742.

Die deutschen Gene sind unverkennbar! Blondhaarig, großwüchsig und korpulent zeigen sich die Nachfahren der portugiesischen Königin Maria II. und ihres Gatten, Ferdinand von Sachsen-Coburg-Gotha, dem Erbauer des verspielten Lustschlosses hoch über Sintra (s. S. 272). Und noch eines haben die Monarchen im ausgehenden 19. Jh. mit ihrem deutschstämmigen Ahnen gemein: die Freude am Müßiggang und den Widerwillen gegen das Regierungsgeschäft.

Als schließlich König Luis 1862 auch noch die modebewusste Tochter des italienischen Königs, Dona Maria Pia, ehelichte, erkannte die junge Königsfamilie eine ihrer vordringlichsten Aufgaben im Innenausbau des Palastes nach den verschwenderischen Vorstellungen des damaligen Zeitgeistes – ungeachtet gleichzeitig herrschender Hungersnöte. Das prunkvoll-faszinierende Ergebnis ist bei einer Führung durch die öffentlich zugänglichen Säle zu bewundern. Und das sind immerhin 37 auf zwei Stockwerken.

Vorausgeschickt sei, dass das Gebäude nach dem Erdbeben von 1755 zunächst aus Holz errichtet wurde. Diese in der monarchischen Welt einzigartige ›Königliche Baracke‹ fiel 1794 einem Brand zum Opfer. Der Baubeginn des heutigen Schlosses datiert auf 1802, die größenwahnsinnige Planung sah sogar eine viermal größere Anlage vor. So war der heutige Haupteingang zuerst als Seitenportal gedacht.

Von Saal zu Saal durch die Gemächer

Im Inneren paart sich königlicher Glanz mit bürgerlicher Lebenskultur. Schon im zweiten Saal hängen spanische Wandteppiche nach Vorlagen von Goya. Das Blaue Zimmer (Saal 9) ist mit blauer Seide ausgekleidet und von einer vergoldeten Stuckdecke überwölbt. Hier zerstreuten sich die Adeligen beim Kartenspiel, dem Vorlesen von Geschichten und der Konversation mit Künstlern. Der Lauf der Zeit schien eine große Rolle zu spielen, denn zu bewundern sind in fast allen Räumen wertvolle Uhren. Dagegen sollte der Wintergarten (Saal 11) mit seinen Alabasterwänden, den exotischen Pflanzen, dem sanften Rauschen des Springbrunnens und dem legeren Mobiliar als Ort einer zeitentrückten Entspannung dienen.

Der intime Bereich der Königin beginnt im Sachsenzimmer (Saal 12), das mit Porzellan aus Meißen dekoriert ist. Als Einblick in die Dekadenz der Hofhaltung mag folgende Überlieferung dienen: Von einer Reise aus Paris zurückgekehrt, stellte Maria Pia kostbare Mitbringsel zur Schau, die ihr Verwalter während seiner Berichterstattung mit einer unbedachten Handbewegung vom Tisch wischte. Einige der Meißener Figuren zerbrachen, was die Königin einzig zu der Reaktion veranlasste: »Fahren Sie fort, was sagten Sie doch gerade?«

Wo der Prinz Rollschuh lief ...

Kein Wunder, dass bürgerliche Revolutionäre schon wenige Jahre später zum Sturm riefen und 1910 die Monarchie von der politischen Bühne fegten. Und so nutzen heute Unternehmer oder demokratische Staatslenker einen einstigen königlichen Ballsaal zu repräsentativen Empfängen (Saal 34). Und übrigens: Die Prinzen liefen Rollschuh auf dem langen Gang der Dienerschaft direkt hinter dem Zimmer ihrer Mutter (Saal 15) – dessen blauen Wände sollten das güldene Haar der Prinzen vollendet zur Geltung bringen.

Alcântara und Belém

Belém !

Museu Nacional dos Coches 7
*www.museudoscoches.pt, Di–So
10–18 Uhr, Eintritt 6 €*
Auf Initiative der letzten portugiesischen Königin Amélia entstand 1905 im Gebäude der königlichen Stallungen das Museu Nacional dos Coches. Nach dem Umzug in ein ultramodernes Gebäude gegenüber wird die Ausstellung nach und nach erweitert. Das meistbesuchte Museum Lissabons wird insbesondere voll, wenn die Besucher von den Kreuzfahrtschiffen der einzigartigen Sammlung königlicher, bischöflicher und aristokratischer Fahrzeuge aus dem 17.–19. Jh. ihre Aufwartung machen. An Pomp kaum zu übertreffen sind die Barockkutschen von König João V. Aber ob diese vergoldeten Kunstwerke auf den damaligen holprigen Straßen tatsächlich verkehrstauglich waren?

Palácio de Belém 8
*www.museu.presidencia.pt, Di–So
10–18 Uhr, Eintritt 2,50 €*
Die soldatisch strengen, doch schmucken Wachhabenden lassen erahnen, dass sich hinter den rosafarbenen Mauern etwas Besonderes verbirgt. Es handelt sich um den ehemaligen Königs- und heutigen Präsidentenpalast,

Mein Tipp

Unvergleichlicher Genuss
Seit 1837 werden in der **Confeitaria dos Pastéis de Belém** 7 nahe dem Hieronymuskloster die berühmtesten Sahnetörtchen Lissabons gebacken, bis zu unglaublichen 15 000 täglich! Das streng gehütete Hausrezept ist nur den vier Chefkonditoren bekannt, denen als Vorsichtsmaßnahme gemeinsame Reisen untersagt sind. Im weitläufigen kachelgeschmückten Café genießt man sie ofenfrisch mit Zimt und Puderzucker bestreut.

Belém

in dem sich die königliche Familie am 1. November 1755 aufhielt und so an diesem Tag unbeschadet das große Erdbeben überlebte. Nach der Ausrufung der Republik 1910 bezogen die bürgerlichen Staatspräsidenten die Anlage und residieren dort noch heute.

Das angeschlossene **Museu da Presidência da República** stellt die bisherigen Präsidenten vor, zeigt aber auch Dokumente, Orden, Staatsgeschenke und die präsidialen Kunstsammlungen. Samstags können sie im Rahmen von Führungen zusätzlich den eigentlichen Präsidentenpalast besichtigen, die Wahrscheinlichkeit, den Präsidenten persönlich zu Gesicht bekommen, ist allerdings gering (Sa zwischen 10.30 und 16.30 Uhr, Führung inkl. Museumsbesuch 5 €).

Jardim Tropical [9]

Largo dos Jerónimos, o. Nr., im Winter tgl. 10–17, April, Sept. bis 19, Mai–Aug. bis 20 Uhr, Eintritt 2 €
Hinter der **Confeitaria dos Pastéis de Belém** [7] (s. Tipp links) liegt der botanische Garten Jardim Tropical mit ca. 450 unterschiedlichen tropischen Pflanzen- und Baumarten aus den portugiesischen Kolonien, dessen ursprüngliche Anlage von 1906 weitgehend erhalten geblieben ist. Zu sehen sind auch Ananas-, Maniok- oder Kaffeepflanzen und exotische Orchideen.

Museu Nacional de Etnologia [10]

Av. Ilha da Madeira, o. Nr., Tel. 213 04 11 60, http://mnetnologia.wordpress. com, Di 14–18, Mi–So 10–18 Uhr, Fei geschl., Eintritt 3 €
Ein Völkerkundemuseum im Land der Seefahrer richtet seinen Blick natürlich zunächst auf die Regionen der Erde, die die Portugiesen einst entdeckt haben. Da wird das als UNESCO-Welterbe anerkannte Mari-

onettentheater aus Bali vorgestellt, dazu eine Sammlung von 83 kunstvollen Puppen aus dem Südwesten Angolas oder die meist furchteinflößenden Tiermasken aus Mali. Kurios muten Topfdeckel aus Cabinda an, die dank figürlicher Verzierungen traditionelle Sprichwörter erzählen.

Doch auch die Kultur Portugals kommt nicht zu kurz. Gezeigt wird eine Vielzahl volkstümlicher Musikinstrumente. Man wundert sich, welche Gerätschaften die Erzeugung von Klängen ermöglichen. Und wie hübsch verziert sie oft sind. Eine Besonderheit sind die mit Schnitzwerk geschmückten Pappelruten aus Rio do Onor. In diesem abgeschiedenen Flecken im Nordosten Portugals sprechen die etwa 100 Einwohner noch heute eine eigene Sprache. Die Stöcke dienten zur Abgrenzung des Grundbesitzes, zum Hüten der Weidetiere, aber auch zum Züchtigen von Menschen.

Abwechselnd wird etwa ein Zehntel aus dem 36 000 Stücke zählenden Fundus im Museum ausgestellt, das 2013 nach jahrelanger Umgestaltung neu eröffnet wurde. Hinzu kommen Sonderführungen zum ländlichen Leben (nur 10.30 und 14.30 Uhr) und zur Kultur im Amazonasgebiet (nur 11.30 und 15.30 Uhr).

Mosteiro dos Jerónimos [11]

Praça do Império, o. Nr., www.mo steirojeronimos.pt, Di–So 10–17.30, Mai–Sept. bis 18.30 Uhr, Eintritt in die Kirche frei, Kreuzgang 10 €, mit Torre de Belém 12 €
Ein wahrlich fantastisches, Optimismus versprühendes Bauwerk aus der großen portugiesischen Blütezeit! Doch zunächst zu der kuriosen Geschichte, warum der Bau des Hieronymusklosters zu einem fatalen Eigentor für die portugiesische Krone wurde. Eigentlich verfolgte der

Alcântara und Belém

Auftraggeber, Manuel I., imperiale Ziele, holte er doch den in Spanien ansässigen Hieronymusorden nach Lissabon, in dessen Klosterkirchen traditionell die spanischen Könige begraben wurden.

Selbst einmal die spanische Krone zu tragen war sein wahres Ziel, das er auch mit seiner Heiratspolitik verfolgte, denn er führte nacheinander gleich drei spanische Prinzessinnen zum Altar. Daraufhin ließen sich die spanischen Könige nicht lumpen und heirateten ihrerseits portugiesische Prinzessinnen. Mit größerem Erfolg, denn der Spanier Philipp II., Sohn von Manuels Lieblingstocher Isabel, berief sich gerade auf ihn, den portugiesischen Großvater, um 1580 seine Macht auf Portugal auszudehnen. Die offizielle Grundsteinlegung des Klosters fand am 6. Januar 1502 statt. Dieses Datum symbolisierte den religiösen Wunsch, die Ungläubigen in den neu entdeckten Welten zum Christentum zu bekehren, ähnlich wie dies den Heiligen Drei Königen aus dem Morgenland an der Krippe Jesu widerfuhr.

Steingewordener Ausdruck der goldenen Seefahrerzeit: das Hieronymuskloster

Belém

Prächtig kontrastiert der frei stehende Sakralbau aus hellem Kalkstein mit dem meist blauen Himmel. Die Anlage wurde unter der Leitung von fünf Baumeistern in sieben Jahrzehnten errichtet und markiert den Übergang von der Gotik zur Renaissance. Die fantasievollen, orientalisch beeinflussten Steinmetzarbeiten bilden die stilistische Klammer und machen Kirche und Kreuzgang zu Glanzstücken des opulenten manuelinischen Baustils.

Das mit zahllosen platereresken Verzierungen ausgestaltete, 32 m hohe **Südportal** des Spaniers João de Castilho steht noch ganz im Zeichen gotischer Frömmigkeit. Über allen thront Erzengel Michael, an zentraler Stelle steht die Jungfrau Maria mit Jesuskind, flankiert von 18 Heiligen, Propheten und Kirchenvätern, während Heinrich der Seefahrer als einzige weltliche Figur auf dem Teilungspfeiler des Portals die aufstrebende profane Macht erst erahnen lässt. Das wenig später im Stil der Renaissance gefertigte Westportal des Franzosen Nicolas de Chanterène zeigt hingegen bereits das selbstbewusste Königspaar und rückt das königliche Wappen als Symbol der irdischen Macht dicht an die heilige Krippe heran.

Die 92 m lange und 22 m breite **Hallenkirche Santa Maria** zeigt sich von vollendeter Eleganz und Leichtigkeit. Sechs reich ornamentierte Säulen, auf denen das Kirchengewölbe zu schweben scheint, verzweigen sich in 25 m Höhe wie ein Palmenwald. An der linken Eingangsseite liegt das Grabmal Vasco da Gamas, rechts das Kenotaph des Dichters Luis de Camões. Der erst 1571 fertiggestellte Renaissance-Chor bringt mit einer wuchtigen Kassettendecke aus farbigem Marmor einen fremden Akzent in den Raum. Die Sarkophage von Manuel I. und weiteren fünf gekrönten Häuptern werden von indischen Elefanten getragen. Die Empore oberhalb des Eingangsbereichs ermöglicht einen außergewöhnlichen Blick auf das Kircheninnere von erhöhter Stelle aus; man erreicht sie über den Kreuzgang.

Der grandiose zweistöckige **Kreuzgang** von 55 m Seitenlänge gleicht einem orientalischen Palasthof, ursprünglich plätscherte gar in arabischer Tradition ein Wasserspiel in dessen Mitte. Der Übergang zwischen spätgotischem Erdgeschoss und dem Obergeschoss der Renaissancezeit

Alcântara und Belém

verläuft dank der überbordenden, in Stein gemeißelten Fabelwesen, wilden Pflanzen und schmückenden Ornamenten angenehm harmonisch. Sehenswert ist das mit polychromen Kacheln des 17. Jh. verzierte Refektorium sowie das schlichte Grabmal von Fernando Pessoa.

Museu Nacional de Arqueologia 12
Praça do Império, o. Nr., www.mnar queologia-ipmuseus.pt, Di–So 10–18 Uhr, Eintritt 6 €
Im Westflügel, in dem die Schlafzellen der Mönche lagen, ist das Archäologische Landesmuseum untergebracht. Der Name verspricht zwar eine umfangreichere Sammlung, doch für Altertumsfreunde lohnt durchaus ein Blick. Im Zentrum stehen Fundstücke aus der Zeit des Vor- und Frühchristentums, doch reichen die Gegenstände bis ins Hochmittelalter. Ein weiterer Schwerpunkt liegt auf dem ägyptischen Altertum und oftmals reizvollen temporären Ausstellungen.

Museu da Marinha 13
Praça do Império, o. Nr., http://museu. marinha.pt, Di–So, Mai–Sept. 10–18, sonst 10–17 Uhr, Eintritt 6 €
Am Ende des Westflügels liegt das Schifffahrtsmuseum, bei dessen Besuch man gepackt wird vom Lockruf des Meeres. Im Mittelpunkt stehen die portugiesischen Entdeckungsfahrten des 15. und 16. Jh. Zu den Exponaten gehören nautische Instrumente und Miniaturen der schnellen Karavellen, die damals die unbekannten Weltmeere erkundeten, u. a. das Modell der São Gabriel, die Vasco da Gama nach Indien brachte. Nicht minder beeindruckend ist die reichhaltige Sammlung der früher hochgeschätzten portugiesischen Karten und Globen.

Praça do Império

Der großzügige Platz vor dem Hieronymuskloster ist das Ergebnis einer Jahrhunderte dauernden Landgewinnung. Ursprünglich lag hier der windgeschützte Hafen. In einer kleinen Kapelle zur Heiligen Maria von Belém (port. für Bethlehem) beteten die Seefahrer ein letztes Mal für ihre glückliche Wiederkehr. Hier begann die überseeische Expansion Portugals im Jahre 1415, als König João I. mit einem riesigen Aufgebot von 242 Schiffen und 19 000 Soldaten zur Eroberung des nordafrikanischen Ceuta auszog. Vom selben Ankerplatz stachen 1497 die drei von Vasco da Gama befehligten, mit modernster Geschütz- und Navigationstechnik ausgerüsteten Karavellen in See, um Indien auf dem Seeweg zu erreichen.

Nach seiner Rückkehr reservierte König Manuel I. fünf Prozent aller Einkünfte aus dem künftigen Gewürz-, Gold- und Sklavenhandel für den Bau des prachtvollen Gotteshauses, mit dem der Ruhm Portugals gefeiert wurde. Erst 1940 wurden die Parkanlagen anlässlich der ›Ausstellung der portugiesischen Welt‹ streng geometrisch angelegt, mit der Diktator Salazar die untergegangene imperiale Größe Portugals pompös inszenierte.

Centro Cultural de Belém (CCB) 14
Praça do Império, o. Nr.
Für die einen ist das kurz CCB genannte Kultur- und Kongresszentrum an der Westseite des Platzes, das anlässlich der ersten portugiesischen EU-Präsidentschaft im Jahre 1992 gebaut wurde, ein architektonisches Wunderwerk, für die anderen ein klotziger Monumentalbau, der die ästhetische Harmonie der Praça do Império empfindlich stört. Jedenfalls ist es das teuerste aus öffentlichen Mitteln finanzierte Gebäude Portu-

Belém

gals im 20. Jh., von dem mittlerweile ein bedeutender Einfluss auf das Lissabonner Kulturleben ausgeht. Das portugiesisch-italienische Architektenteam Manuel Salgado und Vittorio Gregotti dämpfte die wuchtige Struktur des Bauwerkes durch die Verwendung von zerfurchtem, licht-rosafarbenem Kalkstein. Die Anlage breiter Wege und offener Plätze zwischen den einzelnen Blöcken soll den monumentalen Eindruck des Gebäudes auflösen.

Heute finden im CCB neben Konzerten und Filmvorführungen zahlreiche kulturelle Events auf hohem Niveau statt. Ansprechende Geschäfte für Schmuck, Bücher oder Weine ergänzen das kulturelle Angebot ebenso wie ein Restaurant mit Sushi und Pizza. Auf der Terrasse mit schönem Blick auf den Tejo wird auch Kaffee serviert.

Museu Colecção Berardo

im CCB, Praça do Império, o. Nr., http://pt.museuberardo.pt, Di–So 10–19 Uhr, Eintritt frei

Das Museu Colecção Berardo zählt nach der Guggenheim-Stiftung zu den weltweit wichtigsten privaten Kunstsammlungen. Ihr Wert wird vom Auktionshaus Christie's auf 316 Mio. € geschätzt. Der 1944 auf Madeira geborene Geschäftsmann und Kunstsammler Joe (José) Berardo gründete seinen Reichtum auf der Ausbeutung von Goldminen in Südafrika. Heute ist die schillernde Persönlichkeit an portugiesischen Banken und Telefongesellschaften beteiligt. Auf drei Stockwerken dehnt sich seine Sammlung im nordwestlichen Flügel des CCB aus.

Die gesamte Sammlung umfasst die wichtigen Kunstströmungen des 20. Jh und zählt knapp 900 Bilder, Objekte und Fotografien. Gezeigt wird jeweils nur eine Auswahl der Kunstwerke, die ständig wechselt und durch temporäre, meist thematisch orientierte Ausstellungen ergänzt wird.

Zu ihrem Besitz zählt die Berardo-Sammlung Werke von Piet Mondrian und Marcel Duchamp, von Hans Arp, Salvadore Dalí, Max Ernst, Joan Míro, René Magritte oder Man Ray. Pablo Picassos Gemälde »Frau auf Lehnstuhl« aus dem Jahre 1929 gehört zu den markantesten Beispielen einer abstrahierenden Figuration. Aus der Zeit nach dem Zweiten Weltkrieg stammen auch zahlreiche Bilder deutscher Maler, von Hans Hartung und Günther Uecker bis Gerhard Richter, Georg Baselitz und Jörg Immendorf. Großen Raum nimmt die Pop-Art ein, darunter einige berühmte Kunstobjekte von Andy Warhol, etwa Campbells Suppendose. Nur in Sonderausstellungen wird eine Auswahl der 300 Einrichtungs- und Kunstgegenständen des Art déco gezeigt, die ebenfalls zur Sammlung von Joe Berardo gehören.

Padrão dos Descobrimentos 15

Av. Brasília, o. Nr., www.padraodos descobrimentos.pt, Di–So 10–18, März–Sept. bis 19 Uhr, Eintritt 4 €

Durch eine Unterführung unter der Uferstraße gelangen Sie zum **Entdeckerdenkmal** am Flussufer. Anlässlich der kolonialen Jubelfeier von 1940 zunächst als Provisorium errichtet, wurde es zum 500. Todestag Heinrichs des Seefahrers 20 Jahre später in einer stabilen Betonvariante erneut eingeweiht. An den Flanken des 52 m hohen Denkmals knien jeweils 16 bedeutende Figuren aus der Zeit der Seefahrten, angeführt von Heinrich, der eine Karavelle trägt. Eine Aussichtsplattform eröffnet einen schönen Blick über den Tejo und Belém sowie auf die vor dem Denkmal im Boden eingelassene Windrose, in

Alcântara und Belém

deren Mitte man auf einer Weltkarte den Verlauf der portugiesischen Entdeckungen nachvollziehen kann.

Uferpromenade

Von hier aus können Sie auf der hübsch angelegten Uferpromenade vorbei am roten Klinkerbau des **Elektrizitätsmuseums** 16 (Av. Brasília, o. Nr., Di–So 10–18 Uhr, Eintritt frei) bis zu den Docks nahe der Hängebrücke oder entgegengesetzt zum Torre de Belém flanieren – in beide Richtungen gesäumt von Terrassencafés und Restaurants.

Torre de Belém 17

www.torrebelem.pt, Di–So 10–17.30, Mai–Sept. bis 18.30 Uhr, Eintritt 6 €, mit Mosteiro 12 €
Der wie das Hieronymuskloster zum Welterbe der UNESCO erklärte Turm von Belém ist ein weiteres manuelinisches Prunkstück und wurde 1515–21 als Wachtturm für den Lissabonner Hafen erbaut. Allerdings kümmerten sich die Baumeister mehr um das verspielte Dekor mit orientalischem und venezianischem Gepräge als um die militärische Tauglichkeit. Den unteren Teil des Bauwerks bildet ein sechseckiges Bollwerk, das gleich einem Schiffsbug in den Tejo reicht. Darauf erhebt sich der sich zur Spitze verjüngende und mit Schießscharten versehene Turm. Eine steinerne Schnur hält den Bau zusammen, sinnbildlich für das portugiesische Überseereich.

Bereits nach 50 Jahren wurde für eine effiziente Hafenverteidigung die Tejo abwärts liegende Festung São Julião da Barra errichtet, während der Torre de Belém fortan als Zollstation und Gefängnis genutzt wurde. Die napoleonischen Besatzer rissen 1807 einen Teil des Turms ein, 1845 wurde er wieder aufgebaut. Doch behielt er seine Symbolkraft für die zu neuen

Welten aufbrechenden Seefahrer und deren glückliche Heimkehr, die bei der Vorbeifahrt der spätgotischen Figur der Maria zur Guten Reise salutierten. Bis in die Gegenwart bildet das Bauwerk ein steinernes Wahrzeichen der portugiesischen Geschichte.

Essen & Trinken

In der Fabrikhalle – **LXCantina** 1 : s. S. 35.

Old-fashioned – **Espaço Lisboa** 2 : s. S. 35.

Direkt in den Docks – **Doca Peixe** 3 : Doca de Santo Amaro, Armazém 14, www.docapeixe.com, S-Bahn: Alcântara Mar, Straßenbahn 15, tgl. 13–1 Uhr, Hauptspeise ab 10 €. Eines der zahlreichen Restaurants in den früheren Docks am Tejo-Ufer, in dem bis spät abends neben Fisch und Fleisch viele Krustentiere gereicht werden. Mit Terrassenbetrieb.

Bodenständig – **Solar dos Nunes** 4 : s. S. 37.

Musikalisches von den Kapverden – **Casa da Morna** 5 : s. S. 38.

Die etwas andere Mittagspause – **Pão Pão Queijo Queijo** 6 : Rua de Belém, 126, Tel. 213 62 63 69, Straßenbahn 15, Mo–Sa 8–24, So 8–20 Uhr. Hier gibt's günstiges und bestes Baguette mit allem darauf, was Sie wünschen – ideal fürs Picknick im gegenüberliegenden Park.

Mekka des Gebäcks – **Confeitaria dos Pastéis de Belém** 7 : s. S. 258.

Chillen am Tejo – **A Margem** 8 : Doca de Bom Sucesso, Tel. 918 22 55 48 (mobil), www.amargem.com, Straßenbahn 15, So–Do 10–1, Fr/Sa 10–2 Uhr. Ein minimalistisch aus weißen Metallträgern und Glas zusammengesetzter Kubus wurde an das Flussufer geworfen, und eine Bar mit Terrasse zog ein. Angeboten werden frisch gepresste Säfte, viele Tees, Kaffee, alkoholische

Belém

Mein Tipp

Am Flussufer nach Belém
Ab der **Praça do Comércio** im Zentrum Lisabons (s. S. 156) und vorbei am Bahnhof **Cais do Sodré** (s. S. 187) führt ein kombinierter Rad- und Fußgängerweg, flach und meist unmittelbar am Tejo-Ufer entlang, nach Belém. Die Markierungen sind aufs Pflaster gemalt, Fahrräder gibt es fast um die Ecke bei Bikeiberia (s. S. 52). Zu Fuß sind's etwa 1,5 Stunden, per Rad gut 30 Minuten. Unterwegs passieren Sie die ehemaligen, nun in Restaurants, Cafés und Musikclubs umgewandelten Speicherstätten. Faszinierend ist die Unterquerung der **Brücke des 25. April** (s. S. 253), über die in 70 m Höhe der Verkehr donnert. Schließlich wird das **Entdeckerdenkmal** 15 erreicht, rechts erhebt sich das imposante **Hieronymuskloster** 11, und das Ziel dieser Tour, der **Torre de Belém** 17, ist voraus schon deutlich auszumachen. Zurück zum Ausgangspunkt bringt Sie der gleiche Weg.

Getränke, dazu Snacks und Salate. Publikum: Lissabonner Szene.

Einkaufen

Feinste Weine – **Coisas do Vinho do Arco** 1: s. S. 41.

Aktiv

Zu Fuß oder per Rad – **Am Flussufer nach Belém:** siehe Unser Tipp oben.

Abends & Nachts

Teuer, doch angesagt – **BBC** 1: Avenida de Brasília, Pavilhão Poente, 32, www.belembarcafe.com, S-Bahn Belém, Straßenbahn 15, Restaurant Sa 20–24 Uhr, Bar/Discothek bis 6 Uhr. Uhr. In den Nächten erklingt in den Bars des Edelclubs BBC (ausgeschrieben Belém Bar Café), dessen weite Glasfront direkt auf den Tejo weist, House, Hip-hop und R & B, manchmal auch Jazz am Piano.
Südamerikanisch heiß – **Havana Soul** 2: s. S. 45.
Unter Palmen – **Doca de Santo** 3: Doca de Santo Amaro, Armazém CP, S-Bahn: Alcântara Mar, tgl. 12.30–1, Fr/Sa bis 3 Uhr. Im Sommer berühmt für Fruchtsäfte und Eisbecher im Palmengarten.

Das Beste auf einen Blick

Ausflüge in die Umgebung

Highlight!

Paläste von Sintra: Königliche Hochkultur, großbürgerliches Ambiente, esoterische Tiefen, verspielte Lust, drumherum exotische Gärten zum Wandeln und verwunschene Parks zum Wandern – für jeden Geschmack haben Sintras Paläste etwas zu bieten. S. 270

Kultur & Sehenswertes

Musik- und Ballettfestival: In den historischen Schlössern von Sintra wird konzertiert und getanzt – da passt das Ambiente. S. 271

Museu Conde de Castro Guimarães: Wie die reichen Portugiesen vor einem Jahrhundert wohnten, erleben Sie heute im Palast von Cascais. S. 282

Zu Fuß & mit dem Rad

Durch den Garten Eden: Die Besteigung der Cruz Alta in der Serra von Sintra kann zum Urlaubshöhepunkt werden – Sie sind dann immerhin 529 m über dem Atlantik! S. 273

Radeln am Meer: Die Stadt Cascais hat nicht nur 7 km Fahrradweg am Atlantik geteert, sondern verleiht dazu auch noch Fahrräder kostenlos. S. 283

Genießen & Atmosphäre

Queijadas: Die wichtigsten Zutaten für das regionale Gebäck Sintras sind Zucker, Eigelb, Zimt und Frischkäse – zu probieren im Café As Verdadeiras Queijadas in Sintra! S. 270

Per Tram zum Badestrand: Ausflügler gondeln von Sintra aus seit 1904 in der Straßenbahn zum Meer. S. 277

Ponto Final: Am ›Endpunkt‹ in Cacilhas essen Sie am Tejoufer mit Blick auf Lissabon. S. 287

Abends & Nachts

Über den Wellen: In der Bar do Guincho ›schmecken‹ die abendlichen Cocktails besonders romantisch. S. 279

Zum Tanzen ins Casino von Estoril: Gleich drei Tanzsäle bieten eine Gelegenheit für Jung und Alt. S. 284

Kultur und Natur – romantisch, ruhig und mondän

Vor den Toren Lissabons eröffnet sich Ihnen in Sintra eine der Zeit entrückte Welt. Bizarre, tiefgrüne Hügel, gekrönt von einem Lustschloss, bieten verträumte Ansichten, das milde und feuchte Mikroklima fördert eine artenreiche Vegetation, die Giebelhäuser wirken fast ein wenig mitteleuropäisch. Von jeher besangen Dichter diesen romantischen Ort. Auch die UNESCO konnte sich dem Flair der wohlgestalteten Parks und glanzvollen Schlösser nicht entziehen und verlieh 1995 die Anerkennung als Welterbe der Menschheit. Das im französischen Rokoko gehaltene Gegenstück finden Sie, von Lissabon kommend, auf halber Strecke im Palast von Queluz. Und wenige Kilometer hinter Sintra lädt das Meer aufgrund der starken Wellen zum Surfen, jedoch weniger zum Schwimmen ein.

Die beiden eleganten Badeorte Estoril und Cascais locken seit 150 Jahren Erholungssuchende an die Küsten des Atlantiks. In Europas größtem Casino stellen Lissabonner und Urlauber ihr Glück auf die Probe. Einen Gewinn könnten Sie bei einem Essen in einem der Spitzenrestaurants am herrlichen Strand von Guincho mit Blick auf Cabo da Roca feiern. Dieser westlichste Punkt unseres Kontinents erhebt sich auf rauen Felsen hoch über den Ozean.

Nah haben Sie es auf die südliche Seite des Tejo. Auf Fähren gleiten Sie

Infobox

Reisekarte: Karte 3, A–C 2/3

Tourismusämter
Sintra: Praça da República, 23, Tel. 219 23 11 57, tgl. 9.30–18 Uhr, Außenstelle im Bahnhof.
Cascais: Rua Visconde da Luz, 14, Tel. 214 82 23 27, www.visiteestoril.com, tgl. 10–18 Uhr.
Cabo da Roca: Tel. 219 28 00 81, Okt.–April tgl. 9–18.30 Uhr, Mai–Sept. bis 19.30 Uhr.
Costa da Caparica: Avenida da República, 18, Tel. 212 90 00 71, Mo–Fr 9.30–13, 14–17.30, Sa 9.30–13 Uhr.

Anreise
Sintra und **Queluz** erreichen Sie mit der S-Bahn vom Bahnhof Rossio aus,

Taktzeit etwa 15 Min. Scotturb (Tel. 214 69 91 00, www.scotturb.com) fährt in die Umgebung, u. a.: Linie 434 alle 20 Min. vom S-Bahnhof Sintra zu den Sehenswürdigkeiten im Zentrum und zum Pena-Schloss (Ticket erlaubt mehrfaches Ein- und Aussteigen), Linie 441 etwa alle 60 Min. vom S-Bahnhof Portela de Sintra an den **Atlantik**, Linie 403 ca. alle 90 Min. vom S-Bahnhof Sintra nach **Cabo da Roca** und **Cascais**.

Cascais und **Estoril** erreichen Sie problemlos auch direkt von Lissabon per S-Bahn. Der Start ist ebenso wie für die Fähre nach **Cacilhas** am Cais do Sodré. An die Strände von **Caparica** bringt Sie die Buslinie 161 des Unternehmens TST (www.tsuldotejo.pt) von Areeiro und Campo Pequeno.

Palácio Nacional de Queluz

Einst prunkvolle Sommerresidenz der portugiesischen Könige: der Palast Queluz

direkt von Lissabon nach Cacilhas mit traditionsreichen Ausflugsrestaurants und herrlichem Panoramablick auf die Silhouette der portugiesischen Hauptstadt. Die Costa da Caparica lockt mit langen Sandstränden und Wanderwegen durch Küstenwälder.

Palácio Nacional de Queluz

Largo do Palácio, o. Nr., www.parquesdesintra.pt, tgl. 9–17.30, im Sommer bis 18.30 Uhr, bei Staatsempfängen geschl., Eintritt 10 €, im Winter 9,50 €, nur Gärten 5 €

Auf halbem Weg nach Sintra liegt der Palast von Queluz, eine im Rokoko-Stil von Versailles im 18. Jh. erbaute königliche Sommerresidenz. Auch die Einrichtungsgegenstände entsprechen dem damaligen französischen Geschmack. Der Thronsaal mit seinen mächtigen Kristallleuchtern wird für Staatsempfänge genutzt. Häufig nächtigen die Staatsgäste im luxuriösen Palasthotel und speisen im hauseigenen Restaurant, das in der ehemaligen Schlossküche eingerichtet wurde. Beides steht auch Ihnen offen, im Gegensatz zu den Politikern jedoch nur gegen Bezahlung (www.pousadas.pt).

Von besonderem Interesse sind die französisch inspirierten, geometrisch angelegten Gartenanlagen. Springbrunnen plätschern, Wasserläufe durchziehen geradlinig die Rasenflächen und Blumenbeete. Die Ruhebänke sind mit blau-weißen Azulejos verziert. Das erhabene Ambiente wird allerdings durch umliegende Hochhausbauten beeinträchtigt, während noch in königlichen Zeiten sommerliche Konzerte und Bälle vor verträumter Kulisse im Freien veranstaltet wurden.

Ausflüge in die Umgebung

Sintra!

Cityplan: ▶ Karte 5

»In Sintra ist alles himmlisch«, rief der literarische Held der portugiesischen Familiensaga »Die Maias« im 19. Jh. aus. Damals reisten wohlhabende Lissabonner mit eigenen Kutschen oder im öffentlichen Pferdebus zu Erholung und Amüsement an. Die reiche Gesellschaft baute sich prächtige Sommerresidenzen und traf sich in heute noch bestehenden Restaurants und Hotels, wie dem Lawrence oder Seteais. Viele Dichter, voran Lord Byron oder Hans Christian Andersen, besuchten diesen Ort, der deutschstämmige Prinzgemahl Ferdinand von Sachsen-Coburg-Gotha fand seine Lebensaufgabe im Bau eines Märchenschlosses und der Anlage eines weitläufigen, verwunschenen Parks.

Vom Bahnhof ins Stadtzentrum

Der Weg vom Bahnhof zum historischen Ortszentrum passiert zunächst das neomanuelinisch verspielte **Rathaus** aus dem frühen 20. Jh., auf dessen Turmspitze eine Sphärenkugel,

Mein Tipp

Für Schleckermäuler

In dem äußerlich unscheinbaren, innen aber schmucken **Café As Verdadeiras Queijadas** können Sie die gleichnamigen süßen Blätterteigstückchen mit der Füllung aus Frischkäse, Eiern und Zucker besonders gut genießen. Hier kommen sie immer direkt aus der Backstube. Die Rezeptur dieser regionalen Leckerei reicht in das Jahr 1227 zurück (Rua Volta do Duche 12, nahe dem Rathaus, Di–So 9–19 Uhr).

das Symbol der Seefahrt, thront. Die unterhalb des hübschen Parque da Liberdade verlaufende Straße, vorbei an einer mit Kacheln hübsch umfassten Quelle, lässt den verschachtelten Nationalpalast mit seinen zwei markanten konischen Türmen, dem 33 m hohen Wahrzeichen der Stadt, in immer neuen Perspektiven erscheinen. Es sind die Kamine der königlichen Küche, deren Bauweise auf maurische Traditionen zurückgeht.

Palácio Nacional de Sintra

Largo Rainha Dona Amália, o. Nr., www.parquesdesintra.pt, tgl. 9.30–18 Uhr, Eintritt 10 €

Hier haben Sie das einzige in Portugal vollständig erhaltene mittelalterliche Herrscherhaus, basierend auf den Fundamenten einer maurischen Wohnburg aus dem 10. Jh. Gleich nach der kampflosen Übernahme reklamierte der König Afonso Henriques 1147 die Anlage für sich. In den folgenden Jahrhunderten bauten, erweiterten und erneuerten die Könige den **Palast** entsprechend dem jeweiligen Zeitgeist, wobei die wichtigsten Bauabschnitte in das Zeitalter der Entdeckungen fielen. Im frühen 15. Jh. begründete João I. das Hauptgebäude, um es als Sommerresidenz zu nutzen. Ein Jahrhundert später ließ König Manuel I. einige Nebengebäude und die Küchenanlage hinzufügen und veränderte die Innenausstattung. Zentrale Teile des Palastes überstanden das Erdbeben, doch bedurfte es im 18. und 19. Jh. weitreichender Renovierungsarbeiten. Die lange Bauzeit führte zu einer reizvollen Vielfalt an Baustilen, deren verbindendes Element herrliche Azulejos im maurischen, spätgotischen und Renaissancestil sind, ein einzigartiges Ensemble früher portugiesischer Kachelkunst.

270

Sintra

Ein ausgeschilderter Rundgang führt Sie durch die wichtigsten Räumlichkeiten. Die riesige Küche ist »dem Schlunde eines Königs angemessen, der täglich ein gesamtes Königreich verspeist«, wie ein Kritiker königlicher Verschwendungssucht einst formulierte. Der arabische Saal ist der älteste des Palasts. Die Raummitte ziert ein Wasserspiel, seine Wände schmücken seltene geometrische, grün und weiß gebrannte Azulejos.

Den imposanten Wappensaal ließ Manuel I. erbauen, die weißblauen Kachelbilder mit Jagdszenen wurden im 18. Jh. zugefügt. Über den viereckigen Raum erhebt sich eine achteckige holzgetäfelte Kuppeldecke in 13,59 m Höhe. In ihrem Zentrum befindet sich das königliche Staatswappen, umgeben von den Wappen der acht Kinder Manuels sowie der 72 wichtigsten Adelsfamilien des Landes. Ein fein gearbeitetes gotisches Zwillingsfenster gibt den Blick auf einen der vielen Patios frei.

Die Holzdecke des prächtigen Schwanensaals zählt 27 Schwäne, die möglicherweise die Sehnsucht Manuels nach seinen im Ausland verheirateten Töchtern symbolisieren. Schon sein Vorfahre João I. hatte eine schlagfertige Antwort auf den Klatsch parat, nachdem er eine der 136 Hofdamen geküsst hatte: Im Elsternsaal schweben 136 Elstern in der Kassettendecke und tragen die Wörter ›por bem‹, ›nichts für ungut‹ im Schnabel. Von besonderer kunsthistorischer Bedeutung sind die Holzdecke und alten Bodenfliesen im Mudejarstil der Schlosskapelle, während das Gefängniszimmer eher kurios anmutet, in dem König Pedro II. seinen Bruder Afonso im Streit um die Königskrone 16 Jahre lang gefangen hielt.

Die Paläste von Sintra bieten schon seit 1957 die einzigartige Kulisse für ein **Musik- und Ballettfestival**. Im Juni und Juli bringen die portugiesischen und internationalen Künstler insbesondere Klassik zur Aufführung, das Zentrum bildet der Palácio Nacional.

Der historische Stadtkern

Rings um den Palast finden sich zahlreiche Cafés und Restaurants mit Terrassenbetrieb, kleine Gassen schlängeln sich durch die enge Altstadt. Überteuerte Andenkenläden reihen sich aneinander und verstellen manchmal den Blick auf die hübschen architektonischen Details der Häuser. Doch bereits ein paar Schritte jenseits des touristischen Hauptweges zieht romantische Stille ein, und die freundliche **Snackbar Piriquita** II in der Rua das Padarias 18 bietet Salate und kleine Speisen zu günstigen Preisen auch auf der Terrasse.

Castelo dos Mouros

Estrada da Pena, o. Nr., www. parquesdesintra.pt, April–Okt. tgl. 9.30–20, sonst 10–18 Uhr, Eintritt 7,50 €, im Winter 6,50 €

Ein gut ausgeschilderter, allerdings zuweilen recht steiler und felsiger Fußweg durch die wilde Natur führt Sie in einer Stunde hinauf zu Maurenkastell und Pena-Schloss. Profilsohlen sind dringend angeraten. Bequemer geht's per Bus oder wie in guten alten Zeiten per Pferdekutsche, die neben dem Nationalpalast auf Gäste wartet. Die weithin sichtbaren, zinnenbesetzten Mauern und Türme des **Castelo dos Mouros** sind eine Folge romantischer Weltanschauung. Die frühe Befestigungsanlage aus dem 8. Jh. war dem Verfall preisgegeben, bis Ferdinand II. die Ruinen konservieren ließ, ohne allerdings an einen vollständigen Wiederaufbau zu denken, ähnlich wie es bei den romantischen Burgruinen im Rheintal geschah. Der Weg über den

271

Ausflüge in die Umgebung

doppelten Mauerring bietet bei klarem Wetter einen herrlichen Ausblick über die Atlantikküste.

Palácio da Pena

Estrada da Pena, o. Nr., www.parquesdesintra.pt, April–Okt. tgl. 9.45–19, sonst 10–18 Uhr, Eintritt 11,50 € mit Park, im Sommer 14 €

Von »oh je, ein frühes Disneyland« bis »wirklich phantastisch«: Der Pena-Palast scheidet die Geister. Er wächst scheinbar organisch aus den Felsen hoch über Sintra empor. Häufig pfeift ein kühler Wind vom Atlantik herauf, weswegen Sie wärmere Kleidung dabei haben sollten. Ursprünglich stand hier ein Hieronymitenkloster von 1513, das Mitte des 18. Jh. aufgegeben wurde. Vor dem Hintergrund einer in europäischen Kulturkreisen heftig geführten Debatte um den Erhalt historischer Bauwerke erteilte der aus deutschen Landen stammende

Für manche purer Kitsch, für andere faszinierend: der Pena-Palast hoch über Sintra

Sintra

Ferdinand II. (1816–1885) den Auftrag, rund um die Klosterruine einen Palast zu errichten, in dem sich sämtliche, in Deutschland und Portugal bekannten Baustile wiederfinden sollten.

Übergangslos stoßen Renaissance und Gotik, Klassizismus und Rokoko, arabische und asiatische Stilelemente auf- und häufig gegeneinander. Das Ergebnis steht exemplarisch für eine romantische Baukunst, die ihre eigene Stillosigkeit hinter einem wilden Stilmix versteckte, der gewohnte Vorstellungswelten sprengt und sich im Pena-Palast doch zu einer überraschenden Einheit fügt.

Unzweifelhaften kunsthistorischen Wert besitzen ein doppelstöckiger manuelinischer Kreuzgang und eine kunstvoll gekachelte Kapelle aus dem 16. Jh. Der von Nicolas Chantarène nach vierjähriger Tätigkeit 1532 fertiggestellte und jüngst wunderbar restaurierte Altar aus weißem und dunklem Alabaster zählt zu den Hauptwerken der Renaissance auf der iberischen Halbinsel.

Der Palast diente der königlichen Familie bis zur bürgerlichen Revolution 1910 als Feriensitz, dessen erlesene Einrichtung die revolutionären Unruhen überdauerte. Der Rundgang führt durch die königlichen Repräsentationsräume und privaten Gemächer, die beredtes Zeugnis vom prunkvollen Lebensstil des Adels ablegen. Herrliche Blicke bis an den Atlantik und nach Lissabon bieten Aussichtsterrasse und umlaufender Wehrgang.

Wanderung durch den Parque da Pena

Start- und Endpunkt: Zentrum von Sintra, Infos: Tourismusamt in Sintra sowie www.parqesdesintra.pt, Dauer: 3–4 Std., Öffnungszeiten des Parks: April–Okt. tgl. 9.30–20, sonst 10–18 Uhr, Eintritt 7,50 €, im Winter 6,50 €

Gelb-rot markierte Wanderwege durchziehen die Serra von Sintra. Für Tagesausflügler geeignet ist der romantische PR 2 durch den Parque da Pena. Ferdinand, der deutsche Prinzgemahl von Maria II., hatte nicht nur das Lustschlösschen bauen lassen, sondern diesen Hausberg von Sintra im Sinne der romantisch verklärenden Naturvorstellungen seiner Zeit mit Bäumen und Sträuchern aus aller Welt aufgeforstet.

Ausflüge in die Umgebung

Los geht's in der **Rua das Padarias** gegenüber dem Palast von Sintra (s. S. 270). Teilweise ist's felsig-steil, ausreichende Kondition und gutes Schuhwerk sind empfehlenswert. Dafür passieren Sie am Ortsrand eine hübsch gekachelte **Wasserquelle,** deren frisches Nass als Labsal für unterwegs dienen kann. Hier zweigt die steil ansteigende Rampa do Castelo nach rechts, führt zuerst vorbei an einer Marienkirche und gleich dahinter am Urlaubsdomizil des Märchenerzählers Hans Christian Andersen.

Nun geht es in den Wald, große Felsbrocken scheinen von Obelix persönlich hineingeworfen. Der Eingang zum **Castelo dos Mouros** (s. S. 271) wird passiert und schließlich die Fahrstraße zum Lustschloss des Prinzen erreicht, dem **Palácio da Pena** (s. S. 272). Von diesem geleiten Hinweistafeln (nun nicht mehr auf dem PR 2) zwischen hoch wachsenden Kiefern, die einst aus dem Schwarzwald eingeführt wurden, auf einem bequemen Waldweg zum 529 m hohen Gipfelpunkt **Cruz Alta.** Der Blick schweift über die Atlantikküste, den farbenfrohen Palast und die weiten Wälder, die Erinnerungen an frühe Landschaftsbilder Schinkels wecken. Wie ein

Wanderung durch den Parque da Pena

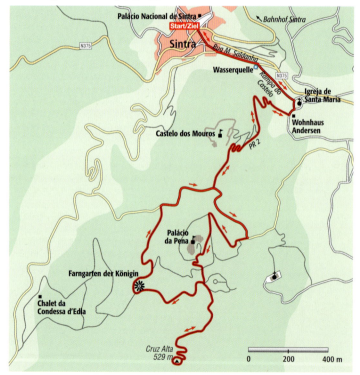

274

Sintra

Spiegelbild des Hermanndenkmals im Teutoburger Wald wirkt die weithin sichtbare Statue des Schlossarchitekten Baron von Eschwege.

Ein Stück geht es nun denselben Weg zurück bis zum Abzweig Richtung **Farngarten der Königin** (Feteira da Rainha). Plätschernde Quellen, rot blühende Kamelien und riesige amerikanische Lebensbäume mit ausladendem, über der Erde hingestrecktem Wurzelwerk erfreuen den Besucher. Wahrlich ein paradiesischer Garten, wie der Dichter Byron einst sang. Sogar Schwanenseen sind angelegt, hinter denen die Straße zum Pena-Palast erreicht wird. Diese führt ein Stückchen nach rechts und, ein letztes Mal, ansteigend. Bald zweigt der steinige Pfad links hinab nach Sintra.

Chalet da Condessa d'Edla
Öffnungszeit wie Park, Eintritt 2 € zzgl. zum Park
1869, viele Jahre nach dem Tod seiner Gattin, Königin Maria, verheiratete sich der Prinzgemahl Ferdinand neu. Seine Auserwählte hieß Elise Hensler, eine amerikanische Opernsängerin von deutsch-schweizer Abstammung. Sie erhielt als Mitgift nicht nur den Titel Gräfin von Edla, sondern auch ein eigenes Palais mitsamt verwunschenem Garten am westlichen Rand des Parks. 2011 nach einem Brand restauriert und der Öffentlichkeit zugänglich gemacht, sind die Wandmalereien im Inneren, die Stuckdecken und die Kacheln in der Küche besonders sehenswert.

Convento dos Capuchos
Estrada dos Capuchos, o. Nr., April– Okt. tgl. 9.30–20, sonst 10–18 Uhr, Eintritt 7,50 €, im Winter 6,50 €
Das Kloster gilt als Beispiel für den in Portugal seit dem 16. Jh. weit verbreiteten religiösen Pietismus. Es versteckt

sich im artenreichen Wald am südlichen Abhang der Serra von Sintra und ist nur per Auto über die Nebenstraße 247-3 zu erreichen. Die prunklose Bauweise ist Ausdruck der religiösen Askese der Franziskaner, hinter dem einfachen Portal befinden sich ihre winzigen Klosterzellen. Durch die Eingänge musste man auf Knien rutschen, so niedrig waren sie. Die Klosterräume sind als bescheidener Schutz gegen winterliche Kälte und Feuchtigkeit mit Korkrinde ausgekleidet. Einzig die mit blauen Kacheln ausgeschmückte **Klosterkapelle** brachte etwas Pracht in den Alltag der Ordensbrüder.

Essen & Trinken

Mit Kunsthandwerk – **Pendôa:** Rua da Pendôa, 14, Tel. 219 24 46 14. Ein schlichter Laden für allerlei Souvenirs mit einer Handvoll von Tischen, auf denen neben einfacher, aber schmackhafter Hausmannskost auch verschiedene Salate serviert werden. Etwas versteckt unterhalb des Palastes. Hauptspeisen ab 5,50 €.
Für den kleinen Hunger – **Snackbar Piriquita II:** Rua das Padarias, 18, Tel. 219 23 15 95, Mi–Mo 8.30–22 Uhr. Salate und Snacks ab 5 €, außerdem gibt's die wunderbaren Queijadas de Sintra und Travesseiros, ein Mandelblätterteiggebäck.

Einkaufen

Der Ortskern von Sintra ist voller Andenkenläden und Weingeschäften. Die Qualität liegt allerdings oft unter, die Preise über den Angeboten in Lissabon.
Für Weinkenner – **Binhoteca:** Rua das Padarias 16, Tel. 219 24 08 49, tgl. 12– 23 Uhr. Auch hier recht hohe Preise. Dafür werden Weinproben und kleine Snacks in rustikalem Ambiente angeboten.

275

Ausflüge in die Umgebung

Abends & Nachts

Fürs Wochenende – **Taverna dos Trovadores:** Largo de D. Fernando II, 12, Tel. 219 23 35 48, Fr/Sa 19–2 Uhr. Rustikale Bar, in der auch Lissabonner den Strandbesuch feiern, manchmal mit Livemusik. Unter der Woche Restaurantbetrieb.

Paläste und Parks in der Umgebung von Sintra

Palácio de Seteais
Rua Barbosa do Bocage, 8
Westlich von Sintra entlang dem schmalen Bergsträßchen EN 375 liegen zahlreiche großzügig angelegte Paläste und Parks. Der auf einer Hochebene mit weitem Blick über das Tal durch den holländischen Konsul Gildemeester erbaute klassizistische **Palácio de Seteais** erregte in seiner Entstehungszeit zwischen 1783 und 1787 großes Aufsehen, weil dieser sich bewusst vom spätbarocken Baustil abgrenzte, der damals in portugiesischen Adelskreisen noch vorherrschte. Heute befindet sich im original erhaltenen Palast ein Luxushotel.

Quinta da Regaleira
Rua Barbosa do Bocage, o. Nr., www.regaleira.pt, April–Sept. 10–20, Feb./März, Okt. 10–18.30, Nov.–Jan. 10–17.30 Uhr, Eintritt 6 €, mit empfehlenswerter Führung in engl. Sprache 10 €
Der neomanuelinische **Fantasiebau** eines Lissabonner Millionärs aus den Anfängen des 20. Jh. ist ein Paradies für spiritualistisch orientierte Besucher, die in der Architektur des Gebäudes und den Gärten eine Vielzahl mythologischer und esoterischer Symbole entdecken können. Höhepunkt des geführten Besuchs ist der Abstieg über eine steinerne Wendeltreppe gleichsam in den Schoß der Mutter Erde, wo an einer Quelle frühere Initiationsriten von Freimaurern und des Templerordens nachvollzogen werden. Spannend gestaltet sich die Besichtigung aber auch für nicht an Geheimlehren Interessierte.

Palácio de Monserrate
Estrada de Monserrate, o. Nr., April–Okt. 9.30–19, sonst 10–17 Uhr, Eintritt für Park und Palast 8 €
Weltlich dagegen präsentiert sich dieser schmucke **Palast,** 1858 vom englischen Textilmillionär Francis Cook in Auftrag gegeben. Neogotische Stilelemente kontrastieren mit indischen Dekorationen, knallrot streben die Dachkuppeln gen Himmel. Davor erstreckt sich eine grasgrüne Wiese. Sollten Sie gerade verliebt sein, dürften Sie noch mehr Freude im umliegenden, asiatisch angehauchten Park finden, der 3000 verschiedene Pflanzenarten aus

Strände am Atlantik

»Wo das Land endet und das Meer beginnt«: Cabo da Roca

aller Welt beheimatet. Lauschige Plätze unter den rötlichen Luftwurzeln der Eisenholzbäume öffnen sich zu einer als Ruine erbauten Kapelle, die einen alten etruskischen Sarkophag beherbergt. Schmale Pfade führen durch einen indischen Torbogen und vorbei an 25 verschiedenen Palmenarten zu den von klarem Quellwasser gespeisten Kaskaden. Träume aus tausend und einer Nacht werden geweckt, ganz im Sinne der romantischen Gartenbauarchitekten.

Strände am Atlantik

Die Straße entlang der Paläste führt Sie über **Colares**, dessen Wein einen guten Ruf genießt, zu den Stränden des Atlantiks. Aufregend ist die Fahrt mit einer historischen **Straßenbahn**, die im März 1904 erstmals ihren Betrieb aufnahm. Sie fährt vom Ortsteil Estefânia, nahe S-Bahnhof Portela, durch grüne Landschaften nach Colares und weiter ans Meer (Abfahrten in Sintra im Winter nur Fr–So, 3 € einfache Fahrt).

Azenhas do Mar ist ein hübscher, stiller Ort oberhalb der Klippen, abgesehen von einem exklusiven Restaurant hoch über den Wellen allerdings ohne touristische Infrastruktur, während die leider recht verbaute **Praia das Maças** dank ihrer Vielzahl von Gaststätten erklärtes Ausflugsziel für Liebhaber von Fisch und Meeresfrüchten ist. Badelustige und Surfer finden an der Praia Grande ihr Eldorado. Das dortige Hotel Arribas ist in die Felsen hineingebaut und diente vor seiner Renovierung Wim Wenders als Drehort für seinen Film »Der Stand der Dinge«. Von **Praia Grande** aus verläuft ein Wanderpfad vorbei an der schmalen Badebucht **Praia da Adraga**, einem verträumten Strand zwischen hohen Felsen, bis zum westlichsten Punkt des europäischen Festlandes.

Lieblingsort

Bar do Guincho ▶ Karte 3, A 2
Die Bar in den Klippen direkt über dem Strand verspricht Feriengefühl pur. Wenn ich Zeit habe, geht's per S-Bahn nach Cascais und von dort mit dem kostenlosen Mietrad an der Küste entlang in die Guincho-Bar. Je nach Tages- oder Nachtzeit genieße ich auf der Terrasse einen Kaffee, einen Snack oder einen Cocktail und beobachte das bunte Treiben. Familien sonnen sich im hellen Sand, Windsurfer scheinen auf der rauen See zu schweben, manch Wagemutiger traut sich zumindest bis zu den Knien ins Meer. Und das Tollste: Geöffnet ist 365 Tage im Jahr, und an sommerlichen Wochenenden locken Feste bis 4 Uhr früh.

Ausflüge in die Umgebung

Cabo da Roca

Der rot-weiße Leuchtturm weist Ihnen den Weg dorthin, »wo das Land endet und das Meer beginnt, und wo der Geist des Glaubens und des Abenteurers lebt, der die Karavellen Portugals hinführte zu den neuen Welten für die Welt«, wie Nationaldichter Luis de Camões vor fünf Jahrhunderten den westlichsten Punkt des europäischen Festlandes besang. Schwindelnde 140 m fallen die Felswände in die Tiefe. Alleine werden Sie hier kaum sein, aber dafür wird Ihre Anwesenheit in der Touristeninformation auf Wunsch mit einer Urkunde beglaubigt – allerdings gegen Gebühr.

Praia do Guincho

Einige Kilometer weiter südlich beginnt die traumhafte Strandlandschaft Praia do Guincho und reicht bis fast nach Cascais, wo auch ein gut ausgebauter Fahrradweg entlang der Küstenstraße beginnt (s. S. 283). Kleine Badebuchten und lange Sandstrände verstecken sich zwischen Dünen und Felsen. Der aufgewühlte Atlantik bildet ein Paradies für Windsurfer. Baden ist am langen Hauptstrand zwar möglich, aufgrund gefährlicher Strömungen ist aber äußerste Vorsicht geboten. Bitte gehen Sie nur ins Wasser, wenn der Strand im Sommer bewacht und die grüne Flagge gehisst ist.

Auf beiden Seiten der Küstenstraße liegen hoch gelobte Restaurants. Das

Fisch nach Gewicht

Meeresfrüchte und Fische werden in den Restaurants häufig zu Kilopreisen angeboten. Diese Preisgestaltung deutet auf frischen Fang hin, die Beilagen sind im Preis enthalten. Rechnen Sie mit 400 g Fisch pro Person, 100 g Garnelen ergeben eine schöne Vorspeise.

Porto de Santa Maria mit seinem von Glaswänden eingefassten lichtdurchfluteten Speisesaal und spektakulären Blick über den Atlantik gilt als das beste Restaurant für Meeresfrüchte in ganz Portugal. In der nahe gelegenen, ins Meer ragenden Zitadelle ist ein Luxushotel untergebracht. Herrlich sitzt man in der **Bar do Guincho** am nördlichen Strandabschnitt bei einem Kaffee, Cocktail oder einfachem Essen (s. S. 279). An sonnigen Wochenenden ist allerdings von einem Besuch der Restaurants und des Strandes abzuraten – wegen Überfüllung.

Essen & Trinken

Französisch-fein – **Fortaleza do Guincho:** Estrada do Guincho, Tel. 214 87 04 91, www.guinchotel.pt, tgl. 12.30–15 Uhr, 19.30–22.30 Uhr, Hauptspeisen ab 35 €, Menü 90 €. Das luxuriöse Hotelrestaurant präsentiert feinste französisch inspirierte Kochkunst mit Blick auf den portugiesischen Atlantik.

Von Familie Clinton empfohlen – **Porto de Santa Maria:** s. S. 34.

Fisch am Strand – **Adraga:** Praia da Adraga, Tel. 219 28 00 28, tgl. 12.30–22.30 Uhr (durchgehend), Fisch nach Kilopreisen, ab 40 €/kg. Frischer Fisch und Meeresfrüchte in wunderschöner Badebucht. Einen besonderen Genuss bereitet die Vorspeise Entenmuscheln *(percebes)*, die in den umliegenden Felsen gesammelt werden.

Fisch frisch – **Náutilus:** Praia das Maçãs, Rua Gonçalves Zarco, 1, Tel. 219 29 18 16, Do–Di 12.30–14.30, 19–23 Uhr, im Jan. geschl., Hauptspeisen ab 10 €. In dem einfachen Lokal wird gegrillter Fisch am Tisch filetiert. Mit Terrassenbetrieb, jedoch zur Straße hin.

Wild und Fisch – **O Púcaro:** Estrada do Guincho, 13, Tel. 214 87 04 97, Mi–Mo 12.30–15, 19–22 Uhr, Hauptspeisen ab 13 €. Das günstigste Restaurant am

280

Strand von Guincho mit sehr guten eigenen Essenskreationen, z. B. Tintenfisch in der Pfanne mit Muscheln.
Über den Wellen des Atlantiks – **Bar do Guincho**: Praia do Guincho (Nord), Estrada do Abano, Tel. 214 87 16 83, www.bardoguincho.pt, So–Do 12–2 Uhr, Fr/Sa 12–4 Uhr, s. S. 279.

Abends & Nachts

Über den Wellen des Atlantiks – **Bar do Guincho**: s. Essen & Trinken.
Im Paradies – **Moinho Dom Quixote**: Rua do Campo da Bola, Azóia, Tel. 219 29 25 23, tgl. 12–2 Uhr. Am Abzweig von der Hauptstraße nach Cabo da Roca versteckt sich neben einer Windmühle ein verwunschener Garten mit Blick über den Atlantik. Der Clou: Dazu gibt's eine Bar mit Cocktails und Snacks.

Cascais

Cityplan: ▶ Karte 6
Funde römischer Grabstätten und Münzen sind Zeugnis einer frühen Besiedlung. Auf Grund der fischreichen Gewässer widmeten sich bereits die ersten Bewohner dem Fischfang und versorgten Lissabon mit frischer Ware. 1364 erhielt Cascais die Stadtrechte. 1580 eroberten Truppen des Herzogs Alba die Zitadelle von Cascais und läuteten die mit Philipp II. beginnende spanische Fremdherrschaft Portugals ein, die 60 Jahre andauern sollte. Durch das Erdbeben von 1755 wurde der Ort innerhalb von neun Minuten »in Schutt und Asche gelegt, ohne dass irgendein Haus stehen geblieben wäre«, wie es der Mönch Antonius aus dem Heilig-Geist-Orden in einem erhalten gebliebenen Schriftstück überlieferte. Cascais, wie es sich heute präsentiert, wurde nach dem Erdbeben erbaut. Der Ortskern mutet beinahe dörflich an, doch ringsherum fressen sich weitflächige Hochhaussiedlungen in die Landschaft. In den schmucken, verkehrsberuhigten Gassen im Zentrum finden sich stilvolle Modeboutiquen, Juweliere und Möbelgeschäfte. Viele Ausländer haben sich in der Umgebung niedergelassen und Urlauber bevölkern die zahlreichen Restaurants und Bars. Internationales Flair liegt in der Luft.

Fußgängerzone und Hafen

Südlich vom Bahnhof führt die verkehrsberuhigte **Rua Frederico Arouca** in das eigentliche Zentrum. In einer kleinen Nebengasse birgt die **Igreja da Misericórdia** ein überdimensionales, in blau und gold gehaltenes Marienbildnis (Largo da Misericórdia, o. Nr.). Rund um den Largo Luís de Camões reihen sich pittoreske Straßencafés und Bars englischen Stils aneinander. Kleine Gassen und Straßen führen zur schlichten Barockkirche **Nossa Senhora dos Navegantes** mit zwei barocken Kachelbildern aus dem Jahre 1729, die den portugiesischen Schutzheiligen der Seefahrer Pedro Gonçalves zeigen. Den adretten **Praça 5 de Outubro** umlaufen das hübsche Gebäude der früheren Finanzverwaltung und das **Rathaus** aus dem 18. Jh., das mit sehenswerten Kachelbildern von Heiligen und Evangelisten geschmückt ist. Wenige Schritte führen zur Hafenanlage an der Praia da Ribeira. Nach der abendlichen Rückkehr der Boote finden in der anliegenden Fischhalle lautstarke Versteigerungen des Fanges statt. Überragt wird der Hafen von einer mächtigen **Zitadelle** aus dem 17. Jh., die in ein Hotel mit öffentlicher Kunstgalerie umgewandelt wurde. Das in alten Klostermauern neu errichtete **Kulturzentrum** am Beginn der Avenida Rei Humberto zeigt moderne Kunst in wechselnden Ausstellungen.

Ausflüge in die Umgebung

Igreja da Nossa Senhora da Assunção

Largo da Assunção, 38, unregelmäßig geöffnet, Eintritt frei

Einige Schritte in Richtung Süden erhebt sich versteckt auf einem Hügel das wichtigste Gotteshaus der Stadt. Die Igreja da Nossa Senhora da Assunção wurde Ende des 18. Jh. auf den Ruinen einer im Erdbeben zerstörten Kirche errichtet. Interessant sind der goldverzierte Altar und kunstvolle Azulejos im schmalen Kirchenschiff und in der Sakristei sowie ein wertvolles Ölgemälde ebenfalls aus dem 18. Jh., das die Heilige Anna zeigt.

Museu-Biblioteca Condes de Castro Guimarães

Avenida Rei Humberto II de Itália, Parque Marechal Carmona, geöffnet wie Museu do Mar, Eintritt frei

Im benachbarten weitläufigen Stadtpark Parque Municipal Gandarinha können Sie nicht nur angenehm unter hohen Bäumen wandeln, sie finden am Rande der Anlage zugleich die beiden wichtigsten Museen der Stadt. Das **Museum der Condes de Castro Guimarães** ist in einem kleinen Palast untergebracht, der Ende des 19. Jh in mittelalterlichem Stil errichtet wurde. Die adligen Besitzer vermachten die Villa samt Einrichtung der Stadt Cascais. Das Museum vermittelt nicht nur aufschlussreiche Einblicke in die aristokratische Lebensweise zu Beginn des 20. Jh., sondern besitzt archäologische Funde, asiatische und portugiesische Möbelstücke, eine kleine Porzellansammlung und eine gut bestückte Bibliothek.

Casa das Histórias Paula Rego

Avenida da República, 300, www.casadashistoriaspaularego.com, Di–So 10–19, im Winter bis 18 Uhr, Eintritt 3 €

Ein eigenes Museum für Portugals bekannteste Gegenwartskünstlerin. Der derbe Realismus von Paula Rego will Gefühle erzeugen und den Verstand provozieren. Sie greift gesellschaftliche Tabuthemen auf und zeigt in kräftigen Farben zu Fratzen verzerrte Gesichter und hässliche Gestalten. Abtreibung, weibliche Sexualität in einer vom Katholizismus geprägten Gesellschaft und Gewaltherrschaft zählen zu den Motiven. Wechselnde Ausstellungen sind diesen Leithemen untergeordnet. Der futuristische Museumsbau des Pritzkerpreisträgers Souto Moura in rot pigmentiertem Beton bezieht sich auf die regionale Architektur. So zeigen zwei hochschießende Pyramiden erkennbar Parallelen zu den Kaminen im Palast von Sintra.

Museu do Mar

Rua Júlio Pereira de Mello. o. Nr., www.cm-cascais.pt/museumar, Di–Fr 10–17, Sa/So 10–13, 14–17, im Sommer bis 18 Uhr, Eintritt frei

Am nördlichen Rande des Parks liegt das kleine Meeresmuseum, das dem einstmals wichtigsten Einkommenszweig gewidmet ist, dem Fischfang. Neben Schriftstücken und Abbildungen werden Miniaturboote und Trachten ausgestellt. Interessant sind auch die von den Wellen angespülten Funde wie Münzen oder ein Astrolabium.

Leuchtturm Santa Marta

Rua do Farol de Santa Marta. o. Nr., wie Museu do Mar, Eintritt frei

Wenn Sie als Kind schon mal einen richtigen Leuchtturmwärter spielen wollten, dann können Sie das jetzt nachholen. An der südlichen Parkseite erhebt sich der 100 Jahre alte **Farol de Santa Marta,** der bestiegen werden kann. Die Beleuchtungsanlage von damals ist heute in den früheren Wohnräumen der Leuchtturmwärter zu se-

Cascais

hen, die zu einem **Museum** ausgebaut wurden. Die Apparaturen aus dem 19. und 20. Jh. beeindrucken ebenso wie die technischen Pläne und die multimedialen Darstellungen aller portugiesischen Leuchttürme.

Boca do Inferno
Zwei Kilometer westlich an der Küstenstraße Richtung Praia do Guincho gurgelt das Meerwasser in der Boca do Inferno. Den Höllenschlund, so die deutsche Übersetzung, bilden ausgespülte, von kleinen Grotten durchbrochene Felsklippen und ein Felskessel, durch den die Gischt bei unruhigem Meer 20 m hinauf zu den Aussichtsplattformen zischt. Besonders lohnenswert ist der Besuch bei schlechtem Wetter (!), dann nämlich toben ungezügelt die Urgewalten.

Radtour: Von Cascais zum Strand von Guincho
Ein Tipp für Schönwettertage: Die Stadtverwaltung von Cascais hat nicht nur einen 7 km langen Fahrradweg am Meer angelegt, sondern stellt zudem kostenlos Fahrräder zur Verfügung. Diese können gegen Vorlage eines Ausweises am Beginn der Fußgängerzone gegenüber dem S-Bahnhof in Empfang genommen werden (tgl. 8–20, im Winter 9–17 Uhr). In der Saison sind die Räder allerdings oft schon früh am Tage verliehen.

Gleich zu Anfang viel Atmosphäre erlebt, wer das Rad erst einmal über das zu Wellen geformte Pflaster der Fußgängerzone Rua Frederico Arouca schiebt. Anschließend geht's auf der kreuzenden Hauptstraße in den Sattel, der Stadtstrand wird passiert, bevor der folgende kleine Hügel die einzige Steigung bedeutet. **Zitadelle** und **Jachthafen** werden links liegen gelassen, der Radweg ist nun ausgeschildert. Vorbei geht's am Felskessel

Radtour am Meer entlang

Boca do Inferno (s. o.) und auf abgetrenntem, rot eingefärbtem Fahrstreifen entlang der Uferstraße zum **Strand von Guincho** (s. S. 280).

Wer genügend Power besitzt, schafft es sogar bis zur **Bar do Guincho** (s. S. 279), dann allerdings auf der Autostraße Richtung Malveira da Serra und nun doch sehr ordentlich ansteigend. Für die Rückfahrt empfiehlt sich die gleiche Route.

Essen & Trinken

Bei den Fischern – **O Cantinho da Belinha – Casa dos Pescadores:** Av. Vasco da Gama, 133, Tel. 214 82 25 04, Di–So 12.30–14.30, 19–22.30 Uhr, Hauptspeisen ab 9 €. Gegrillter Fisch, von lokalen Fischern gefangen. Mit Terrasse.

Mit Liegestühlen – **Cascas:** Rua Frederico Arouca, Praia da Conceição, Tel. 214 86 11 14, tgl. 12–16, 19.30–24 Uhr, Barbetrieb bis 2 Uhr, Snacks ab 3 €, Hauptspeisen ab 9 €. Ins moderne, schwarz-weiß eingerichtete Strandrestaurant geht es wegen der fantasievollen Snacks und Salate. Für ganz Hungrige gibt's aber auch große Gerichte. Zudem werden Liegen mit Sonnenschutz am Meer vermietet.

Ausflüge in die Umgebung

Bestes Eis – **Gelataria Santini**: Avenida Valbom, 28 F, im Winter Di–So 11–20, im Sommer bis 23 Uhr. Gemütlich ist es zwar nicht in der Eisdiele mit dem »besten Eis der Welt« (Eigenwerbung), aber schmecken tut es wirklich.

Estoril

Cityplan: ▶ Karte 6

28 km vor Lissabon am Atlantik gelegen genießt das Städtchen Estoril den Ruf des mondänsten Badeortes Portugals. Eine befestigte Fußgängerpromenade am Meer entlang verbindet die 3 km entfernten Cascais und Estoril miteinander, zwar betoniert, aber sehr großzügig angelegt und von vielen Terrassencafés und Restaurants gesäumt. Dichter besangen die milde Meeresluft, die heißen Thermalquellen und eine von Badebuchten durchbrochene Felsküste. Die königliche Familie fand hier zu Beginn des 20. Jh. sommerliche Entspannung. Ein frühes Spielcasino auf dem Hügel Monte Estoril oberhalb des Meeres hob das Städtchen auf eine Stufe mit San Sebastian und Biarritz.

Um der ausländischen Gesellschaft die Anreise zu erleichtern, legte der Nord-Express einen Extrahalt im Bahnhof von Estoril ein. Nach den bürgerlichen Revolutionen im Europa des beginnenden 20. Jh. fanden die aus Italien, Spanien, Serbien und Brasilien vertriebenen Monarchen hier Zuflucht. Der frühere spanische König Juan Carlos verbrachte seine Kindheit in einem Haus hinter dem Casino.

Casino

In einem der größten Casinos Europas, das täglich bis zu 10 000 Besucher aufnimmt, können Sie Ihr Glück bei

Seit über einem Jahrhundert angesagt: der Strand von Estoril

amerikanischem und französischem Roulette, bei Baccara und Black Jack herausfordern. Die 1000 *slot machines* schütten täglich Gewinne bis zu 1 Mio. Euro aus. Neben dem Glücksspiel werden Varietéshows und musikalische, literarische und künstlerische Ereignisse organisiert. Großer Beliebtheit erfreuen sich nächtliche Konzertreihen mit Größen der portugiesischen Musikszene, die bei freiem Eintritt im Wintergarten abgehalten werden.

Zentrale der Geheimdienste

Das grundlegend sanierte Kasinogebäude, dessen Fundament im Jahr 1916 gelegt wurde, umgibt eine subtropische Gartenanlage mit exotischem Baumbestand. Am Rande liegt das Nobelhotel Palácio, das während des Zweiten Weltkrieges sowohl den deutschen als auch den englischen Geheimdiensten als Hauptquartier diente. Im Obergeschoss des nahe gelegenen Postamtes Avenida Marginal 7152 A wurde im Gedenken der Flüchtlinge das **Exilmuseum Espaço Memória dos Exílios** eingerichtet, das Dokumente und Fotografien aus der düsteren Zeit und häufig gegenwartsbezogene Sonderausstellungen zeigt (Mo–Fr 10–18 Uhr, Eintritt frei).

Villenviertel

Andere ausgewiesene Sehenswürdigkeiten besitzt das 25 000 Einwohner zählende Städtchen abgesehen von der **Kirche Santo António** mit vergoldetem Altar und blau-weißen Kachelbildern an der Avenida Marginal 6 nicht (Mo–Sa 10–12.30, 16.30–18, So 16.30–18 Uhr, Zeiten nicht sehr zuverlässig). Doch die vielen prunkvollen Villen und Stadtpaläste, die kleinen Parks und die palmenbepflanzten Alleen, die sich um den 100 m hohen Monte Estoril ranken, schaffen eine angenehme mediterrane Atmosphäre. Sportliche

Großereignisse wie die internationalen Golfmeisterschaften oder die auf der ehemaligen Formel-1-Rennstrecke ausgetragenen Auto- und Motorradrennen locken viele Besucher an.

Abends & Nachts

Für jedes Alter – **Lounge D, Preta e Prata, Tamariz:** Casino Estoril, Av. Dr. Stanley Ho, o. Nr., Tel. 214 66 77 00, www.ca sino-estoril.pt. In der Lounge D gibts von 15 bis 3 Uhr günstiges Essen für ausgehungerte Glücksritter – mit Blick auf die Spieltische. Der Saal Preta e Prata fasst bei kulturellen Veranstaltungen bis zu 1000 Besucher. Im Tanzlokal Tamariz (Juni–Sept. tgl. 23–6 Uhr) gehts erst spät abends richtig los – bevorzugt zu Disco Music.

Auf der anderen Seite des Flusses

Cacilhas

Der Ausflug auf die gegenüberliegende Seite des Tejo beginnt an der Lissabonner Schiffsanlegestelle Cais do Sodré. Die ursprünglichen romantischen Fähren werden zwar zunehmend durch moderne Katamarane ersetzt, doch noch verspricht Ihnen die sanft schaukelnde Überfahrt ein unverändert beeindruckendes Urlaubserlebnis. Die Boote bringen viele Menschen aus den Vorortsiedlungen zu ihrer Arbeit nach Lissabon, am Wochenende setzen Lissabonner gerne für den Besuch eines der vielen Ausflugslokale über.

Wenn Sie Meeresfrüchte mögen, egal ob gegrillt, gekocht oder im Eintopf, empfiehlt sich die **Cervejaria Farol** am Platz neben der Anlegestelle. Der helle Gastraum mit großflächigen Kachelbildern ist immer voll besetzt und vermittelt trotz seines Geräusch-

Ausflüge in die Umgebung

pegels ein Gefühl von Dazugehören, wenn die Einheimischen mit ihren Hämmerchen gekochte Krebse aufschlagen oder mit zweizackigen Gäbelchen die begehrten Fleischfasern aus den langen Fühlern der Langusten ziehen. Aber auch frischen Fisch gibt's in großen Portionen.

Wer hingegen einen romantischen Platz mit Blick über das Wasser bevorzugt, muss noch einige Minuten der schmalen, allerdings heruntergekommenen Uferstraße in Richtung der großen Tejobrücke folgen, die nicht zu Fuß überquert werden kann. Nach wenigen Minuten ist das teurere, aber gleichwohl empfehlenswerte Restaurant Ponto Final (›Endpunkt‹) erreicht. Bei schönem Wetter sitzen Sie im Freien direkt am Ufer des Flusses.

Abendliche Ausblicke

Auf der etwa 10-minütigen Rückfahrt von Cacilhas nach Lissabon spüren Sie vielleicht ein wenig von der Faszination, die diese Stadt, die sich majestätisch über die sieben Hügel erstreckt, schon zu Urzeiten auf die heimkehrenden Seefahrer ausgeübt hat. Wenn möglich, sollten Sie an einem Abend, vielleicht sogar als krönenden Abschluss Ihrer Reise, den Sonnenuntergang in Cacilhas erleben – dann wenn die Sonne die gegenüberliegende Stadt in orange-gelbes Licht taucht, Lissabon langsam in der Dämmerung versinkt und die städtische Beleuchtung schließlich die Häusersilhouette gegen den dunkler werdenden Himmel zeichnet. Und keine Sorge: Die Schiffe verkehren bis spät in der Nacht.

Zur Statue Cristo Rei

Av. Cristo Rei, o. Nr., www.cristorei.pt, tgl. 9.30–18.15 Uhr, Eintritt 5 €

Die Trockendocks der Firma Lisnave sollen nach kühnen Planungen bis zum Jahr 2020 einer luxuriösen Wohnanlage weichen. Auf beinahe dörfliches Leben stoßen Sie entlang der Dorfstraße in den höher gelegenen Ortskern, der typisch für die einst ländliche Umgebung Lissabons ist. Von hier aus führt die Straße zur Figur des Cristo Rei, die auch der Linienbus 101 von der Fährstation ansteuert (durchschnittlich alle 30 Min.). Ein Lift führt auf den 82 m hohen Sockel, auf dem die weithin sichtbare Christusstatue aus Marmor zusätzliche 28 m in die Höhe ragt. Im Volksmund wird sie wegen der ähnlichen Form spöttisch »Korkenzieher« genannt. Zwischen 1949 und 1959 errichtet, imitiert sie die mit ausgebreiteten Armen auf dem Monte Corcovado über Rio de Janeiro wachende Jesusfigur. Der Panoramablick über die Brücke hin nach Lissabon, auf das Mündungsgebiet des Tejos und die Hügel der Umgebung ist schlichtweg fantastisch.

Costa da Caparica

Die Fähre vom Cais de Belém nach Trafaria mit Busanbindung bietet eine vergnügliche Möglichkeit, um an die 30 km lange Costa da Caparica zu gelangen. Im Hochsommer fährt ein Sonderbus direkt an die Lieblingsküste der Lissabonner. Caparica ist ein verbauter, gesichtsloser Badeort, dem die mondäne Atmosphäre von Cascais oder Estoril fehlt. Doch die 24 feinsandigen, hellen Badestrände gehören zu den schönsten Portugals. Eine neu angelegte Uferpromenade säumen zahlreiche Restaurants, Bars und Cafés mit Blick auf den Atlantik. An bestimmten Strandabschnitten finden sich Gleichgesinnte ein: Nudisten, Familien, Sing-

Auf der anderen Seite des Flusses

Ein gelungener ›Schlusspunkt‹ am Ende eines Besichtigungstages: das Ponto Final

les, Schwule, Lesben haben jeweils ihren ›eigenen‹, auch für Nicht-Eingeweihte unschwer erkennbaren Strand. Doch keine Angst, es wird niemand dumm angeschaut, der nicht zur entsprechenden Gemeinschaft gehört.

Auch Geologen und Wanderfreunden bietet die Costa da Caparica viele Möglichkeiten. Die Sedimentschichten der bis zu 70 m hohen, abrupt aus dem Meer aufsteigenden roten Felsen schließen Versteinerungen aus den verschiedenen Entwicklungsepochen der Küste ein. Der Meeresspiegel hob und senkte sich, während die Fauna sich grundlegend veränderte. Lassen sich an der einen Stelle versteinerte Lebewesen vom Meeresgrund finden, liegen nur wenige Zentimeter entfernt Fossilien aus der Lagunenlandschaft.

Ausgangspunkt für Spaziergänge und Wanderungen zum Binnensee Lagoa de Albufeira sind der Sandstrand am nördlichen Ortsende und das wenige hundert Meter nordöstlich gelegene Kapuzinerkloster **Convento dos Capuchos** von 1558 (Rua Lourenço Pires de Távora, 41). Trotz vieler baulicher Änderungen blieb das Portal aus dem 16. Jh. erhalten. Außerdem sind formvollendete Kachelbilder über das Alltagsleben der Mönche aus dem 18. Jh. zu bewundern, herrlich ist auch der Panoramablick über die Küste.

Essen & Trinken

Die Terrasse ist der Hit – **Restaurante Ponto Final:** Cacilhas, Cais do Ginjal, 72, Tel. 212 76 07 43, Mi–Mo 12–23, im Winter bis 22 Uhr, Mitte Dez.–Mitte Jan. geschl. Hauptspeisen ab 14,50 €. Sie sitzen direkt am Fluss und genießen von der portugiesischen Region Alentejo geprägte Fleisch- und Fischgerichte v. a. vom Grill.

Essen mit Hämmerchen – **Cervejaria Farol:** s. S. 36.

Sprachführer

Aussracheregeln

Die Betonung liegt im Portugiesischen im Allgemeinen auf der vorletzten Silbe.

ão	wie nasales au
c	vor a, o, u wie k;
	vor e, i wie ss
ç	wie ss
-em/	am Wortende nasal gesprochen
-im/-om	
es	am Wortanfang wie isch
g	vor a, o, u wie g;
	vor e, i wie sch
h	wird nicht gesprochen
j	wie sch
lh	wie lj
nh	wie nj
o	wenn unbetont, dann wie u
s	vor Konsonant wie sch;
	vor Vokal wie s

Allgemeines

Guten Morgen	bom dia
Guten Tag	boa tarde (ab mittags)
Gute Nacht	boa noite
Hallo!	olá!
Auf Wiedersehen	adeus, até logo
bitte	faz favor
danke	obrigado (als Mann)
	obrigada (als Frau)
ja/nein	sim/não
Entschuldigen Sie!	desculpe!
Wie bitte?	como?

Unterwegs

Haltestelle	paragem
Bus/Auto	autocarro/carro
Straßenbahn	elétrico
Zug	comboio
Ausfahrt, -gang	saída
Tankstelle	posto de gasolina
rechts	à direita
links	à esquerda
geradeaus	em frente
Auskunft	informação
Telefon	telefone

Postamt	correios
Bahnhof	estação
Flughafen	aeroporto
Stadtplan	mapa da cidade
Eingang	entrada
geöffnet	aberto
geschlossen	fechado
Stadtzentrum	centro da cidade
Kirche	igreja
Museum	museu
Brücke	ponte
Platz	praça/largo
Strand	praia

Zeit

Stunde	hora
Tag	dia
Woche	semana
Monat	mês
Jahr	ano
heute	hoje
gestern	ontem
morgen	amanhã
morgens	de manhã
mittags	ao meio-dia
abends	à tarde/à noite
früh	cedo
spät	tarde
Montag	segunda-feira
Dienstag	terça-feira
Mittwoch	quarta-feira
Donnerstag	quinta-feira
Freitag	sexta-feira
Samstag	sábado
Sonntag	domingo

Notfall

Hilfe!	socorro!
Polizei	polícia
Arzt/Zahnarzt	médico/dentista
Apotheke	farmácia
Krankenhaus	hospital
Unfall	acidente
Schmerzen	dor
Panne	avaria

Übernachten

Hotel	hotel
Pension	pensão
Einzelzimmer/	quarto individual/
Doppelzimmer	com duas camas
mit/ohne Bad	com/sem casa de banho
Toilette	casa de banho
Dusche	duche
mit Frühstück	com pequeno almoço
Halbpension	meia-pensão
Gepäck	bagagem
Rechnung	fatura

Einkaufen

Geschäft	loja
Markt	mercado
Lebensmittel	alimentos
Bank	banco
Kreditkarte	cartão de crédito
Geld	dinheiro

Geldautomat	caixa automático
teuer/billig	caro/barato
Größe	tamanho
bezahlen	pagar

Zahlen

1	um/uma	17	dezassete
2	dois/duas	18	dezoito
3	três	19	dezanove
4	quatro	20	vinte
5	cinco	21	vinte-e-um
6	seis	30	trinta
7	sete	40	quarenta
8	oito	50	cinquenta
9	nove	60	sessenta
10	dez	70	setenta
11	onze	80	oitenta
12	doze	90	noventa
13	treze	100	cem, cento
14	catorze	101	cento e um
15	quinze	150	cento e cinquenta
16	dezasseis	1000	mil

Die wichtigsten Sätze

Allgemeines

Sprechen Sie Deutsch/Englisch?	Fala alemão/inglês?
Ich verstehe nicht.	Não compreendo.
Ich spreche kein Portugiesisch.	Não falo português.
Ich heiße …	Chamo-me …
Wie heißt Du/ heißen Sie?	Como te chamas/ se chama?
Wie geht es Dir/ Ihnen?	Como estás/está?
Danke, gut.	Bem, obrigado/-a.
Wie viel Uhr ist es?	Que horas são?

Unterwegs

Wie komme ich zu/nach …?	Como se vai para …?
Wo ist …?	Onde está …?
Könnten Sie mir bitte … zeigen?	Pode-me … mostrar, faz favor?

Notfall

Können Sie mir bitte helfen?	Pode-me ajudar, faz favor?
Ich brauche einen Arzt.	Preciso de um médico.
Hier tut es mir weh.	Dói-me aqui.

Übernachten

Haben Sie ein freies Zimmer?	Tem um quarto disponível?
Wie viel kostet das Zimmer pro Nacht?	Quanto custa o quarto por noite?
Ich habe ein Zimmer bestellt.	Reservei um quarto

Einkaufen

Wie viel kostet …?	Quanto custa?
Ich brauche …	Preciso …
Wann öffnet/ schließt …?	Quando abre/ fecha …?

Kulinarisches Lexikon

Zubereitung

assado	gebraten, auch: Braten
cozido	gekocht
doce	süß
estufado	geschmort
frio	kalt
frito	frittiert
grelhado/na brasa	gegrillt
guisado	geschmort
no espeto	am Spieß
no forno	im Ofen
picante	scharf
quente	warm, heiß
recheado	gefüllt

Suppen und Vorspeisen

azeitonas	Oliven
caldo verde	grüne Kohlsuppe
canja da galinha	klare Hühnersuppe mit Reis
chouriço	geräucherte Wurst
creme de marisco	(cremige) Meeres-früchtesuppe
manteiga	Butter
pão	Brot
patê de atum/ sardinha	Thunfisch-/Sardi-nenpaste
presunto	(roher) Schinken
queijo	Käse
sopa de legumes/ peixe	Gemüse-/Fisch-suppe

Fisch und Meeresfrüchte

amêijoa	Teppichmuschel
atum	Thunfisch
bacalhau	Stockfisch
besugo	Meerbrasse
camarão	Krabbe, kleine Garnele
carapau	Bastardmakrele, Stöcker
cherne	Silberbarsch
choco	Tintenfisch, Sepia
dourada	Zahn-/Goldbrasse

espardarte	Schwertfisch
gamba	Garnele
lagosta	Languste
lavagante	Hummer
linguado	Seezunge
lula	Kalmar
mexilhão	Miesmuschel
ostra	Auster
pargo	Seebrasse
peixe espada	Degenfisch
perceves	Entenmuschel
polvo	Krake
robalo	See-/Wolfsbarsch
salmão	Lachs
salmonete	Rotbarbe
sapateiro	Riesentaschenkrebs
sardinha	Sardine
sargo	Geißbrasse
tamboril	Seeteufel

Fleisch

bife	Steak, Schnitzel
borrego	Lamm
cabrito	Zicklein
coelho	Kaninchen
figado, iscas	Leber
frango	Hähnchen
galinha	Huhn
javali	Wildschwein
lebre	Hase
leitão	Spanferkel
lombo	Lenden-, Rückenstück
pato	Ente
perdiz	Rebhuhn
peru	Pute
porco (preto)	(iberisches) Schwein
vaca	Rind
vitela	Kalb, Färse

Gemüse und Beilagen

abóbora	Kürbis
alho	Knoblauch
arroz	Reis
batatas cozidas/ a murro/fritas	Salz-/Pellkartoffeln/ Pommes frites

beringela	Aubergine	limão	Zitrone
brócolos	Brokkoli	maçã assada	Bratapfel
cebola	Zwiebel	meloa/melão	Melone
cenoura	Karotte	morango	Erdbeere
cogumelos	Champignons	pêra	Birne
couve-flor	Blumenkohl	pêssego	Pfirsich
espinafre	Spinat	pudim flan	Karamellpudding
ervilhas	Erbsen	uvas	Weintrauben
favas	Saubohnen	salada de fruta	Obstsalat
feijão (verde)	(grüne) Bohnen		
grelos	Steckrübenblätter		

Getränke

massas	Nudeln
ovos	Eier
pepino	Gurke
pimento	Paprikaschote
salada (mista)	(gemischter) Salat

água com/sem gás	Mineralwasser/
	stilles Wasser
aguardente (velho)	(alter) Branntwein
bagaço	Tresterschnaps
café/bica	Kaffee/Espresso
café com leite	Milchkaffee
caneca	großes Fassbier
cerveja	Flaschenbier
chá	Tee
(preto/verde)	(schwarzer/grüner)
galão	Milchkaffee im Glas
imperial	kleines Fassbier
leite	Milch
macieira	Weinbrand
sumo de laranja	Orangensaft
vinho	Wein
(branco/tinto/verde)	(Weiß-, Rot-, junger)
vinho do Porto	Portwein

Nachspeisen und Obst

ameixa	Trockenpflaume
ananás/abacaxi	Ananas
arroz doce	Milchreis
bolo/torta	(Mandel-)Kuchen
(de amêndoa)	
cereja	Kirsche
figo	Feige
gelado	Eis
laranja	Orange
leite creme	karamellisierter
	Eierpudding

Im Restaurant

Ich möchte einen	Queria reservar	Tagesgericht	prato do dia
Tisch reservieren.	uma mesa.	vegetarisches	prato vegetariano
Die Speisekarte, bitte.	A ementa, faz favor	Gericht	
Weinkarte	lista dos vinhos	eine halbe Portion	uma meia dose
Guten Appetit!	Bom apetite!	Gedeck	talher
Es war sehr gut.	Estava ótimo.	Messer/Gabel	faca/garfo
Die Rechnung, bitte.	A conta, faz favor.	Löffel	colher
Appetithappen	petiscos	Glas	copo
Vorspeise	entradas	Flasche	garrafa
Suppe	sopa	Salz/Pfeffer	sal/pimenta
Hauptgericht	prato principal	Öl/Essig	azeite/vinagre
Nachspeise	sobremesa	Zucker/Süßstoff	açúcar/adoçante
Beilagen	acompanhamentos	Kellner/Kellnerin	Senhor/Senhora

Register

Aeroporto de Lisboa 22
Afonso Henriques 69, 118, 130
Alcântara (Stadtviertel) 14, 250, 253
Alfama (Stadtviertel) 15, 68, 75, 134
Álvares, Jorge 85
Amoreiras-Türme 212
Anreise 22
Antonius-Fest 50
Antonius, hl. 81, 140
Apotheken 59
Aquädukt 212, 216
Architektur 97
Arco da Bandeira 152
Arco do Cego 208
Arco do Triunfo 156
Armazéns do Chiado 163
Arnauth, Mafalda 106
Arruda, Francisco de 98
Ärztliche Versorgung 59
Ausflüge 14, 266
Ausgehen 44
Avenida da Liberdade 194, 201
Avenidas Novas 14, 77, 192
Azenhas do Mar 277
Azulejos 100

Bacalhau 31
Bahnhof Rossio 195
Bahnhof Santa Apolónia 136
Bairro Alto (Stadtviertel) 15, 76, 170
Bairro Estrella d'Ouro 126, 129
Baixa (Stadtviertel) 15, 76, 144
Bar do Guincho 279
Barroso, José Manuel 73
Basílica da Estrela 235
Basílica dos Mártires 164
Behinderte 62
Belém (Stadtviertel) 14, 77, 250, 258
Benfica Lissabon 209, 210
Berardo, Joe (José) 263

Bevölkerung 67, 95
Bica (Stadtviertel) 185
Blaues Haus 179
Boyd, Arthur 223
Boytac, Diogo de 98
Branco, Cristina 106

Cabo da Roca 280
Cabral, Pedro Álvares 83, 85
Cacilhas 285
Caetano, Marcello 72, 89, 168
Café Brasileira 164
Café Nicola 80, 150
Cafés 39, 78
Cais do Sodré 15, 170, 187
Calatrava, Santiago 99, 221
Camões, Luis de 166, 261
Campo de Ourique (Stadtviertel) 239
Campo dos Mártires da Pátria 201
Campo Sant'Ana 200
Canto da Música 227
Carlos I. 71
Casa das Histórias Paula Rego 54
Casa das Varandas 139
Casa dos Bicos 139
Casa-Museu Amália Rodrigues 54, 235
Casa-Museu Dr. Anastácio Gonçalves 54, 207
Casa-Museu Fernando Pessoa 54, 239
Cascais 281
– Boca do Inferno 283
– Casa das Histórias Paula Rego 282
– Igreja da Misericórdia 281
– Igreja da Nossa Senhora da Assunção 282
– Leuchtturm Santa Marta 282
– Museu-Biblioteca Condes de Castro Guimarães 282
– Museu do Mar 282
Casino 228
Castelo São Jorge 75, 123
Castelo (Stadtviertel) 124

Castilho, João de 98
Castro, Machado de 235
Cemitério dos Inglêses 238
Cemitério dos Prazeres 241
Centro Colombo 43
Centro Comercial Amoreiras 43, 212
Centro Comercial Vasco da Gama 43, 224
Centro Cultural de Belém (CCB) 58, 262
Centro de Arte Moderna José de Azeredo Perdigão 54, 207
Chafariz das Janelas Verdes 244
Chantarène, Nicolas de 98, 273
Chapitô 58, 120
Chiado (Stadtviertel) 15, 73, 76, 144, 162
Cinema Eden 195, 197
Claustro São Vicente de Fora 130
Coelho, Pedro Passos 73
Colares 277
Confeitaria dos Pastéis de Belém 258
Convento das Bernardas 242
Convento dos Cardaes 184
Convento Madre de Deus 137
Convento São Pedro de Alcântara 180
Costa, António 73
Costa da Caparica 286
Costa, Gomes da 72
Cristo Rei, Statue 286
Culturgest 58, 208

Diaz, Bartolomeu 85
Diktatur 72, 165
Dinis I. 69, 83, 123
Dionísio, Mário 119
Diplomatische Vertretungen 59
Doca de Santo Amaro 252

Register

Eanes, Gil 85
Einkaufen 40, 160
Einreisebestimmungen 22
El Corte Inglés, Einkaufszentrum 43, 203
Elektrizität 59
Elevador da Baixa 153
Elevador da Bica 172, 185
Elevador da Glória 172, 200
Elevador do Lavra 200
Elevador Santa Justa 108, 152
Entdeckerdenkmal 263
Entdeckungsfahrten 83
Erdbeben von Lissabon 71, 87
Ermida da Senhora da Saúde 118
Ermida de São Gens 127
Ermida do Espírito Santo 135
Erró 223
Essen und Trinken 30
Estação Marítima da Alcântara 252
Estoril 284
Estrela (Stadtviertel) 235
Estufa Fria 203
Eusébio 134
Expo 98 73, 220
Expo-Gelände 15, 218

Fado 47, 105, 135
Fähren 23
Fahrscheine 24
Feiertage 60
Feira da Ladra 131
Ferdinand I. 69
Ferdinand II. von Sachsen-Coburg-Gotha 256, 273
Fernandes, Agapito Serra 129
Feste 50, 81
Fotografieren 60
Fremdenverkehrsamt 18
Fundação Arpad Szenes - Vieira da Silva 54, 212
Fundação Calouste Gulbenkian 58, 203

Fundação José Saramago 139
Fundbüro 60
Furtado, Nelly 107

Gare Oriente 16, 220, 222
Geld 60
Geschichte 66, 69, 83, 90
Gilbert von Hastings 140
Goethe-Institut 58, 199, 201
Goethe, Johann Wolfgang v. 87
Graça, Carrilho da 123
Graça (Stadtviertel) 15, 76, 126
Guerreiro, Kátia 106
Gulbenkian, Calouste 203
Gusmão, Bartolomeus de 122

Heinrich der Seefahrer 70, 83
Hensler, Elise 275
Hieronymuskloster 259
Hundertwasser, Friedensreich 223

Igreja da Conceição Velha 159
Igreja da Encarnação 166
Igreja da Graça 130
Igreja da Madalena 159
Igreja de Santo António 140
Igreja de São Domingos 151
Igreja de São Julião 158
Igreja de São Roque 176
Igreja do Carmo 167
Igreja do Loreto 166
Igreja Santo Estêvão 135
Igreja São Cristóvão 122
Igreja São Miguel 135
Igreja São Vicente de Fora 130
Informationsquellen 18
Internet-Cafés 60

Jardim Botânico 182
Jardim Botânico da Ajuda 255

Jardim da Estrela 237, 238
Jardim do Príncipe Real 180
Jardim do Torel 200
Jardim Teófilo Braga 240
Jardim Tropical 259
Jardim Zoológico 207
João I. 83, 151
João III. 70
João, Maria 107
João V. 71, 122, 216
José I. 156
Jüdisches Viertel 138
Júnior, Norte 129

Kaffeekunde 80
Kathedrale Sé 140
Konaté, Abdoulaye 223
Kusama, Yayoi 223

Lapa (Stadtviertel) 77, 244
Largo Bordalo Pinheiro 167
Largo Chafariz de Dentro 135
Largo das Portas do Sol 126
Largo de São Domingos 151
Largo de São Miguel 135
Largo do Carmo 167
Largo do Chiado 165
Largo do Intendente 112
Largo do Rato 209
Largo Martim Moniz 118
Largo Trindade Coelho 175
Leonor 177
Lesetipps 19, 92, 104
Lisboa Card 61
Lisboa Story Centre 54, 157
Literatur 103
LXFactory 254

Madragoa (Stadtviertel) 242
Mãe d'Água 209
Magellan (Fernão de Magalhães) 83, 85, 91
Maia, Manuel da 216
Mann, Thomas 103
Manuel I. 70, 75, 97, 100, 123, 260
Manuel II. 242
Manuelinik 97

293

Register

Mardel, Carlos 185
Maria I. 71
Maria II. 256, 273
Maria Pia 257
Mariza 106, 112
Marquês de Foz 200
Marquês de Pombal 71, 87
Mauren 68
Mello-Breyner Andresen, Sophia de 127
Meo Arena (Pavilhão Atlântico) 48, 98, 225
Mercado Campo de Ourique 240
Mercado da Ribeira Nova 186
Mercado de Fusão 118
Mercier, Pascal 104
Messehallen 225
Miguel 71
Miradouro da Graça 127
Miradouro de São Pedro de Alcântara 7
Miradouro Nossa Senhora do Monte 127, 132
Miradouro Portas do Sol 127, 131
Miradouros 74, 77
Miradouro Santa Catarina 185
Miradouro Santa Luzia 124
Miradouro São Pedro de Alcântara 172
Mísia 106
MOB 58
Moniz, Martim 125
Mosteiro dos Jerónimos 259
Mouraria (Stadtviertel) 15, 69, 118
Mudejar-Stil 100
Muralha D. Dinis 158
Museen 54
Museu Arqueológico do Carmo 54, 168
Museu-Biblioteca Conde de Castro Guimarães 54
Museu Colecção Berardo 55, 263
Museu da Água 54, 137

Museu da Artilharia 136
Museu da Carris 54, 254
Museu da Electricidade 55, 264
Museu da Farmácia 55, 185
Museu da Marinha 55, 262
Museu da Marioneta 56, 242
Museu da Presidência da República 57
Museu de Lisboa 208
Museu de Santo António 140
Museu de São Roque 177
Museu do Aljube 139
Museu do Centro Científico e Cultural de Macau 55, 254
Museu do Chiado 55, 165
Museu do Design e da Moda MUDE 54, 156
Museu do Fado 55, 135
Museu do Mar 55
Museu do Oriente 57, 245
Museu-Escola de Artes Decorativas Portuguesas 55, 125
Museu Farol da Santa Marta 55
Museu Fundação Calouste Gulbenkian 55
Museu Militar 56, 136
Museu Nacional de Arqueologia 56, 262
Museu Nacional de Arte Antiga 56, 244, 246
Museu Nacional de Etnologia 56, 259
Museu Nacional do Azulejo 56, 137
Museu Nacional dos Coches 56, 258
Museu Nacional do Teatro 56
Museu Nacional do Traje e da Moda 57
Museu Rafael Bordalo Pinheiro 57, 208
Museu Santo António 58
Museu São Roque 58

Museu Teatro Romano 58, 139
Nelkenrevolution 66, 72, 89
Notruf 61
Núcleo Arqueológico 58, 123, 154

Oceanário 228
Öffnungszeiten 61
Ökomarkt 181
Oliveira, Mateus Vicente de 235

Padrão dos Descobrimentos (Entdeckerdenkmal) 84, 263
Palácio Belmonte 124
Palácio das Necessidades 242
Palácio de Belém 258
Palácio de Monserrate 276
Palácio de Seteais 276
Palácio de Vagos 122
Palácio dos Carvalhos 185
Palácio Foz 197
Palácio Fronteira 213
Palácio Nacional da Ajuda 255, 256
Palácio Nacional de Queluz 269
Palais Voz do Operário 129
Palast des Grafen von Sacavém 244
Pantheon Santa Engrácia 131
Parlamentspalast São Bento 234
Parque das Nações 15, 77, 218
Parque Eduardo VII. 202
Parque Florestal de Monsanto 212
Parque Mayer 201
Passeio Público 194
Pastelaria Suíça 150
Patio da Galé 158
Pavilhão do Conhecimento 230
Pedro IV. 71

Register

Pessagno, Manuel 69
Pessoa, Fernando 80, 104, 157, 164, 165, 239, 262
PIDE (Geheimpolizei) 139, 166
Pinheiro, Rafael Bordalo 161, 167, 209
Pinto, Fernão Mendes 85
Pires, Maria João 107
Politik 67
Ponsard, Mesnier du 152
Ponte 25 de Abril 253
Ponte Vasco da Gama 227
Portugiesischer Pavillon 228
Portwein-Institut 176
Post 62
Praça da Figueira 151
Praça do Império 262
Praça dos Restauradores 195
Praça Duque de Saldanha 207
Praça Luís de Camões 166
Praça Marquês de Pombal 202
Praia da Adraga 277
Praia das Maças 277
Praia do Guincho 280
Praia Grande 277

Quinta da Regaleira 276

Rathaus 158
Rauchen 62
Raza, Syed Haider 223
Real, Gaspar Corte 85
Rego, Paula 282
Reisekasse 62
Religion 67
Reservatório Patriarcal 180
Ribeiro, António 165
Rodrigo, Joaquim 223
Rodrigues, Amália 105, 134, 235
Rossio 146
Royal Cine 126
Rua Augusta 151

Rua do Carmo 162
Rua Garrett 163

Salazar, António de Oliveira 66, 72, 118
São Bento (Stadtviertel) 77, 234
São-Paulo-Bäder 186
Saramago, José 80, 122, 139, 244
Scully, Sean 223
Sebastião 70
Serra, Agapito 126
Severa, Maria 119
Seyfart, Johann Friedrich 88
Sicherheit 61
Silva, Aníbal Cavaco 73
Silva, Maria Helena Vieira da 207, 212
Sintra 270
– Castelo dos Mouros 271
– Chalet da Condessa d'Edla 275
– Convento dos Capuchos 275
– Cruz Alta 274
– Farngarten der Königin 275
– Palácio da Pena 272
– Palácio Nacional de Sintra 270
– Parque da Pena 273
Sócrates, José 73
Solar do Castelo 124
Souvenirs 63
Souza-Cardoso, Amadeo de 207
Spartipps 62
Sport 52
Sporting Clube de Portugal 209
Sprache 67
Stadtrundfahrten 24
Standseilbahn 23, 172
Steckbrief 67
Stierkampfarena 208
Straßenbahn 23, 116
Synagoge 209

Szenes, Arpad 212

Tabucchi, Antonio 241
Tavares, Sara 107
Taveira, Tomás 212
Teatro Aberto 49
Teatro Camões 48, 230
Teatro Nacional de São Carlos 48, 165
Teatro Nacional Dona Maria II. 49, 147
Teatro Politeama 49, 200
Teatro São Luiz 49, 165
Teatro Taborda 49, 122
Tejo 77
Tejo-Park 227
Telefonieren 63
Torre de Belém 70, 264
Torre de Ulisses 123
Torre Vasco da Gama 99, 227
Tourismusämter 19
Trafaria Praia 159
Trinas-Kloster 244
Trinkgeld 63

Übernachten 25

Vasco da Gama 83, 85, 91, 247, 261
Vasconcelos, Joana 112, 159
Veríssimo de Lencastre 180
Verkehrsmittel 22
Verlagshaus O Século 185
Vicente, Gil 247
Vieira, Siza 162
Vila Berta 129
Vila Sousa 127, 129
Voltaire 87

Wellness 53, 224
Wenders, Wim 124, 277
Wetter 20
Wirtschaft 67
Wou-Ki, Zao 223

Zé dos Bois 58
Zeitungen 63

Autor/Abbildungsnachweis/Impressum

Der Autor: Jürgen Strohmaier lebt seit 1994 in Portugal. Er liebt das vom Licht durchflutete Lissabon, das ihm zur zweiten Heimat geworden ist. Verzaubert vom südlichen Flair und der Herzlichkeit ihrer Bewohner entlockt er der Stadt immer wieder neue Facetten und kleine Geheimnisse. Seine ungebrochene Faszination teilt er Urlaubern auch gerne auf individuellen Stadtführungen mit, über die seine Internetseite www.portugal-unterwegs.de informiert. Im DuMont Reiseverlag sind von ihm auch das Reise-Handbuch Portugal, das DuMont direkt Algarve sowie das Reise-Taschenbuch Extremadura erschienen.

Abbildungsnachweis

DuMont Bildarchiv, Ostfildern: S. 13 u. li., 83, 110 re., 113, 206, 232 re., 236/237 (Widmann)

f1-online, Frankfurt a. M.: S. 93 (Dalfiano/AGE)

Getty Images, München: S. 266 re., 276/277 (Panoramic Images); 37 (Travel Ink)

Gerd Hammer, Lissabon: S. 287

Lydia Hohenberger/Jürgen Strohmaier, Lissabon: S. 6, , 13 u. re., 128, 144 re., 156/157, 170 re., 181, 183, 193 li., 195, 204/205, 233 li., 240, 241, 278/279, 296

Huber-Images, Garmisch-Partenkirchen: S. 216 (Borchi); 105 (Gallagher); 74/75, 101, 250 li., 260/261, 266 li., 284 (Giovanni); 97, 131 (Gräfenhain); 7 (Raccanello); 64/65 (Spila); 164 (Szyszka); 84 (Warren)

Markus Kirchgessner, Frankfurt a. M.: S. 26, 32, 79, 80, 98, 178, 258

Laif, Köln: S. 232 li., 243 (Catarino/4SEE); 219 li., 229 (Gerber); 144 li., 153 (Giribas/SZ Photo); 70, 90 (hemis.fr); 124/125 (IML); 52 (Jonkmanns); 269 (Rabouan); 94, 143 (Rodtmann); 11 (Siemers); 16/17 (Zuder)

Look, München: S. 86 (age Fotostock); 46, 116 (Pompe); 111 li., 138, 230, Umschlagklappe vorn (travelstock44); 42, 170 li., 186/187, 192 re., 215 (Widmann)

Mauritius Images, Mittenwald: S. 110 li.,137 (Alamy); 218 li., 226 (imagebroker/Kopp); 8 (Merten)

Museu Nacional de Arte Antiga, Divisão de Documentação Fotográfica - Instituto dos Museus e da Conservação, I.P., Lissabon: S. 246, 248

picture-alliance, Frankfurt a. M.: S. 88 (akg-images); 192 li., 210 (dpa/dpaweb)

Isabel Pinto, Lissabon: S. 106 (mit freundlicher Genehmigung des Mariza-Managements)

Bildagentur Schapowalow, Hamburg: Titelbild

Turismo de Portugal, Frankfurt a. M.: S. 81, 202/203, 267 li., 272/273 (Manuel)

White Star, Hamburg: S. 147, 173 (Schindel)

Thomas Widmann, Regensburg: S. 12 o. li., 12 o. re., 12 u. li., 13 o. re., 108/109, 120/121, 132/133, 145 li., 150, 154, 160, 167, 171 li., 182, 190/191, 198/199, 218 re., 222, 256

Michael Zegers, Köln: S. 56/57, 250 re., 253

Kartografie

DuMont Reisekartografie, Fürstenfeldbruck
© DuMont Reiseverlag, Ostfildern

Umschlagfotos

Titelbild: Elevador da Bica im Bairro Alto
Umschlagklappe vorn: Ausblick vom Elevador Santa Justa Richtung Castelo São Jorge

Hinweis: Autor und Verlag haben alle Informationen mit größtmöglicher Sorgfalt geprüft. Gleichwohl erfolgen alle Angaben ohne Gewähr. Bitte schreiben Sie uns! Über Ihre Rückmeldung und Ihre Verbesserungsvorschläge freuen wir uns: **DuMont Reiseverlag,** Postfach 3151, 73751 Ostfildern, info@dumontreise.de, www.dumontreise.de

6., aktualisierte Auflage 2015
© DuMont Reiseverlag, Ostfildern
Alle Rechte vorbehalten
Redaktion/Lektorat: Susanne Pütz
Grafisches Konzept: Groschwitz/Blachnierek, Hamburg
Printed in China